내 머릿속에
누군가
있다

내 머릿속에
누군가

**The Voices
Within** **있다**

우리 마음속 친구, 뮤즈, 신,
폭군에 관한 심리학 보고서

찰스 퍼니휴 지음
박경선 옮김
박한선 감수

에이도스

우리는 단어로 생각하는 것이 아니라
단어의 그림자로 생각한다.
_블라디미르 나보코프

감수의 글

과거 선조들은 조현병을 어떻게 다루었을까? 궁금하겠지만, 역사책을 아무리 뒤져봐야 별무소용이다. 조현병은 불과 백여 년 전에 '발명'된 것이기 때문이다. 1893년에야 개념이 처음 제안되었고, 정신분열병 schizophrenia이라는 진단명은 1908년이 되어서야 등장했다. 조현병처럼 흔하고 명백하고 심각한 질환이 이름조차 가지지 못한 일은 의학사에서 유례를 찾기 어렵지만, 그 이유는 간단하다. 조현병 환자와 일반인을 가르는 질병 특유의 소견 pathognomonicity이 없기 때문이다. 조현병의 여러 증상은 사실 일반인도 누구나 경험할 수 있다.

하지만 대중은 애매한 상황을 불편해했다. 사실 정신의학계도 마찬가지였다. 그래서 우격다짐으로 소위 핵심 증상을 하나 찾아냈는데, 바로 '환청'이었다! 1938년 슈나이더 박사는 환청과 관련된 몇몇 증상을 일급 증상이라고 명명했는데, 이후 환청이 들리면 조현병이라는 대중적 편견이 굳어졌다. 환청은 이제 광기가 되었다. 친구에게 요즘 자꾸 환청이 들린다는 말을 해보자. 아마 그의 표정이 묘하게 변할 것이다.

영국의 젊은 심리학자 찰스 퍼니휴가 이러한 대중적 선입관에 과학적 반기를 들었다. 해박한 뇌인지심리학적 지식과 생생한 사례, 흥미진

진한 역사적 사실을 바탕으로, 인류에게 '내 안의 목소리the voices within'
가 진화했다는 주장을 펼친다. 사실 내 안의 목소리라는 말은 정신과
에서 병적 환청을 언급할 때 흔히 쓰는 표현이지만, 동시에 진실한 내
적 자아를 뜻하는 말이기도 하다.

우리 마음 안에는 여러 목소리가 살고 있다. 이들은 서로 대화하고,
협력하고, 토론한다. 가끔은 싸우기도 한다. 저자는 이러한 메타 인지
능력이 창조성의 원천이자 인간 정신의 핵심이라고 주장한다. 침묵 속
에서 일어나는 치열한 내적 반추의 경험은 조현병의 증상이 아니라,
건강하고 생산적인 정신활동이라는 것이다.

에리히 프롬은 현대인의 비극이 바로 소외에서 시작한다고 했다. 물
론 가장 심각한 소외는 스스로 자기 자신을 소외시키는 것이다. 내적
대화를 위한 시간이 부족한 세상이다. '환청'이 들리지 않음에도 불구
하고, 우리 마음이 점점 더 황폐해지는 이유일까? 지금 우리에게 필요
한 것은 내 안의 목소리, 즉 '건강한 환청'에 귀를 기울이는 것인지도
모른다.

박한선
정신과 전문의, 신경인류학자

C O N T E N T S

1
재미있는
치즈 조각들

THE VOICES WITHIN

어느 가을 런던 서쪽. 지하철 중앙선을 타고 점심 약속 자리에 가는 길이었다. 아직 한창 붐비는 정오 시간대는 되지 않은 터라 객차 안에서 자리를 잡을 수 있었다. 두 줄로 마주 보고 있는 객차 안 좌석은 어찌나 가까운지 맞은편 사람이 읽고 있는 신문의 1면을 훑어볼 수 있을 정도였다. 열차가 역과 역 사이에 멈춰서는 바람에 다들 안내 방송을 기다렸다. 사람들은 페이퍼백 소설이나 구깃구깃한 신문 혹은 지하철에서는 여간해서 보기 힘든 희한한 기술 매뉴얼 같은 것들을 읽었다. 나머지 사람들은 차창 밖 터널을 따라 뻗어 있는 빛바랜 노선 표시 줄을 바라보았다. 홀랜드 파크까지는 몇백 미터는 더 가야 했다.

그 순간 딱히 별다른 일을 했던 건 아니었다. 사실 아무 일도 하지 않았다. 자의식만 어렴풋한 평화로운 순간이었다. 나는 마흔을 넘긴 평범한 남자로, 정신적으로나 신체적으로나 멀쩡하다. 잠은 좀 많이 잤고 아침밥은 좀 적게 먹은 상태로, 곧 노팅힐에서 있을 점심식사 자리에서 즐거이 식욕을 채울 기대감에 부풀어 있었다.

웃음이 갑작스레 터졌다. 조금 전까지만 해도 교통카드를 사용하는 익명의 승객에 불과했지만 방금 남들이 듣고도 남을 만하게 킬킬 웃는 바람에 내 존재가 탄로나 버렸다. 노팅힐에 자주 드나들긴 해도 이 많은 낯선 사람이 한꺼번에 나를 쳐다보는 상황에는 익숙하지 않다. 애써 침착한 척 사람들을 의식하며 웃음을 참았다. 속으로 혼자 떠올린 생각 때문에 사람들 앞에서 톡톡히 망신당하는 일이 벌어지기 전에 말이다. 재밌는 것은 내가 웃게 된 이유보다는 어쨌든 내가 웃었다는 사실이었다. 다른 누군가의 농담에 불쑥 끼어들거나 웃기는 이야기 한 토막을 엿들은 것도 아니었다. 하물며 재미도 없는 일이었다. 뭐랄까, 지하철을 타고가면서 가장 흔히 하는 경험을 했을 뿐이다. 그냥 어떤 생각을 했던 것이다.

✠

그날 웃음이 터지게 만든 것은 지극히 평범한 생각이었다. 어떤 중요한 문제에 대한 해법을 마침내 떠올렸다거나 자기 분야를 혁신할 방법을 고안했다거나 혹은 인생 최고의 시 첫 몇 구절을 다듬는다거나 하는 그런 순간이 아니었다. 생각이 역사를 만들기도 하지만 그런 일은 잘 없다. 지하철역 사이를 이동하던 순간 나는 한창 쓰고 있던 단편소설을 생각했다. 시골의 어느 마을 그리고 탈농경 시대의 불협화음에 관한 이야기였다. 한때 농부였던 주인공이 혼외정사를 하면 어떨까. 우편배달차량(시골 지역에서 우편물을 접수, 배달할 수 있도록 만들어진 대형 특수차량_옮긴이)을 모는 여자와 바람이 나서 특수 설비된 포드 수송차의 닫힌 셔터 뒤에서 첫 관계를 갖는 것이다. 사랑에 빠진 둘은 마을에서 매주 목요일 오후 일과가 끝난 후 만난다. 우편접수차량의 문을 잠그고, 무전기도 꺼버린다. 그리고 하루 종일 우편물을 주고받던 접수대 위에서 사랑을 나누는 것이다. 머릿속에서 그 장면을 그리고 나니 시골길에 세워진 밝은 빨간색의 우체국 밴 차량의 이미지가 떠올랐다. 행인들이 보기에는 문도 닫힌 조용한 상태겠지만, 이내 흔들리기 시작하면서 이따금 서스펜션 스프링이 삐걱대고, '안에서 두 몸은 마찰을 시작했다…'.

크게 웃음이 터진 것은 바로 이때였다. 머릿속에 떠오른 단어들 때문에 웃음보가 터진 것이다. 이 단어들이 다른 사람에게 효과가 없었던 건, 나 말고는 아무도 결정적 구절을 들은 사람이 없기 때문이다. 그러나 주변 승객들도 뭔가 결정적 구절이 '있었다'라는 건 알았을 것이다. 사람들은 내 머릿속 농담에 웃지 않았고(그 농담을 못 들었으니까) 내가 웃고 있다고 해서 나를 보고 웃지도 않았다. 지하철 승객 대부분이 그렇듯 나 역시 온갖 생각들로 가득했다는 것을 다들 이해했고, 이런저런 생각들—터무니없는 생각, 일상적인 생각, 신성하거나 혹은 세속적인 묵상들—이 가끔 웃음을 터뜨리기도 한다는 것을 알고 있었다. 머릿속으로 혼잣말을 하는 것은 누구나 다 하는 행동이고, 보통 사람이라면 대개 이런 행동을 보면 알아차린다. 그뿐만 아니라, 이런 행동에 개인적인 특성이 있다는 것까지 알고 있다. 당신의 생각은 당신만의 것이고, 그게 무슨 생각이든 타인은 들어가지 못하는 영역 안에서 일어난다는 것을 말이다.

의식의 이런 특성은 항상 놀라울 따름이다. 우리의 경험은 스스로에게 흥미진진하고 생생할 뿐만 아니라, '오직' 우리 자신에게만 흥미진진하고 생생하다. 웃음을 터뜨리고 난 후 나는 자신의 행동을 변명하는 사회적 신호를 보내려 애를 썼다. 거의 꽉 차다시피 한 지하철에서 크게 웃어놓고는 난처한 기분이 조금도 들지 않을 수는 없는 법이니까. 한바탕 기침 같은 것을 해서 덮어 보려 하면서 웃음소리를 아예 없었던 일인 척하고 싶지는 않았지만, 그래도 전달하고 싶은 메시지들은 분명 있었다. 나는 미친 사람이 아니고, 금세 다시 평정을 되찾았으며, 지금은 다 끝났다—유쾌했던 순간은 이미 지나간 뒤다—라고 말이다. 그러고 보니 미소 비슷한 표정을 애써 짓고 있었는데, 그건 마치 뭔가를 알고 있는 공범이 당황한 듯한 복잡한 표정이었다. 그와 동시에 또 한 가지 생각이 떠올랐고, 머릿속에서는 이런 목소리가 들렸다. '내가 자기네들을 보고 웃는다는 생각은 못 할 거야, 안 그래?' 웃음은 사회적인 신호지만 이 머릿속 농담은 개인적인 것이었다. 사람들과의 상호작용 규칙 하나를 어긴 나는 이 사실을 인정하는 변명을 해야 했다.

굳이 그럴 것까지는 없었다. 객차 안의 사람들은 꼬맹이나 금성에서 온 사람이나 특정한 정신장애가 있지 않은 이상 이해해주었을 테니까.

내적 경험이 프라이버시를 가진다는 우리의 믿음은 굉장히 굳건해서 그 자리를 대신하는 것들—독심술, 텔레파시, 생각 침해—은 웃음 혹은 공포를 유발할 수 있다. 열차 안 낯선 사람들은 생각이 가진 이런 성질을 금방 알아챈다. 어쨌거나 그들도 비슷한 경험을 해봤을 테니까. 나는 생각에 프라이버시가 있음을 상기시키는 행동을 함과 동시에 그 생각이 '나'만의 것임을 강하게 의식했던 것이다. 당시 뇌는 분명 활발하게 움직이고 있었다. (그렇지 않고서야 흔들리는 우체국 밴의 이미지를 떠올릴 수는 없었을 것이다.) 하지만 또한 생각이 내 안에서 가장행렬을 하고 있음을 '인지'하고 있었다. 당신에게 뇌가 있다는 것은 바로 그런 것이다. 말하자면 쇼 무대 맨 앞좌석에 당신 혼자 앉아 있다는 의미다.

나를 소리 내어 웃게 만든 것은 내면의 이런 생생한 공연이었다. 우리의 정신활동 중 상당 부분이 인식의 문턱 아래로 흘러가 버리지만, 많은 것은 정신활동을 겪는 당사자가 감지한다. 어떤 문제와 씨름하거나 전화번호를 외우거나 로맨틱한 만남의 기억을 떠올리거나 할 때 우리는 자신이 이런 일을 하고 있다는 것을 느낀다. 물론 이것만으로는 관련 인지 기제를 완전하게 혹은 정확하게 설명하지는 못한다. (우리는 자신의 뇌가 하는 일에 대한 신뢰할 만한 목격자가 못 된다.) 하지만 경험의 일관성을 설명하는 데는 도움이 된다. 철학자들이 즐겨 쓰는 표현을 빌리자면, 활동 중인 뇌 안에는 의식한다는 '느낌 같은 어떤 것"이 있다. 생각이 꼬리에 꼬리를 물고 떠오르는 것은 수영장에 뛰어들거나 사랑했던 사람을 애도하는 것과 다를 바 없는 특정 속성들을 지닌 경험이다.

그러나 우리의 내적 경험[2]과 관련하여 말할 수 있는 또 한 가지 중요한 사실이 있다. 의식의 작동 방식을 놀라울 정도로 명료하게 서술하는 대중 과학서적은 수없이 많다. 그런데 이들 책은 주로 지각적, 정서적 경험의 경이로움에 초점을 맞춘다. 가령, 백합이 어떻게 특유의 향을 낼 수 있는지 혹은 가족끼리의 말다툼에서 어떻게 그 많은 달콤쌉싸름한 감정이 터져 나올 수 있는지 보여준다. 정신적 경험을 다루는 방식이 외부 세계의 사건에 대한 뇌의 반응에만 주로 초점이 맞춰져 있다는 얘기다. 하지만 우리가 생각에 대해 생각할 때는, 의식이 어떻게 자신만의 쇼를 벌일 수 있는 것인지 설명해야 한다. 우리는 자신이 생각의 주체라는, 아니 적어도 생각하는 것을 담당하고 있다는 뚜렷한 느낌이 있다. 생각한다는 것은 능동적인 것이다. 생각은 우리가 하는 어떤 것이라는 얘기다. 생각은 스스로 움직이며 이전까지는 아무것도 없었던 곳에서 무엇인가를 창조해낸다. 외부 세계로부터의 지시도 전혀 필요 없다. 우리 인간이 다른 존재와 뚜렷이 구별되는 것은 이런 부분 때문이다. 아무런 외부 자극이 없어도 텅 빈 방 안에 있는 사람이 저절로 웃거나 울 수도 있다는 말이다.

이런 유형의 경험을 한다는 건 어떤 것일까? 생각은 누구나 하는 것이라는 평범함은 역설적이게도, 생각의 작동 방식에 관해 우리가 별로 생각하지 않는다는 것을 의미한다. 또한 정신적 프라이버시의 법칙은 생각의 경험을 눈에 띄지 않게 숨긴다. 생각의 내용은 공유할—무엇에 '관해' 생각하고 있는지 사람들에게 말할—수 있지만, 우리 자신에게만 유의미한 현상의 특성을 공유하기는 한층 더 어렵다. 우리가 만일 타인의 생각을 엿들을 수 있다면, 우리 자신의 생각과 흡사하다고 깨닫게 될까? 아니면 생각마다 어떤 개성, 이를테면 생각하는 본인에게만 있는 특유한 정서적 분위기 같은 것이 있을까? 그날 지하철에서 웃음을 터뜨렸던 내 머릿속을 사람들이 텔레비전을 보듯 읽을 수 '있었다면' 어땠을까? 머릿속 생각을 엿들을 수 있는 누군가가 지금 당장 당신의 생각들을 슬쩍 들을 수 있다면? 철학자 루트비히 비트겐슈타인은 사자가 말을 할 줄 안다 해도 우리는 이해하지 못할 것[3]이라고 했다. 우리 일상적 의식의 흐름에도 비슷한 적용이 가능하지 않을까 싶다. 어떤 식으로든 우리 생각을 타인이 들을 수 있게 한다 해도 타인들은 우리의 생각을 이해하는 데 애를 먹을 것이다.

그럴 수밖에 없는 한 가지 이유는 생각이 단어들을 매우 특정한 방식으로 사용한다는 데 있다. 예를 들어, 내가 당신에게 어떤 언어로 생각하는지를 물었다고 상상해보자. 아마도 여러분은 자신이 하는 '모든' 생각을 일일이 그대로 말하지는 못할 것이다. 질문이 영 엉터리여서 그런 것은 아니다. 우리 대부분이 인정하듯 생각한다는 것에는 언어적 특성이 있다.[4] 만일 당신이 이중언어사용자bilingual라면, 어떤 언어로 생각할지 선택지도 있을 것이다. 그럼에도 불구하고 언어적 속성이 항상 뚜렷하게 보이지 않는 생각의 변종들이 있다. 우리가 생각하고 있을 때, 우리 자신에게 이야기할 필요가 없는 부분이 있는 것이다. 왜냐하면 이미 알고 있는 것이기 때문이다. 그 메시지는 우리 자신만을 위한 것이므로 언어가 전혀 필요하지 않다.

생각을 타인이 잘 이해하지 못하는 또 다른 이유는 생각하는 순간 펼쳐지고 있는 것이 비단 단어들만은 아니기 때문이다. 지하철에 있던 당시 머릿속에는 다른 모든 신체적, 정서적 느낌에 어울릴 〈하이스쿨 뮤지컬〉 노래 한 곡이 떠올랐다. 망막이 멍하니 창밖 터널 안 전선들을 바라보는 동안, 마음의 눈은 우편배달차량의 이미지를 떠올리고 있었다. 이런 감각의 일부는 생각에 연결돼 있었고, 다른 감각들은 정신적으로 병풍이나 마찬가지였다. 생각이 다[※]매체적 경험이라는 점이 중요하다. 언어가 큰 역할을 담당하지만, 결코 이야기의 전부는 아니라는 말이다.

이 책에서 우리는 머릿속에서 이와 같은 일이 벌어진다는 것이 과연 어떤 것인지 질문하고자 한다. 우리 의식의 흐름을 구성하고 있는 갖가지 인상, 개념, 내적 발화의 흐름에 빠져든다는 것은 어떤 느낌인지 탐구하고자 한다. 우리 뇌와 마음이 해낼 수 있는 일이라고 해서 모두 이런 유형의 경험에 들어맞지는 않을 것이다. 인간이 할 수 있는 굉장히 영민한 일—가령, 크리켓 공을 잡는다든가 별빛에 의지해 태평양을 횡단한다든가—가운데 많은 것들은 하는 방법을 의식적으로 인식하지 않고도 할 수 있다. 어떤 의미에서 보면, '생각한다는 것'은 단지 우리의 (무의식에 대비되는) 의식이 행하는 모든 것을 지칭하기도 한다. 그러나 여전히 너무 광범위한 정의다. 여기에 조약돌 한 줌을 헤아리거나 머릿속 이미지를 회전시켜 본다든가 하는 대단할 것 없는 계산까지 포함하고 싶지는 않다. 이런 작업들은 주로 고도로 자동화되고 특수 진화된 인지적 하위체계에 의존하기 때문이다. 이런 과정을 넣지 않는 한 가지 이유는 시작점과 종결점이 명료하게 규정된다는 데 있다. 하지만 생각은 아무 목적이 없을 수도 있고, 순환적이며, 불분명한 목표를 향하기도 한다는 점에 마력이 있다.[5] 지하철을 탔던 그날, 나는 내가 만든 이야기가 어디로 튈지 알지 못했다. 생각은 특정 유형의 지적 문제를 해결할 때처럼 확실히 '목적지향적'일 때가 있지만, 또 한편으로 의식은 목적지가 없이 이리저리 흘러가기도 한다. 생각은 시작점이 분명하지 않을 때가 많으며, 우리가 목표가 뭔지 제대로 알기도 전에 목표에 다가가기도 한다.

이 책에서 관심을 두는 것은 바로 이런 유형의 생각이다. 우리가 생각하고 있는 것이 무엇인지 알고 있다는 의미에서 생각은 '의식적'이다. 그러나 한편으로 생각은 철학자들이 이야기하는 이른바 현상적 특성이 있다. 생각을 한다는 느낌 같은 뭔가가 있는 것이다. 앞으로 살펴보겠지만, 생각은 '언어적'이며 얼핏 보는 것보다도 훨씬 더 밀접하게 언어와 연결돼 있다. 생각이 다른 많은 감각적이고 정서적인 요소를 포함하는 것처럼, 시각적 요소도 포함하지만, 이런 것들은 그림의 일부일 뿐이다. 또한 (단어를 통해서든 아니면 다른 방식을 통해서든) 생각한다는 것은 '개인적'이다. 생각은 그 내용을 타인은 감지할 수 없다는 분명하고도 확고한 전제를 바탕으로 이루어진다는 말이다. 아울러 생각은 대개 '일관적'이어서 생각의 사슬을 이루고, 아무리 뒤죽박죽일지라도 어쨌든 바로 앞에 온 생각과 이어져 있다. 마지막으로, 생각은 '능동적'이다. 생각은 우리가 행하는 것이고, 우리는 대개 생각을 자신만의 일로 인식한다.

정신적 과정에서 말이 담당하는 역할에 관심을 가진 것이 내가 처음은 아니다. 수 세기 동안 철학자들은 언어가 생각에 반드시 필요한가를 두고 논쟁해 왔으며('생각한다는 것'은 정확히 무엇을 의미하는가[6]의 문제 역시 대체로 모호하다), 동물행동 연구자는 동물에게 언어를 가르칠 수 있는지를 포함하여 동물이 어떤 유형의 생각을 할 수 있는지 알아내기 위한 여러 가지 기발한 실험을 해왔다. 이 모든 연구결과가 이 책과 관련이 있긴 하지만, 접근방식은 약간 다르다. 우리는 단순한 한 가지 사실에서 출발하고자 한다. 우리가 자신의 경험에 대해 생각하거나 혹은 다른 사람에게 무슨 일이 일어나고 있는지 알려달라고 할 때, 머릿속은 단어들로 가득해진다는 사실 말이다. 물론 모두가 생각의 언어적인 흐름을 이야기할 수 있다는 의미는 아니다. 우리 가운데는 설명이 필요치 않은 사람도 있다. 따라서 바로 이 질문을 올바르게 던지는 것은 언어와 생각의 관계를 밝히는 데 매우 유익할 것이다.

만일 우리가 독심술사라면, 단지 주변 사람들의 생각을 엿듣는 것만으로도 이 작업을 시작할 수 있을 것이다. 하지만 마음은 지극히 개인적인 것이기 때문에 접근방식을 달리 해야 한다. 우리가 할 수 있는 한 가지는 사람들이 자신에게 일어나고 있는 일에 대해 말하고 쓰고 블로그나 트위터를 하고 문자메시지를 보내면서 생각을 주고받는 온갖 다양한 방식을 활용하는 것이다. 우리는 작가들이 어떻게 내적 경험을 써내려가는지, 사람들이 묘사한 내적 경험을 심리학자들이 어떻게 기록하는지를 살펴볼 수 있다. 신경과학의 도움을 빌리면, 뇌 속에서 생각이 형성되는 과정도 스캐너를 통해 조망할 수 있을 것이다. 어린 시절 생각이 어떻게 발달하며, 이 과정에 문제가 생겼을 때 어떤 일이 벌어지는지 볼 수도 있다. 반려동물의 의식이나 갓난아기가 된다는 것이 어떤 느낌인지와 같은 낯설고 익숙하지 않은 어떤 것을 이야기하려는 것이 아니다. 우리는 우리 내 머릿속에서 이런 일이 일어난다는 것이 어떤 것인지 '알고 있다.' 그저 그것을 말로 옮기는 방식을 찾는 것이 필요할 뿐이다.

✣

'당신은 제1터미널에서 재미있는 치즈 조각들을 얻는다.'

이 생각이 뭔가 특별한 것이어서 여기 적어놓은 것은 아니다. 어떤 대단한 인생의 지혜가 아니라 오늘 아침에 있었던 의식의 흐름의 한 예로 언급하기 위해 그냥 무작위로 고른 생각이다. 잠에서 깼을 때 머릿속에 있었던 생각이기는 하지만, 바로 직전 순간에 꿈을 꾸고 있었는지 아니면 꿈과 연결된 말인지는 모르겠다. '당신은 제1터미널에서 재미있는 치즈 조각들을 얻는다.' 그게 다다. 지금도 그게 어느 공항터미널을 말하는 것인지 혹은 치즈가 대체 무슨 상관이 있는 것인지 알지 못한다. 그러나 마치 내면의 어떤 작은 목소리가 한 말처럼 의식 안에 있었으며 생생한 현실로 느껴졌다. 그 말이 대체 어디에서 온 것인지 모르겠다고 쓰긴 했지만, 어렴풋이는 알고 있다. 내게서 온 것이다. 합리적인 심리학자 입장이라면 그 말은 습관처럼 펄럭이며 머릿속으로 날아든 문장 중 하나이며, 의식의 흐름을 계속 흐르게 하는 정신적 창조력 중 하나였을 뿐이라고 말할 것이다.

클레어의 머릿속에도 문장들이 불쑥 튀어나오곤 한다. 그녀의 머릿속 목소리는 조용히 그리고 집요하게 말하는데, 주로 '넌 한심한 녀석이야'라든가 '넌 영영 아무것도 해내지 못할 거야' 같은 것들이다. 클레어는 우울증에 시달리고 있다. 이 같은 침입적인, 원치 않는 언어적 사고들에 맞서기 위해 클레어는 인지행동치료를 받고 있다. 그런 생각들을 기록하고, 과학적으로 검토하고, 그럼으로써 천천히 약화시켜 (희망컨대) 마침내 사라져버리게 하려는 것이다.

제이 역시 머릿속에서 말을 듣는다. 하지만 클레어와는 성질이 다르다. 대체로 어떤 사람이 실제로 그에게 말을 거는 것처럼 들린다. 심지어 악센트나 어조, 목소리의 높낮이가 있을 때도 있다. 완전한 문장으로 말할 때도 있고, 좀 더 단편적으로 말할 때도 있다. 제이의 행동을 품평하기도 하고 이런저런 일을 하라고 지시하기도 한다. 가게에 가서 우유를 좀 사 오라고 하는 식으로 악의는 없다. 그런가 하면 딱 꼬집어 말하기가 훨씬 까다로울 때도 있다. 제이는 자신은 목소리가 실제로 말하고 있지 않은 순간에도 그 목소리가 거기 있다는 걸 알 수 있다고 말했다. 이런 경우라면 머릿속에 있는 것은 목소리라기보다는 어떤 존재이다. 말을 하지 않는 목소리라는 건 무엇일까? 몇 해 전 제이는 정신장애 진단을 받았고, 지금은 이른바 '회복수기'recovery stroy'를 쓰고 있다. 일각에서 퇴행성 뇌질환[7]이라고 판단했던 상태에서 회복된 것이다. 아직 목소리를 듣지만, 이제는 목소리를 달리 생각한다. 목소리를 두려워하지 않고, 그들과 함께 살아간다.

목소리를 듣는 경험을 유려한 글로 적으며 자신의 목소리들과 새로운 관계를 만들어가는 또 한 명의 여성이 있다. 엘레너 롱든이 2013년 저서 집필 당시 했던 테드 강연은 3백만이 넘는 조회수를 기록했는데, 이 강연에서 그녀는 머릿속 목소리가 어찌나 공격적이었던지 머리에 드릴로 구멍을 뚫어 내보내고 싶을 정도였다고 말했다. 여러 해가 지나면서 엘레너가 자기 머릿속 목소리와 맺은 관계는 제이의 경우처럼 급격히 변화했다. 목소리는 여전히 상당한 골칫거리지만, 이제는 목소리를 어린 시절의 반복된 트라우마에서 기인한 '심리적 내전'[8]의 잔해로 볼 수 있게 됐다. 적절한 지원만 있다면, 많은 사람이 목소리와의 관계를 변화시켜 나가고 그들과 더불어 꽤나 평온하게 살아가는 법을 익힐 수 있는 듯 보인다. 목소리를 듣는 것을 틀림없는 중증 정신장애의 징후라고 보는 것은 편협하고 위험한 가정이어서, 나는 '환각hallucination'이라는 부정적 의미를 내포한 표현[9]보다는 좀 더 중립적인 '목소리를 들음'이라는 표현을 선호한다.

제이와 엘레너의 경험이 내 머릿속 목소리와 정말로 다르다면, 정확히 '어떻게' 다른 것일까? 내 '목소리들'은 대개 악센트나 높낮이가 있고, 개인적이며 나만 들을 수 있지만, 실제 사람이 말하는 것처럼 들릴 때도 많다. 그러나 나는 머릿속 목소리가 나 자신의 것임을 어느 정도는 알아차리지만, 제이에게 들리는 목소리는 그와 유리된 듯 보인다. 제이는 보통은 자신이 스스로 만들어낸 것처럼 느껴지는 생각과 다른 어디에선가 온 듯한 나머지 생각을 구분할 수 있다고 말한다. 그런가 하면 구분이 훨씬 더 애매할 때도 있다. 목소리를 듣는 또 다른 사람인 애덤의 경우, 주요 목소리는 굉장히 독특하고 권위주의적인 성격을 띠는데(애덤은 그 목소리를 '대장^{captain}'이라고 부를 정도다), 애덤은 내게 자신이 경험하고 있는 것이 본인의 생각인지 아니면 그 목소리의 생각인지 가끔 혼동될 때도 있다고 했다. 목소리를 듣는 사람들의 이 기이한 경험의 시작은 일종의 사운드트랙에 주파수가 맞춰지는 것과 비슷했다는 묘사를 수 차례 들어왔다. 마치 의식의 배경 소음처럼 항상 그 자리에 있어 왔던 어떤 사운드트랙에, 무슨 이유에서인지 갑자기 주의를 기울이게 됐다는 것이었다.

목소리를 듣는 사람들이 자신의 경험을 외부에서 온 것으로 생각하는 이유 중 하나는 본인이 듣기에 자신은 절대 내뱉지 못했을 말을 목소리가 하기 때문이다. 어느 여성은 자신에게 들리는 목소리가 너무도 끔찍하고 역겨운 말을 하기 때문에 자신이 한 말일 리 없다고 말했다. 하지만 반대의 경우도 있다. 나는 목소리를 듣는 사람 중에서 목소리가 자신에게—철저히 내밀하게—방금 말한 내용에 큰 소리로 웃음을 터뜨리는 것을 많이 보아왔다. 목소리를 듣는 또 한 사람은 익살맞은 정신적 방문객이 '본인'은 아님을 알아차렸다면서 이렇게 말했다. "그게 저일 리 없어요. 저는 그렇게 재미있는 생각을 할 수 있는 사람이 절대 아니거든요."

이와 같은 경험을 좀 더 명확히 이해하는 것이 중요하다. 우리 머릿속에서 일어나는 언어적 사고와 목소리를 듣는 사람들이 겪는 머릿속 목소리는 전혀 다른 경험일 수도 있고, 혹은 몇 가지 중요한 공통된 특색이 있을 수도 있다. 어떤 수준에서 보면 아예 동일한 경험일지도 모른다. 하지만 인간의 경험을 다룬 과학이 늘 그렇듯, 보기보다는 여러 가지 훨씬 더 복잡하게 얽혀 있다. 따라서 한 유형의 목소리는 다른 목소리로 환원된다는 가정에서 시작하지 않는 것이 중요하다. 사실은, 모든 것은 또 다른 어떤 것으로 환원되기 마련이라는 생각을 경계해야 한다. 많은 사람이 이런 경험을 하며, 경험도 사람마다 천차만별이다(이를테면 나는 내 머릿속 수다가 여러분과 조금이라도 비슷하리라고 가정하지는 못한다). 이 책에서 관심을 두는 것은 모든 목소리다. 주위에 아무도 없는데도 누군가가 말하는 것처럼 들리는 상냥한 목소리, 안내자 같은 목소리, 격려하거나 명령하는 목소리, 도덕성[10]과 추억을 이야기하는 목소리, 때로는 무시무시하고 때로는 자비로운 목소리 등이 전부 해당한다.

대학원생이던 내가 처음으로 이 주제에 대해 생각했던 1990년대만 해도 이 주제는 좋은 연구대상으로 받아들여지지 않았다. 선배들이 경고했듯이, 인간 내면의 목소리처럼 내밀하고 형언하기 힘든 대상을 연구한다는 것은 절대 성공적인 연구 이력이 될 수 없었다. 우선, 이 연구는 내성內省(자기 자신의 사고과정을 성찰하는 것)이라는 불가능에 가까운 과업에 좌우되는 것으로 보였으며, 내성은 과학적 방법으로서 인기를 잃은 지 오래됐기 때문이다. 또 한 가지 문제는 '내면의 목소리'[1]라는 개념이 흔히 모호하고 은유적인 방식으로 사용된다는 데 있었다. 직감에서부터 창조적 본능에 이르기까지 온갖 것들을 지칭하는 데 사용하면서도 신뢰할 만한 연구의 기본인 정의를 내리려는 시도조차 없었던 것이다.

물론, 이 사냥감을 쫓는 데는 나름대로 여러 이유가 있었고, 근래에는 학계의 분위기도 완전히 달라졌다. 최근 연구를 보면 우리 머릿속에서 들리는 말들이 우리의 사고에서 매우 중요한 역할을 담당한다는 점이 밝혀지고 있다. 심리학자들은 이른바 내적 발화가 우리의 행동을 조절하고 동기를 부여해 행동하게 하며, 그러한 행동을 평가하고 심지어 자아를 의식하게 만드는 데 이바지한다는 점을 입증하고 있다. 신경과학자들은 머릿속 목소리가 어떻게 외적 발화의 토대가 되는 것과 똑같은 신경계 영역에서 도출되는지 보여주면서, 목소리의 발달 방식에 관한 주요 개념과 연계시킨다. 이제 내적 발화는 다양한 형태로 이루어지고 다양한 언어로 구사되며, 특유의 악센트나 감정적 어조가 있고, 외적 발화에서 실수를 교정하는 방식과 비슷하게 내적 발화에서도 오류를 정정한다는 사실이 알려졌다. 또한 많은 사람이 정말로 단어를 사용해 생각을 하며, 이런 유형의 사고에는 좋은 형태와 나쁜 형태가 있다는 것도 잘 알려져 있다. 내적 발화에서 지속되는 부정적인 생각들은 특정한 정신적 장애를 일으켜 고통을 야기하지만, 한편으로는 문제를 해결할 열쇠가 될 수도 있다.

과학적 연구 대상을 넘어 내적 발화 문제는 자신의 사유에 대해 생각했던 인류에게 늘 매혹적 주제였다. 생각에 대해 말할 수 있는 한 가지 사실은 생각이 다양한 시각을 제시하는 다양한 목소리 간의 대화 형태로 우리에게 나타날 때가 많다는 것이다. 하지만 그런 목소리는 어떻게 들릴까? 어떤 말로 이야기할까? 당신의 생각하는 자아는 문법적으로 온전한 문장으로 말하는가 아니면 메모처럼 축약된 형태로 적혀 있는 글을 소리로 듣는 것에 가까운가? 당신의 생각들은 조용히 말하는가 아니면 목청을 높여 말하는가? 그리고 당신의 생각하는 자아가 말하고 있을 때 듣고 있는 것은 누구인가? 이 모든 상황에서 '당신'은 어디에 있는가?

이 같은 질문들이 이상하게 들릴지 모른다. 하지만 생각의 이러한 특성들은 우리 자신의 마음에 거주한다는 것이 어떤 느낌인지를 분명히 밝혀줄 것이다.

생각이라는 개념을 머릿속에서 나오는 목소리 혹은 목소리들이라고 진지하게 받아들인다면(내성에 의하면 충분히 설득력 있다), 이 모든 수수께끼를 풀 수 있을지도 모른다. 나는 이 견해를 탐구하고 끝까지 시험해보고자 한다. 내가 '대화적 사고 모형'이라 부르는 이 접근법은 이래저래 나의 심리학 연구 작업 대부분에 영향을 미쳤는데, 이 책 전체에서도 핵심 주제가 될 것이다. 이 접근법은 유아기에 사고가 출현한다는 특정 이론에서 출발하며, 정상 및 이상 인지에 관한 심리학 및 신경과학 연구들로 뒷받침된다. 그러나 이 모형을 뒷받침하는 증거가 아무리 확실하다 해도 사람 목소리 같은 것도 아니고 언어적이지도 않은 내적 경험도 분명 존재한다. 따라서 여기서는 생각에 사용할 언어가 없는 사람들의 사고과정도 설명할 수 있도록 이 가설을 발전 및 확장할 수 있을지 탐구하고 내적 경험의 상당 부분은 시각적이며, 이미지를 기반으로 한다는 증거도 살펴볼 것이다.

다행히도 참고할 만한 매우 광범위한 증거가 있다. 머릿속 목소리라는 수수께끼 안에는 수백 년 혹은 심지어 수천 년에 걸쳐 관심을 가질 만한 가치가 늘 있었다. 철학자들은 생각이 자연언어로 나타날 수 있는가 같은 문제를 두고 원칙에 입각한 여러 주장을 구축하는 등 정신이 지식을 표상하는 방식에 관한 난제들을 두고 씨름해왔다. 심리학자들은 실험참가자들에게 추론 과제를 제시하고 정확한 분석을 위해 각자의 사고과정을 소리 내어 말하게 하는 방식으로 실험을 진행했다. 신경과학자들은 소리를 내지 않고 생각하는 사람의 조음 근육에서 나오는 전기 신호를 기록하거나 뇌의 일부분을 자극할 때 언어 과정이 받는 영향을 관찰함으로써 내적 발화를 추적해왔다. 작가들은 수 세기 동안 언어적 사고를 가지고 소설이나 시를 써왔는데, 이들이 묘사하는 의식의 흐름, 꼬리에 꼬리를 무는 생각들, 사고의 비논리적 비약 등은 머릿속 목소리의 작동 방식을 보여주는 더없이 좋은 자료이다.

이후 장에서 이 모든 증거 자료를 활용할 예정이다. 유아, 노인, 운동선수, 소설가, 명상수련가, 시각예술가, 그리고 목소리를 듣는 사람의 이야기를 들을 것이다. 어린아이는 단어로 생각하지 않는다는 게 정말일까? 일부 정신과 환자에게 들리는 목소리는 환자 자신이 입을 여는 순간 정말로 사라질까? 내적 발화로 어떤 것을 생각하는 동시에 밖으로는 정반대의 말을 소리 내어 내뱉는 것이 가능할까? 포위된 오를레앙을 되찾으라는 '아름답고 다정하며 나지막한 목소리'를 잔다르크가 들었을 때 그녀의 정신, 뇌, 육체에서는 무슨 일이 벌어지고 있었던 것일까? 생각을 하고 있는 당사자에게 무언가가 들이닥친다는 징후도 전혀 없는데, 일상적 발화보다도 빠른 속도로 내적 발화가 일어나는 것이 어떻게 가능할까? 어떤 사람에게 들리는 목소리는 왜 그렇게 재미있는 이야기를 하는 걸까?

이런 현상에 대한 문학이나 여타 예술의 묘사가 과학연구를 통해 나온 사실에 부합하는지 그리고 그런 '객관적' 방식과 내성에서 나온 증거는 어떻게 비교가 가능한지 살펴볼 것이다. 또한 직접 기능적자기공명영상fMRI 촬영을 받고 내 뇌가 그 마법에 걸린 베틀[12]로 생각들을 어떻게 직조해내는지 보고자 한다. 우리 머릿속에서 짧게 나타났다 사라지는 목소리를 다루는 데 그치지 않고 목소리의 궤적들을 추적해볼 것이다. 아울러 목소리를 듣는 몇몇 개인의 이야기도 상세하게 전달함으로써 목소리를 듣는다는 것이 어떤 느낌인지, 그런 상황에 어떻게 대처할 수 있는지, 그리고 그 목소리가 자아의 본성에 관해 무엇을 말해주는지 보여줄 것이다.

이 책이 끝날 때쯤에는 독자 여러분에게 몇 가지는 설득시킬 수 있었으면 하는 바람이다. 혼잣말을 하는 것은 보편적이지는 않아도 어쨌든 인간 경험의 일부로, 우리의 정신생활에서 상당히 다양한 역할을 하는 것으로 보인다. 영향력 있는 이론에 따르면 우리 머릿속의 단어들은 심리학적 '도구' 역할을 담당한다. 잡역부의 도구가 어지간한 힘든 일도 거뜬히 해내게 해주듯이, 생각 중인 여러 일을 해낼 수 있게 도와주는 것이다. 우리의 내적 발화는 계획하고, 지시하고, 격려하고, 질문하고, 위로하고, 제지하며, 숙고할 수 있다. 크리켓 선수부터 시인에 이르기까지 사람은 누구나 다양한 방식으로 그리고 굉장히 다양한 목적으로 자기 자신과 이야기를 나누는 것이다.

그렇다면 이 같은 경험이 다양한 형태로 이루어지리라는 것은 자명하다. 내적 발화는 소리 내어 발화된 말과 완전히 동일해 보일 때도 있고, 타인이 알아들을 수 있는 말을 전보처럼 좀 더 압축한 축약 버전일 때도 있다. 최근에야 연구자들은 내적 발화가 다양한 규모와 형태로 이루어지며, 각각의 형태는 다양한 기능에 맞춰 조정되고, 관련된 뇌의 영역들에 따라 내적 발화 현상이 다양하게 나타날 것이라는 주장을 진지하게 받아들이기 시작했다.

어린 시절 내적 발화가 나타나는 방식을 살펴보면, 내적 발화의 형태와 기능이 그토록 다채로운 것이 완벽하게 이해된다. 어린이들이 타인과 나누는 대화가 '지하로 스며들'거나 내면화되어 외적 대화의 무성無聲 버전을 형성할 때, 내적 발화가 발달한다고 생각하는 데는 그럴 만한 이유가 있다. 우리가 단어로 하는 생각에는 타인과 나누는 대화와 공통된 특색이 몇 가지 있을 것이라는 뜻이다. 또한 타인과의 대화는 우리 문화의 상호작용 형식이나 사회규범에 의해 형성된다. 스페인의 철학자이자 소설가인 미겔 데 우나무노는 1930년대에 이렇게 썼다. "생각한다는 것은 자기 자신과 이야기하는 것이다. 아울러 인간은 다른 사람과 서로 이야기를 나누는 덕택에 우리들 각각은 자기 자신과도 이야기를 나눌 수 있게 된다."[13] 여기서 우리는 내적 발화가 대화의 속성을 지닌다는 점을 인정할 때 내적 발화의 미스터리를 더 잘 이해하게 된다는 사실을 보여줄 것이다.

내적 발화의 사회적 기원은 다성^{多聲}적 특성을 가진 인간 의식을 이해하는 데도 도움이 된다. 내적 발화를 일종의 대화로 인정하면, 왜 우리 마음이 수많은 다양한 목소리로 가득한지도 설명이 가능하다. 소설 작품 한 편에 서로 다른 관점을 지닌 다양한 등장인물의 목소리가 담겨 있는 것과 마찬가지다. 이런 관점이 인간 의식의 몇 가지 중요한 특색을 이해하는 데 도움이 된다고 주장할 것이다. 여기에는 창의성의 특징 중 하나인 다른 관점에 대한 개방성도 포함된다. 언어예술가와 시각예술가 양쪽 모두의 작업을 참고하여 이 개념을 고찰할 것이며, 자아와 대화를 나누는 것이 창의성을 발휘하는 한 가지 중요한 방법인지도 질문할 것이다.

또한 내적 발화에 관한 이 같은 견해가 인간 경험의 특징인 좀 더 특이한 목소리를 이해하는 데 도움이 된다는 점도 이야기하고자 한다. 목소리를 듣는 현상(혹은 청각 언어적 환각)은 대개 조현병과 연관이 있으나, 수많은 다른 정신장애 혹은 정신적으로 건강한 사람 중 일부에서도 보고된다. 많은 정신과의사와 심리학자들은 목소리를 듣는 것은 내적 발화 장애, 즉 자기 자신의 내적인 발화를 다른 누군가의 말로 오인하는 데서 비롯된다고 본다. 오늘날 연구의 한 가지 문제점은 내적 발화를 하나의 현상으로 충분히 진지하게 다루지 않는다는 것이다. 우리 머릿속의 평범한 목소리를 좀 더 정확히 그려낸다면, 왜 어떤 사람들은 주위에 아무도 없는 상황에서도 목소리를 듣는지를 좀 더 잘 알 수 있을 것이다.

목소리를 듣는 경험에 다양한 형태가 있다는 인식 없이는 그 경험을 과학적으로 충분히 이해하기 어렵다. 중세의 신비주의자부터 소설가에 이르기까지, 인류는 수 세기에 걸쳐 목소리를 듣는 경험에 대해 기술해왔다. 이 모든 진술들은 이런 진술이 나오게 된 삶과 시대, 문화의 맥락에서 고찰할 필요가 있다. 또한 목소리가 들리는 경험을 이해하기 위해서는 목소리를 듣는 것과 과거의 역경의 아주 강한 연관성, 그리고 목소리가 끔찍한 사건과 관련된다는 것의 함의를 설명할 필요가 있다. 목소리들은 뇌가 혼란 상태에서 아무렇게나 쏟아내는 쓸데없는 소리가 아니라 미해결된 정서적 갈등을 드러내는, 과거로부터 온 메시지로 간주되어야 한다고 믿는 일부 경험 당사자들에게 이렇게 말하고 싶다. 목소리를 듣는 경험은 내면에 있는 또 다른 존재가 자신과 의사소통하고자 한다는 느낌을 포함한다는 점을 연구자들이 이제야 이해하기 시작했으며, 이는 사회적 관계를 파악하는 방식에 대한 이론뿐 아니라 평범한 내적 발화에 대한 이해에도 근본적인 영향을 미치고 있다는 점을 말이다.

물론 머릿속 목소리에 대한 이러한 견해에 문제가 전혀 없는 것은 아니며, 향후 연구 가능성도 얼마든지 열려 있다. 머릿속 목소리에 관한 이와 같은 견해가 직면한 난관 가운데 하나는 내적 발화 이야기를 전혀 하지 않는 사람도 있다는 사실이다. 그렇다면 이런 경우 사고는 어떻게 작동할까? 생각을 빚을 언어가 존재하기 이전에는 생각이 대체 어떻게 시작되는 것일까? 단어들은 어떻게 심상과 결합하여 생생하고 다감각적인 생각의 풍경을 창조해내는 것일까?

우리 머릿속 목소리는 긍정적인 영향과 부정적인 영향 모두를 가지고 있는 것으로 보인다. 따라서 이 목소리의 진화 과정을 연구하면 의식의 출현에서 언어와 사고를 결합하는 힘이 무엇인지 밝혀낼 수 있을 것이다. 이런 것들이 우리 모두에게 시사하는 바는 크다. 언젠가 우리는 혼잣말하는 방식을 개선하고 제어함으로써 정신건강의 문제를 역사 속으로 사라지게 만들 수 있을까? 우리 인간은 하나의 생물 종으로서 침입적 사고, 불합리, 주의산만 같은 것들마저 극복해내고 진화할 수 있을까? 만일 그것이 가능하다면 창의성 역시 과거의 유물이 될지도 모른다. 분명한 한 가지 사실은 머릿속 목소리를 더 잘 이해할수록 마음이 작동하는 방식도 더 풍부하게 이해할 수 있다는 점이다. 아울러 때로는 행복하고 때로는 짜증이 나 있는—그리고 늘 유동적이고 창의적인—우리 머릿속 중얼거림과 어떻게 하면 좀 더 생산적으로 함께 살아갈 수 있을지를 더 잘 알게 될 것이다.

2

가스불
켜기

THE VOICES WITHIN

눈을 감고 한 가지 생각을 떠올려보라. 무슨 생각을 할지는 별로 중요하지 않다. 심오한 주제여도 되고 일상적인 주제여도 된다. 그 생각을 붙들고 음미해보라. 마음속으로 재생하라. 이제 스스로에게 질문을 던져보자. 그 생각을 생각한다는 것은 어떤 느낌이었는가? 우리는 이를테면 꿈을 꾼다거나 암산으로 합계를 구한다거나 하는 정신적 활동을 하는 것이 어떤 것인지 알고 있다. 하지만 생각을 한다는 건 어떤 종류의 정신활동일까? 생각에는 얼마나 다양한 변종들이 있을까? 이처럼 평범하면서도 엄청나게 경이로운 일을 한다는 것은 어떤 느낌일까?

우선, 여러분이 1~2초 내에 머릿속을 생각으로 채우는 데는 아무런 어려움이 없을 거라고 본다. (만일 내가 '그 생각을 비우라'고 요청했다면 훨씬 더 어려웠겠지만 말이다.) 생각은 결정할 사안이나 해결할 문제가 있을 때만 하는 것이 아니라 우리가 늘 하고 있는 일이다. 뇌가 잠시 가동을 중단한 듯 보일 때도, 머릿속은 조용하지 않을 것이다.[2] 우리 자신의 내성으로 짐작했던 것들은 심리학 연구를 통해서도 입증됐다. 깨어 있는 대부분의 시간 동안 우리는 여러 개념과 인상으로 이루어진 내적 흐름을 따라 움직이며, 바로 이 흐름이 우리의 행동을 이끌고, 기억을 찾아내고, 경험의 주요 줄기를 만든다는 것이다.

이제 방금 했던 그 생각에 대해 스스로 몇 가지 질문을 더 해보자. 그 생각은 누군가가 말하는 것처럼 들렸나? 만일 그렇다면, 그 사람은 '당신' 본인이었나? 그 생각이 '어떤 것'처럼 느껴졌는가 아니면 별다른 현상적 특성은 전무한 뇌 활동의 부산물에 불과했는가? 같은 생각이 또 다시 들었을 때 당신은 그 생각을 알아볼 수 있겠는가? 그게 당신 자신의 생각이었다는 걸 당신은 어떻게 알 수 있는가?

이 모든 질문이 이치에 맞는다고 믿지만 또 한편으로는 대답하기 굉장히 어려운 질문이라고 생각한다. 우리는 각자 고유한 방식으로 자기 생각에 직접 접근하지만 '오직' 자신의 생각에만 접근 가능하다. 이 때문에 생각에 관한 연구는 아주 어렵다. 구체적으로 말하자면, 당신의 경험에 대해 당신 스스로가 신뢰할 만한 판단을 내리고 있는지 확인하기가 너무 어렵다. 본인의 판단을 타인의 판단과 비교할 수 없기 때문이다. 바로 앞 장에서 나는 대다수 사람들이 겪는 내적 경험에는 수많은 말들이 담겨 있다고 믿는 몇 가지 이유를 설명해 놓았다. 하지만 정말로 그럴까? 이 '정말로'라는 질문에는 어떻게 대답을 할까? 또한 내면세계에 관한 이런 질문이 무슨 의미가 있기라도 할까? 머릿속에서 벌어지는 일들에 대한 연구는 어떻게 시작할 수 있을까?

확실한 접근방식은 우리가 가진 우리 자신의 경험에 직접 접근하는 방법을 쓰는 것이다. 플라톤의 『테아이테토스Theaetetus』에서 소크라테스는 이렇게 묻는다. "서두르지 말고 차분하게 우리 자신을 들여다보며 우리 마음속에 이렇게 나타나는 것이 정확히 무엇인지 다시 검토해야 하지 않을까?"[3] 17세기 프랑스 철학자 르네 데카르트는 이 개념에 아무런 문제가 없다고 생각했다. 겨울에 실내 가운을 걸치고 벽난로 옆에 앉아 자기 자신의 사고 과정을 들여다본 그는 자신이 의심할 수 없는 한 가지는 바로 그 사고 과정의 존재였음을 발견했다. '코기토 에르고 숨Cogito ergo sum.[4] 나는 생각한다, 고로 나는 존재한다.' 자기 자신의 정신적 상태를 반추하는 것은 데카르트의 방법 '제1법칙'이었다. 미국 철학자이자 심리학자인 윌리엄 제임스는 1890년에 쓴 글에서 의식 상태의 존재는 부정할 수 없는 것이지만 우리 내면에서 의식 상태를 관찰하는 것은 '어렵고 오류가 있을 수 있는'[5] 일이라고 보았다. 그럼에도 불구하고 내면을 관찰하는 것은 분명 가능했으며, 세계를 묘사하는 여느 방법과도 원칙적으로 다를 바 없었다. 충분히 신중하게만 접근한다면, 내면 관찰을 더 잘하도록 사람을 훈련시키는 것도 가능할 것이다.

철학자의 안락의자에서 내성을 끌어내 실험실에 집어넣은 것은 바로 독일 심리학자 빌헬름 분트의 연구였다. 1879년 라이프치히에 최초의 심리학 실험실을 설립한 장본인이기도 했던 분트는 세계 최초의 심리학 교과서 저자로도 명성을 떨쳤다. 내적 경험에 대한 사고를 통해 그는 두 종류의 내성[6]을 구분했다. 첫째, '자기관찰Selbstbeobachtung'이라

지칭한 것으로, 정신이 있는 사람이라면 누구나 할 수 있는 자기 나름의 정신 과정에 대한 인과적 고찰이다. 데카르트가 아니더라도 벽난로 옆에 앉아 자신의 생각에 대해 생각해볼 수 있다. 문제는 그것이 학문적으로 긍정적 기여를 하느냐는 것이다. 분트가 보기에 좀 더 형식적인 범주인 '내적 지각innere wahrnehmung'은 상당히 다른 것이었다. 가능하면 과학적 방법은 관찰자가 관찰 과정에 관여하지 않아야 한다. 이것이 바로 분트가 마음에 두었던 두 번째 접근방법인데, 이 방식에는 관찰자를 관찰 대상으로부터 분리해내는 고단한 작업이 포함된다. 내적 지각 기법에서 연구자는 실제로 본인의 생각에 대해 임상적으로 분리된 자세를 취하고 있었다. 분트는 내적 지각기법이 그 자체로는 괜찮은 과학적 방법이 아니나, 실험 참가자들을 철저히 훈련시킴으로써 보완이 가능하다고 보았다.

그리고 분트는 실제로 참가자들을 직접 훈련시켰다. 내성에 비판적인 사람들은 라이프치히 실험실의 내성 실험이 사람들의 정신적 과정을 상당히 느슨하게—실은 데카르트식의—안락의자에 앉아 성찰하는 것이라고 비판했다. 하지만 분트의 실험에서 내성을 시도한 사람들은 훈련된 전문가들이었다. 보고된 바에 따르면 연구논문 게재용 데이터를 제공하기 위해 분트의 실험실 연구원 한 명당 최소 1만 회 이상 내성 '반응'[7]을 수행해야 했다고 한다. 윌리엄 제임스의 분석을 보면, 내성은 여느 다른 종류의 관찰과 전혀 다를 바가 없었다. 잘될 수도 있고 잘 안 될 수도 있는 것이다. 능숙해지는 것이 관건이었다. 단지 그런 경험들이 있다는 것만으로 경험들을 관찰하거나 묘사하는 기술

이 있으리라는 보장은 없었다. 그러고 보면, 제임스가 언급했듯이 아기들은 뛰어난 내성가들일 것이다.[8]

분트의 노력으로 내적 경험 연구의 새로운 방법론이 구축됐고 이는 결국 대서양을 횡단하여 미국으로까지 퍼져갔다. 에드워드 티치너 같은 분트의 제자들에 의해 내성법은 점점 편협해지고 기계론적으로 변했으며, 약점들—특히, 입증 불가능한 자기관찰에 의존하는 것—은 더 뚜렷이 드러나고 말았다. 20세기 중반 영미 심리학은 존 B. 왓슨과 B. F. 스키너의 행동주의 이론에 사로잡혔다. 오직 관찰 가능한 행동들을 측정하는 것만이 엄밀한 정신과학을 보장해주리라는 것이 이들의 주장이었다. 윌리엄 제임스의 표현에 따르면, 내성은 경험 자체라기보다는 늘 어느 정도는 경험에 대한 기억이고, 기억은 오류가 있을 수밖에 없다는 것이 문제다. 무엇보다도, 경험을 관찰하는 행위 자체가 경험을 변화시킨다는 인식이 확산되고 있었다. 제임스는 자기 자신의 생각을 반추해보려 애쓰는 것은 마치 "암흑이 어떤 모습인지 보기 위해 재빨리 가스불을 켜는 것"[9]과도 같다는 인상적인 표현을 썼다.

많은 이들이 보기에 1950년대에 시작되어 이후 20여 년간 가속도가 붙었던 인지혁명은 내성을 관에 눕히고 박아 넣은 최후의 못[10]과도 같았다. 1977년, 리처드 니스벳과 티모시 윌슨은 상위 인지과정에 관한 보고 내용의 정확성에 관한 증거를 검토했다. 이들이 검토한 실험 가운데는 수면 장애가 있는 사람들을 대상으로 수행된 것도 있었다. 일부 참가자에게는 '각성'제[11]—신체적, 정서적으로 불면 증상을 야기할 것이라는 언질을 주었으나 실제로는 아무런 생리적 효과가 없는 위약—를 주었다. 또 다른 집단에게는 제공된 알약(마찬가지로 생리적 영향 없음)이 이완 효과가 있을 것이라고 말했다. 각각의 경우 이 알약들 자체에는 유효 성분이 전혀 안 들어 있었지만, 효과에 대한 참가자의 기대치는 완전히 달라지도록 조작되었다.

그런 다음 연구자들은 각 집단이 불면증에 어떻게 대처하는지 관찰했다. 예상대로, 계속 깨어 있게 만들 것이라는 알약을 받은 참가자들은 평소보다 좀 더 일찍 잠자리에 듦으로써 각성된 상태를 본인의 불면증보다는 약효 탓으로 돌리고 있었다. 이완제 집단에서는 정반대의 패턴이 관찰됐다. 이 집단의 구성원들은 실제로 잠자리에 드는 데 더 오래 걸렸다. 아마도 이완되는 느낌을 기대하고 있었지만 결국은 전혀 그렇지 못했기—결론적으로 평소보다 훨씬 더 긴장하게 됐기—때문이었을 것이다. 그러나 사후 질문을 받은 참가자들은 약의 심리적 효과를 거의 느끼지 못한 채 자신들의 수면 패턴 변화를 시험 성적이나 여자친구와의 문제 같은 외부 요인 탓으로 돌렸다. 니스벳과 윌슨은 실험참가자들에게 각자 자신의 인지 과정을 설명해 달라고 부탁하는 것은 사실상 무의미하다는 결론을 내렸다. 내성주의자들이 그토록 공들인 그 모든 관찰에도 불구하고 우리는 자신의 정신이 실제로 어떻게 작동하는지 놀라우리만치 아무런 통찰을 얻지 못한 셈이다.

푹푹 찌는 7월 어느 날 베를린. 라라는 맥주를 한 병 더 마실까 고민하고 있었다.

"빈 병을 내려놓는데, 머릿속에서 '한 병 더 마실까?' 하는 생각을 했던 것 같아요. 그런 말을 떠올렸던 게 거의 확실해요. 바로 그때 삐 소리가 들렸어요."

라라는 로스앤젤레스 출신의 젊은 중국계 미국인으로, 베를린에 유학 온 지 1년 된 학생이었다. 실험 참여를 위해 그녀는 (오디오 카세트만 한 크기의) 소형 장치를 옷에 부착하라는 요청을 받았다. 해당 호출 장치는 불규칙적으로 활성화되어 이어폰을 통해 삐 소리를 내게 돼 있었다. 삐 소리가 나기 직전에 했던 경험은 무엇이든 주목하라는 신호다. 그런 다음에는 메모를 해야 했다. 형식은 자유지만 해당 용도로 지급된 노트패드에 나름 최선을 다해 그 순간의 경험을 기록해야 했다. 총 여섯 차례의 삐 소리를 듣고 여섯 번의 경험을 메모할 때까지 실험하고 나면 이어피스를 뺄 수 있었다. 다음날 라라는 실험실로 와서 여섯 차례의 순간에 관해 세부 면담을 받았다. 맥주 일화는 실험 첫날 세 번째 삐 소리가 난 순간의 얘기였다. 그 찰나의 의식에 관한 면담은 이 실험방법을 고안한 러셀 헐버트가 진행했다.

"정확히 그 말이었나요?" 러셀이 질문했다.

"정확히 그 말이었는지는 사실 백 퍼센트 장담할 수 없어요. 정확하게 기록했던 게 아니라서 ⋯ 그리고 그 순간 차가운 맥주를 마신다는 느낌과 그 감각을 내가 진짜 즐겼다는 건 기억나요. 그러면서 생각해본 거죠, '하나 더 마실까?'"

"그러니까 맥주를 마시는 감각의 회상인 거네요?"

"네, 그러면서 생각하는 거죠, '난 이 경험을 좀 더 원하는 건가?'"

맥주를 더 원했던 것인지 아니면 방금 전에 차가운 것을 즐겼던 기억을 떠올리고 있었던 것인지 러셀이 물었다.

"분명 둘 다였던 것 같아요. 제 스스로도 그 질문을 던지고 있었으니까요. 그리고 제 생각엔 아마 그 질문에 답하기 위해 회상을 시작했던 것 같고요."

그 순간 그녀의 경험 속에 있었던 단어들은 정확히 무엇이었을까? 라라는 기억해내지 못했다. 정확한 단어가 중요하기 때문에 앞으로는 그 단어를 반드시 적어두어야 한다고 러셀이 말했다. 만일 우리가 (머릿속에서 우리가 하는 나머지 다른 모든 일들과 더불어) 혼잣말하는 방식에 관심이 있다면 실제 단어는 굉장히 중요해질 것이다.

러셀은 질문을 이어간다. "그럼 그 단어들은 목소리로 들립니까? 아니면 본인이 그 단어들을 읽는 건가요, 아니면 보는 건가요, 아니면 어떤 다른 방식인가요?"

"네, 목소리로 들리고 제 자신의 목소리예요."

"좋아요. 그렇다면 그 단어들은 마치 당신이 그걸 말하는 듯한 목소리인 건가요, 아니면 당신이 그걸 듣고 있는 듯한 것인가요, 아니면 다른 어떤 방식인가요?"

"음, 제 생각엔 제가 그 단어들을 말하고 있는 것 비슷할 거 같은데요? 하지만 제 자신에게 하는 말들이기는 한데 누군가가 질문을 던지는 것과 비슷한 방식이에요. 문제는, 제가 그 순간에 관한 질문에 답을 할 때 제가 하고 있는 말이 달라질까 봐 좀 걱정이 된다는 거예요. 그 단어들을 대해 자꾸 더 생각하게 되니까요, 무슨 말인지 아시죠?"

헐버트는 내성에 대해 다시 고찰 중인 학자 중 한 사람이다.[12] 키가 크고 은발에 안경을 쓴 60대 후반의 이 남자는 핵무기 제조업체의 엔지니어로 일을 시작했다. 하지만 정말 하고 싶었던 일은 트럼펫 연주였다. 당시 베트남전 시기라 징용대상 목록 상단의 징집번호를 받았던 러셀은 워싱턴 D.C. 군악대에 자원했다. 그곳에서 발견한 트럼펫 연주자로서의 재능은 엉뚱하게도 직업 경력에 중대한 영향을 미치게 된다. 그는 마침내 군 장례식에서 연주되는 의례용 곡조인 '탭스Taps'(영국군의 '라스트 포스트Last Post'와 유사)를 연주하는 보직을 맡게 됐다. 헐버트의 역할은 알링턴 국립묘지에서 장례 행렬이 도착하면 조포弔砲가 울려 퍼지기를 기다렸다가 불쌍한 베트남전 희생자들의 관 위로 '탭스'를 연주하는 것이었다. 그런 다음 근처 나무 아래 세워진 차량으로 조심스레 돌아가서는—군 예복을 완전히 갖춰 입은 상태로—두 시간 후 예정돼 있는 다음 장례식을 기다리는 것이었다. 덕분에 재량 시간이 많았던 그는 알링턴 카운티 도서관에서 빌려온 책들로 차 안을 가득 채워 시간을 보냈다. 보통 엔지니어는 읽을 기회가 없을 만한 소설, 시, 역사, 심지어 심리학 서적에 이르기까지 온갖 책들을 읽었다. 불과 몇 달 만에 도서관의 심리학 서적 전부를 모조리 독파했다.

"제가 발견한 사실은 심리학 코너의 모든 책마다 이렇게 시작한다는 겁니다. '사람들에 관한 재미있는 사실을 알려주겠다.' 그러다 책의 말미에 가면 이런 말이 나오죠. '음, 알게 된 것 중에 내가 정말 재미있다고 생각했던 건 아무것도 없었고, 이론은 알게 됐지만 사람에 대해서는 여전히 아무것도 모르겠다.'" 러셀이 원했던 것은 사람들의 일상 경험에 대해 말해주는 내용이었다. "그런 생각을 했어요, 이런 것들을 그저 무작위로 표집할 수만 있다면, 괜찮을 것 같다. … 트럭을 몰고 사막이든가 도시의 평원이든가를 가로지르다가 이렇게 말했죠. '난 호출기를 만들 줄 알잖아.' 사우스다코타 대학원에 진학했을 때 연구소장이 '러셀, 뭘 하고 싶은 거죠?'라고 물었는데, 저는 '생각을 무작위로 표집하고 싶습니다. 그걸 어떻게 할 것인지는 여기로 트럭 타고 오는 길에 생각 좀 해봤습니다'라고 답했어요."

지도교수는 러셀의 아이디어를 인상 깊게 받아들이기는 했지만 무선호출기는 기술적으로 실행불가능하다고 보았다. 교수는 한 가지 제안을 했다. 만일 러셀이 호출기를 만들 수 있다면, 심리학 석사학위를 취득(공학 석사학위는 이미 소지하고 있었음)해야 한다는 요구를 철회하고 곧장 박사학위 과정에 들어갈 수 있게 해주겠다는 것이었다. 1973년 가을, 러셀은 호출기를 만듦으로써 내기에 이긴 셈이 되어, 자기 나름의 새로운 기술을 활용해 실험참가자들의 생각을 탐색하는 작업을 시작했다. 처음에는 짧은 질문지와 산더미 같은 결과 데이터를 해석하는 데 필요한 복잡한 통계분석을 활용했다. 결국 그는 자신이 이전에 비판했던 방법들에 비추어 본인의 방법 역시 정신이나 인간에 대해 더 흥미로운 어떤 사실도 말해주지 못했음을 깨달았다. 그리하여 러셀은 기록들의 좀 더 질적인 특성에 초점을 맞추기 시작했다. 실험참가자들이 각자의 사고 과정에 대해 기술한 내용 그리고 그중 해당 개인 특유의 요소 같은 것에 초점을 둔 것이다.

마지막 40년 가까이 러셀은 라스베이거스 네바다대학 교수로 재직했다. 거기서 내적 경험을 고찰하는 이 방식을 다듬고 시험하는 데 몰두했고, 이 방식을 기술적 경험 표집DES: Descriptive Experience Sampling[13]으로 지칭했다. 처음 네바다대학에 왔을 때만 해도 DES 호출기를 이용해 무엇을 할지 파악하느라 꼬박 1년 동안 호출기를 직접 착용했다. 눈에 띄는 이어피스 덕분에 학교 동료들은 그를 청각장애인이라고 생각했다. 물론 예의를 갖추느라 물어보지는 않았지만 말이다. 요즘도 캠퍼스에는 러셀에게 목소리를 높여 크게 말하는 이들이 있다.

라라에게 오늘은 그저 과정의 시작에 불과하다. 첫날부터 자신의 DES 순간을 능숙하게 기술하지는 못할 것이다. 첫날부터 잘하는 사람은 없으니까. 사실, 러셀에 따르면 사람들은 대체로 자신의 경험을 보고하는 것에 아주 서툴러서 첫날 보고내용은 내다버려야 할 정도라고 한다. 그러나 라라는 차츰 나아질 것이다. 러셀이 반복적 과정이라 부르는 DES는 응답자와 면담자를 '피험자 특유의 내적 경험을 차츰 더 충실하게' 기술할 수 있게 훈련시키는 것이 관건이다. 훈련이나 시행착오를 통한 학습 없이는 불가능한 일이다. 사람들은 일반적으로 자신의 경험을 정확히 기술하는 것보다는 숨기는 데 더 능숙하다는 것이 러셀의 주장이다.

러셀은 또한 DES가 내성이라는 활동에 끈질기게 따라붙어온 상당

수 문제들을 우회할 수 있다고 제안한다. 우선, 러셀은 무엇이든 일어나는 현상 그대로를 탐구하는 것 이외에는 다른 연구 의제가 없다고 본다. 어떤 이론으로 무장하고 DES 면담에 임하지 않는 것이다. DES는 시각적 심상, 신체 감각, 내적 발화 등 반복해서 튀어나오는 특정한 종류의 경험들을 실제로 찾아내기도 하지만, 관심 대상이 되는 경험의 범주를 미리 설정하지는 않는다. 헐버트는 내적 발화의 능동적 성격을 강조하기 위해 '내적 말하기'로 칭한다. 그러나 그는 내가 관심을 두는 방식—이 때문에 아마도 나는 이 기법을 이상적인 전문가처럼 실행하지는 못할 것이다—과는 달리 내적 발화에만 특별히 관심이 있는 것은 아니다.

무엇보다도, DES는 현상학으로 알려진 철학의 방법에서 영감을 얻은 방식이다. 현상학은 문자 그대로 사물들이 나타나는 방식에 대한 연구를 의미하며, 희한한 역설이지만 내성이라는 배를 침몰시키는 데 일조한 21세기 철학 분야들 가운데 하나이기도 했다. 호출기로부터 만족할 만한 양적 결과들을 얻지 못한 러셀은 후설과 하이데거의 연구에 빠져들었고 이들의 저술을 좀 더 심도 있게 공부하고자 독일어를 독학하게 됐다. 러셀이 현상학에서 얻은 가장 중요한 교훈은 소위 '전제에 대한 괄호치기bracketing'라는 것이다. 사물이 어떻게 존재할 것인가에 관한 선입견을 제쳐두고 사물이 실제로 어떻게 존재하는지 관찰하는 연구자의 역량이 중요하다는 것이었다. 타인의 머릿속에서 무슨 일이 벌어지고 있는지 알아내려 한다면, 시작도 하기 전에 그 머릿속에 무엇이 있는지 안다는 가정부터 하고 싶지는 않을 것이다. 내적 발화와 같은 특정 현상에 관심이 있는 경우 이는 특히 중요하다. 사람들이 항상 혼잣말을 한다는 가정부터 한다면, 아마 당신의 데이터는 그 전제를 다시 튕겨내 버릴 것이다.

평생 DES 연구에 매진한 러셀도 DES가 완벽한 방법이라 생각하지는 않는다. 우선, DES 보고서는 언제나 기억으로 여과되며 — 윌리엄 제임스가 1890년에 이미 예견했던 문제다 — 의식한 순간들은 사후에 재구성된다. 러셀이 맥주에 관한 라라의 생각의 디테일에 그토록 관심을 가지는 것은 바로 이런 이유들 때문이기도 하다. 라라는 그 생각이 정확히 무엇이었는지 확신하지 못한다고 했으며, 그 경험에 대해 골똘히 생각하는 과정이 여러 의심을 불러들이는 것 같다고 했다. 러셀에 따르면, 이는 정상이다. "우리는 어떤 일을 할 때 최대한 잘하려고 하거든요"라며 러셀은 라라를 안심시킨다. "라라에게 완벽할 것을 기대하지 않아요. 우리는 그게 가능하다고 생각하지 않거든요. 잘해보려고 노력할 뿐이죠."

나는 라라에게 그 생각을 구성했던 단어들에 관해 물었다. "그때 '맥주 더 마실까'였나요, 아니면 '하나 더 마실까'였나요?" 라라가 답한다. "'하나'였던 것 같아요, 분명 하나였어요." 앞으로 몇 주간 우리는 바로 이런 종류의 디테일을 살펴보게 될 것이다. 라라는 삐 소리가 나는 순간 좀 더 많이 적고, 자신이 기술 중인 의식의 순간에 대해 좀 더 구체적으로 짚어보겠다고 다짐한다. 라라는 지적이고 열정적인 참가자 — 이 연구의 첫 참가자 중 한 명 — 로서 실험에 제대로 참여하여 잘해보려는 마음이 있었다. 굉장히 까다로운 작업이라 가벼운 마음이

나 건성으로는 할 수 없을 것이다. 라라로서는 기술해야 하는 그 순간들이 아주 순식간에 지나가는 데다 평소 자기 생각에서 눈에 띄는 것들과는 거리가 먼 것이어서 그 순간들에 대해 말하기가 너무 힘든 것이다. "아시잖아요, 무엇인가에 관한 꿈을 꾸고 잠에서 깨면 곧장 잊어버리잖아요? 그거나 마찬가지예요." 러셀은 잘 버텨보라며 라라를 격려했다. 점점 수월해질 것이다. 절대 완벽해지지는 않겠지만, 오늘날 과학의 한계 내에서 최대한 완벽에 가까워질 것이다.

그날 저녁 호텔로 돌아가 면담 중 메모한 내용을 정리했다. 뇌우가 다렘에 쏟아지고 있었다. 막스 플랑크 인간개발연구소가 자리 잡고 있는 다렘은 수풀이 우거진 교외지역으로, 우리는 이곳에서 연구를 진행 중이다. 소설을 쓸 때 말고는, 타인의 경험을 세세히 파고드는 데 그토록 많은 시간을 들여본 적이 없었다. 기록한 내용을 러셀에게 이메일로 보내자 즉각 답장을 보내 내가 실수한 부분들을 지적했다. 라라의 경험이 '어떻해야만 하는지'에 대한 내 예상이 정확한 기록에 방해가 된 지점들이다. 전제의 괄호치기가 핵심이다. 자기 자신의 경험에 대해 이처럼 상세히 기술하는 법을 익혀야 하고, 다른 사람들이 당신에게 제시한 내용을 다루는 법도 익혀야 한다.

어마어마한 작업처럼 보일 텐데, 실제로도 정말 중요한 일임에 틀림없다. 일단 내성법에 대한 학계의 비판은 여전히 공고하다. 행동주의자라면 정신의 내면을 들여다본다는 것 자체가 너무나 오류에 취약하고 너무나 비과학적이며, '객관적'일 수 있는 사건들을 기준으로 삼고 생각이나 느낌은 우회해 지나쳐야 한다고 말할지 모른다. 반면 내성주의자는 주관적 경험에 관심을 두지 않는 정신과학은 공허하고 무의미하며, 이는 정신과학의 마땅한 역할과는 한참 동떨어진 것이라고 응수할 것이다.

이 문제는 뇌의 뚜껑을 열어보는 새로운 기술이 등장하면서 한층 더 첨예해진 것 같다. 여러 심리학 방법과 (스캐닝scanning, 전기 자극, 뇌손상연구 등을 통한) 다양한 신경계 연구기법을 결합한 인지신경과학 분야는 정신과 뇌에 관한 일체화된 설명을 하겠다는 약속을 여러 영역에서 이행하기 시작했다. 하지만 우리는 여전히 내면에서 무슨 일이 벌어지고 있는지 알 필요가 있다. 사람들은 자신의 시각피질이나 편도체를 조절하는 해마 활동의 활성화를 경험하는 것이 아니라, 시각적 이미지들과 정서적 기억들을 경험하기 때문이다. 정신과학이 통합되려면 그러한 경험에 도달하는 길이 필요할 것이다. 우리에게는 DES 혹은 그 비슷한 무엇인가가 필요하다.

뿐만 아니라 니스벳과 윌슨을 향해 있는 내성에 대한 비판은 과녁을 한참 빗나간 상태다. 이들이 1977년에 작성한 논문에는 자신이 과거에 내린 특정한 결정의 이유에 대해 이렇다 할 만한 설명을 하지 못하는 사람들의 사례가 여러 차례 등장한다는 점을 상기해보자. 사람들은 자기 행동의 '원인'을 보고하는 데 실제로 매우 취약할 수 있다. 하지만 그렇다고 해서, 자신의 '경험' 자체를 보고하는 것조차 잘할 수 없는 것은 아니다. 사실, 기존의 연구를 검토하면서 니스벳과 윌슨은 내적 경험에 관한 데이터 수집에 나름 신중을 기할 수 있는 향후의 여러 연구 방법들에 대해서도 문을 열어 두었다. "사람들은 내성 보고에서 '절대 정확할 수 없'기 때문에, 이에 기반한 기존 연구는 취약할 수 밖에 없다."[14] 만일 경험의 순간을 방해하지 않고서도 그 순간을 부각시킬 수 있고, 참가자들이 자기 머릿속에서 벌어지는 일에 대해 주의를 집중하게 할 수 있으며, 참가자들이 그 경험을 더 잘 드러낼 수 있게 도울 어떤 방법이 있다면, 뭔가 새로운 돌파구가 생길지도 모른다. 헐버트가 보기에 DES는 여기에 상당히 부합하는 방식이다.

그러나 이 방법에도 비판의 목소리가 있다.[15] 인지과학자들은 DES가 다루기 까다롭고 힘든 기법이며 실험참가자 한 명에게서 나온 결과를 심리학 이론의 유의미한 부분이 될 만한 어떤 것으로까지 일반화시키기는 불가능하다며 문제를 제기한다. 철학자들은 헐버트가 경험에 대한 자기 나름의 전제들을 배제해내는 능력이나 자신이 기술하려는 바로 그 과정들을 질문을 통해 형성할 위험을 피하는 능력을 과신하고 있다고 주장한다. 이에 대해 러셀은 자신의 방법을 진지하게 받아들인다는 것은 우리 머릿속에서 일어나는 일에 대해 우리가 굉장히 자주 오해하고 있다는 점을 인정하는 것이라고 지적한다. 본인이 사용하는 수단의 타당성 확립에 천착하는 전형적인 심리학자와는 달리, 러셀은 자신의 방법을 각 실험참가자 내면세계의 고유성을 탐색하기 위한 공용어를 확립하는 작업으로 간주한다. 사람들의 다양한 경험을 기존의 범주에 욱여넣으려 하지 않는다. "그건 마치 정찰병과 전투병과 같은 겁니다. 정찰병들이 어디로 갈지 알려주면, 그 다음에 전투병들이 거기로 가는 거죠. 전투에서 승리하고자 한다면 정찰병력과 전투병력 모두 있어야 해요. 현재 심리학에는 훌륭한 정찰병력이 충분하지 못한 상황입니다."

　개인적으로 DES는 강점과 약점을 여러 다른 기법들과 결합시킬 만한 가치가 있는 기법이라고 생각한다. (우리는 실제로 베를린에서 DES방법과 신경영상^{neuroimaging}의 결합을 최초로 시도할 계획이다. 며칠 내로 라라는 오로지 이 목적을 위해 스캐너에 들어갈 예정이다.[16]) 이후 장들에서 살펴보겠지만, 우리 머릿속에서 들리는 목소리는 다양한 기법으로 연구되어 왔으며, 그 가운데는 DES처럼 직접적인 방식도 있고 그보다 훨씬 더 간접적인 방식도 있다. 나 역시 DES는 실제로 일어나고 있는 내적 발화의 양을 과소평가할 수도 있다고 생각한다. 실험참여자에게 정확히 어떤 단어가 머릿속에 있었는지 보고하라는 까다로운 요구를 하기 때문이기도 하고, 내적 발화의 내용이 될 수 있는 문화적 전제 때문이기도 하다.

　베를린에 머무는 동안, 직접 면담을 주도할 기회가 생겼고 어느새 내가 이야기 나누고 있는 사람들의 경험에 관한 내 나름의 전제를 괄호치기하여 배제하는 데 이따금씩 성공하고 있음을 발견했다. 이 책을 쓰느라 러셀을 면담할 때 내가 특히 단어 선택에 주의를 기울이고 있음을 알게 되었다. 이처럼 인간 경험의 세세한 디테일에 온통 주의를 기울이는 작업은 DES의 창시자에게 어떤 영향이 있었을까? 그는 1년여에 걸쳐 거의 지속적으로 호출기를 착용했던 기간 외에는 본인이 직접 호출 실험에 참여하는 것은 피해왔다. 자신의 경험을 바탕으로 타인의 경험 속에 자신의 기대치를 윤색해 넣을지 모른다는 우려 때문이었다. 다른 측면에서 보면, 그가 최근 40여 년간 발전시켜 온 DES

기법은 본인의 삶의 거의 모든 측면을 건드려왔다. 헐버트는 사려 깊고, 예민하고, 신중하며, 섣불리 판단하지 않는 태도로 사람들과 상호작용하는 방식을 발달시켜왔다. DES에 전념한 결과 그가 이렇게 된 것인지, 혹은 DES가 그 창시자의 이 같은 특성들을 반영한 것인지 러셀은 알지 못한다. 그는 전형적인 청자聽者이자 유난히 신중한 질문자다. 러셀은 이렇게 말한다. "전제의 괄호치기는 제 내면 깊숙이 흐르고 있어요. 제 연구방법과 제 자신은 서로 상당히 얽혀 있죠."

그렇다면 DES는 참가자들에게 어떤 영향을 미칠까? 다른 사람의 세세한 경험에 그토록 집중하는 작업은 인간의 정신생활이라는 다채로운 가장행렬을 바라보는 관점에도 변화를 가져오기 마련이다. 사람들이 생각과 느낌을 아주 세세하게 묘사하는 이야기를 듣는 데 지금까지 긴 시간을 할애하며 DES 방식을 익혀 온 연구자로서 나는 소설을 읽을 때 느끼는 것과 동일한 즐거움을 어느 정도 얻을 수 있었다. 소설가들이 즐거움을 느끼는 작업 가운데 하나는 바로 어떤 의식을 지면 위에서 재창조해내는 일이다. 만일 누군가의 경험을 세세하게 기록하는 대작가를 지켜본다면 작가처럼 빠져서 몰입하게 될 것이다.

자신의 경험을 보고하는 사람들에게는 훨씬 깊은 영향을 미칠 수 있다. DES는 본인의 경험에 대한 자기 자신의 전제들[17]이 어떻게 전복될 수 있는지 보여주는 명징한 사례들을 제시할 수 있다. 또 다른 실험 참가자 루스는 실험이 고되기는 했지만 DES 연구에 참여함으로써 스스로 그 순간을 좀 더 잘 인지하게 됐고 자신의 정신 상태에 대해서도 더 제대로 파악하게 됐다고 말했다. 호출음이 들릴 때마다 되짚어

보니 자신은 스스로 알고 있던 것보다도 대체로 훨씬 더 쾌활했고, 이전까지는 미처 알아채지도 못했을 만큼 굉장히 소소한 것들—정원의 낯익은 울새 두 마리의 행동 같은 것—에서 기쁨을 찾는 사람이었다. 러셀 본인도 자신의 연구방법이 사람들에게 미치는 영향을 40여 년간 지켜봐온 터였다. "이 방법을 써 본 사람들이 보이는 가장 흔한 반응은 '지금까지 아내나 단골 바텐더나 아니면 나를 5년간 치료해온 정신분석가 등 그 어느 누구를 통해서 알게 됐던 것보다도 나 자신에 대해 더 많이 알게 됐어요'입니다. 그리고 이 자체가 꽤나 놀라운 것은 우리가 시도하는 것이 25밀리초짜리 경험에 관한 충실한 관점을 얻으려는 것에 불과하기 때문이죠." 러셀에 따르면, 어떤 이들에게 DES는 '정말 삶을 바꾸는' 일이었다.

한편 이 같은 방법들은 인간의 경험을 과학적으로 연구하길 원하는 사람들에게 엄청난 난제를 제시한다. 루스 같은 사람이 처음 시작할 때 본인의 경험에 대한 착각이 있었을 수 있다고 말하는 것은 무슨 의미일까? 내적 발화의 경우, 자기 머릿속에 단어들이 꽉 차 있다는 전제를 가지고 DES를 시작했던(나 역시 똑같은 생각을 가지고 시작할 듯 하다) 사람들이 사실 자기 경험은 전혀 언어적이지 않다는 사실만 깨닫게 되는 경우를 러셀은 수없이 보아왔다. 자기 머릿속에서 일어나는 일에 대해 대체 어떻게 본인이 '틀릴' 수도 있다는 것일까? 자기 경험 속에서 일어나는 일은 어떤 것도 확실히 알 수 없다는 또 다른 관점 역시 기이해 보이기는 마찬가지다. (그런데 바로 이것이 내성법을 비판하는 일각에서 도달한 결론이다.) 한 가지는 확실하다. 만일 우리가 머릿속 목소리에 관한 과학을 원한다면, 일상적이고도 찰나적인 경험의 순간들에 세심하게 주의를 기울이는 DES 같은 방식이 필요하다는 점이다.

3
혼잣말의
심리학

THE VOICES WITHIN

닉 마셜은 여자들의 마음을 읽을 수 있다. 시카고에 있는 자기 아파트에서 황당한 방식(헤어드라이어와 욕조)으로 불의의 감전 사고를 당한 닉(멜 깁슨 분)은 주변 여자들의 생각을 읽어낼 수 있는 초능력을 얻은 채 깨어난다. 영화 〈왓 위민 원트What Women Want〉는 정신적 프라이버시라는 법칙이 깨져버릴 때 일어나는 일에 관한 이야기다. 닉처럼 오만하고 남성우월주의적인 광고담당 이사에게 여성의 마음을 읽는다는 것은 편리한 기술이다. 이 기술 덕분에 그렇지 않아도 상당했던 침대에서의 성적도 향상되고, 상사 머릿속에서 제일 좋은 아이디어들을 도둑질 해다가 자기 것인 양 시치미도 뗄 수 있다. 여기는 할리우드 로맨틱 코미디 세상 속이고, 도덕적 문제와 씨름하며 점차 인간적으로 성숙해 가는 닉의 이야기는 내내 우리에게 직업적 성공을 대가로 희생시킬 수 없는 가치들을 나지막이 상기시켜 준다. 도둑질이 잘못된 일임은 당연하지만, 주인이 잃어버린 것조차 알아채지 못하는 생각들을 가지고 달아나는 것은 특히나 불쾌한 구석이 있다.

텔레파시 기술에 대한 여느 묘사와 마찬가지로, 〈왓 위민 원트〉가 우리에게 상기시켜 주는 것은 멀쩡한 정신의 기본 전제는 우리 머릿속이 타인의 접근으로부터 봉쇄돼 있어야 한다는 점이다. 닉이 새로운 능력을 사용하는 첫 장면은 헤어드라이어 감전사고 이후 자기 집에서 깨어나는 순간이다. 의식을 잃은 채 바닥에 누워 있는 닉을 발견한 가정부는 그가 죽었을지도 모른다는 생각을 하게 된다. 그러나 그녀의 생각은 여느 날과는 달리 사적인 상태로 안에 머물지 않고, 마치 입 밖으로 크게 소리 내어 발화된 것처럼 닉이 듣는다. 이 특정한 허구의 세계에서, 생각하기는 곧 일종의 말하기로, (정상적인 상황에서라면) 생각하는 당사자만 들을 수 있는 내용이다. 닉은 타인의 생각의 흐름을 구체적인 특징들을 지닌 목소리로 듣고, 이 목소리는 단어들을 결합하여 여러 의미를 생성해 낸다. 구어와 동일한 방식이다.

사운드트랙도 있지만, 어쨌든 영화는 고도로 시각적인 창작물이다. 감독이 생각을 시각적 이미지로—가령, 등장인물 머리 위 공간에 짤막한 영상으로 풀어놓는다든가 하는 식으로—묘사하는 것을 말릴 수는 없을 것이다. 그러나 이는 영화에서든 다른 매체에서든 흔치는 않은 방식이다. 만화책이나 그래픽노블을 들춰보면 사람들의 사고과정이 언어적 발화로 묘사된 것을 볼 수 있다. 생각은 목소리, 즉 자아의 목소리라고들 한다. 소리 내어 발화됐다면, 자신과 같은 언어를 쓰는 사람들이 쉽게 이해할 수 있는 소리 없는 독백인 것이다.

이후 며칠간 본인의 독심술에 관한 닉의 감정은 공포에서 수용으로 변해간다. 재미있는 장면이 하나 등장하는데, 새로 생긴 능력에 대한 의구심을 검증하고자 더 많은 증거를 모으려던 닉은 멍청한 두 비서의 생각을 몰래 엿듣지만 완전한 무선침묵(안전이나 보안 등의 이유로 전파 발신을 중단하는 행위_옮긴이)만을 발견하는 장면이다. 상사 다르시Darcy 가 동시에 생각을 하는 바람에 닉이 그녀의 말을 이해하지 못하는 대목도 기억에 남을 만한 장면이다. 생각은 언어적이지만, 우리가 생각하는 내용은 우리가 말하는 내용과 똑같지는 않다. 다르시의 의식이라는 목소리는 그녀의 사회적 목소리와는 다른 대본을 읽고 있다. 하지만 그것이 목소리라는 것만은 틀림없다. 다르시가 한밤중에 닉에게 전화를 건 뒤 끌리는 동료에게 수줍은 나머지 마음을 소리 내어 말하지 못할 때, 닉은 그녀의 생각들이 내는 소리와 그녀를 구분해내는 특별한 경험을 한다.

아슬아슬한 젠더정치학적 문제는 차치하더라도, 〈왓 위민 원트〉는 내적 경험에 대해서도 몇 가지 오해한 부분이 있다. 영화 초반부에 라틴계 가정부의 생각을 엿듣는 장면이 나오는데 여기서 가정부는 영어로 생각한다. 만일 자기 모국어로 고민을 했더라면 좀 더 그럴싸했을 것이다. 손짓으로 대화를 나누던 두 청각장애 여성은 예상과 달리 수화가 아닌 구어 영어로 생각하고 있다. 실제로, 청각장애를 비롯해 평범한 언어소통이 방해받는 여타 상황들은 발화, 언어, 사고 간의 관계를 이해하는 데 까다로운 문제를 제기한다. 청각장애인의 내면의 목소리에 관한 증거를 살펴보다 보면 알게 될 것이다.

고급예술 및 저급예술을 떠나 학자들이 기술해온 사고 과정을 살펴보면, 우리는 생각하기와 무언의 말하기가 긴밀한 관계에 있음을 좀 더 확신하게 된다. 철학자 레이 재켄도프는 이렇게 적고 있다. "우리 중 다수는 거의 끊임없는 실황방송을 계속한다." 그밖에 루드비히 비트겐슈타인이나 피터 카루더스 같은 철학자들은 통상적인 언어야말로 우리 생각의 운반체라고 주장해왔다. 아마 내적 발화의 편재성[1]에 관한 가장 극단적인 견해는 이 심리학자의 주장일 것 같다. 버나드 바스는 1997년 이렇게 썼다. "우리는 수다스러운 종이다.[2] 내면의 목소리를 최대한 오래 '막아두려' 애써 보면 쉽게 알 수 있는 사실인데, 자기 자신과 대화하고자 하는 인간의 욕망은 놀라우리만치 강렬하다. … 내적 발화는 인간 본성의 기본 사실에 속한다." 또 다른 저술에서 바스는 내적 발화의 명백한 편재성에 관해 상당히 과학적인 권위를 가지고 이렇게 적고 있다. "인간은 깨어 있는 동안 매 순간 자기 자신에게 말을 건넨다. … 깨어 있는 시간 중에 밖으로 드러나는 발화가 차지하는 비율은 10분의 1 정도겠지만, 내적 발화는 항상 이루어지고 있다."

이 같은 견해들은 경험적 지지를 얻는 데 한계가 있었다.[3] 바스처럼 끊임없이 내적 발화를 하고 있다고 보고하는 사람들도 있지만, 내면의 목소리를 훨씬 덜 활동적으로 묘사하는 사람들도 있다. MRI 스캐너 속에서 수 분간 아무것도 하지 않고 누워 있는(소위 '휴지(休止) 상태' 패러다임[4]) 사람들을 대상으로 한 어느 연구에서는 참가자 90퍼센트 이상이 이 시간 동안 모종의 내적 언어를 경험했으나, 이것이 지배적인 사고 유형이었던 사람은 17퍼센트에 불과했다. 러셀 헐버트의 DES 방법을 통해, 뇌 스캐너 밖에서 어떤 사람들은 호출기가 울린 순간 내적 발화가 차지하는 비중이 매우 높았던 반면(어느 DES 참가자의 경우 94 퍼센트에 달함), 사람에 따라서는 내적 발화가 전무한 경우도 있는 것으로 밝혀졌다. 헐버트 연구팀은 두 연구를 평균하여 호출기가 울린 순간 중 약 23퍼센트에 내적 발화가 있었다고 했는데, 이는 개인 간의 상당한 편차를 지워버린 수치다.

더 살펴보겠지만, 이런 온갖 수치에 회의가 드는 데는 여러 이유가 있다. 무엇보다도, 이 수치들은 내성을 기반으로 삼을 수밖에 없는데, 내성은 다양한 방식으로 문제가 있기 때문이다. 특히, 누군가에게 내적 발화를 얼마나 하느냐고 묻게 되면 반드시 일정 시간에 걸쳐 자기 마음을 다시 되짚어 보게 되는데, 이는 기억의 허점들도 작용한다는 뜻이다. 내적 경험 가운데 선별한 부분들을 사용하는 DES라 할지라도 변덕스러운 기억 과정을 거치기 마련이다. 또한 생각이 수다스러운 정도는 사람마다 천차만별[5]이라는 점도 명심할 필요가 있다. 어떤 사람들은 내적 발화를 전혀 하지 않으며, 내적 발화의 기능에 관한 이론이라면 두개골 안에 아무런 내적 발화도 담겨 있지 않은 사람들도 있다는 사실을 반드시 설명해야 한다.

그럼에도 불구하고 확실한 것은 내적 발화가 우리의 정신생활에서 매우 중요한 부분이라는 사실이다. 우리가 깨어 있는 시간 가운데 상당 부분에 해당하는 4분의 1 내지 5분의 1은 수많은 혼잣말[6]로 가득 차 있다. 대체 이 모든 언어는 우리 머릿속에서 뭘 하고 있는 것일까? 사람들은 언제 그리고 어떻게 이 같은 내적 수다의 흐름 속으로 들어가는지 질문함으로써 우리가 수다스러운 생각들 속에서 무엇을 얻게 되는지 비로소 밝힐 수 있게 될지 모른다.

⊗

마이클은 머릿속으로 혼잣말을 한다. 주로 일하다 보면 오랜 시간 그냥 기다리다가 이따금씩 고도로 집중하는 순간이 온다. 그 일은 보통 사람의 무릎반사만큼이나 빠른^{隨意} 속도에 해당하는 수의^{隨意}운동으로 생각과 행동을 결합하는, 거의 초자연적인 능력을 요한다. 마이클은 프로 크리켓 선수로, 공이 오기를 기다리는 동안 자기 자신에게 말을 건넨다. 어느 날 카운티 운동장에서 훈련을 마치고 나온 마이클은 내게 이렇게 말했다. "소리 내서 말을 하지는 않는 것 같아요. 하지만 머릿속에서는 말을 하고 있죠. 뒷다리에 무게를 싣고 아주 조금만 움직이는 거야, 저쪽으로 조금만 움직여야지, 그래요. 그런 다음 혼잣말을 하는 거죠, 좋아, 공을 보라고. 끼어드는 온갖 생각을 한번 없애 보려는 거죠."

이런 유형의 혼잣말이 스포츠 경기의 중요한 특징임은 오래전부터 확인돼 왔다. 1974년부터 시작된 어느 유명한 연구에서, 코칭 전문 작가인 W. 티모시 갤웨이는 여느 테니스코트에서든 관찰될 법한 시나리오를 제시해 독자의 이목을 집중시켰다.

대부분의 선수들은 코트에서 늘 혼잣말을 하고 있다. '일어나서 공을 잡아.' '저쪽 백핸드로 밀어붙여.' '계속 공을 봐야 해.' '무릎 꿇어라.' 명령은 끝이 없다. 어떤 선수들은 마치 머릿속에서 마지막 수업이 녹화된 테이프가 재생되는 것을 듣는 것 같을 정도다. 그러다 한 번 치고 나면, 또 다른 생각이 머릿속을 휙 스쳐 지나가는데 어쩌면 이런 말일 수도 있다. '이 곰처럼 굼뜬 놈아, 네 할머니도 이것보단 잘하겠다!'[7]

곰한테나 할머니한테나 심한 말이기는 매 한가지지만, 갤웨이는 이같은 흔한 유형의 혼잣말을 두 자아—'말하는 자'와 '행하는 자'—사이의 관계라는 측면에서 분석했다. 당신은 말하고 몸은 듣는다는 것이다. 갤웨이의 관찰은 우리가 혼잣말을 하는 이유에 관한 논의에서 늘 튀어나오는 한 가지 구분—말하는 자아와 듣는 자아 사이의 분리—의 문제와 연결된다. 만일 우리가 정말로 우리 자신'에게' 말을 '건다면', 뒤따라 나오는 언어는 자아의 부분들 간에 일어나는 대화의 속성을 어느 정도 갖추고 있어야 한다.

이 개념은 서구사상사 계보에서 최소 플라톤까지 거슬러 올라간다. 플라톤은 『테아이테토스』에서 생각을 "무엇을 고찰하든 혼이 자신과 나누는 대화"라고 정의하며 이렇게 말했다.[8] "내 생각을 말하는 것뿐일세. 내가 보기에 혼이 생각한다는 것은 바로 혼이 스스로에게 묻고 대답하고 긍정하고 부정함으로써 자신과 대화하는 것일세." 19세기 말 작가였던 윌리엄 제임스가 보기에 언어적 사고가 펼쳐질 때 그 소리를 듣는 일[9]은 '스쳐 지나는 생각의 의미를 감지하는' 능력에서 아주 중요한 부분이었다. 자아가 말하고 자아가 들으며, 그런 과정에서 생각되는 것을 이해하는 것이다. 비슷한 시기에 저술 활동을 했던 미국의 철학자 찰스 샌더스 퍼스는 생각을 자아의 다양한 측면 간의 대화[10]로 보았다. 여러 측면의 자아 가운데는 '현재의 자아'인 주체아[I]가 무엇을 하고 있는지 묻는 '비판적 자아'인 객체아[Me]도 포함된다. 철학자이자 심리학자인 조지 허버트 미드는 생각은 사회적으로 구성된 자아와 내면화된 '타자'[11] 간의 대화를 포함하며, 이 내면화된 '타자'는 자아가 하고 있는 일에 관해 다양한 태도를 보이는 추상적인 내면의 대담자라고 보았다.

테니스 코트에서 혼잣말하는 사람은 생각에 관한 이 모든 다양한 견해 사이에 공통된 무엇인가를 수행하고 있는 것이다. 당신을 '곰처럼 굼뜬 놈'이라 부르는 그 생각은 행동을 하는 대상으로부터 비판적 거리를 수용할 수 있는 자아의 일부분에서 나온다. 스스로에게 말을 걸 때 당신은 잠시 자기 자신으로부터 빠져나와 본인이 하고 있는 일에 대해 일정한 관점을 가지게 된다. 스포츠 경기 중의 혼잣말은 묵음으로도, 소리를 내서도 발화될 수 있다. 혼잣말의 두 가지 주요 유형은 갤웨이가 언급한 테니스코트 사례에서 분명히 드러난다. 하나는 인지 기능을 지닌 것으로 보인다. 공을 보고 그것을 상대선수의 백핸드로 밀어 넣으라는 자기 자신에 대한 독려—단어들을 사용해 자기 자신의 행동을 조절하는 것에 관련된 듯 보이는 발화—다. 두 번째는 동기부여 기능을 가진 유형으로, 선수들이 공을 잘못 치고 나서 자책할 때 흔히 볼 수 있다. '쓰레기 같았어. 정신 차리라고'라며 스스로를 다그치는 소리를 들어본 적 있을 것이다.

두 가지 혼잣말 모두 스포츠 경기성적에서 중요해 보인다. 2013년의 한 인터뷰에서 윔블던 챔피언 앤디 머레이[12]는 코트 안에서든 밖에서든 절대 혼잣말을 소리 내서 한 적이 없다고 했다. 하지만 플러싱메도우스에서 열린 당시 세계랭킹 1위 노박 조코비치와의 결승전에서 두 세트를 앞서 가다 역전당하기 시작하면서부터 모든 것이 달라졌다. 머레이는 잠시 쉬는 시간에 화장실에 들어가 거울 앞에서 스스로 격려하는 말을 했다. 〈런던타임스〉 인터뷰에서 그는 이렇게 말했다. "내면의 흐름을 바꿔야 한다는 걸 알았죠. 그래서 말을 하기 시작했어요. 크게 소리 내서요. '넌 이 경기 지지 않을 거야.' 제 자신에게 그렇게 말했죠. '넌 이 경기 '절대' 안 져.' 좀 머뭇거리며 시작했지만, 목소리는 점점 커졌어요. '너 이번엔 지지 않을 거야. 이번엔 '절대' 지지 않을 거라고⋯. 힘껏 해 보는 거야. 몸 사리지 말고.' 처음에는 좀 이상했지만, 뭔가 제 안에서 변하는 걸 느꼈어요. 그런 변화에 놀랐죠. 제가 이길 수도 있겠다 싶었어요." 머레이는 코트로 돌아와서 혼잣말을 계속했고, 조코비치의 서브를 깨고 다섯 번째 세트를 이기며 3세트를 따냈다. 그는 그렇게 US오픈을 승리하며 76년 만에 영국 최초의 남자 단식 그랜드슬램 챔피언이 되었다.

스포츠 코칭 업계에서 혼잣말은 아주 중요한 요소여서 밖으로 소리를 내는 형태든 말없이 속으로 하는 형태든 꽤나 철저한 연구가 계속돼 왔다. 심리학자들은 배드민턴, 스키, 레슬링 등 다양한 스포츠 종목에서 개인적인 혼잣말[13]을 연구해왔다. 하지만 혼잣말의 효과적인 활용은 단순히 긍정심리학이나 자기지시적 금언의 문제는 아니다. 사실,

최근 연구를 살펴보면 듣기 좋은 말을 자기 자신에게 하는 것의 가치와 관련하여 상충하는 결과들이 발견된다. 가령, 캐나다 팬 앰Pan Am 팀으로 출전 자격을 얻으려던 다이빙 선수 중에서 스스로를 칭찬하는 등 긍정적인 혼잣말을 더 많이 한 선수일수록 예선 통과 비율이 낮았다. 적어도 경쟁이 치열한 상황의 다이빙에서는 자기 자신에 대한 과한 애정이 역효과를 낸 듯 보인다.

각종 실험연구는 혼잣말의 가치를 좀 더 밝게 그리고 있다. 연구자들은 통상적인 실제 경기에서 선수 자신이 하는 행동에 대해 보고하도록 요청하는 것이 아니라, 수행 조건을 통제하고 그 효과를 살펴본다. 맥줏집에서 하는 다트 게임[14]에 대한 연구가 연구실에서 이루어지는 경우는 별로 없지만, 정말로 그렇게 한 경우가 있기는 있었다. 자원자들에게 다양한 형태의 혼잣말을 속으로 하면서 화살촉을 던지게 했다. 스스로를 깎아내렸을('넌 못해') 때보다 긍정적인 혼잣말을 한(매번 던지기에 앞서 '넌 할 수 있어'라고 말한) 상황에서 대부분 더 좋은 성적을 냈다.

혼잣말의 (긍정적이든 부정적이든) 영향력은 차치하더라도, 두각을 나타내는 선수들일수록 혼잣말을 더 많이 하는 경향이 있어 보인다. 미국 올림픽대표팀에 합류한 체조선수들을 대상으로 한 분석[15]을 보면 적어도 그렇다. 특히 테니스선수들의 경우를 살펴보면 혼잣말의 영향력은 혼잣말이 소리를 내지 않는 방식이었는지 소리를 낸 것인지 여부와 연관돼 있다고 생각할 만한 몇 가지 이유들이 있다. TV 방송을 보면 알겠지만, 많은 경우 코트에서의 그런 수다는 상당히 부정적이다.

머레이 같은 선수들은 응원의 말을 혼자 속으로 담아두고, 겉으로는 곳곳의 공도우미나 라인 판정 심판에게 놀랄 만한 비난이나 질책만 표현하는 건지도 모른다. 하지만 스포츠 분야의 혼잣말 연구는 대체로 드러난(소리를 내는) 방식과 숨겨진(소리를 내지 않는) 방식의 발화를 구분하지 않는다는 점을 기억해야 한다. 좋은 소리는 모두 속으로 삭인다[16]는 가설을 아직은 검증하기 어려웠다는 뜻이다.

혼잣말 연구가 이루어진 수많은 스포츠 종목들 가운데 크리켓은 특히 흥미로운 경우다. 타자는 최대 시속 95마일로 날아오는 크리켓공의 속도, 궤적, 튕김에 반응할 수 있어야 한다. (야구에도 비슷하게 적용된다. 타자에게 닿기 전에는 공이 땅에 떨어지지 않는다는 사실 때문에 약간은 단순해지는 사례이기는 하지만 말이다.) 심리학자들은 타자가 속구를 던지는 투수를 만나면 의식적으로 반응할 기회가 전혀 없을 것[17]으로 추정했다. 공이 워낙 빠르게 날아오니 받는 쪽에서는 반사신경을 끌어올려 공의 경로와 길이를 일찌감치 읽고 적절히 받아쳐야 한다. 공이 도착하는 몇 분의 1초 사이에 동작을 해내는 데는 통상적인 생각은 끼어들 수 없으며, 그렇게 여유부릴 시간 자체가 없다.

그러므로 아웃당하지 않고 공을 쳐내기 위해서는 공이 도달할 즈음의 결정적인 몇 초 동안 집중 상태를 유지하는 것이 필수적이다. 좀 더 엄밀히 말하자면, 타격에 필요한 것은 신속하고 효과적인 집중력 '이동'이다. 투구 수 초 전에 대개 타자가 사방을 둘러보는 모습을 볼 수 있을 것이다. 지루하거나 태만해서도 아니고, 어디 좀 더 재미있는 일은 없나 보려는 것도 아니다. 필드 상황을 살피고 외야수들의 위치를 파악하여 득점이 가능한 방향을 찾아 야수 머리 위로 공을 높이 넘기기 위한 것이다. 1~2초 뒤에는 집중 범위를 크게 좁혀야 한다. 필드의 전반적인 상황 대신(이때까지 계속 이를 고민하고 있으면 늦음), 투수의 손 안에서 반짝이는, 가죽을 입힌 코르크공으로 말이다. 타격이 어려운 이유 가운데 하나가 바로 넓은 범위에서 좁은 범위로의 이 같은 집중력의 이동이다. 모든 것을 파악하고 있던 상태에서 갑자기 관람석 쪽으로 돌려보낼 그 대상 하나만 파악하는 상태로 태세를 전환해야 하는 것이다.

이 상황에서 혼잣말은 정말 도움이 된다. 스포츠 분야에서 혼잣말의 기능에 대해서는 여러 가능성이 제시되었지만, 매우 중요한 한 가지는 집중력을 제어하는 능력일 것이다. 나는 운동은 잘 못 하지만 운전은 한다. 운전대를 잡으면 어느 한 방향으로 집중하기 위해 자주 혼잣말을 하곤 한다. 가령, 우회로에 접근할 때 '오른쪽을 봐'라고 말을 하여 그 방향에서 오는 차량들에 양보할 수 있게 한다든가 하는 식이다. 만일 해외여행에서 돌아온 직후이고, 여행지에서는 길 반대쪽에서 운전을 했었다고 한다면, 아마 혼잣말을 할 가능성이 더 높을 것이다. 과학적 입증까지는 못 하겠지만, 그 몇 안 되는 단어들은 내가 집중을 지속하는 데 도움이 되는 것 같다.

그렇다면 새로운 과제를 앞두고 스스로 용기를 북돋우는 것은 언어로 할 수 있는 최상의 일일지 모른다. 그러나 어떻게, 언제, 왜 혼잣말을 하는 거냐고 크리켓 선수들에게 단지 물어보기만 해서는 별 소용이 없을 것이다. 러셀 헐버트가 주장했듯이, 그런 식의 질문들은 그들의 경험을 제대로 표집하지 못한 채, 각자 자기 마음이 어떻게 작동한다고 '생각'하는지에 관한 뻔한 일반론밖에 도출해내지 못한다(러셀이 질문지를 이용하는 방식에 매우 회의적인 이유도 여기에 있다). 최근 연구에서는 타자들이 실제 어떤 식으로 혼잣말을 활용하는지[18] 좀 더 면밀히 살펴보기 위해, 독창적인 접근방식을 사용했다. 영국의 어느 지역 클럽 출신의 프로타자 5명이 참여했다. 각 타자에게는 한 이닝 중 여섯 차례의 결정적 순간들을 모은 '하이라이트' DVD를 제공해주었다. 타석으로 걸어 나가고, 첫 번째 공을 마주하고, 형편없는 타격을 하고, 투수가 바뀌고, 투구를 미리 가늠하고, 출루를 하는 장면이었다. 경기 1주일 뒤, 각 타자는 DVD를 가지고 (역시 엘리트 크리켓 선수 출신인) 연구자 한 명과 함께 앉아 해당 이닝의 각 에피소드를 함께 시청했고, 각 순간마다 스스로에게 무슨 말을 하고 있었는지 되짚어 보았다.

연구결과를 보면 자기지시적 발언이 다양한 기능을 수행하는 것으로 보인다. 한 선수는 타석으로 걸어나갈 때 타격 리듬을 타는 데 집중하고 점수판의 글자는 잊어버리려 애썼다고 했다. 또 한 선수는 타격에 적합한 기분을 만들기 위해 '크리켓 경기에서 승리를 거둘 기회가 온 거야' 같은 간단한 말로 자신감을 북돋워 봤다고 했다. 결정적인 첫 공이 오기에 앞서 필드의 빈 곳들을 둘러보고 나서 혼잣말을 했다는 선수도 있었다. '[아직도] 1점타가 기다리잖아.' 크리켓 선수라면 누구나 그렇게 말할 테지만, 재빨리 무사히 득점을 시작하는 것은 확실한 기선 제압이 된다.

하지만 상황이 그렇게 계속 술술 풀리는 법은 좀처럼 없다. 타격은 별로 여유가 없는 활동이다. 실수 한 번이면 그 길로 영영 갈 수도 있다. 이 연구는 타자들이 모두 타격을 엉망으로 한 뒤에 혼잣말이 최고조에 달했다는 점에 주목했다. 자책 뒤에 달콤한 말도 한 순갈 없는 것 역시 한 가지 공통된 패턴이었다. 어느 선수는 자기 이닝 중 위기 상황일 때 혼잣말이 특히 유용하다고 느꼈던 반면, 또 다른 선수는 단지 열심히 하라고 스스로 상기시키기만 했다. 상황이 잘 풀리지 않고 있을 때 '긴장을 풀'고 '힘내'라고 격려하는 것은 공통적이었다. 경기가 진행되면서 필요한 득점이 점차 늘어나면(전부 투구 제한limited-over 경기), 선수들은 어느 쪽으로 공을 칠지 미리 가늠해 보는 데 도움이 되는 혼잣말을 할 것이다. 한 선수의 경우, 단지 외야수들의 위치를 세분해 파악한 것이 타격을 득점으로 연결시키는 데 도움이 됐다. 결국 아웃된 뒤에는 모든 선수가 스스로를 책망하는 말을 했지만, 이는 다음을 위한 교훈을 얻는 것이기도 했다.

요약하자면, 다양한 내러티브의 혼잣말이 경기 전부터 시작되어 아웃될 때까지 계속됐으며, 상황이 안 좋게 흐를 때 특히 두드러졌음을 선수들의 보고 내용을 통해 알 수 있었다. 집중력 이동이라는 어려운 과제와 관련하여, 집중의 대상을 넓은 데서 좁은 곳으로 이동시킬 때 어느 실험참가자는 실제로 '공'이라는 단어를 소리 내어 말했다. 어쩌다 TV로 크리켓경기를 보게 되면, 실제로 이런 광경을 볼 수 있을 것이다. 가령, 영국의 에오인 모건을 보면, 타격 순서가 중간쯤인데 매번 공이 오기 전에 '공을 봐'라고 혼잣말하는 입 모양이 뚜렷할 것이다. 모건은 집중력을 모으는 결정적인 순간에 자기지시적인 말들이 인지적으로 효과가 있다고 느끼는 모양이다.

본인의 혼잣말에 관한 마이클의 설명을 들어보면 영상 연구결과가 사실임을 알 수 있다. 컨디션이 좋을 때 머릿속에서 떠드는 소리는 강도가 약해지지만 한층 구체적인 성격을 띠게 되면서 더 유용해진다. 형편없는 타격을 한 뒤라면 그에 따라 말을 할 것이다. "저라면 제 자신한테 '힘내'라고 하거나 살짝 욕을 하거나 아니면 '공을 봐'라고 할 것 같아요. … 그러니까 방금 제가 어떻게 했는지 정서적으로 환기시켜주고 어느 지점으로 되돌려야 할지 스스로 알려주는 거죠." 내가 마이클을 만난 것은 그가 퍼스트클래스first-class 크리켓에서 최고 득점을 한 이후였다. 4일간의 카운티 경기에서 무려 100점을 기록한 것이다. 그 정도의 대기록에 접근하면 혼잣말에도 변화가 생기는지 물었다. "아마 혼잣말을 더 하지는 않겠지만, 하는 말은 경기의 리듬에 따라 약간 달라질 거예요. 90점대에 들어가면 다른 불안이든 뭐든 머릿속에 여러 가지가 들어올 수 있다는 걸 제 스스로 아는 거죠." 마이클은 혼잣말을 너무 많이 해도 위험하다는 생각을 하기도 했다. "최대한 간단히 하려고 해요. 이것저것 너무 많이 생각하거나 나 자신에게 너무 많은 말을 하지는 않으려는 거죠." 나는 그에게 자기 머릿속에서 자신에게 조언하는 특정 코치의 목소리를 들은 적이 있는지 물었다. "영화속에 흔히 나오듯이 또렷한 목소리로 들을 수 있는 것은 아니지만, 사람들이 저에게 해준 조언들이 분명 있어요. … 머릿속에서 특정한 목소리나 특정 코치의 목소리를 듣는 것은 물론 아니고요. 아마 어떤 순간이나 기억에 대해 생각을 하는 것 같아요, 그러다가 그 기억을 경기 상황 속으로 끌어들이는 거죠."

　마이클의 설명은 테니스 코트의 '말하는 자'와 '행하는 자'라는 갤웨이의 설명과도 일맥상통하는 듯하다. 내면의 코치는 특정한 목소리라기보다는 다양한 훈련 경험의 혼합물에 가까운 것 같고, 여기 언급된 모든 혼잣말들에는 사실 다양한 유형의 내면의 대담자 ― 혹독한 비평가, 격려하는 친구, 현명한 조언자 등 ― 가 분명히 존재하는 듯 보인다. 이처럼 다양한 내면의 대담자들[19]을 기술하려는 과학적 시도는 최근까지도 전무하다시피 했다. 그러다 폴란드 루블린의 요한바오로2세가톨릭대학의 마우고차타 푸할스카 바실의 연구로 변화가 시작됐다. 그녀는 스포츠 경기 성적보다 일상의 내적 대화에 초점을 맞추었고, 감정과 관련된 단어들로 구성된 체크리스트를 사용해 학생들이 가장 자주 마주치는 내면의 대담자에 대해 기술하게 했다. 그런 다음 채점결과를 통계적으로 분석하고 유사한 기술 내용끼리 분류했다. 4가지 범주의 내면의 목소리가 나타났다. 충직한 친구(개인의 역량, 친밀한 관계, 긍정적 감정 담당), 양면적인 부모(힘, 사랑, 애정 어린 비판 담당), 거만한 라이벌(냉담하고 성공지향적), 차분한 낙관주의자(긍정적, 자기충족적 감정들을 담당하는 느긋한 대담자)로 나뉘었다. 이 초기 연구의 약점은 참가자들이 만나는 모든 다양한 내면의 목소리를 고려한 것이 아니어서 가장 자주 맞닥뜨리는 내면의 두 대담자 그리고 여러 다른 감정을 대표하는 나머지 두 대담자를 기술하라는 요청만 반복됐다는 것이다. 첫 세 범주는 통계 분석에서 재등장했으나, 이번에는 차분한 낙관주의자가 소위 무기력한 아이 범주로 대체됐다. 무기력한 아이는 부정적 감정과 사회적 거리가 특징적이다.

이 가운데 어떤 역할의 목소리가 자신에게 조언이나 위로 또는 격려를 하도록 받아들이든 그렇지 않든, 듣는 쪽의 자아를 스스로 지칭하는 방식이 중요한 것 같다. 앤디 머레이는 실제로 거울 앞에서 스스로를 격려할 때 자기 자신을 제3자로 지칭했고 격려의 대상은 '나'가 아닌 '너'였다. 사람들이 스스로를 자기 이름이나 2인칭 대명사로 언급하게 될 경우, 자기 자신을 '나'로 지칭할 때는 얻을 수 없는 (자아로부터의) 일종의 거리감을 획득하는 듯하다. 이는 앤아버 미시간대학의 에단 크로스가 진행한 일련의 연구를 통해 확인됐다. 에단은 특정 과제를 준비하고 수행할 때 자기 자신을 1인칭으로 부르는 것의 효과[20]를 조사했다. 그중 사회적 불안을 야기하도록 설계된 과제에서는 참가자들에게 제한된 시간(5분)만 주고 대중 연설을 준비시켰다. 좀 더 구체적으로 말하자면, '전문가들'로 구성된 심사위원단(실제로는 실험용 연기자들) 앞에서 자신이 꿈꾸던 일자리에 적임자임을 설득하라는 것이었다. '내'가 해야 할 일을 언급하며 해당 과제를 준비하게 했던 이들과 비교해 볼 때, 스스로를 1인칭으로 언급하라는 요구를 받지 않았던 참가자들이 더 연설을 잘해냈고, 자신의 연설을 더 긍정적으로 느꼈으며, 사후에 덜 되새기는 경향이 있었다. 1인칭 사용을 피하는 편이 자기 자신으로부터 어느 정도 거리를 두게 함으로써 좀 더 효과적으로 자기 행동을 조절하고 특히 사회적 불안 같은 감정에 잘 대처할 수 있게 하는 것 같았다.

특정 유형의 혼잣말이 가져다주는 혜택은 스포츠에만 국한된 것은 분명 아니다. 이 모든 연구로부터 얻을 수 있는 한 가지 결론은 혼잣말로 떠들어대는 것에는 여러 다양한 효과가 있다는 점이다. 운동선수에게 혼잣말은 행동 및 각성 상태를 조절하고 스스로를 격려하며 어려운 수행조건 속에서 집중력을 발휘하게 만드는 역할을 담당하기도 한다. 그 외에 우리 같은 보통사람에게 자기지시적 발언은 자기 자신에 관해 다양한 관점을 취하고 자신이 하고 있는 일로부터 어느 정도 비판적 거리를 유지하는 데 도움이 된다. 한낱—게다가 소리도 없는—말들이 대체 어떻게 화자에게 이런 영향을 미칠 수 있는 것일까? 우리 머릿속의 말들이 어떻게 그런 힘을 지닐 수 있는지 이해하기 위해서는, 그 말들이 어떻게 거기에 도달했는지부터 질문해볼 필요가 있다.

4
아이의
머릿속

THE VOICES WITHIN

"난 기찻길 만들 거야! 난 기찻길을 만들 거야, 아빠."

어린 소녀가 장난감을 가지고 놀고 있다. 아이는 침실 카펫 위에 앉아 있고, 옆에는 파란색과 보라색 플라스틱 조각들이 가득 담긴 커다란 쇼핑백이 있다. 이 플라스틱 조각들은 가게, 공항, 경찰서가 있는 마을을 조립해 만들 수 있는 해피 스트리트라는 이름의 장난감 건축 세트 부품들이다. 우리는 능숙한 마을 설계자가 되어 몇 시간 동안 도시를 건설하며 즐겁게 놀았고, 우리가 만든 이 도시에서는 나이 지긋한 여자들이 구급차를 몰고 빵집에는 항상 반들반들 윤기 나는 신선한 빵들이 있다.

"내가 지금 뭐하고 있지? 기찻길을 만들고 거기에 차를 몇 대 올려놓을 거야."

아이는 곡선 도로 조각 몇 개와 교차로를 한데 끼워 맞췄고 이제 교통을 손볼 차례다.

"위에 차가 몇 대 필요해."

아이는 쇼핑백이 있는 곳으로 기어가 손을 뻗어 넣는다. 아이 몸집의 두 배는 되는 워낙 큰 쇼핑백이라 그 안에 들어가는 모습이 마치 산타의 보따리를 습격하는 것 같다. 아이는 도로 조각 하나를 또 꺼내어 계속 뻗어나가는 도로망에 끼워 넣으려 하지만 작은 플라스틱 연결부위를 서로 맞추기가 쉽지 않다.

"기찻길을 만들고 위에 차도 몇 대 올려놓는 거야. 차 두 대."

방금 한 말을 보면 아이는 지금 있는 차 한 대에 몇 개를 더 가져다 놓고 싶은 모양이다. 하지만 아이는 아직 어떤 자동차도 고르지 않았고, 도로도 아직 만드는 중이다. 차 두 대가 필요하겠다는 생각은 아직 그냥 생각일 뿐이다.

"이 조각 어려워." 아이는 조각들을 다시 끼워 맞추려고 애를 쓰고, 이번에는 고리들이 나란히 맞춰진다. "됐다!"

이제 아이는 쇼핑백으로 되돌아가서는 검지로 쇼핑백을 가리킨다. 아이는 마치 반 아이들을 줄 세워 정렬시키고 있는 엄한 선생님 같은 표정이다.

"하나 더…"

어찌 보면 내 딸 아테나가 하고 있는 행동은 마이클이 타석에서 한다는 행동과 별반 다르지 않다. 차이점이라면 아테나는 프로 운동선수가 아니고 어른도 아니라는 것이다. 아테나는 두 살이다. 만일 이것이 비슷한 종류의 혼잣말이라면 아테나는 시작이 굉장히 빠른 셈이다.

운동선수와 마찬가지로, 아테나의 혼잣말은 다양한 기능을 수행하는 것으로 보인다. 무엇인가를 하기 전에 자신이 할 일을 자세히 계획한다는 점에서 혼잣말은 자기조절 기능이 있다. 아이는 해당 위치에 차를 한 대라도 올려놓기에 앞서 '차 두 대'에 대한 생각을 미리 표현한다. 타자가 타석에 들어서면서 타격 계획을 세우거나 아웃당한 뒤다음 경기를 위한 교훈을 얻듯이, 아이 역시 단어들을 통해 여러 가지를 충분히 생각하고 그 단어들은 실제로 아이의 행동을 구체적으로 방향 짓고 감독한다.

아테나의 발화는 자기 감정을 조절하는 역할도 있는 것 같다. 난감한 상황이 되면, 스스로 격려의 말을 한다. 기찻길 조각들을 끼워 맞추려는데 잘 안 되면 '이 조각 어려워'라고 자기 자신에게 말하는 것이다. 그러다 성공하면 '됐다!'라며 짤막하게 자축도 한다.

두 살 무렵에는, 전형적인 발달 과정 중에 있는 대부분의 아이들이 언어에 숙련되어 이처럼 굉장히 자주 자기지시적인 방식으로 언어를 사용한다. 어린 시절 혼잣말에 능숙해지는 과정을 보면 우리 머릿속 목소리가 어디에서 와서 무엇이 되는지 꽤 많은 것을 알 수 있다. 사실, 내적 발화가 어떤 종류의 것인지에 관한 매우 중요한 단서를 몇 가지 얻을 수 있다.

※

레브 역시 혼잣말을 하고 있다.[1] "나는 저 그림이 그리고 싶어, 저기

··· 나는 뭔가를 그리고 싶어, 정말로. 그러려면 커다란 종이가 필요하겠군."

배경은 1920년대 제네바. 레브는 루소연구소^{Rousseau Institute} 부속 유치원생이다. 이곳은 전설적인 발달심리학자 장 피아제가 1921년부터 1925년까지 운영한 루소연구소의 보육시설이다. 피아제는 레브를 비롯한 또래 아이의 독백이 사실 아무런 사회적 목적이 없는 언어 사용이라는 점에 주목했다. 피아제의 표현에 따르면, "레브는 자기 자신에게 엄청 열중해 있는 꼬마다." 6세인 레브는 아직 자신이 의사소통하려는 상대방의 관점을 고려하는 인지적 능력이 없는 상태라는 이야기다.

피아제는 이런 종류의 발화를 아동의 자기중심성^{egocentrism} ─ 자기 자신의 관점에 뿌리 내리려는 경향─의 증거로 본다. 무엇인가를 다른 누군가에게 말하려는 이런 시도는 실패한다. 아이는 상대방의 생각, 지식, 믿음에 맞추어 자기 발화를 조율할 줄 모르기 때문이다. 피아제는 이렇게 적고 있다. "이런 경우 발화는 화자의 생각을 상대에게 전달하는 것이 아니라,[2] 자신의 행위에 동행하거나 강화하거나 보충하는 역할을 한다." 아이의 말은 행동을 형성하거나 장려 또는 촉진한다기보다는 현재 진행중인 일에 단순히 동행한다.

같은 시기 모스크바에서는[3] 또 한 명의 심리학자가 혼잣말하는 아이들을 연구하고 있었다. 레프 비고츠키 역시 아이들이 여러 활동을 하면서 중얼거리는 것을 보게 되는데, 피아제와 달리 그는 이런 혼잣말을 단순히 행동에 부수되는 것으로 보지 않았다. 비고츠키는 오히려 피아제가 말한 '자기중심적 발화'를 특정 유형의 행동을 가능하게 만드는 수단으로 보았다.

우선, 비고츠키는 아이들은 자신이 하는 활동에 어떤 장애물을 만나면 혼잣말을 더 많이 하게 된다고 지적했다. (이를 알아보는 한 가지 방법은 아이가 특정 그림 과제를 수행하는 데 꼭 필요한 색깔의 크레용이 없는 상황을 만드는 것이다.) 만일 혼잣말private speech에 아무런 기능이 없다면, 과제의 난이도에도 영향을 받지 않을 것이다. 사실, 비고츠키가 관찰한 아이들은 실제로 각자 자신의 혼잣말을 활용하여 문제에 대한 구체적인 해법을 모색했다. 어떤 아이는 필요한 파랑 색연필이 없어진 사실을 발견하고는 이런 혼자말을 했다. "연필 어딨지? 나 지금 파랑 색연필이 필요한데, 없잖아. 파랑 대신 빨갛게 칠하고 그 위에 물을 올려놔야지, 그럼 더 어두워져서 좀 더 파랑색 같을지도 몰라."

비고츠키는 그 밖에도 다양한 관찰을 통해 아이들의 혼잣말은 기능적 역할을 수행한다고 주장했다. 어느 5세 아이는 전차를 그리다가 연필이 부러지자 '부러졌네'라고 조용히 중얼거렸다. 그러더니 연필을 내려놓고 붓을 집어 들더니 고장 난 전차를 그렸다. 사고가 난 뒤 수리 중인 모습으로 말이다. 아이는 자기 나름의 언어를 활용하여 활동의 방향을 바꾸고 있었다. 소리 내어 생각하는 중이었다.

표면적으로 보면 이 둘은 아이들의 혼잣말에 대해 매우 다른 관점을 가졌다. 피아제와 비고츠키는 서로 연구 내용을 읽고 관련해 논평했으며 높이 평가했다. 그러나 오늘날 알려진 대로, 아이들의 혼잣말에 관한 둘의 견해는 달랐으며, 그 중요성에 관해서도 각기 다르게 이해했다.

우선, 아이들의 사회적 세계 진입에 관한 설명이 달랐다. 피아제는 유아를 자기중심적 존재로 보고, '자기만의 관점에 깊이 빠져 있는'[4] 나머지 사회적인 상호작용에 충분히 참여하기 힘들다고 보았다. 비고츠키의 설명은 전혀 달랐다. 그가 보기에 아이는 생애 초기부터 다양한 사회적 관계들 속에 얽혀 있었다. 언어를 습득하면서 아이는 타인과의 의사소통 수단을 갖게 되고, 거기서 비롯된 대화는 아이가 이후 자기 자신과 나누는 혼자만의 대화 그리고 궁극적으로는 내적 발화의 토대를 형성한다는 것이다.

심리학자로서 나는 그동안 비고츠키가 남긴 저술의 의미, 즉 사회적 발화, 혼잣말, 내적 발화의 의미를 집중적으로 연구해왔다. 우리 머릿속 목소리가 어디에서 나오고, 왜 그런 속성들을 지니게 됐는지, 그리고 소리 내어 하는 혼잣말이 왜 성인기에도 가치가 있는 것인지에 대한 비고츠키의 저술들은 우리에게 최선의 설명이 될 것이라 생각한다. 그럼에도 불구하고 비고츠키의 이론에는 여러 공백이 남아 있다. 37세의 나이에 결핵으로 사망하면서 심리학자로서의 짧은 이력이 중단되고 말았기 때문이다. 언어와 사고에 관한 비고츠키의 저술은 애매모호한 부분이 있다. 하지만 그의 여러 가지 통찰은 이후, 놀이나 과제 수행 중인 아이의 혼잣말을 관찰한 각종 연구와 성인의 암묵적인 내적 발화에 대한 연구들에 의해 뒷받침되었다.

아테나의 침실로 돌아오자. 나는 아직 비디오카메라로 아이가 기찻길을 놓는 모습을 녹화하는 중이다. 내가 거기 있는 걸 아이가 알고 있는지는 잘 모르겠다. 동시에, 아이가 실제로 내게 말을 걸지는 않더라도 내가 거기 있다는 사실이 아이의 발화에 촉매 역할을 하는 것은 아닌가 싶기도 하다. 추측이지만, 만일 내가 그 자리에 없었더라면 아이는 혼잣말을 덜 했을지도 모른다. 사실 비고츠키가 발견한 것도 바로 이 점이었다. 아이들을 다른 언어를 사용하는 사람들과 한데 어울리게 한 경우, 사회적 발화 대비 혼잣말의 비율이 줄어들었다. 마찬가지로, 어느 관찰연구에서 비고츠키는 몇몇 아이들을 오케스트라 악단[5]이 연습 중인 시끄러운 곳 바로 옆방에서 놀게 했는데, 혼잣말의 비율이 현저히 감소했다.

하지만 나는 지금 여기 있고, 아테나도 어느 정도는 이를 인지하고 있다. 어느 초기 연구에서 지적한 것처럼 혼잣말에는 소위 '준準사회적' 성격이[6] 있다. 관객이 있다고 생각할 때 더 많이 일어난다는 것이다. 다른 맥락에서라면 타인의 행동을 통제하는 데 쓰일 법한 단어들을 가져다 본인의 행동을 통제하는 데 차용한 것이 바로 혼잣말이라고 이해하면 무리가 없을 것이다. 아테나는 소통하려 애쓰지만 소통하지 못하는 것이 아니라, 자기 자신과 소통하고자 애쓰고 있을 뿐이다. 이 같은 발화들이 나를 향한 것이 아닌 이유는 아이가 내 시각을 고려하는 데 필요한 인지적 정교함이 없어서가 아니다. 그 말은 애초에 나를 염두에 둔 적이 없었다. 내 존재가 촉매가 됐을지는 몰라도 그 말들은 오롯이 아이 자신을 위한 것이다.

사회적 발화에서 혼자만의 발화로 옮겨가는 것이 내게는 꽤나 분명하게 보였다. 이 도시 계획 에피소드 초반에 아이는 실제로 내 이름— '아빠'—을 사용했다. 그러더니 금세 내 존재 자체를 잊은 것 같았다. 연구에서는 아동의 혼잣말을 분석[7]—녹화된 영상을 수 시간에 걸쳐 되감아 가며 시청하는 노동집약적 과정—할 때, 특히 특정인의 이름을 뚜렷이 언급하는 발화는 사회적 발화로 간주한다. 혼잣말로 분류되려면 타인을 향한 발화라는 단서가 전혀 없어야만 한다. 이는 아이들이 혼잣말과 사회적 발화를 얼마만큼씩 사용하고 있는지 알려주는 정보가 된다. 그런 다음 우리는 그 정보를 이용해 자기지시적인 말에 관한 비고츠키의 견해들을 검증해볼 수 있다.

우선, 비고츠키의 주장대로 아이들이 혼잣말을 자기 행동 조절을 위한 '심리적 도구'[8]로 사용하는 것이 옳다면, 자기 자신과의 대화가 모종의 차이를 만들어낸다는 증거가 있을 것이다. 과제 수행 중에 혼잣말을 활용하는 아이들은 해당 과제를 더 잘 수행할 것이다. 적어도 발화 내용이 아이가 하고 있는 일과 관련이 있다면 말이다. 심리학자들은 아이들에게 수행할 과제를 내준 다음 그것을 하는 동안의 혼잣말을 분석하고 수행 결과가 혼잣말 사용과 관련이 있는지 살펴봄으로써 비고츠키의 주장을 검증해왔다. 아이들이 혼잣말을 이용함으로써 인지적 혜택을 얻는다[9]는 주장은 복수의 연구결과에 의해 입증되었다. 가령, 어느 연구에서는 5~6세 아이에게 런던탑Tower of London이라는 과제를 내주었다. 길이가 서로 다른 막대기에 서로 다른 색의 공을 옮겨 꽂는 과제다. 런던탑 과제는 공의 배열을 조정하여 난이도를 적절히 조정할 수 있는 장점이 있다. 혼잣말의 기능적 가치에 관한 비고츠키의 예상대로, 우리는 자기조절 용도의 혼잣말을 많이 사용하는 아이일수록 문제를 더 빨리 푼다는 사실을 발견했다. 또한 혼잣말과 과제 난이도 간 관계도 어느 정도 예측이 가능함을 알 수 있었다. 쉬운 문제에서 아이들은 혼잣말을 적게 했고(퍼즐이 너무 쉬워서 언어적 자기조절로 힘을 얻을 필요가 없었기 때문일 것이다) 난이도가 중간 정도인 문제에는 혼잣말을 좀 더 많이 했으며, 가장 어려운 퍼즐을 풀 때는 다시 말수가 줄었다(퍼즐이 너무 어려워서 문제 해결을 시작조차 못한 탓에 자기조절 발화가 별 효과가 없었기 때문일 것이다).

혼잣말의 기능에 대해서는 이쯤 해두기로 하자. 그렇다면 혼잣말의 형태는 어떠한가? 비고츠키는 발화의 내면화를 단순히 자기조절 발화가 계속 잦아들다 마침내 거의 혹은 완전한 묵음에 가까워지는 문제라고 보지 않았다(가령, 비고츠키의 동시대 학자였던 행동주의 심리학자 존 B. 왓슨은 그렇게 보았다). 오히려 비고츠키는 발화가 내면화되는 과정에서 근본적인 변형을 겪는다고 생각했다. 특히 중요한 한 가지 변형은 언어의 축약이다. 아이들이 스스로 행동을 유도할 때는 완전한 문장을 사용할 필요가 없다. 아테나는 혼잣말을 '나는 내 기찻길에 차 두 대가 필요해'라고 하지 않고, 줄여서 '차 두 대'라고만 한다. 피아제가 아동의 언어는 청자에게 적응해 감에 따라 점차 이해하기 쉽게 변해 간다고 주장한 것과는 대조적으로, 비고츠키는 혼잣말은 점차 생략되고 축약[10]될—외부의 청자가 이해하기 쉬워지는 게 아니라 오히려 더 어려워질—것이라고 본다. 아테나의 이후 내적 발화에서 이 같은 언어의 변형은 특히 중요하다. 비고츠키의 주장에 따르면, 소리 내어 하는 자기조절적 발화들로부터 내적 발화가 발달해가는 것이기 때문이다.

이와 동시에, 혼잣말은 그 원천인 사회적 발화의 중요한 특질들을 계속 보유한다. 만일 혼잣말이 사회적 대화가 부분적으로 내면화된 형태라고 한다면, 우리는 혼잣말이 서로 주고받는 대화의 특성을 띨 것으로 예상할 것이다. 특히, 아이들이 자문자답하는 모습을 기대할지도 모른다. 아마 아테나가 기찻길에 관한 대화를 자기 자신과 나누던 것이 이 경우에 해당할 것이다. 아테나는 '내가 지금 뭐하고 있지?'라고 물어보고 나서 '나는 기찻길을 만들고 거기에 차를 몇 대 올려놓을 거야'라고 답한다. 어른들의 혼잣말이 자아와의 대화를 반영하는 것처럼 보이듯, 이런 대화적 특성[11]은 아이들의 혼잣말에서도 매우 흔히 나타난다. 이전에는 보호자에게 질문하고 답을 기다렸을 법한 대목에서 아이들은 혼잣말을 통해 스스로 답하는 경우가 많다.

연구자들은 대체로 비고츠키 이론의 이런 다양한 측면들을 충분히 뒷받침하는 증거를 발견해왔다. 그러나 수많은 빈틈이 존재하며, 혼잣말에 관한 비고츠키의 저술들은 몇 가지 측면에서 잘못된 인상을 심어주기도 한다. 비고츠키는 혼잣말이 아동기 후기에 결국 '지하로 숨어들어' 내적 발화를 형성한다고 주장하지만, 또한 분명한 것은 (특히 운동선수들의 혼잣말을 보더라도) 사람들은 어른이 되어서도 계속 혼잣말을 한다는 것이다.[12] 또한 혼잣말—소리 내어 하는 내적 발화—에는 자기조절 이외에도 제2언어 연습, 자서전적 기억의 직조, 환상의 세계 창조 등 여러 부차적인 기능이 있는 것 같다. 만일 아동이 크게 소리 내어 하는 혼잣말에 많은 시간을 할애한다면, 이는 단지 문제 해결에 도움이 되기 때문만은 아니다.

※

이제 혼잣말에 대한 비고츠키의 설명이 대체로 정확했다고 가정해 보자. 소리 내지 않고 속으로 하는 혼잣말에 관해서도 비고츠키의 견해가 옳았다고 생각해야 할까? 즉, 우리는 무엇을 내적 발화라 지칭해 온 것일까? 물론, 내적 발화가 혼잣말에서 발달한다고 비고츠키가 잘못 주장할 만했다는 결론은 아니다. 소리 내지 않고 하는 혼잣말은 늘 관찰이 불가능한 탓에 실증적 연구가 되지 않는 영역이므로 이 질문은 답하기가 어렵다.

이는 적어도 우리가 몇 가지 반^反직관적인 개념들을 다뤄야 하기 때문이다. 만일 비고츠키가 옳다면, 혼잣말은 시간을 두고 천천히 발달되어야 하고(사실, 입증된 바에 따르면 혼잣말은 3~5세 무렵에 정점에 달한다), 내적 발화는 그보다 훨씬 더 뒤에 와야 한다. 그렇다면 유아는 다수 성인이 깨어 있는 상태에서 경험하는 내적 대화의 흐름을 경험하지 않는다는 의미인가? 우리의 사고는 많은 부분이 말로 이루어지는 듯한데, 그렇다면 유아의 사고는 굉장히 다르다는 결론을 내려야 할까?

이 질문과 씨름하다 보면 비고츠키 이론의 특별한 핵심에 도달하게 된다. 유아의 사고는 모든 면에서 성인의 사고와 차이가 있겠지만, 유아의 사고가 수다스러운 것에 어떤 특이사항이 있는 것일까? 작업 기억working memory[13] 연구에서 한 가지 단서를 얻을 수 있다. 이 인지 체계의 기능은 행동을 계획하거나 정신적인 작업을 수행하는 데 정보가 이용되기에 충분한 시간―단 몇 초―동안 정보를 의식 속에 잡아두는 것이다. 영국의 심리학자 앨런 배들리와 그레이엄 히치는 작업 기억에 대한 독보적 모델을 만든 바 있는데, 이들은 작업 기억 체계의 핵심은 바로 소리와 관련된 정보 저장에 특화된 요소인 음운 루프phonological loop라고 주장한다. 당연한 말이지만, 내적 혹은 외적 발화가 일어나기 위해서도 이 시스템, 즉 음운 루프 요소가 활성화되어야 한다. 언어적 사고를 위해서 반드시 필요한 장치인 것이다. 시각적, 공간적 정보의 조작을 담당하는 구성요소는 따로 있지만, 수많은 단기 기억(지은이는 작업 기억과 단기 기억을 같은 의미로 쓰고 있는데, 글의 맥락에 비추어볼 때 혼용해도 크게 무리는 없어 보인다_옮긴이) 과제에서 우리가 주로 의존하는 것은 바로 음운 루프다. 기억해야 할 내용이 잔뜩 있을 때, 어른들은 다시 생각해내야 하는 순간까지 내용을 언어적으로 리허설하는 경향이 있다. 만일 슈퍼마켓에서 장보기 목록의 마지막 몇 가지 항목을 혼잣말로 중얼대며 돌아다닌 적이 있다면 당신도 이 효과적인 전략을 써본 셈이다.

이런 종류의 리허설은 단어에 의존하기 때문에, 단어들의 소리 유사성 같은 몇 가지 특색에 매우 취약하다. 소리가 유사한 단어들(예를 들어, 맨man, 맵map, 맷mat)일수록 리허설을 하는 동안 혼동하기가 쉬우며,

소리가 서로 다른 단어들에 비해 소리가 서로 비슷한 단어들로 구성된 목록을 다시 기억해낼 때 확실히 더 많은 실수를 하게 된다. 심지어 해당 단어들이 시각적으로 제시되는 경우에도 마찬가지다. 이른바 '음운유사성효과phonological similarity effect'[14]라고 하는데, 정보를 기억에 남겨두기 위해서 음운(혹은 소리 기반) 부호를 사용하기 때문에 일어나는 현상이다. 만일 아이들이 단어들을 사고에 활용하기 시작하는 데 시간이 걸린다면, 아이들이 이 음운유사성효과를 나타내기까지도 시간이 걸려야 맞다.

연구에 따르면 6~7세 이하의 아동[15]에게는 음운유사성효과가 나타나지 않는데, 이는 단기저장을 위한 정보의 언어부호화를 자동으로 하지 않음을 의미한다. 물론, 언어적 리허설은 특수한 경우일 수 있고 아이들은 단어들에 단기기억을 위한 이 같은 편리한 기능이 있음을 깨닫게 되기 전에 먼저 단어로 생각하기 시작할 수도 있다. 우리는 이 가능성을 확인해 보기 위한 방편으로, 시각적으로 제시된 자료를 아이들이 리허설하는 모습을 관찰하면서 아이들의 혼잣말을 연구했다. 대학원생 제자인 압둘-라만 알-남라는 4~8세의 취학아동을 연구했다. 영국 학교 및 사우디아라비아 학교 각 한 곳씩 총 두 곳의 학교[16]를 대상으로 했다. 아동의 혼잣말은 런던탑 과제(공과 막대기를 이용하는 과제)를 통해 평가했고, 음운유사성효과 수준을 시험하기 위한 별도의 단기기억 과제도 주어졌다. 예상대로, 6세 미만의 아동에게서는 이 효과가 나타나지—기억해야 했던 단어들의 소리에 별다른 영향을 받지—않았지만 좀 더 높은 연령대의 아이들은 소리가 유사한 단어들에 대해 좀 더 애를 먹었다. 가장 흥미로운 사실은 이 효과에 대한 감수성은 아이들이 런던타워 과제 중 사용한 자기조절적인 혼잣말의 양과 연관이 있었다는 점이다. 단어들을 사용해 문제해결 과정을 조율하는 듯 보였던 아이들일수록 단기기억에도 언어적 리허설을 더 많이 활용하는 경향을 보였다. 이런 연구결과를 보면 언어적 리허설을 기억에 활용하는 것이 특수한 사례가 아님을 알 수 있다. 하지만 일단 아이들이 단어를 사고에 활용할 줄 알게 되면, 이는 인지의 다른 측면들에 영향을 미치기 시작한다.

이 문제를 고찰하는 또 한 가지 방법은 아이들의 내적 발화를 간섭하면 과제 수행에도 지장이 생기는지 살펴보는 것이다. 간섭 효과가 일어난다면, 아이들이 과제 해결을 위해 언어적 사고에 의존한다는 뜻이다. 이것이 바로 대학원생 제자인 제인 리드스톤이 내적 발화를 차단하는 방법을 사용해 연구를 시작한 주제다. 조음 억제articulatory suppression[17]라고도 알려져 있는 이 방법은 실험이 이루어지는 동안 ('시소see-saw' 같은) 밋밋한 단어 하나를 소리 내어 반복해서 말하게 한다. 조음 억제를 시키는 이유는 작업 기억의 핵심 요소인 음운 루프의 작동을 차단하려는 것이다. 따라서 내적 발화는 일어나기 어렵게 된다. 별도의 인지적 과제를 수행하는 동안 조음 억제를 실행하게 한 뒤 이것이 해당 과제에 영향을 미치는지 평가하는 것은 특정한 맥락에서의 내적 발화 의존도를 알아볼 수 있는 효과적인 방식이다. 만일 우리가 내적 발화를 직접 측정할 수 없다면, 내적 발화가 발생할 만한 시점에 대해 논리적 추측을 해보는 것 ─ 그런 다음 그 내적 발화를 차단하려

할 때 무슨 일이 벌어지는지 관찰하는 것—은 내적 발화의 기능을 간접적으로 고찰할 수 있는 유용한 방식일 것이다.

제인이 런던탑 과제를 선택한 것은 이 과제가 아주 기본적인 계획 활동으로 보이기 때문이다. 그리고 (다른 소위 '집행적' 기능들과 더불어) 계획하기는 자기지시적 발화에서 특히 중요한 기능으로 여겨져왔다. 제인은 전반적으로 자기조절적 혼잣말을 더 많이 했던 아이들이 런던타워 과제 수행 중에 혼잣말을 하지 못하면 수행 수준이 더 나빠지는 경향을 보이는지 입증하고자 했다. 제인은 표준 조음 억제 방식을 사용하여 아이들에게 문제 푸는 생각을 하는 동안 한 단어를 크게 소리 내어 반복해 말하도록 했다. 아이들은 머릿속에서 공을 이리저리 움직이는 상상을 한 뒤 문제를 푸는 동안 몇 번이나 공을 움직였는지 실험자에게 알려주고 그 다음에는 실제로 공을 움직여 각자의 해법을 실연해 보이라는 요청을 받았다. 이렇게 함으로써 아이들이 무턱대고 시작해서 아무렇게나 공을 움직이는 대신 계획을 세우도록 자극할 수 있으리라는 생각에서였다.

결과는 비고츠키의 이론을 뒷받침했다. 단순히 한 발을 굴러 박자를 맞추게 한 통제 조건에 비해, 조음 억제를 한 조건에서는 아이들이 수행에 더 어려움을 겪었다. 우리는 이를 혼잣말 및 내적 발화가 계획 과정에 전형적인 방식으로 사용됐고 따라서 두 종류의 발화 모두를 차단한 것이 계획에 영향을 미쳤다는 증거로 해석했다. 게다가 통제 조건에서 자기조절적인 혼잣말을 더 많이 한 아이들은 조음 억제에도 더 취약했다. 특별히 언어적 사고에 더 많이 의존하는 아이들이 있고,

따라서 이들은 그 기회가 없어지면 부정적인 영향을 더 많이 받는 것으로 보인다.

아이들이 단어로 생각하는지 알 수 있는 좀 더 확실한 방법이 물론 한 가지 더 있다. 바로, 아이들에게 묻는 것이다. 앞서 살펴보았듯이, 어른에게 본인의 경험을 반추하게 하는 것도 충분히 까다로운 일이지만, 아이들의 경우 이는 더욱 민감한 문제다. 아이들은 자기 머릿속에서 일어나고 있는 일에 대해 섬세하고 미묘한 설명을 해낼 만한 언어적 기술이 없기 때문이다. 아동을 대상으로 DES 유형의 경험 표집[18]을 하려는 시도도 몇 가지 있었다. 러셀 헐버트는 자신의 방법을 소수의 아동에게 사용해 보았는데, 그 가운데는 자기 집 뒤뜰 구덩이에 몇몇 장난감이 들어 있는 이미지를 본 순간을 말했던 9세 소년도 있었다. 통상적인 DES 방식대로 러셀은 아이에게 이 이야기가 정말 집 뒤뜰에 대해 정확히 설명한 것인지 조심스레 물었고, 아이는 이렇게 대답했다. "네, 하지만 아직은 그 안에 장난감이 전부 다 있지는 않아요. 몇 분 더 늦게 삐 소리가 났다면, 제가 그 구덩이에 장난감을 전부 다 집어넣을 충분한 시간이 있었을 거예요." 헐버트는 머릿속에서 이미지를 생성하는 기술은 연령이나 실제 경험에 비례해 점점 더 능숙하고 신속해질 수 있다는 결론에 도달했다. 그의 연구결과는 아동의 내적 경험이 성인의 경우와 같을 것이라는 예상에 신중을 기할 필요가 있음을 보여준다.

다른 연구자들은 아이들이 내적 발화에 관해 이해하는 것과 이해하지 못하는 것[19]을 판단함에 있어서 좀 더 실험적인 방법을 시도해 보기도 했다. 스탠퍼드대학 출신인 저명한 발달심리학자 존 플라벨은 수십 년간 내적 경험에 관해 아이들이 이해하는 바를 질문해왔다. 한 가지 과제는 실험자가 가만히 앉아서 창밖을 내다볼 때 머릿속에서 무슨 일이 일어나고 있겠느냐고 아동에게 물어보는 것이었다. 3세 아동들은 그 사람의 머릿속은 텅 비어 있다고 답하는 경향을 보이지만, 4세 아동들은 어떤 사람이 특별한 일을 하지 않고 한가하게 있을 때도 생각은 계속될 수 있음을 인정한다. 플라벨은 이러한 연구결과를 3세 아동은 본인의 의식의 흐름에 대한 인식이 없다는 관점에서 해석했다. 3세 아동은 아직 내성에 서툴러서 자기 내면의 어수선한 정신에 대해 제대로 보고하지 못한다는 것이다. 하지만 또 다른 설명으로는 유아들은 그저 의식의 흐름 자체가 없거나, 좀 더 구체적으로 들어가자면, 아직 내적 발화를 형성할 만큼 내면화된 외적 발화가 없다는 견해도 있다. 이 시기의 아이들은 단어로 생각하지 않으므로, 별다른 활동 없이 한가한 누군가의 내적 경험에 대해 반추해보라는 요청을 받을 경우, 그 사람의 머릿속은 분명 텅 비어 있으리라 판단한다는 것이다.

다른 연구들에서 플라벨은 특히 내적 발화에 대해 집중적으로 질문했다. 한 연구에서는 어른을 지켜보는 4~7세 아동을 대상으로 하고 그 어른은 내적 발화가 필요할 법한 과제를 수행한다. 가령, 쇼핑 목록에서 지웠던 항목들을 기억해 내려고 한다든가 하는 것이다. 아이는 이런 질문을 받았다. '그 여자는 그냥 머릿속으로 생각을 하고 있는 것일까, 아니면 머릿속으로 혼잣말도 하고 있는 것일까?' 6~7세 아동은 내적 발화가 이루어지고 있을 것 같다고 했지만 4세 아동이 그런 예상을 하는 경우는 훨씬 드물었다. 또 다른 실험에서는 아이들에게 각자 자기 이름이 어떻게 발음되는지 소리 내지 말고 생각해보게 하는 등 내적 발화를 유도하도록 설계된 과제를 수행하게 했다. 4세 아동의 40퍼센트와 5세 아동의 55퍼센트가 답을 얻기 위해 시각적 방법보다는 내적 발화를 사용한다고 답했다. 동일 항목의 성인 비율에 비해 현저히 낮은 수치다.

하지만 아이가 자신의 내적 경험을 반추하는 능력이 부족하기 때문에 이런 결과가 나타난 것인지, 아니면 자발적인 내적 발화가 정말 적게 일어나는 것인지는 명확하지 않다. 양쪽 모두 조금씩은 맞다는 것이 정답일 것이다. 그러나 아이들에게 내적 발화가 없는 것이 사실이라면, 이는 아주 많은 의미를 내포한다. 그렇다고 해서 아이들은 생각을 하지 않는다고 결론내릴 수는 없겠지만, 대다수 성인의 의식을 지배하는 방식의 사고는 아이들에게 없는 듯 보인다. 이는 어린 아이의 마음은 낯선 미지의 장소[20]라는 결론에 도달하게 되는 수많은 이유 중 하나다.

그렇다면 아이는 언어를 통해 생각을 배우는 것이 아니라, 기존에 존재하던 온갖 지적 능력이 습득된 언어에 의해 변형된다고 할 수 있다. 소비에트 혁명의 과학적 열기에 영향을 받은 비고츠키는 이를 '발달 혁명revolution in development'이라 묘사했다. 에드워드 세인트 오빈의 2005년 소설 『모유Mother's Milk』에서 다섯 살 아이 로버트는 이 혁명 이전 시대를 그리워한다. 젖먹이 남동생 토머스를 더없이 행복한 마음으로 말없이 지켜보다가 자기 자신의 머릿속이 언어로 가득했던 시기를 떠올린다. "그는 문장들을 쌓아올리는 데 너무 골몰했던 나머지, 마치 종이 위에 물감이 튀어 묻듯 생각이 이루어지던 원시의 시절은 거의 잊고 있었다."[21] 다섯 살이라는 어린 나이에도 로버트의 생각은 단어들에 의해 완전히 변형된다. "돌아보면, 그는 아직도 볼 수 있었다. 이제는 멈춰버린 듯 느껴지는 세계 속에 산다는 것. 그 장막들을 처음 열고 눈 덮인 전경을 바라볼 때 숨을 고르고 멈추었다가 다시 숨을 내쉰다는 것. 그는 전부를 되찾을 수는 없었겠지만 아직은 비탈길을 달려 내려가지 않을 것이고, 아마도 앉아서 그 풍경을 바라볼 것이다."

5
생각의
자연사自然史

THE VOICES WITHIN

"혼잣말을 하고 있었던 기억이 나요. 마치 제가 제 자신과 짧은 토론이라도 하고 있는 듯한 느낌이었죠. … 제가 지금 같은 속도로 말을 하고 있는 것이 아니라 이런 이미지들을 보는 데 걸리는 시간의 속도처럼 느껴져요. 말하자면 이런 느낌이에요. … 슉! … 그리고 단박에 당신은 그 대화를 나눴음을 알아버리는 거죠."

조던 역시 우리 DES 연구 참가자 중 한 명으로, 베를린으로 유학 온 런던 출신의 미술학도다. 첫 면담을 하고 있던 나는, 지난 40여 년간 러셀이 진행한 연구를 내가 잠시 이어 하고 있다는 점을 의식했다. 행복해 보이는 갈색 눈에 치렁치렁한 검은 머리를 한 조던은 턱수염을 기르고 있었는데, 무더운 베를린 날씨에 걸맞게 검정 티셔츠와 반바지를 입고 있었다.

DES 표집 둘째 날의 세 번째 호출음이었다. 삐 소리가 난 순간 조던은 길을 걸으며 저 멀리 보이는 검정색 퍼그(코가 납작하고 얼굴에 주름이 잡힌 중국 원산의 작은 개_옮긴이) 한 마리에 대해 생각하고 있었다. 머릿속에는 친구 한 명과 그의 여자 친구 이미지가 있었고, 퍼그 한 마리를 데리고 오느냐 마느냐를 놓고 벌인 말다툼도 있었다. 조던은 퍼그를 키우는 것은 잔인한 일이라 생각한다고 대꾸를 한 터였다. 퍼그는 특히 짧은 입마개를 채워 키우는데 이는 호흡을 힘들게 하기 때문이다. 이로 인해 퍼그를 키우는 문제의 옳고 그름을 놓고 내면의 대화가 일어난 것이다.

"그럼 이 대화는 실제로 걸리는 시간과 동일한 시간에 걸쳐 전개되지 않나요?"

"네."

"그렇다면 더 적게 걸리나요 아니면 더 많이 걸리나요?"

"더 적게 걸려요. 훨씬 빠르거든요."

사람들이 각자 내적 발화에 대해 보고할 때, 내적 발화는 이런 식으로 시간을 무시한다고 이야기하는 경우가 많다. 러셀의 실험참가자 중 한 명인 멜라니[1](DES 방법을 다룬 어느 학술서에 등장하는 피험자)는 삐 소리가 났을 때 모교에서 의자 하나와 함께 나중에 그 의자를 물려받을 가족 구성원을 지정할 수 있다는 특이한 문서 한 건을 선물 받은 일에 관해 생각하던 중이었다고 기술했다. 삐 소리가 나기 직전 멜라니의 의식 안에서 어떤 선물을 받는 동시에 훗날 그 선물을 유산으로 줄 사람에 대해 생각해야 하는 이 기이한 조합이 이루어졌던 것이다.

러셀은 DES 및 기타 내성법들에 매우 회의적인 것으로 유명한 철학자 에릭 슈비츠게벨과 이 인터뷰를 진행하고 있었다. 인터뷰 도중 에릭은 멜라니가 남는 시간에 (그녀 자신이 '내적 사고의 목소리'라고 정해 둔 목소리로) 이미 엄청나게 많은 생각을 해보았던 것 같다고 지적했다. 규칙적인 속도로 말하는 목소리 같은 것이었을까, 아니면 속도를 높인 목소리였을까, 아니면 모종의 다른 방식으로 압축된 것처럼 느껴졌을까?

멜라니는 이렇게 말했다. "압축돼 있었어요. 극히 짧은 순간으로 압축됐다고는 하기 힘들어요. 그보다는 약간 더 길었으니까요. 하지만 그렇게 문장 하나를 크게 소리 내어 내뱉는 데 통상적으로 걸리는 것보다는 훨씬 빨랐죠."

이 시점에서 에릭은 일부러 평상시 소리 내어 말할 때보다 속도를 높였다. "그럼 이런 식으로 정말 말을 빠르게 내뱉는 사람 같은가요? 아니면 말하는 속도의 조절과는 약간 다르게 느껴지는 어떤 것이었을까요?"

"약간 다른 어떤 것이었다고 말해야 할 거 같아요. 왜냐하면 그 목소리가 머릿속에 있을 때 압축된 느낌은 아니었거든요. 가끔 누군가가 말을 빨리 할 때처럼 서두르거나 아주 짧은 시간 안에 욱여넣는 느낌은 없었어요."

슈비츠게벨은 훗날 이 일화에 관한 글에서 이렇게 적었다. "대부분의 사람들에게 내적 발화는 시간적으로 압축된 것이지만, 시간에 쫓기는 것처럼 보이지는 않기 때문에 일부 피험자만이 내적 발화의 압축 사실을 인지할 수 있는 것은 아닐까?"

내적 발화가 전개되는 방식을 생각해보면 이 같은 결론은 완벽하게 말이 된다. 비고츠키는 언어가 내면화되면서 변형을 겪는데 이는 아테나의 혼잣말이 노트 필기처럼 축약된 특성을 지니는 이유라고 주장했다. 비고츠키는 축약이 여러 방식을 일어날 수 있다고 생각했다. 그중 가장 단순한 형태의 축약은 구문을 잘라내어 줄이는 것이다(아테나가 '나는 차가 두 대 필요해' 같은 문장 대신 '차 두 대'라고 말했던 것을 상기하자). 하지만 좀 더 복잡한 다른 변형[2]도 일어난다. 비고츠키는 내적 발화에서 단일 단어가 나름의 특이한 의미를 지니게 되어 기존의 의미를 대체하게 되거나 다른 단어와 결합되어 다중의 의미를 지닌 혼성어hybrid를 형성하거나 심지어 전체 담론에 대한 상징적 의미를 띠게 되기도 한다고 설명했다(비고츠키는 그 예로 '햄릿' 같은 한 단어로 된 문학작품 제목이 독자의 머릿속에서 작품 전체를 대표하여 상기시킬 수 있음을 지적한다).

따라서 내적 발화는 입술의 움직임이 없는 외적 발화 그 이상의 것이다. 간혹 우리가 소리 내어 하는 혼잣말의 내용을 노트 필기한 것처럼 단축된 버전일 때도 있지만, 의미의 압축에 더 가까운 경우도 있다. DES 참가자 중 한 명인 루스는 자기 딸이 빌려간 돈에 대해 생각했다는 이야기를 하면서 비슷한 설명을 했다. '총계를 내려면 난 그 영수증들을 전부 실제로 훑어볼 필요가 있어.' 내적 발화는 그녀 자신의 본래 목소리로 이루어지는 것 같았지만, 어쩐지 평상시의 발화보다는 더 빠른 속도로 일어나는 것 같았다. 루스의 말을 들어보자. "그냥 정상적으로 말하는 목소리랑 똑같은 것 같아요. 하지만 일종의 압축된 형태죠."

만일 내적 발화의 압축이 루스의 언어적 사고의 역설적 속도를 설명할 수 있다면, 내적 발화는 통상적 발화보다 10배가량 빠른 속도[3]로 우리 머릿속을 스쳐갈 것이라는 어느 과학자의 추정 역시 설명 가능할지 모른다. 오하이오 우스터대학 출신 심리학자 로드니 코르바는 사람들에게 머릿속으로 조용히 문제를 풀게 한 뒤 실제 발화를 담당하는 (입과 목의) 조음 근육의 전기적 활동을 측정했다. 코르바는 사람들에게 퍼즐을 푸는 동안 자기 자신에게 했다고 생각되는 혼잣말이 무엇이었는지 보고하게 하고 그들이 내적 발화에 실제로 소요한 시간과 그 생각들을 크게 소리 내어 말하는 데 소요되는 시간을 비교했다. 참가자들의 내적 발화는 외적 발화 추정속도보다 10배가량 빠르게 전개되는 듯 보였으므로, 코르바는 전형적인 내적 발화 속도는 분당 4천 단어를 초과한다고 추산했다.

이처럼 신속성과 효율성이라는 명백한 이점을 생각할 때 압축된 내적 발화는 혼잣말의 규범인지도 모르겠다. 그러나 때로는 내적 발화가 압축된 것이 아니라 온전한 대화처럼 진행되기도 한다. 쌍방 간에 세세한 내용을 주고받으며, 마치 소리 내어 자기 자신과 논쟁을 벌이는 것처럼 대화가 진행되는 것이다. 헐버트의 DES 연구 사례 중 하나를 보자. 벤저민이라는 참가자는 레스토랑에서 저녁을 먹다 매력적인 여성을 보게 되는데, 그의 내면에서 이뤄진 내적 발화는 이런 식이었다. '너 이 여자한테 왜 관심 가지는 건데?'[4] 당연한 걸 묻는다는 듯한 대답이 돌아왔다. '예쁘잖아.' 그러자 자아가 시큰둥하게 (헛소리 좀 작작

하라는 말투로) 대꾸했다, '그래.'

이 두 가지 종류의 내적 발화—'압축된' 내적 발화와 '확장'된 내적 발화라는 용어로 지칭하고자 한다—간의 구분이 중요하다고 생각하는데, 이유는 앞으로 차차 밝혀질 것이다. 비고츠키가 보기에, 압축된 언어적 사고로부터 온전한 발화로의 변환은 마치 '제자리를 맴돌며 단어들을 비처럼 쏟아 붓는 구름'[5] 같았다. 적어도 비고츠키의 이론은 우리의 머릿속 목소리가 단 한 가지라는 생각에 의심을 품게 만든다. 만일 혼잣말이 여러 다양한 기능을 가질 수 있다면, 형태 역시 다양할 가능성이 높다. 그리고 어린 시절의 내면화 과정은 내적 발화의 특성이 압축되고 확장되는 방식에 따라 성인이 된 뒤에도 변한다는 것을 의미한다.

이런 측면에서 볼 때 내적 발화가 얼마나 다양한지 아직은 잘 모른다. 특정 경험이 어떤 것인지 알아보는 접근법 중 하나는 사람들에게 그 경험에 대해 말해 달라고 부탁하는 것이다. 참가자들이 자신의 신념, 경험, 생각, 감정, 태도에 대해 보고하게 만드는 데 널리 쓰이는 한 가지 방법은 심리학계에서 소위 '자기보고[self-report] 도구'라고 부르는 목록으로, 참가자들은 구체적 현상이 설명된 문장들을 보고 자신의 경험에 부합하는 정도에 따라 동의 여부를 선택한다.

이는 내적 발화의 다양성[6]에 관한 최초의 체계적 연구에서 사용된 방법이었다. 대학원생 제자 사이먼 맥카시 존스와 나는 가능한 여러 내적 발화에 관한 진술 목록을 표집된 학생들에게 제시하고 각 항목이 본인에게 얼마나 해당되는지 말해 달라고 했다. 가령, 이런 항목도 있었다. '나는 속으로 생각할 때 완전한 문장보다는 짤막한 구절이나 낱말을 사용하는 것 같다.' 여기서 압축된 내적 발화의 경험을 살펴볼 수 있다는 것이 우리의 판단이었다. 그런 다음 데이터에 요인 분석이라는 통계적 기법을 적용했는데, 이를 통해 우리의 자기보고 항목들이 내적 발화의 4가지 주요 특성을 포착했음을 확인할 수 있었다.

우리는 이 요인들을 '대화', '압축', '타인', '평가', 이렇게 4가지로 이름 붙였다. 명칭이 말해주듯, 첫 번째 요인은 사람들이 자신의 내적 발화가 서로 다른 관점 간 대화의 형태를 띤다고 느끼는 정도에 관한 것이다. 두 번째 요인은 내적 발화가 종종 갖는 압축 또는 축약의 특성을 포착한다. 세 번째 요인은 소수의 사람들(응답자의 4분의 1 정도)에게 나타나는 경향으로 내적 발화에 타인의 목소리가 등장하는 것이다(이 요인에 속한 한 가지 항목은 '머릿속에서 끊임없이 나를 따라다니는 다른 사람들의 목소리가 들린다'였다.) 마지막 요인은 사람들이 내적 발화가 본인이 하고 있는 일을 평가하거나 격려하는 역할을 담당하는 것으로 보고하는 정도에 관한 것이다. 가령, 이런 사람들은 '나는 내적 발화를 통해 내 행동을 평가한다. 예를 들면, '좋았어'라든가 '멍청한 짓이었어'라고 혼잣말을 한다' 같은 항목에 동의 표시를 할 것이다.

또 다른 연구에서 우리는 소리 내지 않고 하는 혼잣말의 특성에 관련된 여러 사안을 다루었는데 이는 앞서 언급한 미시간대학 연구팀에서도 제기했던 문제였다. 당시 미시간대학 실험참가자들의 경우, 본인을 이름이나 2인칭 대명사로 지칭하는 것이 스트레스를 유발하는 과제 수행시 감정 제어나 행동 조절에 유리하게 작용했음을 떠올려보자.

물론 당시 연구에서 내적 발화를 실제로 측정하지는 않았고, 실험참가 자들에게 다양한 종류의 내적 발화를 활용하라는 지침을 준 뒤 그 지침을 따랐는지의 여부를 확인하는 방식을 사용했다. 경험적 과제에 대한 부자연스러운 제약들은 차치하더라도, 내적 발화에서 이처럼 시점을 이동하는 일이 과연 얼마나 흔할까?

호주 시드니 맥쿼리대학에서 연구를 진행한 우리 팀은 평범한 사람들과 조현병 진단을 받은 환자들[7]을 대상으로 내적 발화 관련 면담을 했다. 본인을 언급할 때 자신의 이름을 부르는(전체 참가자의 절반가량이 그런다고 응답) 이들과 스스로를 2인칭으로 지칭하는(이 역시 전체 참가자의 절반가량이 이런 식의 혼잣말을 했다) 이들 사이에는 아무런 집단 간 차이를 발견할 수 없었다. 이 같은 내적 발화의 '거리두기' 형식보다 더 중요하게 작용하는 것은 1인칭 호칭의 사용 여부였다. 미시간대학의 연구에 따르면, 1인칭 호칭은 상황 적응에 도움이 덜 되는 것으로 보였다. 그리고 두 집단 모두 참가자 4분의 3가량은 내적 발화에서 자기 자신을 '나'로 지칭하는 경향이 있다고 말했다. 물론 상황에 따라 1인칭과 2인칭을 모두 사용하는 것도 가능하고, 일상의 내적 경험에서 1인칭, 2인칭, 3인칭 형태 모두 활용이 가능할 수도 있다. 후속 연구에서 우리는 1,500여 명에게 속으로 하는 혼잣말에 관한 몇 가지 문장을 제시했다. 그 가운데는 2인칭('너')을 사용하는 경우도 포함됐다. 참가자의 절반가량이 2인칭으로('자주' 또는 '항상') 자기 자신을 지칭했다고 말함으로써 미시간 연구팀이 좀 더 심리적으로 건강한 형태의 내적 발화로 간주했던 방식이 광범위하게 활용된다는 사실을 알 수 있었다.

내적 발화가 다양한 방식으로 자명하게 나타난다는 개념은 러셀 헐버트의 DES 연구에서도 뒷받침된다. 2013년 논문에서 헐버트 연구팀은 내적 말하기에 관한 거의 40년에 걸친 DES 연구결과[8]를 검토했다. 이들은 엄청나게 다양한 경험을 기술한다. 밖으로 소리 내어 말하는 것과 마찬가지로 내적인 혼잣말 역시 호기심, 분노, 흥미, 권태 등 다양한 감정을 전달할 수 있으며, 여러 부수적 신체 증상도 수반할 수 있다. 어떤 사람들은 내적 혼잣말을 몸통이나 가슴으로부터 나오는 것으로 느끼는 반면, 어떤 이들은 머리에서 나오는 것으로 느끼고, 심지어는 두개골의 특정 부위(전면, 후면, 측면 등)에서 나온다는 이들도 있다. 또한 내적 발화는 자기 자신이나 타인을 상대로 이루어질 수 있고, 특정한 대상이 없을 때도 있으며, (우리 연구팀 질문지를 취합한 결과를 뒷받침하는 것으로) 다른 누군가의 목소리로 일어날 때도 있다. 한 참가자는 자기 친구가 '저녁 먹기 전에 체육관 가자'고 말하는 소리를 들었고 그와 동시에 이 단어들을 자기 나름의 내적 발화를 통해서, 그러나 친구의 목소리로 다시 말하고 있었다. 다시 말해, 그는 '저녁 먹기 전에 체육관 가자'는 별개의 두 흐름이 불과 0.5초 간격으로 중첩되는 경험을 했던 것이다. 첫 번째 흐름은 친구가 소리를 내어 말한 것이었고, 두 번째 것은 친구의 음성적 특성과 비슷하게 자기 자신이 내적 발화로 한 말이었다.

다양성은 여기에 그치지 않는다. DES 방식으로 관찰된 결과를 보면 사람들은 크게 소리 내어 말하는 것과 거의 동시에 속으로 혼잣말을 할 수 있으며, 간혹 외적 음성으로 말하고 있는 것과 다른 생각들을 할 수도 있음을 알 수 있다. 한 참가자는 흡사 영화 〈왓 위민 원트〉의 등장인물 다르시처럼 친구와 식사 계획을 세우면서 이야기하는 동안 '버거킹에 가자'라는 생각을 하고 있었다. 하지만 그녀의 입에서 튀어나온 말은 'KFC에 가자'였다. 삐 소리가 나는 순간만 해도 자신이 생각하고 있던 내용과 다른 말을 해버린 것에 놀라지 않았지만, 몇 초 뒤 곧 그 불일치 사실을 (깜짝 놀라며) 깨달았다.

그밖에 여러 면에서 DES가 내적 발화에 대해 보여주는 그림은 비고츠키 이론이 제시한 내용과는 차이가 있다. 지금까지 살펴본 것처럼 일부 연구자의 예상과 달리 내적 발화는 편재하는 현상이 전혀 아님이 헐버트의 연구에서 드러났다. 표집된 순간 중 내적 발화의 존재가 입증되는 경우는 약 23퍼센트에 불과하다. 게다가 헐버트의 데이터를 보면 내적 발화의 축약은 비고츠키가 예측했던 것만큼 흔하지는 않다. 물론, DES가 내적 발화의 압축된 형태 및 대화적 형태 두 가지 모두의 빈도를 과소평가⁹했을 만한 몇 가지 이유는 있다. 그럼에도 헐버트의 연구는 사람들이 항상 혼잣말을 한다는 것은 과도한 주장이며, 혼잣말을 아예 안 하는 듯 보이는 이들도 있음을 상기시켜준다. 우리 같은 과학자가 내적 발화 연구에 쓸 수 있는 방법은 나름의 한계가 있다. 따라서 내적 발화 현상을 온전히 이해하기 위해서는 오류 가능성이 높은 자기보고 그 이상의 무엇인가가 필요하며, 발화의 기저에 있는 심리적 과정에 집중해야 할 것이다. 만일 내적 발화를 경험한다는 것이 어떤 것인지 좀 더 명료하게 알고자 한다면, 우리가 산출하는 다른 종류의 언어와의 연관성을 고찰해봐야 할 것이다.

외적 발화는 누구나 다(구어를 산출하는 데 어떤 특정한 어려움이 있는 경우는 제외한다) 하는 일이다. 우리가 머릿속에서 듣는 목소리와 소리 내어 말하는 단어는 서로 어떤 관계인가? 내면화 과정에 여러 변형이 수반된다는 것은 두 유형의 발화가 근본적으로 다르다는 의미라고 본 비고츠키의 견해가 맞았던 것일까? 만일 내적 발화가 실제로 외적 발화에서 비롯된 것이라면, 이 두 가지 발화 간의 관계를 연구하는 것은 양 방향으로 틀림없이 유용한 정보를 제공할 것이다.

그러나 일단 행동주의로 돌아가 보자. 존 B. 왓슨은 내적 발화는 단순히 외적 발화에서 혀, 입술, 조음 근육에서 음파를 생성하는 대부분의 근육 활동을 뺀 것에 불과하다고 주장했다. 왓슨은 "사고 과정은 실제로 후두의 운동 습관이다"[10]라고 썼다. 생각하기는 소리를 줄인 말하기라는 것이다. 이와는 대조적으로, 비고츠키는 내적 발화가 내면화되면서 변형된다고 생각했다. 내적 발화는 외적 발화와 몇 가지 공통된 특색을 지니지만, 단순히 외적 발화의 묵음 버전인 것은 결코 아니라는 것이다.

왓슨의 견해는 일정 수준에서 쉽게 반박이 가능하다. 신경독 큐라레[11]를 사용해 (일시적으로) 한 참가자를 마비시켜 진행했던 1947년의 어느 마취학 연구결과에 따르면, 근육을 움직일 수 없다고 해서 사고 능력을 갑자기 상실하는 것은 아니다. 왓슨의 주장을 보완해 좀 더 타당성을 높인 운동시뮬레이션motor simulation 가설[12]에 따르면, 내적 발화는 여러 측면에서 외적 발화와 유사하다. 기본적으로 동일한 방식으로 계획되고, 단지 의견 전달 마지막 단계를 거치지 않기 때문이다. 어떤 생각을 할 때, 뇌는 여러 근육에 실제 명령을 내리지만 않을 뿐, 그 생각을 밖으로 소리 내어 말하기 위해 할 만한 모든 일을 한다.

여기서 심리학자들에게 흥미로운 가설이 하나 등장한다. 만일 운동 시뮬레이션 가설이 정확하다면, 내적 발화는 우리의 통상적인 외적 발화와 똑같은 어조, 음색, 악센트로 공명해야 한다. 가령 당신이 웨일스 악센트를 쓴다면, 당신의 내적 발화 역시 똑같은 속성을 지녀야 한다. 만일 내적 발화가 '지하로 숨어들'면서 뭔가 근본적인 변화가 일어나는 것이라면, 결국에는 비슷한 점보다 다른 점이 더 많을 것이다.

지금까지는 증거가 양쪽 모두 팽팽하다. 내적 발화와 외적 발화 사이의 유사성 측면에서 보면 운동시뮬레이션 관점이 타당성이 있으리라는 단서가 몇 가지 있다. 노팅엄대학의 루스 필리크와 엠마 바버는 최근 연구에서 실험참가자들에게 소리 내지 말고 머릿속으로 리머릭 limerick(아일랜드에서 한때 유행했던 5행 희시戱詩_옮긴이)을 읽어 보게 했다. 예를 들면 다음 같은 시다.

> There was a young runner from Bath,
>
> Who stumbled and fell on the path;
>
> She didn't get picked,
>
> As the coach was quite strict,
>
> So he gave the position to Kath.

또 다른 시도 보자.

There was an old lady from Bath,

Who waved to her son down the path;

He opened the gates,

And bumped into his mates,

Who were Gerry, and Simon, and Garth.

물론, 리머릭이 성립되는 것은 마지막행과 1행 및 2행이 각운^{脚韻}을 맞추고 있기 때문이다. 이 각운을 헝클어뜨리면 더 이상 리머릭이 아니다. 하지만 두 단어의 각운이 맞는지 여부는 당신이 말할 때 쓰는 악센트에 달려 있다. 결정적으로, 일부 실험참가자들은 단모음에서 영국 북부 악센트를 쓴 반면('Bath'를 'Kath'와 압운을 맞추어 발음. 즉, 각각 '배스'와 '캐스'로 발음_옮긴이), 어떤 이들은 장모음에서 남부 액센트를 썼다('Bath'를 'Garth'와 압운을 맞추어 발음. 즉, 각각 '바스'와 '가스'로 발음_옮긴이). 참가자들의 안구의 움직임을 추적한 결과, 리머릭의 마지막 단어가 해당 참가자 본인의 악센트상 각운이 맞지 않을 때 — 예를 들면, 남부 출신은 'Bath' 다음 'Kath'를 읽을 때 — 읽기에 방해를 받아 흐름이 끊긴다는 것을 알 수 있었다.

이러한 연구결과는 내적 발화에 실제로 악센트가 — 그리고 아마 우리가 구어에 쓰는 목소리의 여타 속성들도 — 있다는 개념을 뒷받침한다. 헐버트의 DES 연구에서 확인했듯이, 내적 발화는 외적 발화와 공통된 속성이 많다.[13] 내적 말하기는 본인 특유의 리듬, 속도, 어조 등 대개 자기 자신의 목소리로 이루어진다. 다른 한편, 말을 더듬는 사람들[14]이 본인의 내적 발화는 완전히 유창하다고 보고하는 경우가 많은데, 이는 내면의 발화에는 구어적 발화를 방해하는 그 어떤 것도 존재하지 않는다는 뜻이다.

내적 발화의 세계도 외적 발화만큼이나 풍부한지 알아보는 또 한 가지 방법은 참가자들에게 발음이 까다로운 어구 같은 어려운 자료를 주는 것이다. '간장 공장 공장장은 강 공장장이고 된장 공장 공장장은 공 공장장이다'처럼 뒤죽박죽 섞이기 쉬운 유사 음소(소리의 기본 단위)들을 한데 모아 놓은, 발음이 까다로운 어구가 효과적이다. 우리가 발음이 까다로운 어구를 소리 내어 말할 때는 물론 실수를 하겠지만, 같은 어구를 내적 발화로 읊을 때도 동일한 문제를 겪을까?

이 생각을 제대로 실험한 것은 어배너 샘페인 일리노이대학의 게리 오펜하임과 게리 델의 연구였다. 연구진은 언어에서 발생가능한 두 종류의 오류―어휘적 오류와 음운적 오류―를 식별하는 작업부터 시작했다. 어휘적 오류에는 완전한 단어들을 서로 뒤섞는 실수 같은 것이 포함된다(두음전환Spoonerism의 고전적인 예 'The Lord is a shoving leopard'를 생각해 보라(원래 문장은 'The Lord is a loving shepard(주님은 사랑의 목자)'인데 어휘 오류로 인해 '주님은 밀치는 표범'이라는 전혀 다른 뜻의 문장이 됨_옮긴이)) 반면, 음운적 오류는 개별 언어음speech sound을 뒤섞는 실수로 나타날 수 있다(reef를 leaf라고 r음을 l음으로 잘못 말하는 경우). 두 종류 모두[15] 외적 발화에서 일어나는 오류지만, 내적 발화에서도 동일한 방식의 문제가 있을까? 만일 운동시뮬레이션 가설이 옳다면, 내적, 외적 발화에서 두 유형의 오류가 균등하게 나타나야 할 것이다. 만일 개별 언어음 수준에서 내적 발화가 외적 발화만큼 풍부하지 않다면―아마도 비고츠키가 제시한 압축 및 축약 과정의 종류들 때문에―사람들의 내적 발화에서 특정 종류의 어휘적 오류는 나타나더라도 음운적 오류는 없으리라는 예상이 가능하다.

일리노이 연구팀은 네 단어로 이루어진, 발음이 까다로운 어구(예를 들어, 린 리드 리프 리치Lean reed reef leach)를 보여주어 참가자들이 크게 소리를 내어 읽거나 속으로 읊게 하고, 실수하는(이를테면 reef 대신 leaf라고 r음을 l음으로 잘못 말하는) 순간 중단하고 그 내용을 무조건 보고하게 하는 방식으로 이를 실험했다. 연구진은 어휘적(단어), 음운적(소리) 유사성을 통제할 수 있도록 사전에 발음이 까다로운 어구들을 선별해두었다. 데이터를 보면 외적 발화에서는 두 종류의 오류 모두 나타났지만, 내적 발화에서는 어휘적 오류만 나타났다. 오펜하임과 델은 내적 발화는 외적 발화에 비해 빈곤해서 개별 언어음 수준에서는 상대적으로 풍부하지 않다는 결론을 내렸다. 산출된 내적 발화에 이 같은 특색이 없었기 때문인지 아니면 속으로 그 발화를 '들은' 메커니즘이 이런 특징에 민감하지 않았기 때문인지는 여전히 알 수 없다.

한편, 에든버러대학의 마틴 콜리 연구팀은 후자를 다루는 것이 뭔가 중요한 의미가 있을지 모른다고 생각했다. 이들은 내적 발화에서 음운적 오류가 나타나지 않을 수 있었던 이유 중 하나는 음운적 오류를 발화자 본인이 알아채기 힘들기 때문이라고 주장했다. 이를 검증하기 위해 연구진은 일리노이 연구팀의 실험을 변형시켜 다시 실시했다. 참가자들이 해당 어구를 발화할 때 동시에 핑크 노이즈—화이트 노이즈의 일종—를 발생시키는 방식을 사용함으로써 소리 내서 발화하는 조건에서 스스로 오류를 탐지하기 더 어렵게 만들었다. 외적 발화와 내적 발화 간 차이를 없앨 수 있는 변화였다. 모든 조건 하에서, 내적 발화로 읽을 때도 전형적인 음운 유사성 오류(예를 들어, Reef-leaf 실수)가 나타났다. 오펜하임과 델의 연구와 뚜렷이 대비되는 결과였다.

내적 발화와 외적 발화의 언어적 범위가 동일한가는 여전히 판단하기 어렵다. 한 가지 문제는 이 모든 실험마다 외적 발화 산출에 꽤나 인위적인 시나리오가 동원됐는데, 이런 시나리오들로는 우리의 일상적인 생각들을 이루는 그런 자발적인 내적 발화는 촉발되지 않을 것 같다는 점이다. 또 한 가지 우려되는 부분은 이 분야의 연구에 참여하는 사람들은 반드시 스크린상의 자료를 읽어야 한다는 점이다. 다음 장에서 살펴보겠지만, 묵독默讀을 하면서 일어나는 내적 발화는 특수한 경우일 수 있다. 내적 발화의 특성들에 좀 더 자연스러운 방식으로 접근하려는 노력이 필요한데, 이는 연구실 안에서 실험참가자들의 내적 발화를 생성시키는 방식에 좀 더 신중을 기해야 한다는 의미다.

내적 발화와 외적 발화의 관계를 이해하기 위해 택할 수 있는 또 한 가지 방법이 있다. fMRI 같은 새로운 신경영상 기법들을 이용하여, 다양한 형태의 언어가 산출될 때 뇌에서 일어나는 일을 살펴보는 것이다. 만일 내적 발화가 단지 조음만 빠진 외적 발화에 불과하다면, 활성화된 뇌 영역이 상당 부분 중첩되고, (내적 발화에서는 작동되지 않을) 조음 과정과 연관된 영역에서만 차이가 나타나야 할 것이다. 한편, 내적 발화의 성질이 내면화 과정에서 변한다면, 뇌의 전혀 다른 영역들이 갑자기 활성화되는 것을 확인할 수 있을지도 모른다.

알고 보니 나는 머리가 큰 축에 속해서, 앞에서 뒤까지 머리 크기를 재려면, 기술자가 패딩을 한 겹 떼어내야만 했다. 귀 주변에는 패딩을 더 쑤셔 넣어 두개골이 절대 흔들리지 않게 고정했다. 작은 분홍색 귀마개는 하도 안쪽으로 깊숙이 쑤셔 넣은 바람에 마치 머릿속 한가운데까지 닿아 있는 게 아닐까 하는 생각이 들 정도였다. 나는 신발을 벗었다. 요가 시간이나 명상 수업이 아니다. 우리는 오늘 MRI 스캐너 속에서 내적 발화를 관찰하는 새로운 방법을 시도하고자 한다. 새로운 실험이 효과가 있는지 확인하려다 보니 필히 내가 직접 실험 대상이 되어 보는 수밖에 없다. 다음에는 몇몇 다른 실제 참가자들을 대상으로도 실험해볼 수 있을 것이다.

여러 모로 특별한 날이었다. 난생처음 나 자신의 뇌를 본 것이다. 사실, 누구든 자기 뇌를 처음 보면, 뇌가 불평 한마디 없이 사십 몇 년 동안 자기 일을 해내고 있다는 사실만으로 꽤나 놀랄 것이다. 신문이나 뉴스 기사에서 수없이 읽었던 과정을 체험하는 것은 처음이었다. 자기 뇌를 스캔한다는 것은 여느 평범한 방식들로는 설명이 불가능한 작업이며, 카메라를 안에 넣고 촬영할 수도 없다. 카메라에는 금속 성분이 있고 이 스캐너를 작동시키는 자석은 소파 틈새의 동전도 뽑아낼 만큼 강력하기 때문이다. 신경영상 실험에 참여 중인 사람의 셀카는 절대 볼 수 없을 것이다. 만일 어떤 과정인지 궁금하다면, 직접 경험해보는 수밖에.

처음 신경영상을 찍는 것이라 그런지 내내 불안한 감정이 가시질 않았다. 내 몸 안에 들어갈 수 있는 금속성 물질이 뭐가 있는지를 곰곰히 생각해본 뒤에도, 여전히 의구심이 남았다. 나도 모르는 사이에 무엇인가가 이식되고 개량되거나 꿰매어 붙여졌으며, 이제 그 치명적인 금속 조각이 달궈져 3테슬라에 달하는 자기장에 의해 뽑혀져 나온 뒤 곧 내 살갗을 뚫고 나오는 것은 아닐까. 시야가 흐릿한 것 같은데, 콘택트렌즈 안에 금속 성분이 없는 것은 확실한 것일까? 기술자가 거울을 돌릴 때면 이상한 느낌이 들었고, 나는 (실험자들이 바로 옆 PC에서 조작 중인) 컴퓨터 파일이 영사기로 투사되는 모습을 보았다. 마치 누군가가 내 뇌의 소프트웨어에 손을 대는 듯한 느낌이었다. 얼굴을 가리고 있는 덮개 너머로 거울에 비친 내 이마가 보였다. 무슨 공상과학 영화를 보는 기분이었다. 그 사내는 어디로 가버린 것일까? 왜 내게 말을 거는 사람이 아무도 없나? 뭔가 끔찍한 것을 발견한 것일까? 다들 술집으로 가버렸나? 온통 삐 소리와 쿵 소리뿐이었다. 전혀 안정이 되지 않았다. 사실, 〈스타워즈〉 속 악몽 같았다. 나를 가두고 있는 철창에 쿵쿵 부딪치는 그 모든 소리를 듣는 동안 마치 엔도 전투Battle of Endor(〈스타워즈 에피소드 6〉에 나온 전투_옮긴이) 중 R2D2(〈스타워즈〉에 등장하는 드로이드_옮긴이)의 몸속에서 깨어나기라도 한 기분이었다.

왼쪽 두개골, 귀 바로 위, 앞에 살짝 오목하게 들어간 곳에 손을 대보자.[16] 손가락 끝이 하전두이랑inferior frontal gyrus이라는 뇌 부위에 닿게 될 텐데, 이 부분은 발화 산출에 필수적인 것으로 알려져 있다. 이 영역이 손상되면 언어 생성시 브로카 실어증Broca's aphasia(이 증상을 처음 설명한 신경심리학자 피에르 폴 브로카의 이름에서 유래)이라는 특정 유형의 장애가 발생한다. 내적 발화 문제를 다룬 대부분의 fMRI 연구에서 사람들이 소리 내지 않고 문장을 리허설할 때 이 부위가 활성화되는 것으로 나타났으며, 브로카 영역은 우리가 예상했던 활성화 목록에서도 최상위에 있다.

더 중요한 것은, 우리의 실험 설계로 두 종류의 내적 발화 간 활성화 차이도 탐색할 수 있다는 것이다. 기존 신경영상 연구의 문제는 내적 발화를 단 한 가지로 다루고 다양한 형태에 충분히 주목하지 않았다는 점이다. 만일 내적 발화의 발달 방식과 관련하여 비고츠키의 견해가 맞다면, 내적 발화는 항상 대화적 구조를 갖추어야 할 것이다(앞서 살펴보았듯이, 실험참가자들이 자신의 경험을 보고한 내용들이 이 견해를 뒷받침한다). 그렇다면 우리는 이 질문을 던지지 않을 수 없다. 스캐너 안에 들어가 있는 사람에게 좀 더 평범한 자발적인 내적 발화 같은 것을 시키면 무슨 일이 일어날까?

더럼대학의 '히어링 더 보이스Hearing the Voice' 프로젝트 연구팀을 이끌고 있는 박사후 연구과정의 벤 앨더슨데이는 이렇게 설명한다. "사람들이 머릿속에서 대화를 경험할 때 무슨 일이 벌어지는지[17] 그리고 그런 대화는 좀 더 단순한 형태의 내적 발화와는 어떻게 다른지 알아보고자 합니다." 이 과제에는 두 가지 조건이 포함되어 있다. 피험자인 나는 각 과제마다 모종의 말하기가 포함된 시나리오를 한 편씩 상상하라는 요구를 받는다. 가령, 모교로 되돌아간다든가 일자리 면접에 간다든가 하는 식이다. 어느 한 조건에서는 내적 독백을 생성해야 한다(학교의 경우를 예로 들자면, 재학생들 앞에서 한 차례 강연을 하는 상황을 상상해야 한다). 또 다른 조건에서는, 시나리오는 동일하지만 이번에는 대화가 요구된다(강연 대신 옛 스승과 대화를 나누어야 한다). 시나리오의 기본 내용은 동일하며, 차이라고는 내가 내적 대화를 생성하는가 아니면 좀 더 독백에 가까운 형태를 생성하는가 뿐이다. 각 조건별 지침을 읽고 나면, 글은 하얗게 사라지고 화면 위에 있는 십자 표시를 응시하고 있게 된다. 신경영상 연구에서 십자 표시는 표준 '고정점fixation point'이다.

연구는 대화적 내적 발화가 독백적 내적 발화와는 다른 뇌의 영역을 활성화시키는지 확인할 수 있도록 설계되어 있다. 물론 우리가 예상하는 것은 브로카 영역(《그림 1》 참조) 및 상측두이랑superior temporal gyrus으로 알려진 또 다른 뇌 부위의 활성화다. 대개 좌반구를 중심으로 하는 이 언어체계는 흔히 사람들이 소리 내어 이야기할 때 활성화된다. 하지만 우리팀의 연구는 사람들로 하여금 묵음으로 혼잣말을 하게 하는 좀 더 자연적인 방식을 통해 일상의 평범한 내적 발화에 더 근접한 것을 유도하는 것으로 판단된다.

가장 흥미로운 부분은 두 조건 사이의 비교다. 특히, 대화적 내적 발화는 내적 독백을 산출할 때 의존하는 부위 이외의 뇌 영역들을 동원하는가 하는 것이다. 신경영상 연구에서는 이런 질문에 두 조건을 대조하면서 답을 찾는다. 어느 한 조건에서 활성화되는 부분들로부터 다른 조건에서 활성화되는 부분들을 제하는 방식이다. 벤은 대화적 내적 발화 활성화 영역에서 독백적 활성화 영역을 제했을 때, 내적 대화와 연관된 특정한 신경 영역을 확인할 수 있었다. 특히 뇌 양측 상측두이랑과 좌측 하전두이랑 및 중전두이랑medial frontal gyrus 영역들이 그에 해당했다.

그렇다면, 뇌 활성화 측면에서 볼 때, 대화적 내적 발화에는 뭔가 특별한 점이 있으며, 따라서 두 종류의 내적 혼잣말을 구분할 수 있는 여러 다른 근거들도 존재한다. 대화적-독백적 내적 발화 간 비교를 통해서 우리는 쐐기앞소엽precuneus을 포함해 전체적으로 중심고랑의 후방에 위치하는 여러 영역에서 대화적 내적 발화에만 국한되어 활성화가 나타나는지 확인할 수 있다. 기존의 신경영상 연구를 통해 이들 영역은 특히 타인의 마음에 관한 생각, 즉 '마음 이론'이라 불리는 능력과 연관된 곳으로 알려져 있다. 이들 영역의 활성화 여부를 연구하는 것은 곧 대화적 내적 발화에 관한 비고츠키 이론을 검증하는 데 필수적이다.

그 이유를 이해하기 위해, 자기비판을 하던 테니스 선수들 이야기로 돌아가보자. 자아의 절반은 논평이나 지시를 하고, 자아의 나머지 절반은 그 말에 따라 행동하는 듯 보인다. 비고츠키 모형에 따르면 내적 발화는 타인들과의 대화로부터 발달하므로 다양한 시점들 사이를 왔다 갔다 하는 특성이 있다. 아테나는 혼잣말을 하며 스스로 질

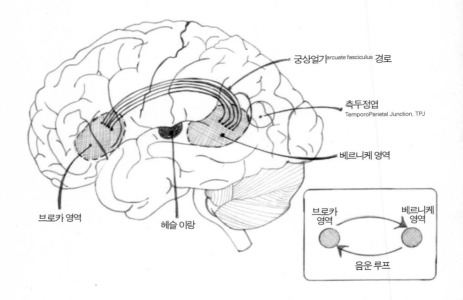

궁상얼기|arcuate fasciculus 경로

측두정엽
TemporoParietal Junction, TPJ

베르니케 영역

브로카 영역

헤슬 이랑

브로카
영역

베르니케
영역

음운 루프

〈그림 1〉 뇌의 내적 발화 네트워크

문('내가 지금 뭐하고 있지?')을 던진 다음 그 질문이 마치 다른 누군가에게서 날아오기라도 한 것처럼 대답을 했다('나는 기찻길을 만들 거야'). 따라서 대화적 내적 발화를 한다는 것에는 함께 세상을 살아가는 타인들의 생각, 감정, 태도를 표상할 줄 아는 일정한 능력이 포함돼 있다. 이것이 바로 심리학자들이 마음 이론 혹은 '사회적 인지' 이론이라 부르는 것이다.

벤이 이 개념을 좀 더 자세히 실험해볼 수 있었던 것은 우리가 일찍이 그 실험에 마음 측정에 관한 표준 이론을 포함시켜 두었기 때문이었다. 이 과제에서는 참가자들에게 단순한 줄거리를 담은 일련의 만화세 컷을 보여준 다음 그 흐름을 완결 지을 네 번째 이미지를 선택하게 했다. 한 가지 조건은 참가자들이 이야기 속 등장인물의 의도 중 하나 (가령 기차 안 좌석 하나가 비어 있었는지 확인해보려는 것)를 미리 파악해보게 하는 것이었다. 다른 이야기들은 마음 이론의 구성요소가 전혀 없었고 대신 순전히 신체와 관련된 사건들에 관한 추론(가령 축구공으로 병 몇 개를 맞추는 모습을 보여주는 것)을 포함했다. 연구자는 마음 이론 조건에서의 활성화와 신체 관련 추론을 비교함으로써 타인의 정신 상태에 관해 추론할 때 뇌의 어느 부분들이 관여하는지 살펴볼 수 있다.

연구의 핵심은 대화적 내적 발화를 생성하는 것과 타인의 마음을 추론하는 것 사이에 조금이라도 중첩되는 부분이 있는가 하는 것이었다. 벤의 설명을 들어보자. "우리가 대화와 연관된 영역들과 마음 이론과 연관된 영역들을 중첩시키면, 두 영역 모두 어느 한 곳이 뚜렷이 활성화됐는데, 바로 우측 후방 상측두이랑이라는 부위였어요. 마음 이론에 해당되는 주요 영역 중 한 곳인 우측 측두정엽[TPJ]에 굉장히 근접한 부위죠. 여기서 우리는 단순한 내적 대화라 해도 대화는 어떤 식으로든 타인의 마음과 연관될 수밖에 없다고 볼 만한 상당한 증거를 찾은 셈이었습니다."

그렇다면, 우리는 처음으로 대화적 내적 발화에 신경적 토대가 있다는 증거를 어느 정도 확보하게 된 것이다. 흥미로운 사실은 대화 형식에 국한된 활성화는 내적 발화 특성에 관한 질문지에서 참가자들이 대화적 내적 발화를 보고할 가능성과 서로 연관되어 있었다는 점이다. 항목에 긍정적으로 답한 사람들일수록 대화에 국한된 활성화가 더 확연했다. 내적 발화에 관한 주관적 경험 — 질문지를 받았을 때 답변하는 방식 — 과 그 내적 발화를 생성할 때 뇌가 하는 일 사이의 연결고리를 약간이나마 엿볼 수 있게 해주는 결과였다.

어떤 면에서 보면, 혼잣말에 사회적 성격이 있다는 사실은 전혀 놀라운 일이 아니다. 윌리엄 제임스, 찰스 샌더스 퍼어스, 조지 허버트 미드의 이론에 따르면, 자아는 타인의 관점을 취함으로써 자신과의 대화를 생성한다. 미드는 우리가 타인들이 담당할 수 있는 사회적 역할에 관해 점점 더 알아가면서 내적 대담자들이 생성된다고 본다. 가령, 운동선수는 담당 코치의 역할을 내면화하고, 그 역할을 이용해 자신의 행동을 조절할 수 있다는 뜻이다. 내적 대화는 우리가 행동을 개선하고 감정을 조절할 수 있게 도와줄 뿐 아니라, 창의적인 사고방식의 물꼬를 터주기도 한다. 이 사고방식을 통해 비판적이고도 건설적인 타인의 관점을 취함으로써 자기 자신이 하고 있는 일에 관해 달리 생각할 수 있게 된다. 뇌가 스스로에게 말을 걸 때 마음 이론 네트워크가 동원된다는 연구결과는 대화를 내면화할 때 우리는 타인들을 내면화하는 것이라는 개념에 완벽하게 맞아떨어진다. 우리의 뇌는 우리의 마음과 마찬가지로 수많은 목소리로 가득 차 있다.

6

종이 위의
목소리들

THE VOICES WITHIN

주교는 굉장히 이상한 일을 하고 있었다. 젊은 관료는 평소처럼 알현이 가능하리라 생각하고 주교를 찾아간 터였다. 방문객들이 헛걸음하고 돌아가는 법은 없었다. 교구민 간 분쟁이 없는, 흔치 않은 평화로운 때에 맞춰 주교를 찾았지만 노년의 주교는 책에 정신이 팔려 있었다. 그런데 어딘가 희한한 방식이었다. 한때 수사학 교사였던 젊은이는 당시 상황을 훗날 『고백록』에 이렇게 적었다. "그가 책을 읽을 때, 두 눈은 책장을 가로지르고, 마음은 그 의미를 찾아 헤맸을 테지만, 목소리와 혀는 침묵했다. … 절대 다른 방식으로는 읽지 않았다."[1]

　밀라노 주교 암브로시우스는 오늘날 누구나 당연하게 여길 만한 일—머릿속으로 조용히 독서—을 하는 중이었다. 성 아우구스티누스의 묘사를 보면 이런 독서는 385년에는 흔치 않은 사건이었던 것 같다. 당시 읽기는 보통 크게 소리 내어 하는 활동이었다. 어느 고전문학사 기록에는 이렇게 나온다. "시집이나 예술적 산문은 단순히 근대적 의미의 텍스트가 아니라 공적 혹은 사적 공연을 위한 일종의 악보 같은 것이었다." 읽기에는 청중이 필요했고, 당시 시대 통념상 청중이 결코 자기 혼자일 수는 없었다.

암브로시우스의 묵독에 관한 아우구스티누스의 기록은 입술을 움직이지 않고 텍스트에서 의미를 뽑아내는 사람을 명시적으로 언급한 최초의 사례다. 이는 아우구스티누스 자신에게도 심오한 영향을 미쳐, 훗날 밀라노의 정원에서 깨달음을 얻고 개종을 한 것도 사도서간 필사본 뭉치를 한 차례 묵독하고 나서였다. "나는 그것을 잡아채 펼치고는 내 눈길이 처음 닿은 단락을 말없이 읽었다."[2]

한편 암브로시우스의 혁신적 시도[3]는 서구 문화 발전의 결정적 순간으로 여겨졌다. 엿듣는 사람 없이 독자가 텍스트에 사적으로 반응하는 것이 처음으로 가능해졌던 것이다. 작가 사라 메이트랜드는 암브로시우스 이야기와 관련하여 "묵독 습관은 개인적 혹은 독립적 사고를 낳았다"고 주장한다. 아우구스티누스 역시 암브로시우스의 기발한 독서법의 동기를 이렇게 예상한다. 만일 암브로시우스가 텍스트를 소리 내어 읽었다면, 참견하기 좋아하는 교구민 하나가 관심 가는 부분들의 부연설명을 부탁하며 귀중한 독서시간을 낭비하게 만들었을지 모른다는 것이다. 아니면 아우구스티누스가 적었듯이 '쉽게 약해지던' 목소리를 단지 보호하려던 것인지도 모른다. 뭐 이유야 여러 가지가 있겠지만, 아무튼 거기서 비롯된 텍스트 처리 방식이 학문으로서의 기독교는 물론이고 개인과 신의 관계에도 깊은 영향을 미치게 된다.

밀라노의 암브로시우스가 정말로 묵독을 창안해냈는가를 두고 수많은 논쟁이 있었다. 몇몇 학자들은 고전 시대에 있었던 읽기의 명백한 사례들을 상세히 언급—가령, 에우리피데스의 『히폴리투스』를 보면 테세우스는 편지를 말없이 속으로 읽는 듯하다—해왔으며, 단지 사람들이 묵독을 잘 안 했다고 해서 묵독을 할 줄 몰랐다고 추정하는 것은 논리적 오류라고 지적하기도 한다. A. K. 가브릴로프는 아우구스티누스가 암브로시우스의 행동에 놀라지는 않았고, 화가 났던 것 같다고 주장한다. 젊은이에게 온전히 집중해주었어야 했던 그 시점에 주교는 혼자서 독서를 계속하고 있었다는 것이다. 실제로, 묵독을 할 줄 모른다는 것은 우리가 아는 고전문화와도 잘 들어맞지 않을 것이다. 가브릴로프는 이렇게 적고 있다. "만일 옛날 사람들이 혼자 책을 읽지 않았다고 한다면, 이는 구어와 듣기 좋은 음조를 좋아해서라기보다는 심각한 심리적 장애를 보여주는 것이다." 메이트랜드는 암브로시우스의 일화를 두둔하면서 349년 당시의 문서에는 여성에게 "입술이 말은 하지만 타인의 귀가 절대 그 말을 듣지 못하도록, 조용히" 읽음으로써 교회 안에서 늘 조용히 있으라고 훈계하는 내용이 있다는 점을 지적한다. 당시 묵독이 자연스러운 일이었다면, 그것은 시끄러운 여자를 조용히 시키는 훨씬 간단한 해법이었으리라는 것이 메이트랜드의 주장이다.

역사야 어찌되었든, 묵독은 일어난다. 아이들은 대부분 소리 내어 읽는 법을 배운 다음 점차 목소리를 줄여나가다 마침내 전혀 소리를 내지 않고 읽게 된다. 머릿속으로 읽는 것은 소리 내어 읽는 것보다 빠르다. 시각 부호를 (소리 기반의) 음운 부호로 바꾼 다음 그 의미를 추출해내는 대신, 발성 단계를 삭제하고 시각 단계에서 곧장 의미 단계로 진입할 수 있기 때문이다. 뇌가 할 일이 분명 더 적다.

하지만 묵독에도 일종의 현상학이 있다. 어렸을 적 선생님에게 이런 질문을 받았던 기억이 난다. 소설을 읽을 때 등장인물의 목소리가 머릿속에서 들리느냐는 것이었다. 당시 나는 꽤나 자신 있게 그렇다고 대답을 했고, 열 살짜리 내 아들 아이작에게 똑같은 질문을 했을 때에도 곧바로 분명하게 '네'라는 대답이 나왔던 기억도 있다. 소리를 내지 않는 독서라고 해서 경험도 묵음인 것은 아니다. 실제로, 암브로시우스의 이야기에 대해 어느 비평가⁴는 텍스트에서 리듬과 음조의 뉘앙스에 집중하려면 앞뒤로 왔다 갔다 하며 현재 처리 중인 단락 이외의 텍스트 부분까지도 파악하는 능력이 필요하다는 점을 지적한다. 이는 '스크립티오 콘티누아Scriptio continua' — 아우구스티누스 시대 이전까지는 보편적이었던 단어 분철 없는 글쓰기 — 방식으로 글쓰기가 이루어졌을 때라면 훨씬 더 중요했을지 모른다. 시대를 막론하고, 좋은 독서 능력은 텍스트를 묵음으로 읽는 것과 발성 처리의 결합이 요구된다.

그렇다면 묵독은 내적 발화 혹은 그 비슷한 것을 촉발한다. 1908년, 미국의 심리학자 E. B. 휴이는 "간혹 별로 두드러지지 않는 내적 발화로 읽는 독자가 있고, 대개 그 내적 발화는 단축되고 불완전한 발화지만, 확실한 것은 읽는 내용의 청취 혹은 발음 또는 두 가지 모두는 절대 다수의 사람들에게 읽기의 구성 요소라는 점이다. … 또한 이같은 내적 발화가 일상적 발화를 축약한, 말하자면 일부의 복사본에 불과한 것일지라도, 원본의 핵심적인 특징들은 그대로 지니고 있다"[5]고 적었다.

심리학자들은 묵독에서 비롯되는 음운 표상이 소리―내면의 목소리―를 지니고 있는지 아니면 좀 더 추상적인 것인지 연구했다. 애리조나주립대학 연구팀의 메리앤 에이브럼슨과 스티븐 골딩거는 참가자들에게 다양한 단어와 비어非語(존재하지 않는 단어_옮긴이)[6]를 읽게 했다. 이 단어들과 비어들은 모음 길이가 제각각 다양했기 때문에 발음하는 데 드는 시간도 다양했다. 가령, ward는 '긴' 실제 단어지만 wake는 짧은 실제 단어이며, labe는 긴 비어인 반면 tate는 금세 쉽게 읽을 수 있는 비어다. 이 과제는 단순히 해당 단어의 실존 여부를 판단하는 것이었다. 예상대로 참가자들은 상대적으로 긴 단어를 판단할 때 더 많은 시간이 걸렸다. 판단을 내릴 때 머릿속으로 읽어보며 단어의 소리를 내본다는 의미다. 속으로 읽기 때문에 묵음으로 혼자 언어를 읽는 과정이 포함되지 않는다면, 앞에서 살펴봤던, 리머릭을 읽을 때 악센트나 발음이 까다로운 단어의 영향 등도 아마 나타나지 않았을 것이다.

읽기에 관련된 내적 발화는 가시적 신호들을 보여줄 때도 많다. 입술만 달싹거리며 소리 내지 않고 단어를 읽어 보며 읽기를 배우는 아이의 모습을 보고 놀라는 사람은 없을 것이다. 제아무리 독해력이 뛰어난 사람이라도 무엇인가를 읽을 때 혀를 움직이며,[7] 어려운 텍스트라면 더욱 그렇다. 얼핏 보면, 이런 실험 결과들은 내적 발화에 관한 행동주의 관점[8]을 뒷받침하는 것 같기도 하다. 내적 발화는 말하기에서 신체의 움직임을 점차 제거하면서 발달해나간다는 것이다. 그렇다고 해서 내적 발화에 관한 존 B. 왓슨의 견해가 전반적으로 더 타당했다는 의미는 아니다. 읽기는 특수한 경우일 수 있기 때문이다. 이는 묵독의 현상학에 관한 모든 논의에서 염두에 둘 만한 지점이다.

심리학자들이 이런 종류의 읽기에 주목한 이유는 통제가 용이한 과제이기 때문이다. 피험자가 읽는 내용이나 따라야 할 지침 등을 실험자가 조정할 수 있는 것이다. 그러나 그렇게 생성된 내적 발화는 통상적인 자발적 내적 발화와 동일하지 않을지도 모른다. 물론 입술의 움직임이 없다고 해서 내적 발화도 없다는 뜻은 아니다. 백여 년 전 휴이가 이미 지적했듯, "나 같은 경우 입술을 거의 움직이지 않지만,[9] 내가 무엇인가를 읽을 때마다 내적 발음이 늘 일부분을 차지하는 것을 절대 피할 수가 없다."

이런 주장은 사람들이 뭔가를 읽는 동안의 경험을 표집하려는 여러 시도들에 의해서도 뒷받침된다. 헐버트의 DES 방법을 통해 밝혀진 내용들[10]을 보면 읽을 때 단어들을 혼잣말로 중얼거리는 사람들이 분명 존재한다는 휴이의 견해와 일치한다. 시각적 심상 등 여러 다른 요소들과 더불어 내적 발화도 경험 속으로 들어가는 셈이다. DES에 따르면, 또 어떤 이들은 이미지나 내적 발화를 전혀 사용하지 않고 텍스트를 처리할 수 있는 것처럼 보이기도 한다. 뇌 손상 연구도 이를 뒷받침한다. 뇌졸중으로 갑자기 말을 못하게 된[11] 어느 실험참가자의 경우, 읽기에 내적 발화는 전혀 필요하지 않았다. 이 환자는 혼잣말을 할 수도 없었고 기본적인 음운적 판단도 하지 못했으나, 표준 읽기 검사는 잘 수행해냈다. 하지만 이 환자는 천천히 단어를 하나씩 끊어가며 읽은—그리고 각 단어마다 몇 초씩 뚫어져라 응시하고서야 마치 그 단어의 의미를 다 이해했다는 표시인 양 혼자 고개를 끄덕인—것으로 기록됐다.

리머릭 실험에서 밝혀졌듯이, 뭔가를 읽을 때 촉진되는 내적 발화[12]는 간혹 악센트 특징이 고스란히 살아있는 자신의 목소리로 이루어지기도 한다. 하지만 해당 작가를 잘 알고 있다면, 내적 발화에서 작가의 목소리를 들을 수도 있다. 나는 책을 읽을 때 작가 본인이 소리 내어 말해주는 듯 생생하고 흥미진진한 느낌을 안겨주는 친밀한 작가를 적어도 한 명 이상 떠올릴 수 있다. 이 같은 개인적인 소견을 뒷받침하는 과학적 근거도 어느 정도 있다. 에모리대학의 심리학자 제시카 알렉산더와 린느 나이가드는 피험자들을 두 화자의 목소리[13]에 익숙해지게 만들었는데, 한 명은 말이 느린 사람이었고 다른 한 명은 말이 빠른 사람이었다. 그런 다음 피험자들에게 해당 텍스트는 두 화자 중 한 명이 쓴 것이라는 언질을 미리 주고 텍스트 몇 단락을 묵독하게 했다. 그러자 사람들은 말 빠른 화자가 썼다는 텍스트를 말 느린 화자의 텍스트보다 더 빨리 읽는 것으로 나타났다. 화자의 말 전달 속도라는 측면이 읽는 이들의 내적 발화에 이미 동화됐음을 시사하는 결과다(기억해둬야 할 사실은 이들은 묵독 중이었다는 것이다. 단순히 화자의 말을 소리 내어 따라한 것이 아니었다). 그 효과는 텍스트가 어려울수록 특히 두드러졌다.

그렇다면, 가장 좋아하는 작가의 '목소리'를 독자가 알게 된다는 개념 속에 진실이 있는 듯하다. 작가는 자신의 책을 통해 독자에게 문자 그대로 말을 걸 수 있는 셈이다. 작가이자 정신분석가인 애덤 필립스는 독자와 작가 간의 약속의 특징인 '침묵 속 관계의 경험'[14]에 어딘가 이상한 구석이 있다고 지적한다. 아무도 말하는 사람이 없는 관계는 대체 어떤 관계란 말인가? 답은 작가들은 자기가 써놓은 단어들을 통해 '정말로' 말을 하며, 독자들은 읽기를 통해 그 말을 듣는다는 것이다.

하지만 작가는 대개 다른 이들의 목소리는 말할 것도 없고 작가 본인의 목소리를 독자의 머릿속에 집어넣는 데도 관심이 없다. 아마 소설가가 가장 관심을 가지는 목소리는 자기 작품 속 등장인물의 목소리일 것이다. 그중에는 주인공들이 서로에게 소리 내어 내뱉는 단어들이나 줄거리를 들려주는 개인—내레이터—의 목소리도 포함된다. 또한 이런 목소리는 등장인물의 내밀한 사고과정[15]이나 내적 발화일 수도 있다. 허구의 이야기를 읽는 행위가 그토록 놀라운 경험이 될 수 있는 이유 중 하나가 바로 이것이다. 우리 머릿속을 목소리들로 가득 채워주기 때문이다.

"이름은 본드요. 제임스 본드."

많이 들어본 대사인가? 물론 여러분은 저 네 단어의 의미를 처리하는 데 별다른 어려움이 없을 것이다. 하지만 나는 네 단어를 읽는 여러분의 경험에 어떤 특성이 있을 것이라고 자신 있게 예상할 수 있다. 내 경우, 이 문장을 읽으면 반드시 션 코너리의 목소리가 머릿속에서 들린다(나와 세대가 다른 독자들이라면 저절로 피어스 브로스넌이나 대니얼 크레이그의 목소리로 맞춰질지도 모르겠다). 물론, 나는 지금까지 여러 편의 본드 영화를 봤으니, 007 영화 홍보 카피를 읽으면 그 유명한 대사를 읊는 해당 배우의 목소리가 나오는 것이 별로 놀라운 일은 아닐 것이다. 하지만 이런 식으로 등장인물의 목소리가 감각 차원에서 활성화되는 것 또한 소설 읽기 경험에서 중요한 부분인 것 같다.

소설을 읽을 때 머릿속에서 주요 인물들의 목소리가 들린다고 말하는 독자들이 많다. 〈가디언〉의 협조로 우리 연구팀은 1,500여 명을 대상으로 독서 중에 머릿속에서 가상 인물들의 목소리[16]를 듣는지 물어보았고, 80퍼센트가량이 그렇다고 대답했다. 7명 중 1명은 그런 목소리가 아주 생생해서 마치 실제 사람이 말하는 소리 같을 정도라고 했다. 일부 독자들은 적극적으로 주인공에게 어떤 목소리를 찾아주었다고도 했다. "보통 이야기 초반부터 목소리를 달라고 소리치는 듯한 특정 인물이 있어서 제가 마음속에서 어떤 목소리를 찾아주곤 해요. 그 목소리를 제대로 찾기 위해 대화 부분을 소리내어 읽어보기도 해요." 목소리가 들리지 않는다는 것은 책이 자신에게 아무런 감흥을 주지 못한다는 뜻이라는 사람들도 있었다. "저는 책 속 등장인물의 목소리를 항상 들어요. 만약 듣지 못한다면, 이는 대체로 제가 책에 그다지 빠져들지 못하고 있기 때문이죠." 그런가 하면 이런 경험에서 목소리 비중이 훨씬 낮은 독자들도 있었다. "저는 대개 제 자신의 내면의 목소리 정도만 들려요. … 등장인물이 뚜렷이 구분되지도 않고요. 보통 등장인물에게 몇 가지 모호한 특성을 부여하기는 하는 것 같은데 배경의 출처는 기억이죠."

읽기가 일으키는 다양한 반응에 대한 이 같은 연구결과는 뉴저지 펠리션대학의 심리학자 루베이니 빌하워의 연구결과에 의해서도 입증됐다. 루베이니는 질의응답 코너인 야후 앤서스$^{Yahoo!\ Answers}$로 가서 글을 읽을 때 목소리를 듣는 경험[17]에 관한 언급을 찾아보았다. 검색 결과 160여 개의 질문과 답변이 쏟아졌는데, 사회과학자들이 말하는 내용분석(텍스트에 담긴 내용을 객관적 기준에 의거하여 체계적으로 분석하는 기법_옮긴이)의 대상이 될 법했다. 내용분석은 여러 텍스트 속에 나타나는 주제들을 식별하는 체계적 과정이다. 우리 팀 연구에서처럼, 글을 올린 약 80퍼센트의 독자들이 목소리를 듣는다고 했으며, 그 목소리는 정체성, 젠더, 높낮이, 크기, 감정적 어조 등 발화와 흡사한 속성을 갖춘 경우가 흔했다. 목소리들은 해당 등장인물이 말했을 법한 방식에 대해 독자가 받은 인상이나 답변자 본인의 내적 발화와 동일하게 들리는 경우도 있었다. 어떤 독자들은 특정 버전의 내적 발화로 목소리를 듣기도 했다. 말하자면, '내적 읽기' 전용 목소리인 셈이다. 어느 네티즌은 황급한 타이핑으로 이렇게 댓글을 달았다. "맞아요! 난 내 목ㅅ...리를 들어요! 머릿속 목소리가 평소 말할 때처럼 들리진 않지만요.:o [오타는 원문 그대로]"

속으로 글을 읽을 때의 목소리는 제어가 안 되고 심지어 귀에 거슬릴 때도 있다는 답변도 소수 있었다. "저는 뭔가를 읽을 때 집중이 안 돼요. 그 목소리를 떨쳐낼 수가 없는데, 그게 상당히 짜증나거든요. 최근에는 독서공포증이라도 생긴 게 아닐까 싶을 정도라 정말로 심각해요. 뭔가를 읽을 때 머릿속에서 목소리가 또렷이 들리는 걸 견딜 수가 없거든요!" 종종 이는 상당히 불쾌한 경험일 때도 있었다. "가령, 제가 뭔가를 읽으려 하면 머릿속에서 어떤 목소리가 그 글을 소리 내어 읽는 게 들린다든가, 그저 생각만 하는 건데 제가 하고 있는 생각을 소리로 들을 수 있다든가 할 때죠. 저는 이 목소리로 대화를 나눌 수도 있어요. … 그리고 이 목소리는 끔찍한 것들과 함께 등장할 때가 많아요."

그렇다면 허구적인 등장인물의 목소리를 듣는 것은 열 살짜리 내 아들뿐 아니라 성인 독자들에게도 동일하게 적용되는 사안인 것 같다. 소설가들이 이야기 속에서 등장인물이 하는 말을 묘사하기 위해 쓰는 주된 방법은 두 가지다. 주로 인용부호 표시를 해서 등장인물이 하는 말을 정확히 제시해주는 이른바 '직접화법'을 쓸 수 있다. 또는 '간접화법'을 써서 발화내용을 간접적으로 전달할 수도 있다. "메리가 말했다, '흥미진진한 경기였어'"라고 하는 것과 "메리는 흥미진진한 경기였다고 말했다"라고 쓰는 것의 차이다.

심리학자들은 대개 간접화법보다 직접화법이 더 생생한 표현으로 받아들여진다[18]는 것을 입증해왔다. 스탠퍼드대학의 엘리자베스 웨이드와 허버트 클라크는 피험자에게 다른 사람들이 나눴던 대화를 재미있게 만들거나 또는 단순히 정보를 전달하는 식으로 전해달라고 요청했다. 단순히 정보를 전달하는 것이 아니라 즐거움을 주고자 할 때 사람들은 직접화법을 선택하는 경우가 더 많았다.

글래스고대학 연구팀은 두 유형의 화법을 읽을 때 머릿속에서 무슨 일이 벌어지는지 피험자들에게 물어보았다. 보 야오$^{Bo\ Yao}$ 연구팀은 간접화법을 읽을 때는 의미 처리만 하지만, 직접화법을 읽을 때는 머릿속에서 화자의 말을 소리 내본다는 기본 전제에서 출발했다. 연구팀의 예측대로, 직접화법과 간접화법을 듣는 참가자들 간의 뇌 활성화 양상에서 차이가 발견됐다. 구체적으로는, 직접화법을 들을 때 (측두엽 내에 위치한) 우측 청각피질 영역이 더 활성화됐는데, 이는 음성처리에 특히 중요한 것으로 알려진 영역이다. 만일 직접화법과 간접화법 두 경우 모두 해당 발화를 동일한 수준에서 처리했다면 이런 예상은 불가능했을 것이다. 이 같은 결과는 간접화법보다 직접화법을 더 생생하게 경험한다는 주장의 신경학적 근거가 된다. 직접화법의 경우 목소리의 특징들과 연관된 뇌의 영역들이 활성화되기 때문이다.

글래스고대학의 또 다른 연구에서도 직접화법이나 간접화법을 들을 경우 생기는 이 같은 활성화 차이가 재확인되었다. 어떤 차이든 간에 단지 소리 내어 읽었을 때 더 흥미롭거나 재미있게 들리는 직접화법 때문에 유발된 것이 아님을 확인하기 위해, 연구진은 두 종류의 텍스트를 단조로운 목소리로 읽어 들려주도록 했다. 간접화법에 비해, 직접 인용은 이전 연구에서 활성화됐던 것과 거의 동일한 뇌 영역을 활성화시켰는데, 이는 해당 자극 내에 실제로는 존재하지 않는 목소리에 관련된 정보도 뇌가 풍부하게 채워 넣고 있었음을 시사한다. 이 결과는 동일 집단을 대상으로 한 실험에서 인용의 출처가 말이 느린 화자보다는 말이 빠른 화자라고 생각할 때 더 빠른 속도로 직접화법을 읽게 되지만 간접화법에서는 동일한 효과가 나타나지 않는 것으로 나왔던 이전 연구결과를 뒷받침하는 것이기도 했다. 우리가 직접화법을 읽을 때는 입술을 움직이지 않는다 해도 분명 목소리와 유사한 방식으로 단어들의 소리를 가늠해보는 것 같다.

이 외에 다른 연구들도 특정 목소리에 대한 친숙도[19]가 묵독을 할 때 머릿속에서 그 목소리를 경험하는 방식에 영향을 미친다는 주장을 뒷받침한다. 워싱턴대학의 크리스토퍼 커비가 이끄는 연구팀은 1950년대 라디오 프로그램 〈비커슨 가족The Bickersons〉 대본 중 중심인물인 존과 블랑슈 비커슨 부부 간 대화가 나오는 부분을 피험자들에게 주었다. 먼저 피험자들은 배우들이 대본을 보고 재연한 녹음을 들은 다음, 같은 대본 혹은 다른 대본을 읽었다. 등장인물은 동일했다. 중간 중간 불규칙한 간격을 두고 주어지는 청각적 단어 재인word recognition 과제에서는 등장인물 중 한 명의 목소리로 단어 하나가 제시됐다. (단순히 해당 단어의 실재 여부를 판단하는 단순한 과제였다.) 가령, 블랑슈의 목소리가 이미 해당 독자에게 활성화된 상태에서 단어 재인 검사도 블랑슈의 목소리로 제시됐다면, 다른 목소리가 나온 경우보다 반응이 더 신속해야 한다는 논리에서였다.

연구진이 확인한 사실 역시 다르지 않았다. 피험자들은 해당 단어가 방금 전까지 듣고 있었던 목소리로 제시됐을 때 더 빨리 판단을 내렸다. 하지만 이런 효과는 피험자들이 이전에 들었던 배우의 녹음용 대본과 동일한 대본을 읽고 있었던 경우에만 나타났다. 동일 인물의 목소리라 하더라도, 다른 낯선 대본의 경우에는 같은 효과가 나타나지 않았다. 독자가 자기 나름의 내적 목소리를 끌어다가 이전에 누군가 읽는 소리를 실제로 들은 적이 없는 대화 토막에 입히려면, 그 목소리를 얼마만큼 들어야 하는 것일까? 후속 실험에서 연구진은 낯선 대본이라도 같은 효과가 나타난다는 증거를 발견했다. 다만, 피험자가 그 목소리들로 경험을 확장한 적 있는 경우에 한해서였다. 연구진은 반복 노출된 등장인물의 목소리는 피험자가 들었던 목소리의 기억 표상들 속에 단단히 자리잡았다가 피험자가 해당 등장인물의 발화를 묵독할 때 활성화된다는 결론을 내렸다.

그러나 여전히 한 가지 의문이 남는다. 허구적 대화를 읽을 때 등장인물의 목소리가 우리의 내적 발화로 활성화되는 것이 사실이라면, 우리가 그 목소리를 현실에서 한 번도 들어본 적 없는 경우에도 마찬가지여야 하기 때문이다. 나는 리처드 예이츠의 고전 소설 『레볼루셔너리 로드』에서 유럽에 가자고 남편 프랭크를 설득하려 애쓰는 에이프릴 휠러의 생생한 이미지를 머릿속으로 떠올릴 수 있다. 에이프릴은 허구의 인물이고 나는 동명의 영화도 본 적이 없는데 말이다. 내가 듣는 그 목소리는 분명 어느 정도는 나 자신이 만들어낸 것일 테고, 내 나름의 내적 발화로 목소리를 만들어낸 뒤 복화술을 쓰고 있는 셈이다. 앞으로 좀 더 살펴보겠지만, 그렇게 목소리를 만들어내는 것이 어떻게 가능한가 하는 의문은 작가들이 어떤 방식으로 목소리를 불러내 지면 위에 풀어놓는지에 대해서도 중요한 무엇인가를 알려줄 것이다.

뉴욕 주 빙엄턴대학의 심리학자 대니얼 건래즈와 실리아 클린은 독자에게 한 번도 들어본 적 없는 어떤 목소리[20]에 대한 정보를 주는 방식으로 접근했다. 목소리를 실제로 들려주지는 않는 것이다. 연구결과 주요 등장인물이 말을 빠르게 하는 사람으로 묘사되어 있을 경우, 참가자들은 해당 인물의 발화를 좀 더 빠르게 읽었다. 이는 말하는 속도는 읽는 속도로 변환된다는 기존 결과를 뒷받침한다. 하지만 이 연구의 중요한 차이점은 피험자들이 해당 등장인물이 빠르게 말하는 것을 실제로 들어본 적이 전혀 없었다는 것이다. 다만 텍스트 자체의 목소리를 설명하면서 말이 빠른 사람이라는 언급을 들었을 뿐이다. 이 효과는 소리 내어 읽을 때 있었지만, 묵독의 경우 독자가 해당 인물의 관점을 취하고 머릿속에서 그 인물의 목소리가 들리는 방식으로 텍스트를 읽도록 했을 때만 나타났다. 여기서 알 수 있는 것은 어떤 화자의 목소리에 대한 청각적 심상을 만들어내는 과정은 전혀 자동적이지 않으며, 독자 쪽에서 어느 정도 적극적인 역할을 담당해야만 한다는 점이다. 이 연구팀의 주장에 따르면, 소설을 읽을 때 특정 등장인물에 대한 정서적 몰입은 그 효과를 담보하기에 충분한 조건일 수 있다. 자신이 아끼는 책을 원작으로 만든 영화를 보고 종종 실망하게 되는 이유도 여기서 설명이 된다. 그런 영화는 특정 인물의 목소리를 '완전히 잘못' 짚었기 때문이다.[21]

하지만 소설가의 관심사는 작품 속 등장인물이 소리 내어 말하는 단어들을 묘사하는 것만이 아니다. 등장인물이 무슨 생각을 하고 있는지도 알려준다. 문학연구자들이 '자유간접화법'이라 지칭하는 글쓰기 방식은 내적 사고의 표상과 기본 서사 담론을 혼합함으로써 성립된다. 가령, 귀스타브 플로베르의 『마담 보바리』에서는 주인공의 생각이 서사적 목소리와 완전히 결합되어 있다.

그녀는 혼잣말을 되풀이했다. '내게 애인이 생긴 거야! 애인이!' 이렇게 생각하자 마치 갑작스레 또 한 번의 사춘기를 맞이한 것처럼 기쁨이 솟구쳤다. 그러니까 그녀는 마침내 저 사랑의 기쁨을, 이미 체념해버렸던 저 열병과도 같은 행복을 가지게 되는 것이었다. 그녀는 지금 황홀한 그 무엇 속으로 들어가려 하고 있었다. 거기에서는 모든 것이 정열, 도취, 광란이리라.[22]

여기서 여자주인공이 직접화법을 쓰는 장면이 나오지만, 생각이 곧바로 이어진다. 결정적으로, 작가는 일련의 사고에 통상적인 방식으로 틀을 씌우고 있지 않다(가령, '그녀는 생각했다' 등). 작가가 마치 독자들로 하여금 보바리 부인의 관점에 머물고 있다고 가정하게 한 뒤, 어떤 것이 인물의 생각이고 어떤 것이 내레이터의 생각인지 구분하는 투박한 장치 없이도 보바리 부인의 생각을 묘사할 수 있는 듯 보인다.

지금까지는 내적 발화에 대한 이런 종류의 묘사를 독자가 처리할 때 머릿속에서 그 목소리가 직접화법 같은 방식으로 생기를 띠게 되는 것인지 확인할 수 있는 실험적 연구가 전무했다. 그러나 분명한 것은 등장인물의 내적 발화를 일정한 작가의 목소리와 섞는 것은 소설가가 이야기에 생기를 불어넣는 한 가지 방식이라는 점이다. 작가들은 사람들이 생각하던 것과 정반대의 말을 할 때가 많다는 사실('버거킹' 생각을 해놓고 'KFC'라고 말하던 DES 참가자를 떠올려보자[23])에 굉장한 흥미를 느낄 수도 있다. 허구적 인물들은 대화를 나누고 있는 상대 인물이 자기 생각을 듣지 못할 것이라는 사실에 마음을 놓고는 편안하게 내적인 삶을 시작할 수 있다. 그런 모순된 메시지를 엿듣는 것이야말로 소설을 읽는 즐거움 가운데 하나다.

하지만 내적 발화의 프라이버시가 위협받을 수 있는 허구의 세계도 있다. 판타지의 맥락에서, 사람들의 생각을 엿듣는 일은 인간관계에 재앙이 될 수 있다는 사실에서 작가는 극적인 이야기를 만들어낼 수 있다. 영화 〈왓 위민 원트〉에서 닉 마셜이 동료들의 속마음을 엿듣는 능력을 갖게 됐을 때 그랬듯이 말이다. 소설가 패트릭 네스는 2008년 작품 『카오스 워킹Chaos Walking』 3부작에서 사람들의 생각이 들리는 세상을 상상한다. 의식의 흐름들은 노이즈The Noise라 불리는 멀티미디어 집단의식으로 통합되어 지각할 수 있는 것이 된다. "노이즈는 쨍그랑 달그락 같은 소리로, 주로 한데 합쳐져 소리, 생각, 그림으로 범벅된 큰 덩어리가 되며, 대개는 전혀 이해할 수가 없다."[24] 이 이야기 세상 속 누군가의 생각은 엿들을 수가 있다. "노이즈는 여과되지 않은 사람이며, 여과장치 없는 사람은 그저 걸어 다니는 카오스일 뿐이다." 청소년인 내레이터 토드가 야생 늪지대에 사는 한 소녀(이 소녀는 노이즈에 대한 자신만의 해독제를 만들어내는 것으로 보인다)를 발견하고는 나름의 대가를 치른 뒤 깨달은 결론이다. 토드는 자기가 타인의 생각이 귀에 들리도록 만드는 세균을 소녀에게 감염시킬까 봐 두려워한다. 문제는 이런 두려움을 자기 마음속에만 담아둘 수 없기 때문에 소녀가 토드의 감염 사실을 알게 되는 것을 막을 수 없다는 것이다.

내부와 외부 사이의 긴장은 좀 더 미묘한 방식으로 이용되기도 한다. 파키스탄 작가 아머 후세인의 소설들은 주로 내적 발화와 외적 발화의 행동유도성affordance 차이에 천착한다. 강렬한 느낌의 단편 〈또 한 그루의 불꽃나무Another Gulmohar Tree〉에서 후세인은 우르두어語(파키스탄의 공용어_옮긴이)를 쓰는 화자 우스만[25]에 대해 이야기한다. 우스만은 자기 마음 가장 깊숙한 곳의 생각들을 영국인 아내가 이해할 수 있는 형태로 변환하고자 애를 쓴다. "아내는 자기도 모르는 사이에 궁금해지곤 했다. 자신도 예전에 자주 그랬던 것처럼, 남편이 망설이며 고심해 다듬은 구절들은 자기 고유의 언어를 번역한 것일까 궁금했다. 마치 말하기 전에 미리 일일이 적어보았던 것처럼 들렸기 때문이다."

내적 발화는 우르두어로 쿠드-칼라미khud-kalami, 즉 '혼잣말하기'라 불린다. 우르두어는 옛 문화적 전통에 깊숙이 박혀 있어서 우르두어로 혼자 생각하는 것은 영어로 혼자 생각하는 것과는 매우 느낌이 다르다. 우르두어는 좀 더 시적이고 문학적이다. 두 언어가 문법구조에 차이가 있다는 사실은 우르두어는 영어에 비해 내적 발화 및 외적 발화 간 차이가 작다는 의미이기도 하다. 후세인처럼 이중언어 사용자인 소설가에게 언어 전환은 곧 내적 목소리와의 관계 변화이기도 하다. "영어로 글을 쓰기 시작했을 때 나는 내 이야기들이 굉장히 내밀하다는 것을 깨달았다. 그 이야기들은 대개 말없이 속으로 생각하고 있는 사람들에 관한 것이었으므로 대화든 어떤 종류의 외적 활동이든 늘 기억, 생각, 침입으로 발생했다. … 우르두어는 내적 형식으로 작업하기가 아주 쉽다." 후세인은 우르두어에는 내레이터로부터 내적 발화로의 이동을 표시하는 (영어에는 없는) 언어적 장치가 있는데 작가는 이를 이용하면 모더니즘적 기법 없이도 내면의 독백을 외부의 행동과 융합시킬 수 있다고 설명한다.

생각과 말을 융합하는 또 한 가지 방법은 인용부호 등 지면에서 그 둘을 구분 짓는 구두점을 이리저리 활용해보는 것이다. 20세기 초 제임스 조이스는 인용부호를 '이상한 쉼표^{perverted commas}'[26]라고 깎아내리며 대신 줄 바꿈과 줄표를 썼다. 현역 미국 작가인 코맥 맥카시는 인용부호를 치워버리고 실제 소리 내어 한 발화, 사적인 생각, 작가의 내러티브 간 구분을 독자의 몫으로 남겨두었다.

> 그들은 배낭을 벗어 테라스에 놓고 입구의 쓰레기를 헤치며 부엌 안으로 들어갔다. 소년은 남자의 손을 꼭 잡고 있었다. 대부분 남자가 기억하는 그대로였다. 〔…〕 어렸을 때 여기서 크리스마스를 보내곤 했지. 남자는 고개를 돌려 황폐한 마당을 내다보았다. 뒤엉켜 있는 죽은 라일락. 형체만 남은 산울타리.[27]

내면의 목소리와 외부의 목소리를 가지고 하는 실험은 제임스 조이스나 버지니아 울프 같은 모더니즘 작가들의 작품에서 정점에 달했다. 조이스는 1922년에 내놓은 걸작 『율리시스』에서 자유간접화법을 사용하여 전통적인 내레이션과 주인공 레오폴드 블룸의 생각에 직접 접근하는 듯한 방식을 뒤섞고 있다. 다음은 레오폴드가 아내 몰리와 같이 사는 집에서 나와 상점가로 향하는 장면이다.

> 아니야. 그녀는 아무것도 먹고 싶지 않아. 그녀가 몸을 뒤치자 한 가

닥 짙고 따뜻한, 한층 부드러운 숨소리를 그리고 침대 뼈대의 느슨한 구리 쇠고리들의 징글징글 울리는 소리가 그에게 들려왔다. 정말이지 저놈의 고리를 붙들어 매둬야겠군. 안됐어. 지브롤터에서부터 내내, 그녀가 조금 알고 있던 스페인어마저 잊어 버렸지. 그녀의 부친은 침대를 얼마 주고 샀을까. 낡은 스타일. 아 그래! 물론. 총독의 경매에서 그걸 샀었지. 쉽게 낙찰되었지. 흥정에는 참 야무져요, 트위디 영감. 그렇습니다, 각하. 그건 플레브나에서였습니다. 저는 병졸에서 진급했습니다, 각하, 그리고 그걸 자랑스럽게 여깁니다. 그런데도 그는 우표로 매점을 할 만큼 머리가 좋았지. 그것은 선견지명이었어.[28]

여기서 조이스의 텍스트는 전통적인 3인칭 서술로부터 블룸의 내밀한 생각에 대한 생생한 묘사로 옮겨가는데 그 이동이 물흐르듯 자연스럽다. 하지만 내적 발화가 제시되는 방식은 외적 발화의 내적 버전인 플로베르 작품의 경우와는 다르다. 변형되는 것이다. 마치 전보처럼 압축된 상태로, 아이의 혼잣말과도 비슷하다. 여기에는 여러 감정 표현과 자기 자신을 향한 지시사항도 포함되어 있다. 이 내적 발화는 마치 대화를 하는 것 같은데, 블룸은 부부관계의 시작을 놓고 자문자답한다. 심지어는 장인인 올드 트위디의 목소리까지 더해져, 군대 내 소위 계급으로의 진급에 대해 반어적인 인용까지 한다. 조이스의 글에서는 내부와 외부의 경계가 침투 가능해진다. 세계는 마음속으로 들어오고, 생각들은 다시 세계 속으로 확장된다.

뛰어난 모더니즘 작가들이 개인의 심리 그리고 그 심리를 지면상에 묘사하는 예술적 난제에 매료됐음은 글 속에 고스란히 드러나 있다. 하지만 울프와 조이스 한참 이전 작가들도 일찍이 내적 발화의 대화적 특성에 주목했다. 제프리 초서의 초기 시 〈공작부인 이야기〉The Book of the Duchess〉에서 내레이터는 신비한 분위기를 풍기는 검은 옷을 입은 남자의 몽상[29]을 본다. 그 남자는 사랑했던 이의 죽음을 수심에 찬 내적 대화로 애도하는 모습이다. "그는 아무 말도 하지 않았다/ 하지만 자기 자신의 생각들과 말다툼을 벌였고/ 그의 마음속에서는/ 왜 그리고 어떻게 삶을 이어갈 것인지 갈등이 일었다." 최초의 영어 소설의 주인공인 로빈슨 크루소는 자신의 내적 언어의 목소리들과 대화를 나누며 혼자뿐인 삶을 "사람들과 어울리는 것보다 나은"[30] 것으로 만들었다. 대니얼 디포의 『로빈슨 크루소』로부터 한 세기 뒤에 쓰인 샬럿 브론테의 작품 주인공 제인 에어는 자기 자신과 말싸움하는 모습이 자주 등장한다.[31]

내가 원하는 것은 과연 무엇이냐? 새로운 환경 속에서 새 사람들 틈에 끼어 새 집에서 새 직업을 … 모두들 어떤 방법으로 새 직업을 얻을까? 모두들 친구들한테 부탁하는 것 같다. … 그래서 나는 빨리 해답을 찾아 내라고 두뇌에게 명령했다. 두뇌는 점차로 재빨리 작용하기 시작했다. 머릿속으로 양쪽 관자놀이에서 맥박이 뛰는 것을 느꼈다. 두뇌는 거의 한 시간 동안이나 대혼란 속에서 맴돌았으나…

작가들은 다양한 방식으로 우리의 머릿속을 여러 목소리로 채워 넣는다. 소리 내어 말하는 허구의 인물을 제시하고, 이 인물의 말소리를 듣지 않고도 각자 마음속으로 목소리를 재구성할 줄 아는 우리의 능력을 십분 활용한다. 작가는 등장인물이 겉으로 하지 않는 말을 엿듣기도 한다. 그리고 우리에게 대화 속의 마음을, 내적 대화에 몰두한 가상의 존재들을 보여준다. 내적 발화에 관한 소설 속 묘사, 특히 지면상에 내적 발화를 재창조해내고자 부단히 애쓴 모더니즘 거장들의 작품은, 단어들이 우리의 생각 안으로 들어올 때 일어나는 여러 변화, 그리고 평범한 대화 속에서 그 기원을 드러내는 내적 발화의 특성을 비할 데 없이 풍부하게 설명한다.

어떻게 보면 이렇게 표상된 목소리는 작가의 주요 건축 자재다. 소설가 데이비드 미첼은 인터뷰에서 소설가라는 직업은 일종의 "통제된 인격 장애로 … 이게 가능하려면 머릿속 목소리에 집중해야 하고 '심지어' 그 목소리끼리 서로 이야기를 나누게 해야만 한다"[32]라고 표현했다. 문예학자 패트리샤 워프는 소설가들이 독자 내면의 목소리를 이용해 어떻게 소설 속 인물을 창조해내고, 등장인물의 생각과 감정이 이야기를 읽고 있는 독자들의 생각과 감정을 쥐락펴락하는지를 쓰고 있다. 소설 속에서 우리가 조우하는 목소리는 우리의 욕망을 표현하고, 우리의 안전을 위협하고, 우리의 윤리에 도전하며, 우리가 말할 수 없는 것을 말할 수 있다. 그 목소리들은 수많은 가능성이 확장된 공간 안으로 우리를 끌고 들어가며, 거기서 우리는 다른 정체성들을 입어볼 수 있다. 소설가들은 이런 허구의 목소리를 전문가다운 솜씨로 통제해가며 우리의 자아를 해체한 다음 본래의 우리 자신으로 안전하게 돌려놓는다.

독서라는 본질적으로 고독한, 침묵의 과정으로 — 아마도 밀라노의 암브로시우스 덕분에 — 이런 성과를 낸다는 것은 상당한 일이다. 순조롭게 흘러갈 경우, 소설을 읽는다는 것은 타자의 마음(혹은 마음들)에 최대한 친밀하게 관여하는 일일 것이다. 대부분의 독자에게 이는 즐거움과 확신을 주고 영혼을 살찌우는 경험이다. 하지만 목소리는 걷잡을 수 없어지기도 한다. 대개는 침묵을 지켰을 법한 허구의 목소리가 어떤 이들에게는 들릴 수도 있다. 패트리샤 워프의 표현을 빌리자면, 지면상의 목소리는 '안전하게 통제되는 경계 너머'로까지 자아를 이동시켜 우리에게 '위태로운 화음 같은 의식의 다성음악polyphony'을 들려준다. 소설 속 목소리는 우리는 하나가 아니라 여럿임을 상기시켜준다.

7

뇌는
대화한다

THE VOICES WITHIN

당신은 혼자 앉아 있다. 크기도 가늠 안 되는 불빛이 어슴푸레한 장소에서 꼼짝도 못 한 채. 두 눈에서 끊임없이 흘러내리는 눈물 때문에 눈을 뜨고 있다는 것을 안다. 두 손은 무릎 위에 올린 채 기댈 등받이도 없이 앉아서 말을 하고 있는 중이다. 쉴 새 없이. 그것이 당신이 할 수 있는 거의 전부다. 당신에게 들리는 목소리는 외부에서 온 것 같지만, 그 목소리를 만들어낼 수 있는 것은 당신뿐이다. 하나 이상의 목소리가 있을 때도 있다. 하나든 여럿이든, 그 목소리는 자기 의지를 당신에게 부과할 수 있지만 당신은 그저 듣는 것 말고는 아무런 선택권이 없는 듯 보인다. 그럼에도 불구하고 그 말을 하고 있는 것은 당신의 입이다. 당신은 당신 자신의 말을 듣는 중이지만, 당신이 듣고 있는 것은 '당신'이 아니다.

아일랜드 출신 작가 사뮈엘 베케트는 개체들―일부 작품을 보면 사람이라고 할 수 없다—이 언어를 통해 자기 자신을 구축하는 방식에 매료됐다. 1953년에 쓴 소설 『이름 붙일 수 없는 자』를 보면, 소설 제목과 같은 이름의 내레이터가 자기 존재를 구축할 수 있는 방법은 음울한 독백밖에는 없다. 보통 인간의 고독을 은유하는 것으로 여겨지는 이 베케트의 피조물은 소통이 불가능한 상황에서도 소통을 하도록 강요당한다. "아 왁자지껄한 이 소리들 가운데서 내 목소리를 발견하게 되면 얼마나 좋을까,[1] 그러면 나의 수고와, 그들의 수고는 끝이 날 텐데."

작품의 주인공마냥 베케트 자신도 내적 발화에 푹 빠져 있었다. 『이름 붙일 수 없는 자』를 집필할 당시 친구 조르주 뒤튀에게 보내는 편지에 이렇게 썼다. "자네 말이 맞아. 뇌가 기능하기를 바라는 것은 어리석음의 극치요, 죄악이지, 마치 늙은 사내의 사랑처럼 말이야. 뇌가 할 만한 더 나은 것들이 있거든.[2] 가령 잠시 멈춰서 스스로에게 귀를 기울인다든가 하는 일 말야.' 이름 붙일 수 없는 자'는 자기 자신에게 이런 종류의 일을 충분히 하지 않았다는 후회를 내뱉는다. "나는 나한테 실컷 말한 적도 없고, 내 말을 충분히 듣지도 않았고, 나한테 충분히 대답하지도 않았으며, 게다가 나를 실컷 위로한 적도 없었어."[3]

베케트의 글은 인간 경험에 관한 역설을 잘 보여준다. 우리는 우리 자신에 관한 내러티브를 통해 우리 자신을 이해하고자 하며, 그런 내러티브 덕분에 우리는 그 이야기의 작가이자 내레이터이자 주인공이 된다.[4] 우리는 우리 머릿속 목소리들이 만들어내는 불협화음 '그 자체' 다. 우리는 그 목소리를 내뱉을 뿐 아니라 듣기도 한다. 그리고 그 목소리들은 끊임없는 수다를 통해 우리를 구축한다. 그러나 머릿속의 이 목소리를 광기나 병리학적 상태로 볼 수는 없다. 서사학자 마르코 버니니는 『이름 붙일 수 없는 자』의 목소리들은 내적 발화라는 자연적인 소리[5]에 해당한다고 주장했다. 말하자면 작가(베케트)가 이 정신적 발화들이 자아와 얼마나 긴밀하게 얽혀 있는지 보여주는 일종의 허구적 실험으로서 이 목소리를 '조율되지 않은' 낯선 형태로 제시한다는 얘기다.

독자는 자신의 내적 발화로 작품을 읽기 때문에 베케트의 방식은 효과가 있다. 지난 장에서 살펴보았듯이, 문학 텍스트는 내적 발화를 이끌어내고 우리에게 그 목소리를 다시 내보게 하는 힘을 지니고 있다. 우리는 이름 붙일 수 없는 자의 다중 음성으로 된 내적 발화를 읽을 때 스스로도 동일한 일을 한다. 독자로서 나름의 내적 수다를 이용해 '내용을 활성화'시키면서 베케트의 인지 시뮬레이션을 각자 머릿속에서 실행하는 것이다.

이름 붙일 수 없는 자의 북적거리는 의식은 비고츠키적 관점에서 보면 완벽하게 수긍이 간다. 내적 발화는 타인들과의 대화를 내면화하는 과정에서 발달하며, 내내 사회적 본성을 간직한다. 한 인간으로 발달하는 동안 타인과 나눴던 대화는 나에게 인지구조를 갖춰주며, 덕분에 나는 나 자신과 대화를 나눌 수도 있고 나라는 사람을 구성하는 여러 다양한 목소리 간의 대화를 세심히 조율할 수도 있다. 지금까지 살펴보았듯이, 사람들에게 내적 발화를 한다는 것이 어떤 느낌인지를 묻는 여러 연구결과들이 이 같은 견해를 뒷받침한다. 응답자들은 내면의 수다가 대화적 구조를 가지고 있으며, 다른 목소리의 존재는 의식 흐름의 본성을 살펴보는 과정에서 하나의 요인으로서 모습을 드러낸다는 데 대체로 동의한다. 대다수의 사람에게 내적 발화는 타자의 목소리로 가득 차 있다.

경험의 이 다중음성적 특성은 내가 말하는 이른바 '대화적 사고 dialogic thinking'[6]의 핵심이다. 비고츠키가 사용했던 용어는 아니나, 그의 저작들에 녹아 있는 개념이다. 외따로 떨어진 정신도 알고 보면 여럿이 내는 합창chorus이다. 정신이 여러 목소리로 가득 차 있다고까지 말할 수 있는 것은 정신은 절대 단독으로 있지 않기 때문이다. 정신은 사회적 관계의 맥락에서 등장하고, 그 관계의 역동에 의해 빚어진다. 타인의 말은 우리 머릿속으로 들어온다. 최근 유행하는 가설에 따르면, 우리는 태어날 때부터 타인과 어울려 지낼 수 있는 소인, 즉 '사회적 뇌'를 가지고 있는데, 대화적 사고는 이런 가설을 뛰어넘는다. 우리의 사고가 '실제로' 사회적이라는 이야기다. 우리의 정신 안에는 여럿이 살고 있다. 소설 한 편 속에 제각기 다른 관점을 지닌 다양한 등장인물의 목소리가 들어 있는 것과 마찬가지다. 생각을 한다는 것은 일종의 대화이며, 인간의 인지는 서로 다른 관점 사이를 오가는 대화가 가진 여러 능력을 지니고 있다.

여기서 말하는 '대화'의 개념[7]은 몇 가지 특징을 가지고 있다. 러시아의 문예학자 미하일 바흐친은 목소리는 언제나 특정한 세계관을 표상한다고 강조했다. 목소리란 일정한 관점을 가진 한 사람에게서 나오는 것이므로 특정한 이해, 감정, 가치를 반영한다는 것이다. 바흐친은 이처럼 다양한 관점이 서로 만나는 과정이 바로 대화라고 보았다. 예를 들어, 가상의 테니스 선수의 내적 발화에서 서로 의견을 주고받던 '코치'와 '선수'의 관점들이라든가, 내면의 대담자 중 충직한 친구 및 거만한 라이벌로 묘사되는 서로 다른 관점들에 대해 생각해보자. 우리가 (마치 내적 발화를 발달시킬 때처럼) 대화를 내면화할 때, 우리는 타인의 관점을 표상할 수 있는 어떤 구조를 내면화하는 것이다. 이런 관점들은 대화적 상호작용 안에서 상당히 구체적인 특징을 우리의 사고에 부여한다.

나는 심리학자로서의 이력 대부분을 사고의 대화적 특성이 가진 함의들을 알아내고, 이것이 인간의 인지에 관한 기본적인 청사진이 될 수 있는 과학적 모형을 개발하는 데 전념해왔다. 어쨌든 인지 전부에 해당하지는 않는다. 의식적 마음이 할 수 있는 일 중에 암산이라든가 별빛에 의존한 항해와 같이 서로 다른 관점을 조율하는 능력이 불필요한 일들이 수없이 많기 때문이다. 하지만 적어도 몇몇 정신적 과제는 여러 관점 간의 유연한 접합을 요하는 것 같다. 이 개념은 비고츠키뿐 아니라 플라톤, 윌리엄 제임스, 찰스 샌더스 퍼스, 조지 허버트 미드, 미하일 바흐친의 저작들에서도 찾아볼 수 있으나,[8] 현대의 인지심리학에서 명확히 언급된 적은 전혀 없었다. 대화적 사고 모형은 이 공백을 메우기 위한 것이었다.

대화적 사고 모형은 본질적으로 우리가 '사고'라 지칭하는 모호한 개념에 좀 더 구체성을 더해보려는 시도다. 이 모형이 제안하는 것은 일단의 정신 기능들―우리의 정신이 수행할 수 있는 작업들―이 있는데, 이 정신 기능들은 현실에 대한 서로 다른 관점들 간의 상호작용에 달려 있다는 점이다. 여기에는 어느 한 관점을 취했다가 또 다른 관점을 취하며, 이 둘 사이의 대화를 실행하는[9] 과정이 포함된다. 이런 유형의 사고에서(그리고 아마도 이 유형들에 '한해서만'), 언어는 결정적이다. 언어는 다양한 관점을 표상하고 이 관점들을 서로 만나게 하는 데 특히 강력한 힘을 발휘하기 때문이다. 결정적으로, 대화적 사고의 발달에는 언어로 직조되는 사회적 상호작용의 경험이 필요하다.

죄다 아주 추상적인 소리로 들릴 테니, 이제 구체적인 사례를 살펴보자. 내가 딸아이의 혼잣말을 듣고 있는 동안 아이는 기찻길을 만들고 있었다. 여기서 중요한 것은 아테나가 대화적 상호관계를 통해 다양한 관점을 자기 스스로 제시한다는 점이다. 아이는 여러 관점들을 오가며 대화를 전개해나간다. '내가 지금 뭐하고 있지? 나는 기찻길을 만들고 거기에 차를 몇 대 올려놓을 거야.' 이는 기초적인 수준(어쨌거나 아이는 고작 두 살이니까)이지만, 분명 대화는 대화다. 아이가 대화에 끌어들이는 관점들은 단어로 표상되고, 유연한 방식으로 조율된다. 어느 한 관점이 또 다른 관점에게 '대답한다.' 마치 타인의 관점인 양 말이다. '기찻길을 만들고 위에 차도 몇 대 올려놓는 거야. 차 두 대.' 그리고 여느 좋은 대화가 그러하듯, 이 관점들 역시 동일한 대상—아이의 장난감 도시 계획—을 대화의 초점으로 삼는다. 만일 우리가 누군가와 대화중인데 서로 전혀 다른 대상에 대해 말하고 있다면, 이는 사실 대화를 나누고 있는 것이 아니다.

아테나가 이런 발화를 할 수 있는 것은, 혼잣말을 시작하기 전에 사람들과 실제로 대화를 나눠봤기 때문이다. 타인들과의 대화를 내면화한 뒤 순전히 스스로 실행해보면서 아이는 인지 기제가 생겼고, 이제 인지 기제 덕분에 여러 다른 관점들을 다루면서, 관점들끼리 서로 묻고 대답하고 이야기 나눌 수 있는 것이다. 아테나의 사고 속에는 내가 '빈 주차칸open slot[10]'이라 부르는 것이 있다. 아이는 그곳에 어느 한 관점을 세워둔 뒤 그 관점과 대화를 시작할 수 있다. 빈 주차칸에는 자기가 좋아하는 것은 무엇이든 집어넣을 수 있다. 자기 자신의 목소리, 놀이친구나 부모의 말, 어떤 가상의 존재의 목소리 등 무엇이든 말이다. 아이는 대화 속에서 성장해왔고 아주 어려서부터 대화들에 참여해왔기 때문에, 자기 마음을 다른 목소리들로 채울 수 있다.

이것이 바로 내가 말하는 대화적 사고다. 이 대화적 사고는 평소 언어나 그밖에 수화 같은 다른 소통체계도 포함한다. 대화적 사고는 대개 내적 발화로, 필요한 온갖 다양한 형태로 이루어진다. 이 사고는 사회적 성격을 띠며, 특히 유아기 및 아동기에 같은 인간 종의 여타 구성원들과의 상호작용에 의해 구조화된다. 그리고 우리의 인지에 상당히 특수한 속성들을 부여한다. 우선, 아테나가 기찻길에 관해 소리 내어 말한 생각은 끝이 열려 있다. 즉, 어떤 특정 목표의 달성을 위해 조정된 생각—가령, 암산 등과 같은 비대화적인 다른 형태의 사고—이 아니라는 뜻이다. 자기조절적이다. 아테나에게 무슨 생각을 할지 말해주는 사람은 아무도 없으며, 아이는 생각의 흐름을 스스로 지휘하고 있다. 두 사람 사이의 대화에 대화의 진행 방향을 알려주는 외부 감독이 전혀 필요하지 않은 것과 마찬가지다(대화가 결국 시작 시점과는 전혀 다른 곳에 도착하기도 하는 이유 중 하나다). 아테나가 자기 자신과 나누는 대화는 무한히 창의적이다. 대화가 막상 시작될 때는 어디로 갈 것인지 알지 못하므로, 이전에는 한 번도 해본 적 없는 여러 생각들을 떠올리는 것도 가능하다. 내면의 대화에서 우리는 생각의 기차가 이끄는 대로 따라간다.

1882년 7월의 어느 침울한 날, 셴크베흐Schenkweg(헤이그에서 고흐가 살았던 거리) 뒤편의 목초지를 가로질러 걷던 빈센트 반 고흐는 가지가 잘린 채 죽어 있는 버드나무 한 그루를 보았다. 뱀의 비늘 같은 질감의 나무껍질을 본 고흐는 그림의 주제로 좋겠다고 생각했다. 닷새 뒤 고흐는 사랑하는 동생 테오에게 이 이야기를 편지로 썼다.

> 늙은 거인 같은, 가지 잘린 버드나무에 다가갔는데, 수채화가 가장 좋겠다는 생각이 들었어. 침울한 풍경이지. 고여 있는 웅덩이는 갈 대로 뒤덮여 있고 옆에는 죽은 그 나무가 있고, 멀리 라인철도회사의 차고에서는 선로들이 서로 교차하거든. 음산한 검은 건물들이 나온 다음에는 푸른 목초지와 석탄재를 깐 좁은 길이 나오고 하늘을 가로 지르고 있는 잿빛 구름들은 한 줄기 경계만이 하얗게 빛나고 그리고 그 구름들이 잠시 찢긴 깊이만큼의 푸르름이 있어. 간단히 말해, 나는 작업복 차림으로 작은 붉은 깃발을 든 신호수가 '오늘 날씨는 침울하군' 하고 생각할 때의 시선과 감정을 담아내고 싶었어.[11]

빈센트가 쓴 편지들의 주제가 여기 잘 드러나 있다. 빈센트는 이십 대 후반이었지만 화가가 되겠다는 중대한 결심을 한 지 얼마 되지 않은 상태였다. 지난 연말 부모와 불화를 겪은 뒤 그는 에텐의 시골 마을에 있는 본가에서 나와 헤이그에 작은 작업실을 차렸다. (고통스러운 임질 치료 과정을 포함해) 입원 치료와 인간관계에서 받은 엄청난 상처에서 여전히 회복 중이기는 했지만, 새로운 일을 시작하며 '커다란 기쁨'을 느끼고 있었다. 빈센트는 테오에게 재정적인 도움을 요청하면서 스케치 몇 장과 작업 중인 그림들에 대한 설명을 함께 보내곤 했다. 이 편지에서는 잘린 버드나무 스케치를 설명하면서 이미 작업을 마친 그림에 대해 언급하고 있다. 버드나무 이야기는 이전 편지에도 언급되어 있지만, 거기서는 그림 구성을 계획한다기보다는 흥미로운 대상으로서 묘사되었다. 빈센트의 작품 설명(그리고 동봉했던 완성된 작품 스케치)을 보기 전에 우리는 그의 작품 의도를 알 수 없다.

한 달 뒤, 빈센트는 동생에게 집 근처 전원의 가을 풍경을 담은 스케치 한 장을 보냈다.

어제 저녁 무렵, 숲속에서 나는 마르고 삭은 너도밤나무 잎들로 덮인 약간 비탈진 땅을 그리느라 정신이 없었어. 이곳의 땅은 군데군데 밝거나 어두운 적갈색이고, 그 위로 드리운 옅거나 짙은 나무 그림자들이 두드러져 반쯤 지워진 줄무늬처럼 보였지 … 문제는 … 그 땅이 지닌 색의 깊이, 엄청난 힘 그리고 견고함을 잡아내고 … 그 빛 그리고 동시에 그 풍부한 색감의 깊이와 광택을 담아내는 일이었어.

같은 시기에 비슷한 숲 풍경을 담은 습작과 유화 몇 점이 있지만, 이 스케치는 남아 있지 않다. 이 편지에서 다른 점은 빈센트가 작업을 하는 동안 구성(필요한 색감의 깊이를 잡아내고 빛을 다루는 일)의 문제들을 가지고 씨름하는 듯 보인다는 점이다. 마치 아이가 놀이과정을 소리 내어 생각하듯이, 빈센트는 진행 중인 자신의 창작 과정에 대해 소리 내어 말하고 있는 셈이다.

이듬해 6월, 빈센트는 자기도 모르게 쓰레기 더미에 관심이 쏠렸다.

> 오늘 아침 이미 네 시에 집을 나와 있었어. 나는 청소부를 공략할 참이야, 아니 작업은 이미 들어간 상태였지. … 그 어둑한 헛간 안쪽에서 바깥 공기와 그 아래 깔린 빛이 대조를 이루어 양 우리처럼 보이는 효과를 포착했어. 그리고 쓰레기통을 비우는 여자들 한 무리가 모습을 드러내고 점차 형태를 갖추기 시작하지. 하지만 앞뒤로 움직이는 손수레들이나 퇴비용 갈퀴를 든 청소부들, 헛간 아래를 뒤적거리는 그 모습 같은 것을 표현하면서 빛의 효과나 전체적인 갈색 톤은 잃지 말아야 해. 오히려 부각시켜 줄 테니까.

빈센트 반 고흐의 편지들은 특별한 문학적 창작물이다. 가장 예민하고 혼란스럽던 시기를 지나던 한 예술가의 작업 과정을 기록하고 있는 것이다. 1880년대 초부터 쓰인 이 편지들을 보면 각 그림의 구성에 필요한 부분을 놓고 누군가가 고흐와 논쟁하는 듯한 인상을 받게 된다. 실제로, 창작 과정에 관한 이런 해설이 동생 못지않게 빈센트 자신을 위한 것은 아닌지 의문을 품을 만하다. 고흐는 편지—손으로 쓴 일종의 혼잣말—를 통해 계획을 세우고, 스케치나 작업 방식을 선택하며, 그림을 구성하는 데 필요한 부분까지 정확히 짚어냈다.

그 다음 주에 쓴 편지에서는 그림을 적어도 어느 정도는 언어로 계획하고 있는 화가의 모습이 한층 더 명료하게 드러난다.

> 이 습작들을 그리는 동안 훨씬 더 큰 그림에 대한 계획이 이제 막 뿌리를 내리기 시작했어. 말하자면, 감자 캐는 그림이야. … 풍경은 평지인 게 좋겠고, 지평선의 낮은 언덕들이 자그마하게 줄지어 있는 거지. 사람들 키는 1피트 정도, 구성은 폭넓게 1×2로 … 바로 앞에는 … 무릎을 꿇고 감자를 캐는 여자들이 보이고 … 두 번째 면에는, 감자 캐는 사람들, 남자들과 여자들이 줄지어 있어 … 그리고 들판의 원근은 감자 수확이 이루어지고 있는 반대편에 손수레들이 닿는 지점이 그림의 중심에 오게끔 하고 싶어 … 바탕은 머릿속에 충분히 그려진 상태고, 내 마음에 드는 근사한 감자밭만 고르면 돼….

이어지는 편지들에 등장한 이 장면에 대한 여러 묘사들을 보면 실제로 감자 캐는 모습을 바탕으로 한 것이 전혀 아니었다. 당시는 6월이라 감자 수확 철이 아니었고, 감자 캐는 모습을 직접 보려면 한두 달은 더 기다려야 했다. 때가 되면 적당한 들판을 선택할 요량이었다. 빈센트는 이 장면을 기록한다기보다는 상상하는 중이었지만, 그가 보낸 편지들을 보면 상상이라는 것이 적어도 어느 정도는 언어적 행위임을 알 수 있다.

고흐의 편지들과 그가 남긴 스케치, 드로잉, 페인팅이 이루는 매혹적인 병치에 대해 좀 더 과감한 주장도 가능할지 모른다. 당시 고흐는 예술가로서 급성장하는 중이었다. 오늘날 주요 작품으로 꼽히는 것들 중 초기작을 이제 막 그리기 시작한 지 몇 년 안 된 시기였다.(1885년에 그린 〈감자 먹는 사람들〉은 주로 그의 성숙기 첫 작품으로 간주된다.) 편지에 씌어 있는 진행 상황—가지 잘린 버드나무로부터 습지대 풍경을 거쳐 쓰레기 하치장 그리고 감자 캐는 사람들까지—은 고흐의 전략적 변화를 상징적으로 보여준다. 편지를 통해 이미 끝마친 작품들을 묘사하던 방식에서 점차 작품이 어떤 모습'이어야 할지' 계획하는 과정을 드러내 생각하는 형식으로 변해간다. 고흐의 시각적 상상이 더 큰 부분을 차지했음은 의심의 여지가 없다. 화가에게 무슨 다른 기대를 하겠는가? 하지만 적어도 고흐에게 아름다운 시각적 예술품을 창작하는 일은 단지 시각적인 과정만은 아니었다.

이들 편지가 대화의 일부분 같은 형식을 취했던 것 역시 우연이 아니다. 표면적으로야 동생 테오를 위한 것이지만, 내용을 보면 단지 그림 작업에 관한 설명뿐 아니라 빈센트 자신이 자주 겪는 정서적 문제, 아버지와의 격렬한 불화, 고통스럽게 끝난 몇 차례의 짝사랑에 대한 언급도 있다. 편지 모음에는 테오의 답장도 드문드문 들어가 있는데, 빈센트의 편지들만 봐서는 동생과 답장을 주고받으며 어떤 소통을 했는지 해독하기 힘든 경우가 많다. 대화로 치자면, 다소 일방적인 느낌이다. 지금까지 남아 있는 문서들을 통해 판단해보면, 빈센트는 평생에 걸쳐 테오에게 약 600통의 편지를 썼고, 현존하는 테오의 답장으로 보이는 것은 약 40통에 불과하다. 다른 식구들과 주고받은 서신들을 보면 테오는 열심히 편지를 쓰는 사람이었고, 오늘날 남아 있는 것보다는 분명 더 많은 편지를 빈센트에게 썼던 것 같다. 하지만 테오의 답장이 많았다 하더라도, 여전히 빈센트가 자기 생각을 말하면서 딱히 답신을 기대했던 것 같지는 않다. 아이의 혼잣말처럼, 말은 타인을 위한 것일 뿐 아니라—어쩌면 훨씬 그 이상으로—자기 자신을 위한 것이기도 하다.

작가 조슈아 울프 솅크는 빈센트와 테오의 관계를 창조적 동반자 관계라 분석했다. 자기 다락방에서 글이나 그림을 마구 휘갈겨대는 '고독한 천재의 신화'가 거짓임을 보여주는 수많은 생산적 결합 사례 중 하나라는 것이다. 솅크는 테오를 단지 빈센트의 창작 활동의 후원자나 자문역으로 보지 않고, 생산적 관계의 '숨은 동반자'로 묘사한다. "동생 테오가 붓을 든 적은 한 번도 없었지만,[12] 그런 그를—빈센트가 인정했듯—역사상 가장 중요한 그림들의 공동창작자로 인정함이 마땅하다. 이들 형제는 … 역할, 개성, 심지어 정체성까지도 서로 완전히 별개였다. 그럼에도 불구하고 각자의 영역에서 진실되고 과감한 공동의 예술 프로젝트에 기여했다."

솅크의 해석에서 이는 실제 외적인 대화, 즉 두 형제가 주고받은 편지지만, 어쨌든 그가 분석을 통해 강조하고 있는 것은 빈센트 반 고흐의 작품들을 탄생시킨 창작 과정의 대화적 성격이다. 앞서 인용된 편지들이 이미 발생한 생각 과정을 기록하고 있는 것인지, 아니면 빈센

트가 생각들을 정돈하는 과정에서 풀어낸 것인지는 알 수 없다. 아마
양쪽 모두 조금씩은 해당했을 것이다. 그러나 한편으로 이 대화는 테오
가 (빈센트 말년에 파리에서 함께 살았던 잠깐의 시기를 제외하고는 거의 내내)
가까이 있지 않았던 시기에, 빈센트의 머릿속에서 진행된 것이라는 생각
도 든다. 이를 확인할 길은 없고, 당연히 편지들만으로 추측할 수도 없
는 부분이다. 그러나 빈센트가 혼자만의 생각 속에서 서신 교환이라는
온전히 내면화된 버전으로 이 대화를 이어갔다고 보아도 무방하다.

내면화된 창조적 대화는 분명 동반자 관계의 주요한 부분일 것이다.
그렇지 않고서야 무슨 성과가 있겠는가? 존 레넌은 폴 매카트니가 방
안에 함께 있을 때만큼은 단순한 음악 천재가 아니었고, 이는 매카트
니도 마찬가지였다. (다양한 예술 형식의 역사에서 여러 사례를 찾아볼 수
있는) 창조적 동반자 관계의 위력은 차를 마시거나 담배를 피울 때 나
눌 법한 실제 대화를 예술가가 내면화된 버전으로 재구성하는 데서
비롯되는 것이기도 하다.

나는 여기서 더 나아가 내적 대화는 일단 구축되고 나면, 더 이상
다른 기여자가 필요치 않은 시점 이후에도 발달한다고 말하고 싶다.
돈을 보내달라는 부탁은 차치하더라도, 테오가 몇 년 일찍 죽었다 한
들 빈센트가 이런 식의 편지쓰기를 과연 그만두었을지 의문이다. (어쩌
면 그 모든 해설을 자기 일기에 집어넣어 우표 값이라도 아꼈을지는 모르겠다.)
셴크의 지적대로, 빈센트가 동생과 관계를 회복하고자 애썼던 것은 분
명하다. 초창기 편지들에는 가까이 있었으면 하는 마음이 가득 담겨
있었지만, 두 형제가 같이 있을 때는 다툼이 잦았다. 아동의 혼잣말처

럼 빈센트의 편지들은 '준*사회적' 성격을 띤다. 응답을 예상하거나 요구하지는 않는다 해도 응답 가능성은 열어둔 것이다.

또 다른 의미에서 보면 고흐의 편지들은 자기조절적 언어 사용에 관한 비고츠키의 견해를 잘 보여주고 있는 셈이다. 비고츠키는 만일 언어 기능이 순수하게 자기조절적이라면, 행동을 수반하는 발화는 발달 과정을 거치면서 행동과 관련한 쪽으로 차츰 자리를 옮겨가야 한다고 주장했다. 아동의 자기지시적 발화는 후속 행동들을 단순히 수반하고 기술하던('나는 기찻길을 만들고 있어') 초기 단계에서 출발해, 해당 행동에 '앞서' 나타나는('나는 기찻길을 만들 거야') 명백히 계획적인 역할을 담당하는 발화로 발달해간다. 지금까지 아동의 혼잣말에서 경험적 방식으로 이 같은 발달의 진행[13]을 기록하기는 녹록치 않았지만, 고흐의 편지 속에 그 자취가 일부분 나타나 있는 듯하다. "나는 숲 풍경을 '그리는 중이야'"는 "나는 감자 캐는 사람들을 몇 명 '그릴 거야'"로 변한다.

외면화된 형식과 내면화된 형식 사이의 언어적, 대화적 전환인 대화적 사고는 창의성에 유용한 도구인 듯 보인다. 하도 많이 써서 유행어가 된 창의성(아주 복잡 모호한 사고의 상징이 될 수 있다)이라는 개념은— '새롭고 아름답고 유용한 것'[14]의 생산이라 정의할 수 있다—인간이 가진 가장 난해하고 신비한 능력 가운데 하나다. 창의성이라고 해서 반드시 예술에만 해당되는 것은 아니다. 과학적 연구—패러다임을 전환시키는 동시에 지엽적 문제에 대한 독창적 해법을 찾아내는 종류의 활동—도 군데군데 그런 요소가 필요하다. 아는 것에서 모르는 것으로, 오래된 것에서 새로운 것으로 옮겨가는 과정이 수반된다. 생각의 한 종류이지만 목적지에 도착하기 전까지는 본인이 어디로 가고 있는지 알 수 없다는 이야기다.

이처럼 끝이 열린 속성은 창의적 과정을 과학적으로 이해하는 데 걸림돌이 되어왔다. 심리학자들은 명확한 경계로 정확히 규정된 패러다임을 가지고 연구하고 싶어 한다. 사건들에 대한 통제는 아마도 실험 방법에 필수적인 부분일 것이다. 명확히 규정된 종결점도 전혀 없는 과정을 대체 어떻게 과학적으로 이해하겠는가?

그럼에도 불구하고 심리학자들은 포기하지 않는다. 많은 연구자가 다양한 형태의 '양초' 문제[15]를 연구하는 데 매달려왔다. 피험자들은 몇 가지 소품(종이성냥, 코르크판, 압정)만을 이용해 불붙인 양초의 촛농이 아래 탁자 위로 떨어지지 않게 하는 방법을 찾아내야 한다. 양초 문제는 물건들을 본래 용도와 다르게 이용하는 것을 봄으로써, 사람들의 '독창적 사고' 능력을 검사하는 데 주로 쓴다.(스포일러성 경고: 창의성에 대한 이 고전적인 심리학 문제에서 여러분은 흔히들 하듯 압정 상자를 촛대로 삼고 압정 몇 개를 이용해 상자를 코르크판에 고정시킨다.) 어떤 설명에 따르면 여기서는 대안적 관점(상자를 압정을 담아두는 용도가 아니라 촛대로 사용)을 열어두어야 한다. 만일 단어들을 사용해 생각하며 과제에 접근하면, 스스로 묻고 답해 보는 것이 효과적이라는 사실을 깨달을지도 모른다. "상자를 왜 다른 용도로 사용 안 해?" "예를 들면 어떻게?" "글쎄 …, 압정을 담는 통으로만 생각하지 마. 다른 용도를 생각해 보라고." 여러 다른 창의적 순간들 역시 사물들을 색다르게 볼 수 있는 가능성, 즉 특정한 시각으로 생각해본 다음 전혀 다른 시각으로 대응한다는 자세 측면에서 유사한 특징이 있을지 모른다. 지금껏 살펴본 대로, 이는 정신적 대화를 나눌 줄 아는 능력에 대한 꽤 괜찮은 정의다.

창의성을 일종의 대화적 사고로 보면, 창의성의 유연함을 이해하는데 도움이 된다. 대화는 창의적이다. 여러분은 자신이 하고자 하는 말에 대한 생각이 어느 정도 있으나 대화 상대방이 무슨 말을 할지는 정확히 알지 못한다. 적어도 여러분 자신의 발화가 거기 도달할 때까지는 알 길이 없다. 그리고 일단 발화가 되는 순간, 사실 대화 상대방이 필요하지 않을 수도 있다. 그냥 마치 첫 발화가 타인에게서 나온 말이라도 되는 양 응답하기만 하면 되며, 그러면 당신은 자신과 대화하는 길로 가는 것이다.

생각하는 사람이 대화적인 내적 발화를 이용해 이 같은 창의적 문제를 해결한다는 어떤 증거라도 있을까? 과학이 까다로워지는 지점이 바로 여기다. 지금까지 계속 살펴보아왔듯이, 사람들의 사고 과정을 들여다보는 창을 내기는 매우 어렵다. 고흐 자신도 우리가 마음을 있는 그대로 드러낸다는 생각에 대해서는 회의적이었던 것으로 보인다. "우리 내면의 생각들은 늘 겉으로 드러날까?[16] 우리 영혼 안에 거대한 불이 있을지라도 아무도 자기 자신을 그 불에 데워본 적이 없으며, 굴뚝에서 나오는 연기 한 가닥을 본 행인들은 그저 가던 길을 갈 뿐이다." 창의적인 과제를 해결한 사람들에게 어떤 사고 과정을 거쳤는지 그리고 문제 해결을 어떻게 시작했는지 사후에 질문을 해서 이른바 '사고 규약thought protocol'을 수집할 수 있다. 그러나 이는 항상 이미 진행된 일을 상당히 뒤늦게 재구성한 것에 불과하다. 경험 표집 방식이 더 발전하면, 사람들이 곰곰이 생각할 때를 조사함으로써 결정적 순간에 사고 과정을 포착하여 헤아려 보는 것이 가능할 수도 있다. 그러나 이런 방법론은 조사하고자 했던 바로 그 과정을 무너뜨릴 위험이 있다. 새 뮤얼 테일러 콜리지와 폴록에서 온 방문자의 이야기가 말해주듯이, 창의적 과정(이 경우는 콜리지의 미완성작 '쿠블라 칸'의 창작)은 산만함에 취약한 것으로 악명 높다. 창의적 통찰이 당도한 순간을 그대로 기록하는 것은 결코 쉬운 일이 아니다.

창의성이 나타나는 순간을 포착하려 하는 대신, 내적인 혼잣말의 대화적 측면이 개인별로 얼마나 차이가 나는지 살펴보는 접근법이 있다. 다시 말하지만, 후속 연구는 앞으로의 몫이다. 한 가지 증거에 따르면, 자기조절적인 혼잣말을 많이 사용하는 아이[17]일수록 또래 가운데 표준 창의성 측정에서 높은 점수를 받았지만, 창의성과 내적 발화 정도 혹은 내적 발화의 구체적 하위 형태와의 관계에 관해서는 아직 연구된 바가 없다.

고흐를 통해 알 수 있듯, 창의적인 사람들은 자신의 사고 과정을 보여주는 좀 더 영속적인 다른 증거를 남긴다. 내가 창의적인 문제에 매달려 있을 때 나는 끊임없이 스스로에게 질문을 던지고 또 답을 한다. 내 습작노트는 나 혼자만의 대화 토막들로 가득하다. 여러 다른 작가들도 지면상에서 자신과 대화를 나누는 것이 효과가 있음을 알고 있다. 심리학자 베라 존-스타이너는 독창적인 생각을 하는 다양한 사람들의 노트를 분석하여 암호처럼 압축된, 자아를 향한 발화의 증거를 발견했다. 내적 발화에 수반되는 것으로 간주되는 축약의 여러 특징들을 확인한 것이다. 가령, 베라는 버지니아 울프의 노트에서 다음 한 단락을 인용한다.

> 내가 H.의 죽음 뒤에 중단한다고 생각해보자(광기). R.이 직접 한 말을 인용하는 별도의 단락. 그런 다음 잠시 쉼. 그러고는 확실히 첫 만남으로 시작. 첫인상은, 세상 물정에 밝은 사람으로, 교수나 보헤미안은 아님…
> 전쟁 이전의 분위기 조성. 오트. 던컨. 프랑스.
> 아름다움과 관능에 관해 브리지스에게 편지. 그의 엄격함. 논리.[18]

울프가 처음에 쓴 '내가 … 생각해보자'는 자기 자신에게 던진 일종의 질문이다. 이후 적어 내려간 내용은 이 질문에 대한 답안들로, 동시대 작가 제임스 조이스가 내적 발화에 대해 묘사한 내용에 나오는 온갖 압축과 축약의 속성들을 보여준다. 나중에 다시 살펴보겠지만, 울프는 소설 속 어떤 문제에 매달려 있는 동안 소리 내어 혼잣말을 하는 것에 거리낌이 없었다. 그리고 우리는 여기서 울프의 대화적인 내적 발화가 또 하나의 외적 표현으로 나타났음을 볼 수 있다. 바로 글씨가 빼곡한 노트 페이지들이다.

작가들의 노트를 고흐의 편지들에서 볼 수 있는 '확장된' 창의적 대화의 축약 버전으로 이해하는 방법도 있을 것이다. 어떤 형식이 됐든 노트에 쓰면서 대화하는 것이 창의적 과정에 왜 도움이 되는지를 보여주는 심리학적 근거가 있다. 만일 내가 말없이 머릿속으로만 생각하는 대신 글을 쓰며 생각을 한다면, 가공비용, 특히 작업 기억에 요구되는 비용을 절감한다는 장점이 있을 것이다. 우선, 내가 나름의 질문을 적어놓았다면, 어떻게 답할지 생각하는 동안 그 질문을 기억하기 위해 정신적 자원들을 쏟아 붓지 않아도 된다.[19] 노트 페이지는 '빈 주차칸'이 밖으로 드러난 형태가 되는 것이다. 질문에 대한 답변을 찾는 동안 우리는 빈 주차칸에 어느 한 관점을 세워둘 수 있다. 우리의 생각에 물질적, 외적 형태를 부여하는 것은 사고 처리에 필요한 작업량을 줄이는 데 도움이 된다. 머릿속에서 하나의 관점을 묵묵히 붙잡고 있어야 하는 대신, 그 관점을 소리 내어 말함으로써 청각 기억 속에 한동안 공명하리라는 것을 스스로 알 수 있다. 생각을 소리 내어 말하는 것은 생각을 적어놓는 것과 마찬가지로 그 모든 과정을 내적 발화로 처리하는 데 들어가는 자원 비용을 절감하는 손쉬운 한 가지 방법인 것 같다.

이 가공비용의 문제는 대화적 사고의 힘을 이해하는 비결일지도 모른다. 창의성은 정보의 파편들을 그다지 연관 없어 보이는 문제와 연관시키는 일(가령, 압정 상자를 촛대로 생각해보는 것)이다. 어느 한 관점을 단어들로 표현하는 순간 여기에 대해 가능한 반응의 범위는 급격히 줄어든다. 철학자 대니얼 데닛은 다음과 같은 질문을 통해 이 점을 지적한다. "영화배우와 함께 춤춰 본 적 있는가?"[20] 이 질문에 답하기 위해 그동안 함께 춤췄던 사람 명단을 일일이 훑어가며 그중에 할리우드 스타가 있는지 확인할 필요는 없다. 당신에게 날아온 질문에서 해당하는 생각만 꺼낸 다음 데닛의 표현대로 "비교적 별다른 노력 없이 자동적인" 추론 과정을 통해 답하기만 하면 된다.

스스로에게 질문을 던지는 언어학적 행위[21]가 계획하고 있는 것에 담긴 의도가 무엇인지를 상당히 명료하게 만들어준다. 울프가 '내가 … 한다면'이라고 자문했던 언어학적 구조는 고민해오던 작업 속에서 자신이 진정으로 원했던 방향으로 스스로를 밀어 넣는 역할을 했을지도 모른다. 단순히 서술문('나는 … 할 것이다') 형태로 밝혔을 경우보다 더 효과적이었을 것이다. 이 주장은 일리노이대학(어바나 샴페인) 심리학과 이브라힘 시네이 팀의 연구를 통해 입증됐다. 참가자들에게 철자를 바꿔가며 단어를 구성하는 애너그램anagrams 과제를 주었지만, 관련하여 자문자답을 하든 단순한 진술을 하든 침묵 속에서 과제를 진행하도록 요청했다. 말없이 속으로 스스로에게 질문을 하라는 지침을 받은 참가자들은 단순히 내적 발화로 계획을 스스로에게 진술했던 경우보다 더 많은 문제를 풀었다. 연구진은 혼잣말로 자기 자신에게 퀴즈를 내는 것은 단순한 진술로만 구성된 내적 발화의 경우 이상의 성취를 해내도록 촉진하는 효과가 있다는 결론에 도달했다.

물론 소설을 쓰거나 애너그램을 푸는 것은 언어를 다루는 것과 관련된 과제다. 고흐의 사례에서 놀라운 사실은 그가 언어를 활용해 시각 매체로 창작을 하고 있었다는 점이다. 단어들은 그게 가능하다. 언어는 보통 때는 별개의 인지 체계에 의해 처리되었을 정보의 여러 흐름들을 통합하는 특수한 능력이 있다고 주장하는 사람들도 있다. 가령, 기하학 관련 데이터(도형들의 상호 배치 관계)는 색채 등을 처리하는 체계와는 전혀 다른 인지적 '모듈'에 의해 처리되는 것으로 여겨진다.

대체 우리는 어떤 경우에 두 종류의 정보를 통합할 수 있는 것일까? 일례로, '빨간 집에서 좌회전하시오'[22] 같은 지시문을 처리하는 경우, 주변을 탐색하는 데 도움이 되는 색채 데이터를 어떻게 사용하는지 생각해 보자. 만일 완전히 다른 두 모듈이 관련돼 있다면, 우리는 어떻게 이 모듈들이 서로 대화하게 만들 수 있을까?

한 가지 답은 언어적 사고를 사용하는 것이다. 적어도 하나 이상의 연구에서 내적 발화를 차단할 경우 피험자들은 이런 종류의 통합 능력을 상실한다는 것이 밝혀진 바 있다. 자기지시적 발화를 막는 것은 사람들의 기본적인 지각 능력에 영향을 미치는 것으로 나타났다. 가령 슈퍼마켓 선반에서 상품을 고르는 것처럼, 어떤 배열 속에서 특정한 물건을 찾으라[23]고 요청했을 때, 해당 물건의 이름을 소리 내어 말하면서 찾는 피험자들이 더 잘 찾아냈다. 적어도 꽤 익숙한 물건일 경우에는 효과가 좋았다. 형태 등 물건의 다른 속성은 무시하는 동시에 색에 따라 물건들을 범주별로 분류하는 능력에도 비슷한 법칙이 적용되는 듯하다. 그렇다고 해서 당신이 쓰는 언어가 실제로 세상을 인식하는 기준이 되는 범주들을 바꿀 수 있는 것은 아니다. 논쟁적인 '언어상대성 가설'[24]의 여러 버전이 제시하듯이 말이다. 오히려, 자기 자신을 향해 말을 하는 것은 당신이 이미 가지고 있는 범주들을 더 손쉽게 작동할 수 있도록 만들어주는 쪽에 가깝다.

이는 전부 언어와는 아무 상관없을 듯한 여러 종류의 정보를 처리할 때 내적 발화가 담당하는 역할로 수렴된다. 지금까지 우리는 자기지시적 발화가 행동을 계획하고 또 그것이 진행될 때 행동을 제어하는 역할을 담당한다는 사실을 확인했다. 여기서 중요한 문제는 한 걸음 더 나아가 본디 나뉘어 있는 인지의 여러 측면을 내적 발화가 한데 결합시킨다고 할 수 있느냐는 것이다. 이는 메릴랜드대학의 철학자 피터 카루더스를 비롯한 몇몇 연구자들이 견지해온 입장이다. 카루더스는 내적 발화가 뇌 안에 있는 일종의 링구아 프랑카$^{lingua\ franca}$[25]로 본래 자율적인 상태로 있는 여러 계통의 산출을 통합할 수 있다고 주장한다. 만일 이 견해가 옳다면, 고흐가 그림 구성을 계획하면서 조율하고 있었을 시각적 이미지들에 대해 그가 쓴 단어들이 어떤 영향력을 발휘할 수 있었는지도 설명이 가능하다. 그림은 바로 고흐 자신의 내적 발화를 말한 것이었다.

우리 머릿속 목소리에 대해 지금까지 알게 된 것들을 이제 찬찬히 헤아려볼 차례다. 내적 발화는 일각에서 주장하는 것과 달리 보편적으로 존재하는 현상과는 거리가 먼 것 같다. 하지만 많은 사람의 경험 속에서 유의미하고 중요한 역할을 하는 것은 분명하며 우리의 사고 속에서 다양한 역할을 담당하는 것으로 보인다. 아울러 우리가 하려는 일을 계획하고, 일단 일이 시작된 뒤에는 행동 방침을 조절하는 데 도움이 된다. 말하자면 우리가 하려는 일에 대한 정보를 주지시키고, 행동을 취하도록 우리 자신을 자극할 수 있는 것이다. 내적 발화는 대개 우리의 의식적 경험에 중심적인 연결고리 역할을 하는데, 이는 우리가 일관되고 영속적인 자아를 지니고 있다는 감각에 필수적인 부분이다. 그러나 내적 발화는 또한 여러 가지가 존재한다. 그 다양한 특성 중 다수는 타인과 소리 내어 나누는 대화 안에서 상당히 변화하며, 게다가 외적 발화와의 예측 가능한 유사성을 반영한다. 필요할 때 우리는 소리 내어 하는 혼잣말을 했던 어린 시절로 돌아가거나 심지어 공책 위에서 자신과 대화를 함으로써 처리 자원을 절약할 수 있다.

내적 발화의 출발점이 사회적 맥락에 있다는 가장 명백한 표시는 바로 내적 발화의 대화적 특성에 있다. 혼잣말은 유연하고 자유로운 방식으로 사고하는 데 핵심 요소라고 할 수 있는 우리 자신에 대한 관점을 제공한다. 우리는 우리가 하고 있는 일에 관한 관점에 목소리를 부여하고 그 목소리에 반응하며 대화를 주고받을 수 있다.

이런 대화적 속성은 내적 발화가 어떤 때는 축약된 전보 같았다가 또 어떤 때는 온전한 내적 대화 같아지는 등 여러 형태를 띠는 이유를 설명하는 데 도움이 된다. 무엇보다도 우리는 내적 발화를 통해 자신의 다중성을 이해하기 시작한다. 내적 발화가 지니는 다성적 특성 덕분에 작가들은 다중 음성적 작품을 우리의 마음속에서 '상연'함으로써 우리가 자아의 경계를 안전하게 탐색할 수 있게 해준다. 아울러 내적 발화의 사용은 언어 관련 과제에 국한되지 않는다. 내적 발화는 본래는 각각 별개로 있을 우리 정신의 여러 산출물을 한데 결합시키는 데 특수한 역할을 담당하여 의식의 흐름 특유의 다중매체적 특성에 기여한다.

또한 내적 발화가 뇌 안에서 작동하는 방식도 점차 이해하고 있다.

앞서 우리는 내면의 대화를 나눌 수 있는 토대가 될 기저 구조—서로 다른 신경망 간의 상호작용 패턴—를 확인했다. 우리 연구팀은 대화 형식의 내적 발화를 하는 사람들의 뇌를 스캔했을 때, 대개 내적 발화에 관여하는 영역인 좌측 하전두이랑이 활성화되는 것을 발견했다(〈그림 2〉 참조). 이와 동시에 우반구에서 활성화되는 부분이 측두정엽temporo-parietal junction, TPJ으로 알려진 영역에 가깝다는 사실도 발견했다. 앞서 언급한 대로, 주로 타인의 마음을 헤아리는 것과 연관된 이 영역은 독백 형식으로 사고할 때는 활성화되지 않았다.

아직 이 연구는 걸음마 단계이지만, 내적 발화와 마음이론네트워크theory of mind networks 사이의 상호작용이 대화적 사고의 신경적 토대[26]인 것으로 밝혀질지도 모른다. 사회적 인지체계는 다른 관점을 표상하는 데 필요한 구조, 즉 내적 대화의 '빈 주차칸'을 제공한다. 특정한 관점이 일단 생성되고 난 후—대화를 위한 첫 걸음이다—그 빈 칸에 탑재되는 것이다. 그런 다음 또 다른 관점이 내적 발화 체계 내에서 접합되어 그 관점에 '대답'한다. 그러면 지속되는 어느 관점이 접합되는 동안 새로운 관점이 빈 칸으로 이동하는 식이다. 기존에 확립된 두 네트워크는 자원 처리 면에서 상당히 비용-효율적인 상호작용을 통해 마음의 반응에 반응하려는 목적에 이용된다. 뇌는 답을 얻으리라는 기대도 없이 끝없이 말하는 것이 아니라, 대화로 꽃을 피워내는 것이다.

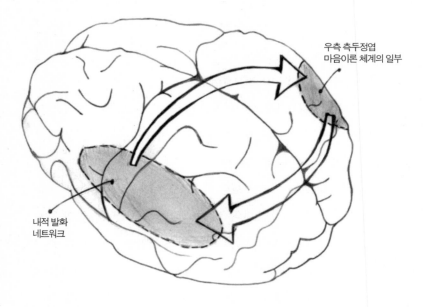

우측 측두정엽
마음이론 체계의 일부

내적 발화
네트워크

〈그림 2〉 내적 발화 네트워크 및 우반구의 사회적 인지 체계 간 상호작용

8

내가
아니다

THE VOICES WITHIN

'그는 달라요.'

화자는 교양 있는 영국 말씨를 쓰는 여성으로, 의사다. 귀에 익은 목소리지만, 남자가 알기로는 7년 전쯤 전화통화로 딱 한 번 들었던 목소리였다. 마치 방 안에 누군가가 서서 말하기라도 하듯 그녀의 목소리는 또렷이 들렸다. 화자를 알기는 하나 그녀의 정체 확인이 모두 끝난 것은 아니었다. 사실, 이 모든 것이 실제로 일어난 일인지 파악하는 데도 조금 시간이 걸렸다. 목소리는 밖에서, 그러니까 남자가 앉아 있던 웨더스푼 술집 바깥 거리로부터 들려왔다. 그녀의 물리적 위치는 적어도 4~5미터는 떨어져 있는 셈이다. 대체 어떤 목소리기에 소리도 전혀 줄지 않고 두꺼운 통유리창을 뚫고 들어와 당신에게까지 말할 수 있는 것일까?

"그럼 '그'가 바로 당신입니까?"

그는 항상 '그'다. 거리에서 혼자 바보짓을 하고 있는 누군가에 대해 사람들이 이야기하듯 목소리는 그에 관한 이야기를 3인칭으로 한다. 물론 자기네들이 주목하는 대상이 자기네 소리를 들을 수 있음을 알고 있다. 그게 핵심이다.

"그게 저예요, 네."

"그럼 '다르다'는 건 무슨 의미였을까요, 혹시 아세요?"

"아마 제가 사람들에게 보여주는 모습이나 사람들이 저에 대해 아는 것과는 다르다는 얘길 거예요. 제 생각에 그 목소리의 의미는 그거예요."

호출음이 울렸을 때, 제이는 술집 테이블에 앉아 집필 중인 대본 작업에 몰두해 있었다. 아침부터 계속 들렸던 목소리를 물리치기 위해 글 쓰는 데 집중하고 있었다는 것이다. 역설적이게도, 배경 소음은 목소리를 더 커지게 만든다. 마치 목소리가 왁자지껄한 소음을 이겨내고 주목을 받고자 분투라도 하듯이 말이다.

"의미를 '당신이' 이해하려고 애쓰고 있는 것처럼 들리는데요…"

"그래요, 목소리가 하는 얘기를 내가 해석해야만 하는 그런 상황이죠, 뭐랄까, 일종의 은유적인 방식으로 얘기를 한달까요?"

벤이 제이를 인터뷰하고 있었다. 여름이라 창문은 열려 있었고, 더럼의 팰리스 그린으로 쏟아져 나오는 들뜬 학생들 소리가 들려왔다.

"그럼 '그는 다르다'고 하는 바로 그 순간에 목소리가 하는 이야기를 꼭 알아야만 하는 건 아니군요?"

"네, 맞아요. 삐 소리가 멎는 그 순간에는 몰라요."

벤은 제이에게 이것이 그의 평상시 목소리인지 어떻게 알았느냐고 물었다. 제이는 자신이 주로 듣는 목소리는 세 가지이고, 목소리들이 친숙해서 바로 알 수 있다고 한다. 이 특정한 목소리는 늘 같다는 것이다.

"이 목소리는 저보다는 나이가 많은 것 같아요. … 뭐랄까, 중산층 느낌의 말투 있잖아요. 어딘가 지적인 목소리고요. … 늘 사려 깊은 어조예요, 마치 대화를 나누고 있는 것처럼요. 소리를 친다거나 하는 일은 절대 없죠."

러셀은 주변의 배경 소음으로 인해 그 목소리가 오히려 더 커지는 듯한 이 역설적 속성에 대해 물었다. 화자가 자기 목소리의 전달력을 높이기 위해 직접 목청을 높이는 것일까 아니면 목소리의 음향적 특성에는 변화가 없으나 확성기의 볼륨이 높아지는 것일까? 러셀이 의자에서 일어나 우리에게 계속 이야기를 하면서 방 밖으로 나가 문을 닫아 보이는 것으로 설명을 대신했다. 러셀의 느긋한 중서부 말씨가 여전히 들리기는 하지만, 문에 가로막혀 어쩔 수 없이 작게 들렸다. 러셀은 자기 목소리의 음향적 특성들이 나무로 된 문에 가로막혀 어떻게 변하는지 보여주려는 것이다.

"목소리의 특성은 변하지 않아요." 러셀이 자리로 돌아오자 제이가 말했다. "목소리가 소리를 높이지는 않지만 크게 들려요. 제 주변에는 수많은 소음이 있으니까요."

4~5미터 떨어진 곳에 통유리가 있어도 목소리가 또렷이 들린다는 사실은 목소리가 실제 사람 소리가 아니라 제이 자신의 목소리 중 하나라는 의미이다. 이 목소리들이 다만 어떤 물리적 실체가 없을 뿐—

경험적인 측면에서 의미가 있는 — 실제라는 것은 의심의 여지가 없다. 인지적 측면에서 보면, 제이가 이를 인정하는 데 전혀 문제가 없다.

"목소리가 물리적으로 술집 밖에서 나고, 이를 볼 수는 없지만, 어쨌든 크게 들려요. … 제 일부분은 목소리가 밖에 존재한다고 지각하지만, 사실 거기에 아무도 없다는 것도 잘 알고 있죠."

제이는 인지행동치료cognitive behavioural therapy(대개 약어 CBT로 알려져 있다)를 통해 본인의 경험에 합리적으로 접근할 수 있는 이런 방법들을 배우고 있었다. CBT를 통해 자기 목소리들을 '해체'하고 그 목소리를 듣게 만드는 심리적, 정서적 과정을 이해하는 법을 알게 되었다. 제이가 원인을 파악하는 — 자신의 경험에 대해 알게 된 사실을 가지고 목소리가 들리는 기이한 현상을 해석하는 — 순간을 호출음이 잡아냈던 것이다. CBT는 지각에 자연히 뒤따르는 — 웨더스푼 밖 거리 그곳에 누군가가 있어서 그에게 말을 하고 있다는 — 믿음이 실은 망상이라는 것을 깨닫게 해주었다. 그런 믿음이 사실무근임을 인식하는 것이 치료 과정에서 중요한 부분이었다. 어지간하면 제이는 자기 목소리 중 하나를 듣게 되면 그 목소리가 말하는 방식을 파악한 다음, 자신이 또 한 차례 비정상적인 경험을 하는 중이며 목소리를 실제 지각한 것으로 믿어서는 안 된다는 추론을 해내게 될 것이다.

그러나 이 과정은 시간이 걸린다. 긴 시간은 아니어도, 자기 추론의 고리들을 다 뜯어낸 다음 DES의 정확한 시간과 제대로 맞물려 들어가게 할 만큼의 시간이 걸린다. 우리가 연구 중인 의식의 순간 — 삐 소리가 귀에 들리기 전 — 에 제이는 자신이 경험한 것이 뭔지를 합리적으로 생각하지 못했다. 제이가 그것을 인정한 것은 사실 당황스러운 일이지만, 삐 소리가 난 바로 그 순간, 거기 누군가가 있기라도 한 것처럼 정말 소리를 들었던 것이다.

"그럼 시각적으로도 누군가가 거기 있나요? 그 사람이 보입니까?" 러셀이 물었다.

제이는 목소리를 낸 사람을 본 적도 없고, 그 어떤 시각적 환각도 없었다고 말했다. 나는 그런 경험이 일종의 기억처럼 느껴지는지 물었다. 제이의 답변은 놀라웠다.

"네, 기억이죠. … 이 사람은 의사인데, 전에 전화통화를 한 적이 있었고, 그때 전화통화를 했던 그 사람 목소리처럼 들려요. 목소리가 하나도 안 변했더군요."

그러니까 제이의 마음속에 자리 잡고 있는 이 사람은 7년 전 이야기를 나눴던 어느 이름 모르는 의사라는 청각적 형태를 취하고 있는 것이다. 그의 인생에서 특별한 의미가 있는 여성은 아니지만 그녀의 목소리는 의미 있는 누군가―혹은 무언가―에 의해 전유되어 왔다. 제이는 목소리의 내용―'그는 다르다'는 수수께끼 같은 발언―을 어린 시절 가족들이 자신을 어떻게 인식했는지와 연결시켰다. 어머니와 할머니는 비판적 태도로 자신을 이해하고 대했는데, 목소리는 이를 반박하고 있었던 것이다. "당신들 모두가 이해하는 그런 사람이 아니에요. 그는 달라요." 제이에 따르면 마음속에서 대화하는 사람들이 이런 식으로 변호하고 나서는 것이 특이한 일은 아니었다. "제가 보기에 목소리가 항상 부정적인 것은 아니에요. 사실, 꽤 도움이 될 때가 많아요."

벤은 제이에게 목소리의 존재를 느끼는 것에 관해 앞서 언급했던 내용을 물었다. "그건 어떤 일인가요?"

"사람처럼 느껴져요. 제가 이해하기로는 사실 이 목소리는 어느 누구의 목소리도 아닐 거예요. 그러니까, 그냥 목소리인 거죠. 그리고 아마도 그 목소리는 지금껏 제가 살아오면서 만났던 다양한 사람들을 섞어 놓은 혼합물 같은 걸 거예요. 특정한 한 사람의 목소리처럼 들리기도 하지만요. 하지만 제게는 거기 누군가가 서 있는 것 같은 물리적 느낌이 실제로 들어요."

"물리적인 느낌이라는 건 어떤 겁니까?"

"글쎄요, 제가 지금 이 방에 앉아서 선생님과 이야기를 나누고 있듯이, 방 안에 다른 사람이 세 명 있다고 느끼는 거예요. 그러니까, 다른 사람들이요. 거기 누군가가 있다고 아는 느낌이랄까요? 어떤 말로 설명해야 할지 잘 모르겠지만, 아무튼 어떤 목소리를 듣는 경험이란 건 그런 거예요."

벤은 자신이 내게 등을 돌려 나를 보거나 듣지 못한다 해도 내가 방 안 자기 곁에 앉아 있다는 나름의 '인식'에 빗대어 설명했다. "내가 찰스(지은이를 지칭한다_옮긴이)를 경험한다는 것에는 찰스가 거기 있다고 아는 것 말고는 별다른 게 없는 거나 마찬가지예요." 제이가 말했다.

"음, 당신이 어떤 목소리를 들을 때랑 똑같아요. … 경험적인 거죠. 불편한 느낌이 들면 뒤로 물러나서 그걸 해체한 다음 그건 그저 목소리에 불과하다는 걸 깨달아야 하는 거예요. 목소리를 해체한다는 건

적극적인 과정이죠."

제이와 이야기를 나누는 중에 나타난 수많은 놀라운 점들 가운데 하나는 존재에 대한 느낌은 목소리를 듣는 경험과는 별개인 듯하다는 사실이다. 존재에 대한 느낌 없이 목소리가 있을 때도 있고, 아무런 목소리 없이 어떤 존재감만 느낄 때도 있다. 가령, 오늘 제이는 거리에서 그 의사의 목소리를 들을 수 있고, 그녀가 거기 있다고 느낄 수도 있다. 방 안에서 당신 뒤에 누군가가 서 있다면 당신이 눈을 감고 있어도 알 수 있는 것과 마찬가지다. 그러나 웨더스푼 바깥 거리에는 또 다른 목소리도 있다. 호출음이 울리던 순간 제이는 두 목소리의 존재를 모두 지각하고 있었지만, 그중 한 목소리만 말을 하고 있었다.

"그럼 그 둘은 같은 곳에 있는 겁니까?"

"네, 둘 다 거리에 서 있어요, 서로 나란히 곁에 있죠."

제이에 따르면 그 둘은 그런 식으로 자주 같이 있고, 때로는 제3의 목소리와 함께 있다고 한다. 제3의 목소리는 또 다른 여성의 목소리로, 잔소리가 심하고 공격적이며 억압적이다. 제이가 화가 나 있을 때만 나타나는 그녀를 제이는 마녀라고 부른다. 하지만 오늘은 그녀의 목소리를 듣지 못했다.

DES를 표집하던 어느 날 제이는 마녀의 목소리는 들리지만 존재는 느껴지지 않는 상태에 관해 이야기했다. 제이는 더럼으로 오는 중이었다. 기차가 터널에 들어가면서 객차가 어둠 속으로 빨려 들어갔다. 마녀가 말하는 소리가 들린 건 그때였다. '하지만 그 사람이 중요하다고 느끼게 해 주려고 내가 애쓴 거라고.' 질투심 가득한 부정적인 목소리로 자신을 도우려 했다며 공치사하는 것에 화가 난 제이는 소리를 지르며 맞받아치고 있었다. '이봐 꺼져! 넌 그런 적 없어!' 입 밖으로 나온 말은 아무것도 없었다. 속으로 고함을 친 것이다. 마녀의 목소리는 앞쪽으로 4~5미터쯤 떨어진 곳에서 나오고 있었다. 웨더스푼에서 들었던 목소리와 마찬가지로, 크게—열차의 다른 소음들 너머로 들려올 만큼 충분히 크게—들리기는 했어도 소리를 지르고 있지는 않았다. 이 날 제이는 달갑지 않은 여성의 목소리를 들었지만, 그녀가 존재한다는 느낌은 없었다. 반면, 다른 두 목소리들은 존재는 했으나 아무 말도 하지 않고 있었다.

말하지 않는 목소리란 대체 무엇일까?

제이가 경험한 목소리는 시간이 흐르면서 변해왔다. 첫 번째 목소리를 들은 것은 열다섯 살 때였다. 한 차례 거식증 치료를 받은 뒤였다. 담당의사의 목소리였다. 의사는 제이의 이름을 부르며 음식을 먹도록 권했다. 딱 한 번이었다. 이후 다시 목소리를 듣게 된 것은 열아홉 살 때로, 굉장히 의지했던 할머니가 돌아가신 뒤였다. 그 후 스물네 살이 될 때까지는 아무 일도 없다가 처음으로 그 여자 의사의 목소리를 들었고, 나머지 두 목소리도 비슷한 시기에 그를 찾아왔다. 제이는 바텐더 일을 그만두고 댄스 강사로 다시 일하기 시작했다. 목소리들은 계속됐다. 자꾸 끼어들어 방해하고 정신을 산란하게 했다. 특히 수업을 하려고 하면 더 그랬다. 제이는 목소리를 억누르고 잠을 좀 자기 위해 저녁마다 술을 엄청나게 마셔대기 시작했다. 급기야 목소리 때문에 한숨도 잘 수 없었다. 강의동 꼭대기 층에서 수업 준비를 하려던 그가 교

실 앞쪽에 서서 창밖을 내다보는데 거리에서 고함을 질러대는 목소리
가 들렸다. 부엌 식탁에 혼자 앉아 술을 마시고 있는데, 똑같은 목소리
가 소리를 질러대는 것을 듣기도 했다. 제이는 거리에 실제로 있던 사
람들이 소리를 질렀고, 집까지 따라와 버렸다고 믿었다.

일주일간 일을 쉬며 목소리를 피해 몸을 숨겼던 제이는 병원에 자
진 입원하고 조현정동장애 진단을 받았다. 그는 장기적인 지원 혜택을
받을 수 있을 것이라는 이야기를 들었다. "다들 제게 꼬리표를 붙이는
데만 관심이 있더군요. 사실 그 꼬리표는 굉장히 사람을 무력하게 만
들었어요. 제 스스로를 난치성 정신장애인으로 보게 됐으니까요. …
당시 정신건강에 문제가 있는 사람들에 둘러싸여 있다 보니 제 자신
도 심각한 정신장애가 있다고 스스로 믿게 됐어요. 제 자신을 조현병
자로 여겼죠."

몇 년 뒤 제이의 진단명이 바뀌었다. 다른 정신과의사와 개인 전담
치료사를 새로 만났고 이들에게 큰 도움을 받았다. 제이는 아직도 여
러 목소리를 듣는다는 사실을 사람들에게 말하지 않는다. 이를테면
댄스 스쿨의 동료 강사들에게도 이 사실을 말하지 않는 식이다. 하지
만 자신이 왜 이런 경험을 하며, 목소리가 자신에 관해 이야기하는 것
이 무엇인지 좀 더 이해하게 되었고, 이들에 잘 대처하는 법을 익힘으
로써 최근에는 정신과치료를 종결했다. 목소리는 이제 절대 그에게 직
접 말을 걸지 않지만 자기네들끼리는 대화를 나눈다. 항상 제이의 머
리 바깥에 있는 느낌이고, 대개는 옆방에서 들리는 것 같다. 그 외에
다른 방식으로 감지되지는 않는다. 촉각적 요소나 냄새 혹은 시각적

환상 등은 전혀 없다. 간혹 목소리는 다른 지각 경험에 들러붙기도 한다. 아파트 위층에서 마룻바닥을 걷는 소리가 들릴 때면 제이는 어떤 식으로든 발자국 소리를 목소리와 연관된 것으로 느낄 것이다. 이성적으로는 실제 사람들, 본인과는 상관없는 이웃들이 내는 소리라는 것을 알긴 하지만 말이다.

목소리가 전혀 안 들리는 날도 가끔 있다. 굳이 숫자를 센다면 제이는 아마 1주일에 사나흘 정도 목소리를 듣는 편이라고 말할 것이다. 목소리는 몇 분에서 몇 시간 동안 지속되기도 한다. 피곤하거나 아침에 잠이 덜 깬 상태일 때 주로 목소리를 듣는다. 대개 어떤 것, 때로는 자기 자신의 생각들이 목소리를 불러온다. 어떤 목소리를 듣게 되리라는 생각 자체가 자기충족예언이 되는 것이다. 가령 어제 제이는 도서관에서 글을 쓰다가 DES 호출기를 꺼냈고 이제 틀림없이 목소리를 들을 것이라 생각을 했다. 그리고 정말로 들었다. "그런 식으로 거의 제가 유도할 수 있어요. 목소리들을 불러낼 수 있죠." 아울러 CBT를 통해 목소리와의 상호작용을 어느 정도는 제어할 수 있게 되었다. 머릿속으로 조용히 말을 걸지만 절대 큰 소리로 하지는 않는다. 제이는 매일 저녁 30분 정도 시간을 따로 내 목소리와 상호작용하며 대화를 나눈다. 열차에서 마녀의 목소리를 들은 것이 이례적인 경험이었던 이유 중 하나가 바로 여기에 있다. 목소리와의 대화에 따로 할당해둔 시간 이외에 목소리를 들으면, 대개 무시하고 지나간다. 하지만 당시 마녀의 말은 너무 신경에 거슬렸기 때문에 제이는 대꾸를 할 수밖에 없다고 느꼈다.

DES 호출음이 울릴 때 목소리가 동반되는 경우는 아주 드문 일이다. 나머지 시간에 일어나는 내적 경험은 다른 누군가의 것처럼 보인다. 평범한 내적 발화가 꽤 많고, 약간의 감각적 인식이 있는 정도다. 가령, 대본을 쓰면서 특정 내용을 포함시킬지 말지 고민하던 찰나에 호출음이 울렸고, 그는 말없이 속으로 자문하고 있었다. '이것을 포함시켜야 하나 말아야 하나?' 표집이 끝나갈 무렵 우리는 제이에게 이런 과정을 어떻게 발견했는지 물었다. 그는 지난 수 년간 자신의 목소리에 관해 깊이 생각해보라는 말을 들어왔지만 내적 경험에 대해 깊이 생각해볼 기회가 전혀 없었다고 털어놓았다. 제이는 호출기가 울리는 순간 우리 연구진과 공유하기에는 불편하다고 느낄 만한 내용이 포착될까 봐 걱정했었지만, 그런 일은 일어나지 않았다. "제가 들었던 대로 철저히 정확하게 기록했고, 그러면서 편안한 느낌을 받았어요." 지금까지 제이가 실험에 참여한 것을 놓고 목소리가 왈가왈부한 적은 없었다. 오히려 현재 쓰고 있는 대본을 더 걱정했다. 목소리의 주인공이 누구인지, 이 모든 일이 어떻게 일어났는지를 밝힐 수 있는 지점이 바로 여기다.

어쨌든 간에 그의 목소리는 걱정할 필요가 없었다. 제이에게 우리와 함께 경험 표집을 하도록 요청한 것은 그의 의식에 들어온 손님을 붙잡겠다는 일념에서 나온 것은 아니었다(물론 손님들이 목청을 높여 말했다면 우리가 관심을 가졌겠지만 말이다). 오히려, 전후사정을 알 수 있는 틀에 박힌 경험들을 이해하지 못하면, 목소리가 들리는 것과 같은 틀에 벗어난 경험을 온전히 이해할 수 없다고 우리는 생각한다. 누군가가 목소리를 듣는다면[1] 그는 (암시적으로든 명시적으로든) 비교를 하고 있는 셈이다. "내 경험상 여기 평소 같지 않은 일이 일어났고, 이건 통상적인 상황과는 달라요"라고 말하고 있는 것이다. 하지만 통상적인 일에 관해 알지도 못한 채 통상적이지 않은 일을 이해할 수는 없다. 우리가 제이에게 일상적인 일이든 기이한 일이든 경험의 온갖 측면에 대해 그토록 깊숙이 질문을 던지는 것은 바로 그 때문이다. 이 모든 것 안에 언어가 있다. 머릿속에서 단어들이 저마다 소리를 낸다. 제이의 의식 안에 있는 평범한 목소리들—내적으로 이루어지는 발화들—과 그를 찾아오는 불가사의한 세 명의 손님 간의 관계는 어떤 것일까? 이 질문을 던짐으로써 우리는 결국 우리 머릿속의 수많은 다양한 목소리에 관해 많은 것을 알게 될 것이다.

9

머릿속에
누군가
살고 있다

THE VOICES WITHIN

여러 목소리를 듣는 사람을 떠올리면 당신은 무슨 생각이 드는가? 네이선 파일러의 2013년 작품인 소설 『달빛 코끼리 끌어안기』에서 주인공 매트가 진단 받은 병명은 너무도 끔찍해서 차마 입 밖에도 낼 수가 없다. "내겐 병이 있다. 뱀의 모양과 소리를 가진 병이다."[1] 다들 조현병schizophrenia이 무엇인지 안다. 그 꼬리표 같은 단어의 치찰음 소리부터가 많은 사람에게 공포와 선입견을 유발한다. 2006년 미국 종합사회조사General Social Survey 데이터[2]를 분석한 연구진에 따르면, 응답자의 약 3분의 2 가까이가 조현병 진단을 받은 사람과는 함께 일하고 싶지 않다고 했고, 60퍼센트는 조현병 환자는 타인에게 폭력적일 것이라 예상한 것으로 나타났다. 10년 전 데이터를 살펴본 연구진은 사람들의 태도에 거의 변화가 없음을 확인했다. 1996년도 조사에 비해 2006년도 조사에서는 더 많은 응답자가 조현병은 신경생물학적 원인에서 기인한다고 보기는 했으나, 그런 이해의 변화가 부정적 태도를 감소시키기는커녕 오히려 증가시킨 것으로 보였다.

한 가지 문제는 이 '조현병'이 사람들이 자주 오해하는 용어[3]로, 다양한 상황에서 상이하게 쓰인다는 점이다. 사람들은 보통 조현병이라고 하면 지킬 박사가 하이드 씨로(혹은 반대로) 바뀌는 것 같은 이중인격을 일컫는 것처럼 생각한다. 이 같은 오해에는 여러 이유가 있는데, 조현병이라는 단어를 처음 만든 사람들이 '분리'나 '분쇄'의 의미를 더 담고자 했음에도 불구하고 실제로 이 용어는 문자 그대로 '분열된 정신'을 의미하고 있다는 사실도 그중 하나다.* 조현병이라는 용어를 처음 쓴 사람은 1908년 스위스의 정신과의사 오이겐 블로일러로, 기존의 조발성 치매증dementia praecox 개념을 개정하려는 의도였다. 당시 조발성 치매증은 망상(잘못된 신념의 지속)과 환각(아무런 외부 자극도 없는 상태에서 강박적인 지각 경험을 하는 것)을 겪는 것이 특징이었다. 20세기 중반 즈음 쿠르트 슈나이더가 교과서 『임상 정신병리학』에서 조현병의 주요(혹은 '1급') 증상들[4]을 분석해 발표하면서 이 장애는 서구 정신의학의 기초가 되었다. 임상의들은 조현병의 정의를 제대로 내리자는 데 중지를 모았고, 조현병을 과학적으로 이해하려는 노력은 정신의학의 최상위 목표가 되었다. 로이 그링커는 "조현병을 아는 것은 정신의학

• 조현병schizophrenia은 이전까지 정신분열병으로 불렸다. Schizo는 분열, Phrenia는 정신을 뜻한다. 일본에서 서구 정신의학을 도입하며, 원어의 뜻을 그대로 번역하여 정신분열병으로 옮겼는데, 우리나라에도 그대로 도입되었다. 일본은 약 10여 년 전 통합실조증이라는 새 명칭을 사용했는데, 우리나라도 곧 조현병이라는 명칭을 쓰기 시작했다. 조현調絃이란 악기의 현을 고르는 행위를 말한다._감수자

을 아는 것이다"[5]라고 쓰기도 했다. 토머스 사스가 남긴 유명한 문구(저서 『제2의 죄The Second Sin』에서 "당신이 신에게 말을 건다면 당신은 기도 중인 것이지만, 신이 당신에게 말을 건다면 당신은 조현병에 걸린 것이다"라는 표현을 쓴 바 있음_옮긴이)에서 조현병은 정신의학의 '신성한 상징'[6]이 되었다.

여러 이유로 최근 이 거대한 석상은 허물어졌는데, 과학적 구성타당도(어떤 척도나 검사가 측정하려는 변인의 내용이나 특징을 정확히 반영하는 정도_옮긴이)에 대한 우려가 주된 이유[7]였다. 오늘날 조현병은 좀 더 정확히 증후군syndrome, 즉 관련 이상증상들의 집합을 지칭하는 것으로 여겨진다. 오랫동안 진행성 뇌 질환[8](기저에 단일한 생물학적 과정이 있다는 의미)으로 규정되어 왔던 조현병은 이제 복잡다단한 장애로, 경우에 따라서는 완치도 가능한 병으로 간주되고 있다. 오늘날 전문가들은 조현병을 여러 증상들과 이상 경험들의 스펙트럼 혹은 연속선상의 한쪽 끝을 지칭하는 것으로 본다. 조현병 유전자 찾기란 특히 생색이 나지 않는 연구였는데, 최근 한 연구에서 조현병이 실은 유전적으로 구분되는 8가지 이상증상[9]의 집합임이 밝혀졌다. 정신과의사의 '바이블'[10] 같은 『정신장애 진단 및 통계 편람DSM』*에서는 이 스펙트럼을 여러 분열정동성 장애 및 망상 장애 같은 아형亞型으로 나눈다. 이 모두에 공통으로 있는 것은 다섯 영역 ─ 망상, 환각, 사고장애, 이상 운동행동, 음

• DSM, Diagnostic and Statistical Manual of Mental Disorders. 미국 정신의학회에서 발간하는 정신장애의 진단 기준 및 통계에 대한 매뉴얼이다. 현재 정신장애 연구 및 치료의 가장 표준적인 편람으로, 일부 사회주의 국가(구 소비에트 연방 소속의 국가 및 중국 등)을 제외한 거의 모든 국가에서 정신장애 진단에 활용된다. 1952년에 1판이 제정되었고, 2013년에 5판이 발표되었다._감수자

성 증상―가운데 적어도 하나 이상이 '비정상'이라는 점이다. DSM의 정의와 더불어 이 용어는 끊임없이 엄청난 논란의 대상이 되어 왔기 때문에, 많은 연구자가 좀 더 중립적인 용어인 '정신병psychosis'으로 대체하자는 의견을 제시한다. 물론 일각에서는 모호하게 정의된 이상증상의 집합을 또 다른 모호한 집합으로 대체하는 것은 더 나아진 것이라 볼 수 없다는 주장도 제기했다.

쉽게 말하면, 실제로는 아무도 없는데 목소리를 듣는 것은 정신병적 경험이다. 현실과의 단절을 수반하기 때문이다. 우리가 하는 다른 일들 역시 이와 같은 분리(단절)를 수반한다. 꿈을 꾸거나 상상하는 일이 그 예에 해당할 것이다. 그러나 상상을 하고 있는 사람은 자신이 하고 있는 일이 창의적 행위임을 인지하고 있다. 정신의학 용어로, 현재 자신에게 일어나고 있는 일에 대한 '병식insight'(자기 행동이나 삶의 양식이 비정상적이거나 문제가 있음을 아는 것_옮긴이)이 있는 상태인 것이다. 한편, 꿈을 꾸는 것이 정신병이 아닌 이유는 온전한 의식이 없는 상태에서 발생하기 때문이다(많이 알려져 있는 '자각몽lucid dreaming' 사례들 정도를 예외로 둔다면, 잠든 상태에서는 사실 병식이 있을 수 없다). 엄밀히 말하자면, 환각은 개인이 현실과의 단절을 경험하지만 그 경험이 '현실이 아니'라는 사실을 인식하지 못할 때 발생한다.

물론, 현실 속 상황들은 훨씬 더 복잡하다. 한 아이가 자신에게 말을 거는 상상 속 친구의 목소리를 듣는다면, 아이는 가장假裝에 완전히 몰입한 상태일 수 있고, 가공의 놀이친구는 아이에게 생생한 실제다. 우리가 어떤 영화나 책에 완전히 빠져 있을 때도 비슷한 일이 일어난다. 제이가 '여자 의사'의 목소리를 듣거나 애덤이 '대장'이라 부르는 사람이 자기에게 말하는 소리를 들을 때, 이들은 자신이 경험하는 일이 평소 겪고 있는 환각 속 목소리 중 하나임을 인지하고 있다. 경우에 따라 제이는 실제로 누군가가 자신에게 말을 걸고 있기라도 하듯 당장은 반응할 것이다. (이것이 환각이라는 이성적 생각을 하기까지의 과정에는 약간의 인지적 작업이 필요하다.) 제이는 자기 경험에 대한 병식이 있지만, 이는 그에게 언제 질문하는가 그리고 그가 자기 경험들로부터 의미를 생성하는 과정을 계속하는 중 어느 지점에 와 있는가에 따라 좌우되는 것도 사실이다. 환각을 '실제 지각과 다름없는 명료성과 영향을 지닌 유사 지각 경험'이라고 본 DSM의 정의는 어느 정도만 유효할 뿐이다.[11]

앞으로 보겠지만, 병식 여부는 목소리를 듣는 다양한 방식 가운데 하나에 불과하다. 청각 언어적 환각이 조현병의 대표적 특징이라고 할 때 이 환각은 여러 색깔이다. 하지만 목소리를 듣는 경험은 조현병에만 국한되지 않는다. 뇌전증, 약물 남용, 외상 후 스트레스 장애, 파킨슨병, 식이장애 등 수많은 정신의학적 진단과도 연계된다.[12] 제이는 지난 수 년간 몇 가지 다양한 진단을 받은 바 있고, 가장 최근에는 경계성 인격장애 진단을 받았다. 목소리를 듣는 것을 '신성한 상징에 대한 신성한 상징'[13] ─ 조현병이라는 원형原型적 증상 ─ 으로 보는 개념은 문제의 소지가 있어 보인다. 조현병 스펙트럼 장애 진단을 받은 사람 중 약 4분의 3은 청각 언어적 환각을 경험하지만, 비슷한 비율의 해리성 정체장애(다중인격을 드러내는 정신장애) 환자나 외상 후 스트레스 장애 진단을 받은 환자 중 절반가량, 그리고 좀 더 낮은 비율이기는 하나 양

극성 장애 환자도 동일한 경험을 한다. 목소리를 듣는 것은 사람을 굉장히 괴롭고 무기력하게 만들 수 있으나, 그렇다고 해서 무조건 조현병으로 등치되는 것은 아니다.

사실, 목소리를 듣는 것이 반드시 광증madness과 등치되는 것도 아니다. 말하는 사람이 없는데 목소리를 듣는 것이 정상적인 경험에 속할 수 있다는 주장을 역사 속에서도 찾을 수 있다. 120년 전, 런던심령학회Society for Psychical Research in London[14]는 일반 대중 17,000명을 표본으로 삼아 목소리를 듣는 등 통상적이지 않은 경험에 대한 연구에 착수했다. '깨어 있을 때, 아무런 외적 요인이 없음을 알고 난 뒤에도 어떤 존재를 보거나 듣거나 혹은 접촉했다는 느낌을 받은 적이 있습니까?'라는 질문에 3퍼센트가량의 응답자가 어떤 목소리를 들은 적이 있다고 답했다. 이후 진행된 조사결과를 살펴보면, 목소리를 듣는 경험을 한 사람들의 비율은 0.6퍼센트에서 84퍼센트에 이르기까지 광범위하게 나타났고 이는 정확히 어떤 질문을 던졌는가에 따라 달라졌다. 합리적인 추정치는 평범한 사람 가운데 5~15퍼센트가량[15]이 가끔 혹은 일회성으로 목소리를 듣는 경험을 하며, 1퍼센트가량은 좀 더 복잡하고 폭넓은 경험을 하지만 그렇다고 정신과 진료는 받지 않고 있다는 것이다.

많은 이들이 여러 목소리를 듣고 있는 것으로 보임에도 불구하고, 목소리를 듣는 것에 대한 일반적인 인식은 아직도 상당히 부정적이다. "어쨌든 미쳐 있고 위험한 사람들이나 목소리를 듣는 거잖아요! 그런 사람들하고 같이 일하지 않아도 되는 거죠? 맞죠?" 빅토리아 패턴은 종종 그런 말을 듣는다. 빅토리아는 우리가 하는 '더럼의 히어링 더 보이스 프로젝트' 홍보담당자로, 목소리를 듣는 경험에 종종 따라붙는 낙인을 해소하기 위한 우리 팀의 대외 활동을 이끌고 있다. 빅토리아는 내게 이렇게 말했다. "불행히도, 그런 시선이 굉장히 만연해 있어요. 목소리를 듣는 경험에 대한 대중의 인식을 바꾸고 목소리를 듣는 모든 이들이 다 정신장애인은 아니라는 점을 이해시킴으로써 이런 시선을 변화시키려고 노력하는 중이에요." 아직도 갈 길이 멀다.

목소리를 듣는 경험이 매체에 언급되는 경우는 거의 대부분 통제력 상실, 폭력, 자해 등의 상황과 관계된 것들이다. 심리학자 루배니 빌하워는 2012년부터 2013년 사이에 올라온 약 200개의 신문기사[16]를 표본조사하여, 그중 절대다수의 기사에 목소리를 듣는 것이 정상적인 경험에 속할 수 있다는 내용이 전혀 포함돼 있지 않음을 발견했다. 그다지 놀라울 것도 없이 대부분의 언론 보도에서는 목소리를 듣는 경험을 정신장애, 주로 조현병과 결부시켰으며, 목소리를 듣는 경험이 다른 장애에서도 나타날 수 있음을 지적한 기사는 소수에 불과했다. 절반 이상의 기사들은 목소리를 듣는 경험을 주로 폭력과 연루된 범죄 행위와 결부시켰다. 절반에 가까운 기사들이 목소리를 듣는 경험을 타인에 대한 폭력과 연관시켰고, 자살이나 자살충동과 연관시킨 기사도 거의 5분의 1에 달했다.

애덤 같은 사람들의 경험에서 볼 수 있듯, 매체의 오도하는 표현들은 단지 낙인의 문제[17]만 악화시키는 것이 아니라, 목소리를 듣는 이들이 스스로의 경험과 자아를 이해하는 데도 부정적인 영향을 미친다. 여러 연구에 따르면 이와 같은 자기 지각self-perception은 구석구석 영향을 미칠 수 있다. 자아 존중감을 떨어뜨리고 치료를 회피하거나 치료를 끝까지 충실히 받지 못하게 만들며 입원 위험을 높이기도 한다. 어느 라디오 프로그램 인터뷰에서 애덤은 이렇게 말했다. "만일 당신이 목소리를 듣는 사람이라면,[18] 당장 사람들은 이렇게 생각할 겁니다. 어, 위험한 사람일지도 몰라. 저는 전혀 위험한 사람이 아닙니다. 그래요, 누군가가 제 머릿속에서 무시무시한 이야기를 한다고 해서 제가 그 무시무시한 사람인 것은 아니거든요."

✕

애덤은 BBC 라디오 4의 프로그램 〈새터데이 라이브〉에서 진행자 션 윌리엄스에게 이야기하는 중이었다. 애덤의 경험을 토대로 우리 팀이 만든 영화가 바비칸의 어느 축제에서 상영된 것이 계기가 되어 성사된 인터뷰였다. 나는 인터뷰를 위해 애덤과 함께 런던의 브로드캐스팅 하우스(BBC 본사_옮긴이)로 이동해 그가 머릿속 목소리들과 함께 살아가는 것에 대해 생방송으로 라디오 청취자들에게 이야기를 들려주는 동안 조정실 유리창을 통해 지켜보았다.

정신장애의 복잡한 특성을 깊이 이해하는 사람이 진행하는 대단히 섬세하면서도 유익한 인터뷰였다. 어느 지점에서 대화는 애덤의 평소 생각과 그가 듣는 목소리들 간의 관계를 다루기 시작했다. 애덤은 "생각과 발화의 이종교배"라고 표현하며 이렇게 말했다. "장시간 겪다 보면 굉장히 혼란스러워집니다. 스스로에게 말을 걸고 있는 동시에, 대답

을 듣게 돼요. 스스로에게 말을 거는데, 질문도 받게 되고요. 아주 난
감한 일일 수 있어요. 왜냐하면, 당신이 무슨 생각을 하면 그 생각을
하고 있는 게 당신 자신인지 확신이 안 서거든요. … 제 머릿속에 다른
누군가가 살고 있는 거죠. … 그 사람은 내가 아니지만 또 내가 맞기
도 해요."

애덤에게 들리는 목소리는 평범한 내적 대화에 어떤 왜곡이 일어난
기이한 결과일까? 자기 내면에서 나오는—무슨 이유에서인지 머릿속
에 살고 있는 '다른 사람'에게서 나오는 것이라 인식되는—이야기들
을 듣고 있는 것인가? 만일 그렇다면, 길을 잘못 든 것일 수 있는 내적
발화를 처리한다는 것은 어떤 것일까? 당신이 어떤 목소리를 들을 때
당신은 누구 혹은 무엇의 소리를 듣고 있는 것일까?

1990년 대학원생이었던 나는 비고츠키와 바흐친의 개념들을 처음
생각해보다가 문득 그 개념들이 환각 속 목소리에 관해 새로운 고찰
방식을 제시해줄지도 모른다는 생각이 들었다. 만일 아이들이 외적 대
화를 내면화함으로써 내적 발화를 발달시킨다면, 분명 아직 완전히 흡
수되지 않은 대화의 파편들이 아이들의 머릿속에 가득 찬—아직 내
면화가 완료되지 않은—단계가 있을 것이다. 다시 말해, 목소리들로
가득한 단계다. 유아의 경우 환상과 현실이 명확히 구분되지 않으므
로, 자신이 내뱉지 않은 말을 듣는 경험을 하기도 한다. 만일 이 과정
에서 어떤 발달상의 문제[19]가 생길 경우, 훗날 목소리가 들리는 본격적
인 경험으로 이어질 수도 있는 것이다.

십여 년간 아이의 자기지시적 발화를 연구하다 이 문제로 돌아온

나는 사람들이 정말로 목소리를 듣는 경험이 언어적 사고와 연관돼 있다는 개념을―예나 지금이나―진지하게 받아들이고 있음을 확인할 수 있었다. 16세기 스페인에서, 십자가의 요한(프로테스탄트 중심의 종교개혁에 대항한 가톨릭 내부의 자체 개혁운동에 앞장섰던 가톨릭 수사이자 신비주의자_옮긴이)은[20] 신의 목소리는 내적 발화에 대한 오귀인 misattribution의 결과로 나타날 수 있다는 설명을 제시하기도 했다. 그보다 앞서 생각이란 '내면의 말interior word'[21]이라고 여긴 토마스 아퀴나스의 견해를 바탕으로 요한은 묵상을 처음 시작하는 이들의 경우 실제로 '그 이야기들을 들려주는 것은 대개 자기 자신'이지만 신의 목소리를 듣는 경험을 할 수도 있다고 지적했다.

유럽 신학 초창기부터 성립된 이 같은 견해는 이후 의학계에서 정설로 받아들여졌다. 1886년 저서 『자연적 원인과 초자연적 외관Natural Causes and Supernatural Seemings』에서 영국의 정신과의사 헨리 모즐리는 "너무도 강렬한 나머지 … 실제 지각처럼 보이는 것에 외적으로 투사되어 마음속에 생생하게 떠오른 생각[22] … 소리를 듣는 경우는 생각이 너무 강렬해서 목소리가 된 것"이라고 썼다. 한 세기가 지난 1970년대 후반, 어윈 파인버그는 청각 언어적 환각은 평상시 어떤 행동을 자신이 한 것인지를 감별하는 뇌 체계에 이상이 생긴 결과 나타날 수 있다고 보았다.[23] 어떤 사람은 내적 발화로 말―지금까지 논의의 초점이 됐던 통상적인 유형의 내적 대화―을 하면서도 무슨 까닭에서인지 그것이 본인이 직접 한 일임을 인지하지 못한다. 머릿속에 단어들이 있지만 그 단어들이 자기 자신의 말처럼 느껴지지 않는 것이다. 이 사람은 그 말들을 외부에서 온 발화—들려온 목소리—로서 경험한다.

성인들의 내적 발화의 성격에 대해 독자적 연구를 시작했을 당시, 정신의학은 내게 낯선 분야였다. 나는 발달심리학자로서 연구 경력을 쌓은 사람이었고 주요 연구 대상은 영유아였다. 영국, 미국을 비롯한 여러 다른 나라에서 정신의학은 의학의 한 분과로, 의사 수련 과정을 마친 뒤에 들어서는 전문분야다. 비정상적인 정신 과정은 나 같은 심리학자나 환자를 만나고자 하는 임상심리 전공자들도 연구하는 분야이기는 하나 이는 원래 내가 하려던 선택이 아니었다. 정신의학계에는 청각 언어적 환각의 원료로서 내적 발화에 관해 이야기해온 사람들이 있었고, 나는 혼잣말의 내면화 연구를 통해 아동기의 내적 발화의 발달을 연구하고 있었다. 우리는 같은 이야기를 하고 있었던 것일까?

그렇기도 하고 아니기도 하다. '목소리를 듣는 경험에 대한 내적 발화이론'이 제대로 확립된 것은 1990년대 크리스 프리스와 리처드 벤털의 연구를 통해서였다. 각자 연구 중이었던 이들은 파인버그의 개념들을 약간씩 다른 방향으로 발전시켰다. 유니버시티칼리지 런던의 프리스와 동료 연구자들[24]은 조현병 증상은 행위에 대한 자기 감시에 문제가 있을 때 발생한다는 이론을 전개하고 있었다. 이들 그룹의 초기 연구에서는 조현병 진단을 받은 환자들이 대조군에 비해 조이스틱 작동이 포함된 과제 수행 시 실수 교정에 더 미숙한 것으로 나타났다. 자기 행동을 감시하는 데 문제가 있다면 본인의 일부 행동을 자기 자신이 한 일로 인지하지 못하리라는 생각이었다. 아울러 혼자 머릿속으로 말들을 만들어내는 내적 발화도 여기에 포함될 수 있을 것이라고 보았다.

리버풀에서는 리처드 벤털 연구팀이 청각 언어적 환각을 정보 출처 감시의 문제[25]라는 측면에서 이해할 수 있는지 연구 중이었다. 이와 유사한 개념이 기억에 관한 연구에서 이미 확실히 입증된 바 있었는데, 여기서는 사람들이 실제 일어난 일에 대한 기억들과 일어났을 '수도 있었을' 일에 대한 상상의 결과물을 때때로 혼동하는 이유를 설명하기 위해 이 개념을 기본 전제로 활용했다. 이 이론은 내적 표상이 기억인지 아닌지 판단하면서 우리는 (표상이 얼마나 생생한가, 얼마나 쉽게 떠오르는가 등에 관한) 무수히 다양한 정보를 한데 규합하고 그 사건이 실제로 일어난 것인지 궁극적으로 판단하는 법의학적 과정을 거친다고 주장한다.

벤털은 사람들에게 백색소음을 배경으로 흐르는 약간의 말을 감지하는 것처럼, 차폐자극 안에 들어 있는 신호를 감지하도록 함으로써 이 같은 접근방식을 목소리를 듣는 경험에 적용했다. 이처럼 '신호 탐지' 과제를 사용한 수많은 연구에서, 목소리를 듣는 정신과 환자들은 발화가 존재하지 않을 때도 존재한다고 판단하는 경향이 더 많은 것으로 드러났다. 내면의 경험을 바깥 세계에서 오는 것으로 판단하는 편향이 있다면, 내적 발화 구성요소의 출처가 내부에 있다(즉, 자가 생성한 발화라고 정확히 파악)기보다는 외부에 있다(즉, 다른 존재에 의해 생성된 발화로 파악)고 말하기가 더 쉬울지 모른다.

이런 편향을 특히 강하게 주장[26]한 것은 런던정신의학연구소Institute of Psychiatry in London의 루이스 존스와 필립 맥과이어였다. 이들은 세 표본 집단—환각이 있는 조현병 환자들, 환각이 없는 조현병 환자들, 정신

질환이 없는 사람들―을 연구했다. 피험자들이 마이크에 대고 단일 형용사를 소리 내어 읽는 동안 헤드폰으로는 어떤 소리를 들려주었다. 피험자들 자신의 목소리를 들려주되, 음높이를 몇 단계 반음semitones씩 떨어뜨려 왜곡시킨 상태로 듣게 한 경우도 있었고, 타인의 목소리를 (왜곡 혹은 변경이 없는 상태로) 듣게 한 경우도 있었다. 환각을 경험했던 환자들은 나머지 두 집단에 비해 자기 자신의 발화를 타인의 것이라 판단할 가능성이 더 높았다. 이들이 자기 내적 경험의 출처를 추적하는 데 특히 어려움을 겪는다는 주장을 뒷받침하는 결과였다. '안에서 온 것'이라기보다는 '바깥에서 온 것'이라고 말하는 편향을 보이는 사람일수록 자기 자신의 내적 발화를 외부의 다른 목소리로 착각할 가능성이 확실히 높다.

내적 발화 이론을 뒷받침하는 또 다른 증거는 '목소리를 듣는 경험' 중에 일어나는 생리학적 변화에 대한 연구에서 나왔다. 1940년대 후반, 미국의 정신과의사 루이스 굴드는 근전도검사로 알려진 기법을 이용하여 조현병 환자의 환각 증상이 시작되는 것은 발성에 관여하는 근육들, 특히 입술과 아래턱의 미세한 움직임의 증가[27]와 동시에 일어나는 것을 확인했다. 1981년에 진행한 놀라운 사례연구에서 폴 그린과 마틴 프레스턴은 한 중년 남성이 환각에 시달리는 동안 희미하게 속삭이는 소리를 녹음했다. 소리는 이 남성이 '미스 존스'[28]로 알고 있는 여성 목소리였다. 그린과 프레스턴은 이 소리 신호들을 전자기기로 증폭시켜 통상적인 대화와 다를 바 없는 음량으로 다시 들려줌으로써 환자 본인과 그의 환각 속 목소리 간의 대화를 이끌어낼 수 있었다.

이후 피터 빅과 마르셀 킨즈본은 환각을 겪고 있는 환자에게 목소리가 등장할 때 단지 환자의 입을 열게 하기만 해도[29] 그 목소리가 멈춘다는 사실을 입증했다. 이들에 따르면 입을 여는 순간 소리가 안 들릴 정도로 작게 말하는 움직임을(이 움직임은 내적 발화를 동반한다) 막음으로써 환각의 원료를 차단할 수 있다는 것이었다.

내적 발화로 목소리를 듣는 경험을 설명하는 이 같은 시도들은 제각각 심각한 문제에 직면한다. 우선, 하나같이 내적 발화를 상당히 제한적으로 생각하고 있다. 앞서 살펴봤던 신경영상 연구들과 마찬가지로 내적 발화를 뭉뚱그려 다뤄온 경향이 있었는데, 이들은 내적 발화가 다양한 형태로 나타난다는 점을 인정하지 않고 그저 조용히 기계적으로 반복되는 것으로 여겼던 것이다. 다른 분야를 연구하다 이 연구에 첫발을 디딘 나는 목소리를 듣는 경험을 내적 발화 과정의 측면에서 이해하려고 하면서 내적 발화가 어떤 종류의 것인지, 내적 발화는 어떻게 발달하고 또 어떤 기능을 수행하는지에 관해 그 어떤 특별한 고민도 심도 깊게 하지 않는다는 사실에 가장 충격을 받았다. 우리가 내적 발화를 자기 자신과 나누는 내면의 대화로서 좀 더 진지하게 다루기 시작할 때, 내적 발화와 목소리를 듣는 경험의 관계는 훨씬 더 이해하기 쉬워질 것이다.

애덤처럼 목소리를 듣는 사람들이 어쨌든 자신으로부터 나온 것처

럼 들리지도 않는 내적 대화의 비틀린 파편을 경험하고 있다는 생각
은 상당히 타당하다. 이것이 과연 일리 있는 소리인지, 평범한 내적 대
화를 예로 들어 생각해보자. 이 생각을 한 사람은 저명한 물리학자 리
처드 파인만으로, 과학적 문제를 해결할 때 자기 자신과 논쟁하는 방
식을 묘사한다. '전체는 이 각 항의 합계보다 커질 거야, 그럼 압력이
올라가겠지, 그치?'[30] '아니, 미쳤구만.' '아니, 나 안 미쳤어! 아니라고,
안 미쳤다고!' 이런 대화의 절반―가령 '아니, 미쳤구만' 같은 말―을
어떤 이유에서건 자기 자신이 아닌 다른 곳에서 오는 소리로 경험한다
고 상상해보자. 그런 말들이 어떻게 생각 당사자에게 환각 속 목소리
의 발화인 양 행세할 수 있는지는 쉽게 알 수 있다.

이제 임상 자료에서 한 가지 예를 들어보자. 한 환자가 병원에서 자
동판매기 앞으로 다가가며 생각한다. '콜라를 마실까 아니면 물 한 잔
을 마실까?' 마치 여기에 대답이라도 하듯, 어떤 목소리가 머릿속에서
울린다. '물을 마셔야지.'[31] 임상의 아론 벡과 닐 렉터는 이를 내적 대화
의 한 측면이 환각으로 변형된 것으로 해석한다. 자아가 자아에게 말
을 걸지만, 대화의 절반은 자기유도적인 것에 불과해 보인다. 벡과 렉
터가 진행한 다른 임상연구 사례들을 보면, 내면의 대화에서 좀 더 관
대한 목소리가 외부에서 들려온 목소리의 특질을 띤다. 아까 그 환자
는 병원 다인실에 앉아서 '과자는 더 먹으면 안 된다'고 생각하는 중이
었다. 그 순간 어떤 목소리가 들렸다. '넌 과자를 먹어야 해.'

벡과 렉터의 다른 사례들을 보면 좀 더 비판적인 목소리도 등장한
다. 한 환자는 대학 강의를 듣기 위해 서둘러 준비하다가 이런 생각을

했다. '나는 지각할 테고 친구들은 실망하겠지.' 그때 이런 목소리를 들었다. '넌 생각이 너무 많아… 너무 엄격하다고.' 만일 이것이 왜곡된 내면의 대화라면, 그녀가 들은 것은 아마도 참된 친구의 목소리였을 것이다. 또 다른 환자는 수학 문제를 푸는 도중 이렇게 생각했다. '난 절대 못 풀 거야.' 머릿속의 목소리는 '하지만 넌 천재잖아'라고 말했다.

목소리를 듣는 경험을 내적 발화의 측면에서 고찰하는 것이 타당하다는 점은 입증되었지만, 대화적 특성에 주목하면 여러 흥미로운 가능성이 열린다. 이 주제를 다룬 첫 번째 논문에서 나는 내적 발화 이론이 그간 목소리를 듣는 경험을 설명하는 데 별다른 진전을 이루지 못한 한 가지 이유는 이론들이 내적 발화를 하나의 현상으로서 충분히 진지하게 받아들이지 않았기 때문이라고 주장했다. 이 모든 기이한 발화들이 환자의 머릿속에서 어떻게 일어나는지를 설명하려 애쓰지 말고, 비고츠키처럼 우리 머릿속이 이미 다른 목소리들로 가득 차 있음을 보여주는 것이다. 대화적 속성을 진지하게 받아들이면 환자들이 어떻게 머릿속 목소리를 타인들이 내는 것으로 지각하는지를 내적 발화 모형으로 설명할 수 있게 된다. 음색, 어조, 악센트 같은 개개인 특유의 속성들이 동반되는 경우가 많아서 내적 발화가 본인의 목소리와는 다르게 들리는 것이다. 목소리를 듣는 이들과 이야기를 나눠보면, 이렇듯 '자기 자신의 것이면서도 이질적인'[32] 특성을 묘사하는 것을 자주 듣게 된다. 목소리 듣기가 궁극적으로는 자기 자신의 뇌에서 비롯되는 것임을 인지하지만, 그럼에도 기이하고 이질적인 '느낌'이라고 말하는 것이다. 비고츠키의 개념들 역시 내적 발화가 어떻게 다양한 형태를 띨 수 있는지에 관해 생각하게 만든다. 어느 순간 간결하게 압축된 메모 같았다가도 또 다른 순간에는 완전히 펼쳐진 내면의 대화로 확장되기도 한다. 내적 발화의 이런 두 가지 특성—대화적 속성 및 압축—모두 목소리를 듣는 경험에 관한 표준적인 내적 발화 모형들에 의해 무시되어 왔던 게 사실이다.

목소리를 듣는 현상을 이해하는 열쇠는 내적 발화 모형을 폐기하는 것이 아니라, 내면의 혼잣말 개념을 내면화된 다양한 목소리들 간의 대화로 좀 더 풍부하게 보완하는 데 있다는 것이 내 주장이다. 통상적인 내적 발화 속에서 우리는 확장 혹은 축약된 형태들 사이를 유연하게 오갈 수 있다는 개념이 이 모형의 핵심이었다. 대개 그런 이동은 축약된 메모 형태의 내적 발화 및 온전한 형태의 내적 대화 간의 매끄러운 전환으로 경험된다. 목소리를 듣는 사람들은 압축된 내적 발화가 '재확장'[33]되어 명확한 내적 대화를 형성하는 과정에서 통상적이지 않은 어떤 일이 발생할 수도 있다. 보통은 골자만 남기고 압축될 만한 자아와의 대화가 갑자기 다양한 목소리로 만개하는 것이다.

이런 개념들을 과학적으로 검증하려면 목소리를 듣는 사람들과 그런 경험을 하지 않는 사람들 양쪽 모두에서 '전형적인' 내적 경험에 대한 이해를 재고해야만 한다. 우선, 청각 언어적 환각을 경험하는 사람들의 통상적인 내적 경험에 관해 질문할 필요가 있다. 몇몇 연구에서는 일반적인 대학생 표본의 다양한 내적 발화를 살펴보고 이 표본들을 목소리를 듣는 경험의 여부와 연관시켰다. 사이먼 맥카시-존스와 공동 진행한 연구에서 우리는 대학생들로 구성된 두 표본에서 보고된 내적 발화의 네 가지 주요 주제를 찾아냈다(우리는 이를 '대화', '압축', '타인', '평가'로 이름 붙였음을 상기하자). 같은 연구에서 우리는 피험자들에게 청각적 환각 성향에 관한 표준적인 자기보고 질문지를 주었다. 내적 발화 설문 데이터와 환각 성향 관련 수치를 결합해보니, 청각적 환각을 보고할 가능성은 내적 발화의 대화적 속성의 정도에 따라 예측이 가능했다.[34] 대화적 속성 관련 항목에 강한 긍정으로 답변한 사람일수록 청각적 환각을 경험할 가능성이 높았다. 적어도 건강한 대학생들의 경우, 상호 간에 주고받는 대화적 유형의 혼잣말일수록 머릿속에서 울리는 목소리 형태로 들을 가능성이 커지는 것으로 보인다.

목소리를 듣는 정신과 환자에게 내적 발화에 관한 질문을 던질 때는 어떤 그림이 그려질까? 우리는 맥쿼리 대학에서 조현병 환자들과 함께 진행했던 연구에서 비로소 이 질문에 대한 실마리를 찾을 수 있었다. 들려오는 목소리들에 대한 상세한 면담 이외에도 이들 환자의 내면에서 이뤄지는 혼잣말에 관해서도 질문했다. 환자들과 비환자 대조군 사이에 전반적인 내적 발화의 특성에는 유의미한 차이가 전혀 없었지만, 환자들은 대화적 내적 발화 보고를 약간 덜 하는 경향이 있었다. 이 연구의 한계는 목소리와 관련해 우리가 진행했던 환자들과의 면담이 후속 질문지만큼 상세하지 않았다는 점이다. 최근 리버풀 대학의 파울로 드 수사는 조현병 환자들로 이루어진 표본집단에 우리의 도구를 활용했는데, 내적 발화의 대화적 속성에 대한 자기 평가에서 환자 집단은 대조군과 아무런 차이가 없다는 사실을 발견했다. 이 측면에서 환자와 비환자 간 차이는 거의 없다는 맥쿼리대학의 연구결과를 뒷받침한 셈이다. 그러나 조현병 환자들은 질문지에서 압축과 관련한 하위척도에서 확실히 더 높은 점수를 받았다. 이들은 내적 발화를 노트 필기처럼 압축된 특성을 지닌 것으로 보고할 가능성이 더 높았던 것이다. 환자들의 경우 내적 발화 중 확장된 특성을 지닌 부분이 상대적으로 더 적을 것이며, 이런 내적 발화는 아마도 목소리만큼이나 개인마다 다양하다는 개념과 일맥상통한다.

환자 및 비환자 표본[35]의 평상시 내적 발화에 관해 알아보기 위해서는 훨씬 더 많은 작업이 필요하다. 목소리 문제를 겪지 않는 이들에 비해 환자들은 내적 발화의 다양한 특성들과 목소리가 들리는 경험이 제각기 다양하게 연관될 수 있다. 또 다른 문제는 목소리를 듣는 사람들에게도 어쨌든 통상적인 내적 발화가 있는 이유가 무엇이냐는 것이다. 만일 청각 언어적 환각이 잘못 귀인된 내적 발화라면, 왜 모든 내적 발화가 전부 외부의 목소리로 인식되지 않는 것일까?[36] 당신은 분명 목소리를 듣는 환자들의 내적 대화가 그리 정상적인[37] 것은 아니라고 생각할 것이다. 가령, 제이는 DES 인터뷰에서 통상적으로 보이는 내적 발화를 수없이 보고했다. 특정한 업무 부하에 관해 떠올리면서 '이 서류 전부에 서명을 받게 되면 좋을 텐데'라고 혼잣말을 하는 식이다.

그러나 목소리를 듣는 환자들의 내적 발화에는 특별히 발달된 음향적 속성들[38]이 있지 않을까 의심하는 데는 몇 가지 이유가 있다. 가령, 리에주대학 프랭크 라뢰이의 연구에 따르면 목소리를 듣는 조현병 환자 표본집단 중 약 40퍼센트가 자신의 생각은 음높이나 악센트 등 소리의 속성을 어느 정도 지니고 있다고 평가했다. 이에 비해, 건강한 대조군의 경우 같은 대답이 20퍼센트 선에 불과했다. 한 환자는 자신의 목소리가 시작되기 직전에 내적 대화가 한층 더 뚜렷하게 들렸다고 묘사하기도 했다. "생각들이 마치 어떤 목소리처럼 머릿속에서 말을 건다"고 느꼈다는 이 환자는 "내면에서 대화가 이루어지는 건 정상이죠, 제 경우는 좀 더 뚜렷하게 들릴 뿐이고요"라고 덧붙였다.

이 모든 것을 볼 때 우리는 현상학에 좀 더 관심을 가질 필요가 있다. 우리는 목소리를 듣는 경험에 대한 여러 진단에서 '목소리를 듣는다는 것은 어떤 느낌일까?'라는 질문을 먼저 던져야 한다. 그런 다음 정신의학적 도움은 필요치 않으나 목소리를 듣는 이들까지 포함시켜 연구를 확장해야 한다. 다시 살펴보겠지만, 이 연구 결과들을 보면 목소리를 듣는 경험은 다양하며[39] 이 경험을 이해하려면 그 다양성에 주목하고 전혀 다른 여러 경험을 한데 뭉뚱그리지 않아야만 한다는 것을 알 수 있다. 우리는 통상적인 내적 경험에 대해 생각할 때도 '그건 어떤 느낌일까?'라는 질문에 동일한 관심을 기울일 필요가 있다. 단지 그 자체로 흥미롭고 중요한 질문이기 때문만은 아니다. 목소리가 들린다든가 하는 통상적이지 않은 경험은 물론이고 전형적인 내적 경험들을 이해하는 데도 도움이 되기 때문이다.

만일 목소리가 내적 발화로부터 파생되는 것이라면, 그 두 가지가 모종의 유사성을 나타내는지 묻는 것은 타당하다. '목소리를 듣는다는 것은 어떤 느낌일까?'라는 질문을 던지기는 쉽지 않다. 특히 그 경험들이 혼란이나 고통과 주로 연관될 경우 더욱 그렇다. 하지만 적절하게 접근한다면 현상학적으로 풍요로워질 수 있다. 정신의학 초창기 이래로 사람들에게 들리는 목소리는 셀 수 없이 다양한 방식으로 묘사되어 왔다. 목소리는 학대하고 위협하고 명령하지만 격려하고 응원하기도 한다. 하나의 단어로 이야기하기도 하고 복잡한 문장으로 이야기하기도 하며, 속삭이고 소리치고 중얼거리고 읊조리기도 한다. 한 가지 다행스러운 점은 이는 역사상 가장 유명한 작가들이나 사상가들 몇몇에게도 있어왔던 경험이라는 사실이다. 만일 우리가 목소리를 듣는다는 것이 어떤 일인지 알고자 한다면, 과거를 돌아보는 것도 나쁘지 않은 방법이다.

10
비둘기의
목소리

THE VOICES WITHIN

젊은 전사는 화가 나 있었다. 미케네의 왕이 도를 넘었기 때문이었다. 붙잡은 크리세이스를 풀어주지 않겠다고 왕이 온통 고집을 부리다가 아폴로가 내린 역병으로 이미 충분히 대가를 치른 상황이었다. 그리스군은 무릎을 꿇었다. 아킬레스가 병사들을 모아놓고 이제 트로이 함락을 포기하고 회군할 때가 된 건지도 모른다고 말하는 실수를 저지른 뒤였다. 분노한 왕은 결국 크리세이스를 돌려보내는 데 합의했으나 그 젊은 전사 본인이 전리품으로 취한 미녀 브리세이스와 맞바꾸는 조건을 내걸었다. 아킬레스가 아가멤논을 당장 죽여버릴지 고민하던 찰나 회색 눈을 한 아테나 여신이 하늘에서 내려와 아킬레스의 금발을 잡아당기며 자제를 종용했다. 분노를 억누른 아킬레스는 칼을 다시 칼집에 꽂아 넣고 아테나의 환영에게 답했다. "신들에게 복종하는 자의 기도는 신들께서도 기꺼이 들어주시는 법이지요."[1]

이제 몇 년(기록일자에 관한 정보를 감안하면, 문학사적으로 몇십 년일 가능성이 높음) 앞으로 빨리감기를 해보자. 또 한 명의 그리스 전사 오디세우스가 10년에 걸친 험난한 여정을 마치고 트로이 작전에서 돌아와 맞닥뜨린 광경은 구혼하며 제멋대로 구는 사내들에게 아내 페넬로페가 둘러싸여 있는 것이었다. 자기 집에서 사내들이 막무가내로 굴고 있는 모습에 분노한 오디세우스는 이들을 처리할 계획을 세운다. "저기 그가 서서 불빛을 높이 들고/ 구혼자들을 살펴보는 동안, 그의 마음은/ 해내야만 하는 일을 향해 저만치 앞서 거닐고 있었다."[2] 『오디세이』 곳곳에 등장하지만 여기서도 주인공은 골치 아픈 문제에 봉착해 있고, 현대의 평범한 남자와 조금도 다를 바 없이 이런저런 깊은 고민을 하고 있는 듯 보인다.

상황이 긴박해지면, 『일리아스』의 아킬레스는 신들의 목소리를 듣는다. 나중에 쓰인 이 시에서 오디세우스는 홀로 이것저것을 깊이 생각한다. 고대 그리스의 양대 고전 텍스트 사이의 이처럼 뚜렷한 차이는 프린스턴의 심리학자 줄리언 제인스가 1976년에 낸 역작의 토대가 됐다. 이 책은 바로 『양원제 마음의 해체와 의식의 기원The Origin of Consciousness in the Breakdown of the Bicameral Mind』으로(한국어판은 『의식의 기원』으로 번역되었다_옮긴이), 제인스는 기원전 천 년경 ─ 즉, 『일리아스』가 쓰인 시대 ─ 인간의 뇌는 두 부분으로 효과적으로 나뉘어 있었다고 주장했다. '양원제bicameral'라는 용어는 '방이 두 개'라는 의미이며, 이 경우에는 두 대뇌반구 사이의 분리를 지칭하는데, 두 반구는 전교련anterior commissure이라는 가느다란 교량 부위로 연결돼 있다. 통상적인 발화는 좌반구에서 생성됐고, 이는 오른손잡이는 대부분 언어 과정이 좌반구에 집중되어 있다는 최신 신경과학적 증거와도 일치한다. 그러나 뇌의 우반구는 반대편의 해당 부분과 동일한 언어 창출 구조를 지니고 있으며, 이는 하전두이랑과 상측두이랑에 탑재돼 있다. 제인스는 어떤 개인(가령 아킬레스)이 습관적 대응만으로는 할 수 없는 선택을 앞두고 있다든가 하는 인지적 난관에 봉착할 때 '말을 한' 것은 뇌의 이쪽이었으리라고 주장했다. 신호가 우반구 영역들로부터 전교련으로 보내져 좌반구로 전송됐고, 거기서 언어로 공명했던 것이다. 하지만 당시 사람들은 자기 인식이 없었으므로, 이 메시지들이 '인간의 언어'로 경험되지 않고, 신들의 목소리로 지각되었다.

『오디세이』가 쓰이던 당시(기원전 8세기경으로 추정), 글이 생기고 사회정치적 변화가 일어나면서, 나뉘어 있던 뇌의 방 두 개가 통합되는 결과로 이어졌다. 신들의 목소리는 내면의 발화가 되었다. 오디세우스는 스스로 여러 결정을 내리고, 자기 나름의 언어로 결정을 숙고한다. 신들은 여전히 그에게 나타나지만—오디세우스가 새로운 정신력으로 무장하고는 불같은 성미의 아테나와 힘을 겨루는 인상적인 장면이 있다—트로이 작전에서처럼 오디세우스의 뇌에 직결되는 핫라인을 갖추고 있지는 않다. 제인스의 표현에 따르면, 호메로스의 이 두 텍스트는 '정신의 거대한 저장고'³를 상징한다. 제인스의 분석에 함축된 의미들은 여전히 시사하는 바가 있으나, 간단하게 요약할 수 있다. 기원전 1200년경까지는 평범한 사람들이 내적 발화 형식으로 혼잣말을 하는 일이 없었다는 것이다. 이들은 빈번하게 청각 언어적 환각을 경험했는데, 여러 문화적 이유에서 환각이 초자연적인 존재들로부터 온다고 여겨졌다. 여러 목소리를 듣는 것은 인간 존재의 기본 조건이었다.

제인스의 신경과학적 분석⁴은 오늘날 과학자들을 고민에 빠뜨린다. 양 반구가 서로 다른 '성격들'을 지닌다는 개념은 지나치게 단순한 느낌이고 뇌의 편측화lateralization(뇌의 기능이 좌반구와 우반구에 각각 다르게 분화되는 것_옮긴이)에 관한 굉장히 복잡한 문헌들도 제대로 다루고 있지 않다. 수술로 뇌량(뇌의 좌우반구를 연결하는 신경 다발_옮긴이)을 제거한 '분리 뇌split-brain' 환자들은 두 반구가 각각 비교적 독립적으로 기능할 수 있는 듯 보이지만, 지난 3천 년간 그런 대대적인 구조 변화가 인간의 뇌에 일어났을 가능성을 상정하기는 어렵다.

제인스의 문헌 분석에는 몇 군데 약점도 있다. 가령 헥토르가 아킬레스와 대적해 싸우기로 하는 장면을 포함한 『일리아스』의 몇몇 장면은 의식적이고 심지어 언어적으로 매개된 자유의지⁵의 전형적인 사례처럼 보인다. 『일리아스』에는 이렇게 나온다. "그러나 낙담한 그는 스스로의 마음속에 털어놓았다. 그 생각들이야말로 그가 기다려 온 것들이었다." 실제로, 시 도입부에 아테나가 아킬레스 앞에 나타나는 동일한 부분—제인스는 『일리아스』 속 등장인물이 아무런 의식적인 마음이나 내성introspection이 없음을 보여주는 중요한 예로 언급한다—에서, 이 전사는 "갈가리 생각이 찢겨" "가슴속과 마음속에서" 자기 행동들을 "곰곰이 생각"하는 것으로 묘사된다. 아테나의 환영이 하는 말 몇 마디만으로 아킬레스는 통상적인 것과 다를 바 없는 생각을 하는 것이다.

이 모든 결점에도 불구하고, 제인스의 분석은 먼 과거로부터 우리에게까지 오는 내적 발화와 목소리를 듣는 경험에 관한 설명을 어떻게 이해해야 할지 곰곰이 생각해 보게 만든다. 만일 비교적 가까운 인류 역사에서 일어난 그와 같은 엄청난 뇌의 구조적 변화와 관련한 제인스의 견해가 틀린 것이라면, 우리는 『일리아스』의 저자가 왜 그런 방식으로 통상적인 내적 발화를 기술하는 쪽을 택했는지 질문을 던질 필요가 있다. 그런 의미에서, 제인스의 저서를 통해 우리는 고대 그리스인들이 자신들의 내적 경험에 대해 오늘날 우리와는 상당히 달리 생각했을 것이라는 점을 이해할 수 있다. 어쨌든 고대 그리스인들은 실제로 우주론과 형이상학, 초자연적 실체의 존재와 잠재력, 개인과 사회의 관계 등에 관해 상당히 다른 견해를 지녔던 것이 분명하다. 이들은 왜 내적 발화를 '머릿속 목소리'의 산출물로 보는 현대적인 결론에 도달했던 것일까?

목소리를 듣는 경험에 대한 여러 설명을 당시 역사적 맥락 속에 두는 것 역시 못지않게 중요한 부분이다. 『일리아스』가 고대인들이 목소리를 들었다는 '증거'가 되는지 따지기보다는 목소리를 듣는 경험에 대해 좀 더 확실한 근거를 가진 이야기가 어떻게 그려져 왔는지를 질문해야 한다. 목소리를 듣는 것이 정말로 인간 경험의 보편적인 양상이라면, 몇 세대에 걸쳐 계속 등장하는 증거들을 찾아야 하는 것이다.

물론 목소리를 듣는 것처럼 사적이고 주관적인 경험을 다룬 사료를 연구할 때, 몇 가지 위험이 있다. 대중 문해mass literacy는 근대 세계의 소산이며, 우리가 가장 관심 가질 만한 경험을 했던 많은 이들은 읽거나 쓸 줄을 몰랐을 것이기 때문이다. 그러므로 이들의 진술은 대개 문해력이 있는 누군가—주로 수도승이나 사제 등 성직자—의 신념체계나 감수성이라는 필터를 통해 걸러진다. 이런 이야기들은 심하게 왜곡되고 허구화되는 일이 잦았다. 또한 자연히 지금까지 살아남아 현재 해석이 가능한 결과물들에 국한되며, 우리가 과거로 거슬러 올라갈수록 점점 더 숫자가 줄어든다.

목소리를 들었던 가장 유명한 고대인 중 한 명인 철학자 소크라테스의 예를 들어보자. 소크라테스 본인은 아무런 저술을 남기지 않았으므로, 우리는 그의 제자들이나 따르던 이들의 증언에 의존하는 수밖에 없는데 이들은 위대한 철학자 소크라테스의 경험에 관해 다양한 견해를 제시한다. 가령, 소크라테스의 제자 플라톤은 스승이 어린 시절부터 줄곧 들었던 그 목소리는 늘 부정적이고 비판적이어서 단 한 번도 긍정적인 적이 없었다고 전했지만, 또 다른 제자 크세노폰은 목소리를 친절하고 건설적이었던 것으로 묘사했다. 어떤 학자는 이러한 온도차가 있는 이유를 소크라테스가 힘든 상황에 처했을 때 자기 나름의 '신호' 혹은 목소리를 들었을 가능성이 더 높기 때문이라 이해한다. 현대 심리학 용어를 빌리자면, 스트레스와 인지적 난관에 부딪힌 상황에서 목소리를 들었다는 얘기다.

소크라테스가 현대 사상의 틀을 마련했다는 점에 토를 다는 사람은 드물다. 그런 점에서 그가 드러나지 않은 조현병 환자[6]였다고 하는 주장은 아이러니하기도 하다. 그러나 이는 목소리를 든는다고만 하면 반사적으로 조현병과 결부시키는 우리 문화의 경향을 보여주는 것이기도 하다. 비슷한 일을 경험했던 다른 역사적 인물에게도 대개 소급적 '진단'이 내려졌다. 이를테면, 사고주입thought insertion(외적인 힘에 의해 이질적인 생각이 자신에게 주입됨_옮긴이), 사고전파thought broadcast(자신이 생각이 불특정 다수에게 불수의적으로 전달됨_옮긴이), 목소리 듣는 경험(어떤 계산에 따르면 그는 신의 목소리를 93회 들었다고 함[7])에 관해 예언자 에제키엘이 남긴 일화들을 해석하던 일부 학자들은 그에게 '조현병자'라는 꼬리표를 붙였다. 이 예언자의 경험을 뒷받침하는 영적 믿음들에 대한 아무런 언급도, 그런 경험의 묘사와 기록의 배경이 됐던 여러 신념이나 전제를 이해하려는 어떤 노력도 없이 말이다. 이와 달리 신학자이자 정신과의사였던 크리스 쿡은 이 같은 소급적 진단이 목소리를 듣는 경험이 생겨난 맥락을 충분히 고려하지 않은 채 한 가지 이해의 틀―현대 생물정신의학이라는 틀―을 또 다른 이해의 틀 위에 꼼짝없이 덮어씌우는 꼴이라고 지적한다.

평범한 인간이 영적 존재로부터 직접 계시를 받는 것도 나름 의미가 있긴 하다. 하지만 이보다 훨씬 더 중요한 것은 목소리를 듣는 경험이 정치적 문제가 될 때 우리는 과거를 꼼꼼하게 따져봐야 한다는 점이다. 소크라테스는 자신이 들었던 목소리로 인해 심각한 곤경에 빠졌다. 불경죄를 입증하는 증거로 그 목소리가 재판 중 인용됐던 것이다. 목소리를 들었던 또 다른 역사적 인물인 잔다르크는 자신에게 (당시 교회의 공식 언어였던 라틴어가 아닌) 프랑스어로 말을 걸고, '왕에 관한 특정 계시들'[8]을 알리지 못하게 막는 듯 보였던 목소리를 언급했다. 목소리를 들었다고 말하는 것은 위험한 일이었다. 신의 목소리를 듣는 것은 신과의 소통을 나타내는 신호일 수 있지만 신분이 낮은 한낱 농사꾼에게 일어난 일일 때는 이야기가 달랐다. 이단심문관의 손에 맡겨진 잔다르크의 운명은 익히 알려진 대로다.

주의를 요하기는 하나, 머릿속 목소리를 연구할 때 역사적으로 접근하면 이들이 들었던 목소리를 완전히 새롭게 재조명할 수 있다. 역사적 진술들이 타인의 경험을 통해 여과되는 방식을 신중하게 인식하고, 이런 진술이 애초 기록된 이유가 무엇인지 이해하려고 노력한다면, 우리는 목소리를 듣는 경험을 둘러싼 태도들—목소리를 듣는 사람들부터 그 주변 사람들의 태도에 이르기까지—이 어떻게 변화해왔고, 또 어떻게 사회에 대한 폭넓은 이해로까지 이어지는지 긴 안목으로 파악할 수 있게 된다. 조심스럽게 접근하기만 한다면, 의미가 만들어지는 과정의 추이를 역사적 접근을 통해 포착해낼 수 있을 것이다.

❖

"내게 고통을 주는 이 자들을 용서해 주십시오." 그리스도는 자신을 따르는 군중에게 자기 상처를 보라 한다. 내 머리, 내 손, 내 발을 보라. 그녀의 구세주, 그리스도의 모습은 짐마차에 실린 십자가에 매달려 그녀의 머리 위로 드리워 있었다. 그리스도의 수난을 떠올리게 하는 것을 볼 때마다 늘 그랬듯, 이 광경을 본 그녀는 눈물을 흘렸다. 그녀 옆에 서서 존은 병사들을 향해 소리를 질렀다. 고귀한 것을 빼앗길 위기에 처한 남자의 분노로써 그는 주님에 대한 사랑을 드러내보였다.

교회에 있던 그녀 위로 돌이 떨어졌을 때, 그녀는 척추가 부러졌다고 생각했었다. 이루 말할 수 없는 고통이었다. 그녀는 곧 죽게 될까 겁이 났다. 사람들, 즉 그녀를 의심하던 신도들 대다수가 자신이 하나님께 벌 받는 것을 보고 싶어 함을 알고 있었다. 하지만 이것은 신의 복수가 아니었다. 그녀가 고통을 견디는 능력을 시험해 보려는 것이었다. 수사가 달아둔 돌이 들보와 함께 떨어졌던 것이다. 스승 알레인은 마저리°가 살아남은 것은 기적이라고 했다. 주님이 그녀의 고통을 가져간 것도 기적이었다. 단 한 번 부르짖음에 — '예수여, 자비를 베푸소서' — 고통은 사라져버렸다.

이제 남은 유일한 고통은 배고픔과 갈증이었다. 어제 요크에서 식사를 한 이후 아무것도 먹지 못했다. 남편의 뒤를 따라 마저리는 뜨겁고, 텅 빈 길 위를 걸었다. 남편은 무엇인가 마음에 걸리는 것이 있었다.

"만일 손에 칼을 든 어떤 남자가 말을 타고 이리로 와서는 내게 당장 당신과 성관계를 하지 않으면 머리를 베어버리겠다고 협박한다면, 당신은 뭐라 말하겠소?"

"저라면 두 달간 그건 한 적도 없다고 말할 거예요, 근데 지금 왜 그 얘길 꺼내는지 이해가 안 가는군요."

"당신이 뭐라 할지 알고 싶으니까. 당신은 자신이 거짓말을 못한다

• 마저리 캠프(Margery Kempe, 1373~1438)는 15세기 잉글랜드 노퍽 지방에 살았던 여성으로 첫 아이를 낳은 후 다양한 종교적 환각을 경험한 것으로 유명하다. 그녀는 문맹이었지만, 구술을 통해 자신의 이야기를 『마저리 캠프의 서the book of Margery Kempe』라는 책으로 남겼다. 마저리 캠프는 1413년에 또 다른 신비 체험가였던 노리치의 줄리안 수녀를 만나기도 했다._옮긴이

는 자부심이 있군요."

"진실이 알고 싶어요? 당신이 내게 손을 대게 하느니 차라리 죽어버리는 걸 보고 싶네요."

마저리는 손에 든 맥주병의 무게를 가늠해 보았다. 때는 무더운 6월의 어느 날이었고, 둘은 아침 내내 걸은 터였다. 셔츠를 입은 그녀의 몸이 달아올랐다. 셔츠 실오라기가 피부에 생채기를 내고 덧나게 했다. 그러나 그녀가 그 옷을 걸치고 있는 것은 하느님을 기쁘게 했다. 그녀는 병 안에 든 것을 너무도 마시고 싶었지만, 손도 대지 않는 것은 신의 뜻이었다.

"그런 소린 아내답지 않아." 남자가 말했다.

"난 서약할 주교를 찾자마자 수도 서원을 할 거야. 브리들링턴은 얼마나 남았지?" 여자가 대꾸했다.

둘은 길가의 어느 십자가 앞에 멈춰 잠시 쉬었다. 남편은 아내의 말을 순순히 받아들이며 덧붙였다.

"내 당신 몸은 건드리지 않고 두겠는데, 조건은 세 가지요. 우리는 다시 한 침대를 쓰되 성관계는 하지 않는 거요. 당신이 돈 문제를 처리해요. 그리고 이 말도 안 되는 단식은 그만둬요. 날씨가 이런데 뭐라도 마셔야지."

남자는 옷 앞섶 깊숙한 곳에 케이크를 넣어두고 있었다. 아내의 서원을 존중하는 마음에서 케이크를 숨기고 있었던 것이다. 남편이 보기에 아내는 굶어죽기 직전이었다. 그는 아내를 시험에 들지 않게 하고 싶었다.

"아니, 난 맹세를 했다고요. 금요일마다 나는 먹지도 마시지도 않을 거예요."

"그럼 나는 내가 원하는 걸 택하리다."

남자가 일어서서 옷 여밈을 풀기 시작했다. 아내는 남편에게 먼저 기도하게 해달라고 간청했다. 아내는 들판으로 나가 십자가 옆에서 무릎을 꿇더니 울음을 터뜨렸다. 그녀는 금욕하며 혼자 있겠다고 3년간 기도했었고, 이제 그 약속을 굳힐 기회가 왔다. 그러나 금식은 아내가 직접 한 약속이었다. 두 서원을 다 지킬 수는 없었던 그녀는 십자가 아래서 기도했다. '예수여, 이 여인이 무엇을 해야 할지 가르쳐 인도해 주소서.'

그때 그리스도가 마저리에게 말을 걸었다. 그녀는 그리스도의 목소리를 들었다. 들판에서 곁에 선 누군가가 귀 가까이 대고 말하는 것 같았다. 다정하고 부드러운, 어느 친절한 남자의 목소리였지만, 그 순간 다른 누군가가 말을 걸었더라도 제대로 듣지 못했을 만큼 충분히 큰 목소리였다. 목소리는 계획 하나를 일러주었다. 그녀는 남편에게 약속을 반드시 지키도록 종용해야 한다. 존은 금욕을 맹세할 것이고, 마저리는 단식을 포기할 것이었다. 그녀는 이제 남편에게 가서 케이크를 먹고 병에 담긴 맥주를 나눠마셔야 한다.

때는 1413년이다. 마저리 켐프는 이십 년째 결혼생활 중인 남편 존과 함께 요크에서 출발하여 여행 중이었다. 성체축일Corpus Christi 연극을 보러 가는 길이었다. 마저리의 머릿속을 떠나지 않던 그리스도의 수난을 생생하게 묘사한 연극이었다. 마저리는 존과의 사이에서 자녀를 열 넷 낳았다. 전직 시장의 딸인 그녀는 한 번은 양조장, 한 번은 방앗간

사업을 했지만 두 번 모두 실패했다. 날이 갈수록 길에서 보내는 시간이 늘어만 갔다. 앞으로 수 주 안에 마저리는 링컨과 캔터베리의 주교를 만나 자신이 받은 계시에 대해 말할 예정이었다. 마저리는 노퍽 린의 자기 집에서부터 순례를 시작하여—곧 예루살렘으로 향하기를 소망했다—지역의 고위 성직자들을 알현하고자 했다. 그리스도가 내린 이 계시들, 갑자기 들려온 목소리, 성모 마리아와 아기 예수의 환영에 대해 온 세상이 알게 되기를 원했다. 마저리의 명성이 마리아를 넘어섰다. 사람들은 그녀가 가진 눈물의 은사, 즉 그리스도의 수난을 떠올리게 하는 것을 볼 때마다 크게 울음을 터뜨리는 습성에 대해 들었다. 하지만 이는 의혹의 세계이기도 했다. 이단은 도처에 있었다. 머리부터 발끝까지 온통 흰색 옷만 걸치는 모습은 사람들의 신경을 건드렸다. 대체 그녀는 자기 자신을 누구라 생각하는 것일까? 롤라드Lollard(14~15세기의 존 위클리파 교도_옮긴이)인 그녀는 사람들에게 쫓기고, 화형시키겠다는 협박을 받았다. 아우구스티누스의 가르침을 염두에 둔 성직자들은 주님의 음성을 마음속으로 듣는 것인지 아니면 육신의 두 귀로 듣는 것인지 그녀에게 물었다. 이 두 가지를 구분하는 것은 중요했다. 자칫하면 화형당할 수도 있으니까.

어쨌든, 마저리가 듣는 것은 그리스도의 음성이었다. 그녀는 매일같이 그분과 대화를 나누었다. 성부와 성인들의 목소리를 듣고 자신의 영적인 눈으로 그들의 존재를 지각했다. 그녀가 듣는 소리 가운데는 귓가에 불어오는 풀무 소리 같은 것이 있는데, 이는 성령의 속삭임이었다. 하나님의 선택에 따라, 주님이 그 소리를 비둘기의 목소리[10]로,

그 다음에는 그녀의 오른쪽 귀에 명랑하게 지저귀는 개똥지빠귀 소리로 바꾸신 것이다. 하늘에 계신 아버지도 마치 육신의 말을 통해 친구 지간에 이야기를 주고받듯 때때로 그녀의 영혼과 분명하고 또렷하게 대화를 나눈 것이다. 세상의 어떤 지혜로도 이 목소리가 어디로부터 와서 어디로 향하는지는 설명할 길이 없었다. 그녀는 지난 25년 동안 그런 소리들을 자신의 내면에서 들어왔다.

마저리는 글을 읽을 줄 몰랐지만, 스웨덴의 성 비르지타(로마가톨릭 성인이자 신비가_옮긴이)가 남긴 글은 알고 있었다. 비르지타가 본 성령의 환영과 우아니의 마리아^{Mary of Oignies}의 환영은 새로운 질서를 세우도록 영감을 불어넣었고, 그녀는 산통 중인 아낙처럼 울부짖으며 죄를 고백하느라 탈진하곤 했다. 여성의 연약함은 신으로부터 내려오는 이런 신호들을 받아들이도록 준비시키는 역할을 하기도 한다. 하지만 마저리는 이런 신호들이 진짜 하늘로부터 내려온 메시지임을 어떻게 알 수 있었을까? 악마는 속임수의 대가이니 말이다. 악마가 목소리를 그녀의 마음속에 심을 수도 있을 것이다. 우리 주님의 진짜 목소리는 어떤 것일까?

목소리가 그녀에게 노리치로 가서 이런 문제에 혜안이 있는 여성 은둔자[11]를 찾아가라 명한다.[•] 은둔자는 시끌벅적한 부둣가에서 멀지

• 노리치의 줄리안(Julian of Norwich, 1342~1416)은 베네딕토회 수녀회의 은수녀였다. 본명은 알려지지 않았다. 그녀는 크게 앓던 중 십자가를 보고 종교적 환각을 경험했다. 이때 경험한 신비체험에 관해 *Showings*라는 제목으로 두 번에 걸쳐서 책을 펴냈다. 국내에는 『하나님 사랑의 계시』로 출간되어 있다._옮긴이

않은 성 줄리안 교회에 딸린 방 한 칸에 살고 있었다. 마저리는 웬섬강을 따라 이어지는 둑에서 짐을 내리는 인부들의 고함소리며, 코니스포드의 바지선들로 양모자루를 나르는 손수레가 덜컹대는 소리를 들었다. 당시 노리치는 린 다음으로 거대한 대도시로, 영국에서 두 번째로 큰 도시이자 중요 항만이었다. 세상을 등지고 숨기에는 기이하고 황당한 장소로 보였다. 그러나 은둔자가 영적인 지침을 주리라는 기대를 품은 마저리는 조언을 구하는 자신의 부탁을 들어주리라는 것을 알고 은둔자의 방 옆 응접실로 들어섰다. 그녀는 작은 창문을 통해 은둔자에게 말을 걸었다. 방 안에 있는 이는 70대로, 흰 두건을 쓴 얼굴이 주름지고 창백했다. 두 눈에는 이승을 이미 떠난 사람의 평온 같은 것이 깃들어 있었다. 하녀 엘리스가 마저리에게 맥주를 가져다주었다. 간이침대, 제단, 양동이가 하나씩 있고, 묵주가 몇 개 있는 은둔자의 방은 자그마했다. 반대편의 좁은 창으로는 교회 안이 들여다보였는데, 교회 안에는 제단과 성체가 든 성합이 있었다. 은둔자의 방에는 문이 없었다. 입구도 출구도 없었다. 은둔자는 작은 구멍으로 들어갔고 얼마간의 기도 이후 그 구멍은 봉쇄됐다. 그 일이 몇 해 전에 벌어진 것인지 아는 사람이 아무도 없었다. 그것은 세속적 죽음이었으며, 은둔자는 스스로 그 죽음을 기쁘게 여겼다. 그녀의 영혼이 주님과 다시 함께할 시간이 오면, 그녀는 하늘 한번 못 보고 여기 이 은신처에서 죽을 것이다. 군중이나 이목을 좇는 사람으로서 자신이 봐온 것들을 군주나 주교에게 말하고 싶은 마저리는 세상이 이런 식으로 사그라져 버릴 수 있다는 상상은 할 없었다. 그녀는 고독 때문에 죽을 것이다.

이 여인들은 여러 시간 동안 이야기를 나누었다. 다른 손님들이 들른 사이, 마저리는 기다리다 결국 떠나고 다음날 아침 다시 돌아왔다. 방문은 여러 날에 걸쳐 지속되었다. 마저리는 자신이 받은 계시들을 자세히 들려주었다. 속임수가 있다면 명백히 드러나기를 바라는 마음에서였다. 악령은 자기 패를 낱낱이 드러내 보여줄 테니까. 은둔자는 마저리에게 들리는 그 목소리가 하나님의 뜻이나 기독교인들의 은혜에 반하는 말을 하지만 않는다면 진실된 목소리라며 마저리를 안심시켰다. 성령은 절대신의 자비에 반하는 바를 종용하지 않는데, 그런 요구라면 하나님 자신의 선함에 반하는 것이기 때문이다. 줄리안은 마저리에게 이렇게 말했다. "하나님과 악마는 언제나 반목하고, 절대 한곳에 함께 있지 않으며, 악마는 인간의 영혼에 무력합니다."

마저리의 목소리가 진실이라는 또 다른 신호는 하나님이 그녀를 눈물의 은사로 축복했다는 점이었다. 악마는 우는 것을 싫어했다. 그녀가 사람들 앞에서 우는 모습을 보는 일은 지옥의 고통보다도 더한 고문이다. 그러니, 마저리는 신앙을 지닌 것이 틀림없었다. 그녀는 그 목소리의 선량함을 믿었다. 사람들이 마저리의 경험에 대해 조롱하면 할수록 하나님은 그녀를 더욱 사랑할 것이다. 먼저 비르지타를 사랑하셨듯이 말이다. 그러나 하늘에 계신 주님은 비르지타에게는 린Lynn의 피조물 마저리에게 보여주셨던 것들을 보여주신 적이 없었다. 그리스도가 직접 이 사실을 마저리에게 보증한 바 있었다. 비르지타가 영적인 눈으로 목격했던 것이 무엇이든 간에 마저리가 직접 본 것에는 비할 바가 아니었다.

마저리 켐프가 노리치의 은둔자로부터 조언을 구하려 했던 것은 탁월한 선택이었다. 첫 아이를 낳은 뒤 목소리를 듣고 환영을 보게 됐던 젊은 여인 마저리와 마찬가지로, 노리치의 줄리안[12]의 계시 역시 육체적 고통이 시초였다. 1373년 5월 8일—마저리를 만나기 40여 년 전—줄리안은 병으로 몸져누워 있었다. 죽음이 임박한 것으로 생각했던 그녀는 처음에는 원통해 하다가 결국 현실을 받아들였다. 서른을 넘긴 지 6개월이 지난 그녀는 당시 제프리 초서와 비슷한 나이였다. 이른 아침, 교구 사제가 십자가상 하나를 가지고 와서는 줄리안에게 그리스도의 얼굴을 바라보고 구세주로부터 위안을 얻을 것을 권했다. 쇠약해져 가는 시력 탓인지 방 안의 나머지 모습은 흐릿했는데, 십자가상은 여전히 "보통의, 평범한 빛"을 머금고 있었다. 그리고 그 안에서 그녀는 가시면류관 아래로 붉은 피가 "선명하게, 쉴 새 없이, 생생하게" 뚝뚝 떨어지는 모습을 보았다. 죽어가는 그리스도의 환영이 점점 더 기괴해질수록—말라붙은 피에 뒤덮인 모습도 있었고, 죽음에 임박한 검푸른 모습도 있었다—줄리안은 자신의 영혼 속에서 이런 말씀을 들었다. 실제 목소리도 없었고 자신도 입조차 열지 않았으나, 간단한 설명만이 들려왔다. "악마는 이로써 정복됐느니라."

종일토록 환영들이 이어졌는데, 그날의 맨 마지막인 열다섯 번째 환영은 오후가 되어서 나타났다. 마지막 열여섯 번째 환영은 다음날 밤에 나타났다. 줄리안의 책이 완성된 것은 계시들이 나타난 시점으로부터 여러 해가 지난 뒤였는데, 이는 그녀가 계시들을 아주 상세히 재구성하며 그로부터 의미를 건져올리기 위해 얼마나 각별하게 신중을 기했는지 보여준다. 줄리안은 각 계시는 3부로 구성되어 있으며, 각 '현시顯示'마다 시각적 심상, 자신이 이해한 말씀들, 그리고 영적인 혹은 '유령 같은' 광경에 관한 여러 이야기들이 담겨 있다고 적었다. 이 중 맨 마지막 부분은 '글도 모르는 불쌍한 피조물'에게는 형언하기 가장 어려운 것이었다. 줄리안이 들었던 목소리는 그녀를 격려했고 직접 그 진정성을 보증했다. "오늘 네가 본 것이 망상이 아님을 분명히 알거라. 받아들이고 믿을 것이며, 너는 패배하지 않을지어다."[13] 줄리안이 '섬망delirium'이라는 뜻으로 사용한 단어는 '몽상raveing'이었고, 몇몇 번역본에서는 이 단어를 '환각hallucination'으로 옮기고 있다.

줄리안의 삶에 대해서는 알려진 바가 별로 없다.[14] 그녀가 남긴 책은 물질적인 주변 환경을 다루기보다는 주로 자신이 받은 계시의 의미를 밝히는 데 집중한다. 줄리안은 상당히 유복한 가정 출신에 자식이 있는 과부였을 가능성이 크다. 1373년 5월 8일 '현시'가 있고 나서 얼마 후 줄리안은 그 내용을 글로 적고 묵상에 전념하기로 결심했다. 현시의 은혜를 좀 더 받으려는 마음이었다. 당시 그녀가 노리치에 살았는지는 불확실하며, 필명은 아마 훗날 그녀가 정착하여 방 한 칸에 머물며 고독 속에 묵상하던 노리치의 성 줄리안 교회에서 따온 것으로 보인다. 마저리가 그녀를 만나러 찾아간 곳도 바로 여기였다. 나이나 살아온 배경은 서로 너무도 달랐지만, 둘은 공통점이 많았을 것이다. 가부장적 사회 속에 사는 여성으로서, 둘 다 자신의 지적인 은사를 숨길

줄을 알았다. 줄리안은 자신을 가리켜 '무지하고 힘없고 연약한 여자'라 했던 반면, 마저리는 자신을 '이 피조물'로 칭하며 한층 더 겸허한 자세를 취했다. 후기 중세의 여성은 조신한 삶을 살아야 했다는 전제 하에, 소수의 독실한 여성에게만 선지자라는 편치 않은 역할이 허락되었는데, 이 계보를 이은 여성은 (유럽 대륙에서 가장 확실히 인정받은) 빙엔의 힐데가르트, 시에나의 카타리나 등이었다. 줄리안과 마저리의 책 모두 전통적인 여성의 역할들에 대한 승화가 뚜렷이 드러나 있다. 마저리는 그리스도와 거의 관능적인 성격에 가까운 관계를 구축해 나가는 내용을 썼던 반면, 줄리안은 사회의 비난을 역이용하여 여성의 역할과 가정적인 이미지를 중시하는 신앙에 관한 소박한 묵상을 새롭게 보여준다. 줄리안의 책에서 매우 인상적인 장면 중 하나는 손바닥 위에 놓인 개암 열매만 한 아주 작은 사물의 환영을 묘사한 부분이다. "이건 뭘까?"[15] 임사 상태에서 그녀는 자문한다. 그리고 대답이 따라나온다. "뭐든 될 수 있지."

노리치에서 만났던 두 여성은 오늘날 영국 중세 문학계의 걸출한 인물들로 꼽힌다. 남녀를 막론하고, 마저리 이전에는 어느 누구도 영어로 자기 삶을 적어둔 이가 없었다. 『마저리 켐프의 서The Book of Margery Kempe』는 영어로 된 최초의 자서전이다. 마저리는 대필자에게 자기 이야기를 받아 적게 했고, 줄리안은 직접 적었다. 줄리안의 책은 여성이 영어로 쓴 최초의 책으로 알려져 있다. 둘 다 목소리를 들었고 자기 경험에 대해 썼다. 줄리안은 목소리를 듣는 것으로 명성이 자자했으나, 마저리가 줄리안의 작품을 알고 있었던 것 같지는 않다. 더 나이가 많은 쪽이었던 줄리안은 매우 독창적인 신학자이기만 했던 것이 아니라, 박물학자적인 관심을 가지고 자기 경험의 세세한 내용까지 다뤘던 사람이다. 자신이 겪는 목소리들과 환영들의 진위 여부를 가려내기 위한 줄리안의 부단한 노력은 그녀가 『신성한 사랑의 계시들^{Revelations of Divine Love}』을 두 버전으로 썼다는 사실에서도 확연히 드러난다. 20여 년의 시간차를 두고 따로 낸 이 두 권은 그녀가 '현시'들에 대한 기억을 끊임없이 읽고 또 다시 읽기를 반복했으며 끝내 성에 차지 않았음을 짐작케 한다.

이는 단지 진위 판별의 문제 때문만은 아니었다. 신성한 계시를 받는 사람들에게는 자신의 진정성에 대한 확신이 무엇보다도 가장 근본적인 근심이었다. 애초에 마저리가 줄리안을 찾게 된 이유이기도 했다. 자신에게 들리는 목소리가 정말 성스러운 신호인지 아닌지 줄리안의 조언을 구하고 싶었던 것이다. 5세기에 성 아우구스티누스는 환영을 육체적(외부 감각으로 지각됨), 상상적(내적 환영이나 목소리로서 지각됨), 영적 혹은 지적(어떤 감각적 특질도 지각되지 않고 영혼이 직접 받아들임) 환영, 이렇게 세 유형[16]으로 구분한 바 있었다. 목소리를 경험했던 다른 사람들과 마찬가지로 마저리도 이런 구분은 진지한 문제였다. 영적인 진위의 측면에서 볼 때 하나님이 '마음'에 하는 말을 듣는 것과 '육신의 귀'로 듣는 것의 차이는 무엇이었을까?

진위 판별은 중세 시대의 중요한 화두였다. 성직자들에게는 무엇이 하나님의 진정한 말씀인가를 판단하는 일이 곧 관련된 사람의 도덕성을 판단하는 문제일 때가 많았다. 여자들은 심성이 약해서 특히 악마의 유혹에 취약한 존재로 규정되었으므로, 이들의 경험은 사제들의 기준과 충돌하는 일이 잦았다. 마저리 역시 자신의 독실함과 영적 결백을 감정하려는 '거룩한 교회Holy Church'의 심문관들로부터 끊임없이 반대심문을 받았다. 이런 점에서 마저리는 몇 년 뒤 잔다르크가 겪은 위험과 동일한 위험에 처했다. 1429년 재판을 진행하면서 잔다르크의 경험을 논하던 사람들은 잔다르크가 들은 목소리가 가장 저속한 유형이라고 생각했다. 외부의 청각을 통해 지각되었다는 이유였다. 잔다르크의 첫 번째 경험은 열세 살 무렵으로, 어느 여름날 아버지가 가꾸는 정원에서였다. 잔다르크는 오른쪽, 인근 교회가 있는 방향에서 들려오는 음성을 들었다. '아름답고 다정하며 나지막한'[17] 소리로 그려진 이 목소리는 대개 어떤 빛과 함께 나타났다. 목소리는 그녀를 비호하며 소녀 잔다르크, 하느님의 딸이라 불렀다. 그녀는 매일같이 목소리를 들었다. 아우구스티누스의 도식에 따라 (동시대의 마저리의 영혼에 가끔씩 직접 말을 걸었던 '영적인' 목소리와는 달리) 외부에서 목소리를 들었던 잔다르크는 의구심을 샀다. 마저리나 줄리안 같은 여성들이 이런 신학적 구분까지 알고 있었을 것으로 생각할 수는 없지만, 이들은 분명히 제대로 파악하고 있었다. 그렇지 않으면 위험했으니까.

영국의 이 두 신비가(이들이 속한 계보에 있는 잔다르크 같은 다른 이들도 마찬가지)를 진단하려는 것은 소크라테스를 조현병자라고 부르는 것과 마찬가지로 의미가 없다. 문헌을 가지고 소급적인 감별진단differential diagnosis을 하자고 들면 끝이 없다. 만일 잔다르크가 조현병이 아니라면 '청각적 특성이 동반되는 특발성 부분 뇌전증'[18]이 있었던 것으로 보인다. 목소리를 듣는 것과 결합된 마저리의 강박적 울음과 고함 역시 측두엽 뇌전증의 징후였을지 모른다. 마저리가 보는 환영에 떠다니던(본인은 이를 천사를 목격한 것으로 해석했다) 흰 반점들은 편두통 증상이었을 수 있다. 그러나 다른 측면에서 보면 마저리가 들은 긍정적이고 온정적인 목소리는 의학적 증상들로 단순 환원하기는 힘들다.

중세문학자 코린 손더스는 마저리의 경험들이 당시 15세기 초의 기준에도 기이했으며, 당시의 해석 프레임에서 한참이나 떨어진 현재의 기준에서는 훨씬 더 기이해 보인다는 점을 지적한다. 그렇다고 해서 반드시 광기나 신경질환의 징후인 것은 아니다. 오늘날 비슷한 경험들을 자동으로 질병으로 단정 지을 수 없는 것과 마찬가지다. 랭커셔의 어느 유서 깊은 가톨릭 가문의 서고에서 필사본이 다시 발견된 이후, 1930년대에 마저리의 책이 처음 출간됐을 때, 평론가들(당시 유행하던 정신분석의 영향을 받았음은 물론이다)은 그녀가 쏟아내는 표현들이 '히스테리적'이라는 판단을 내렸다.[19] 우리는 현재라는 렌즈를 통해 과거를 들여다보는데, 이렇게 하면 비정상적 상태를 다룰 때보다도 더 왜곡될 것이 분명하다.

우리가 환원주의적 진단을 남발하지 않는다면, 오늘날 목소리를 듣는 경험들과의 비교분석을 통해 많은 것을 알게 될지도 모른다. 중세시대 사례들에서 특징적으로 나타나는 한 가지 놀라운 점은 목소리를 듣는 경험이 한 가지 양상에 국한되는 경우가 거의 없다는 사실이다. 줄리안은 하나님의 음성을 듣기만 한 것이 아니었다. 그리스도를 보았으며, 자신의 '영적인 이해'를 통해 그분의 임재를 느꼈다. 더 살펴보겠지만, 역사적 자료들을 연구하다 보면 우리가 다른 감각 양상의 경험들을 제쳐두고 목소리를 듣는 것에만 우선순위를 부여해서는 안 된다는 중요한 교훈을 얻는다. 하지만 이런 증언들이 나왔던 이유가 무엇인지도 잊지 말아야 한다. 잔다르크를 엄청난 곤경에 빠뜨렸던 목소리와 환영들의 다중감각적 특성은 이런 경험을 보고하는 시대적 배경 때문이었는지도 모른다. 언젠가 대화를 나눠본 어떤 의사의 목소리가 들리는 경험을 한다고 해서, 그 의사의 얼굴도 봤을지 모른다고 생각할 이유는 없다. 만일 그리스도나 성모 마리아가 당신에게 나타난다면, 당신은 틀림없이 모든 감각의 자극을 받을 것이다. 그렇지 않다 하더라도 그랬다 주장하고 싶은 마음이 더 간절할지 모른다. 환영이 사실임을 입증하는 데 당신의 목숨이 달려 있다면 말이다.

줄리안이 쓴 글을 해석하기에 앞서, 그녀가 처음부터 그리스도의 계시를 간절히 원했다―정말로, 간구하는 기도를 했다―는 사실을 염두에 두는 것이 필요하다. 청하지도 않았는데 하느님의 목소리가 저절로 온 것은 아니었으며, 따라서 그 대화가 대체로 명료한 형태로 들렸던 것도 어쩌면 놀라운 일이 아니다. 다른 때는 목소리가 오늘날 목소리를 듣는 사람들처럼 그녀에게 복잡하고 모호하게 들리기도 했다. 계속해서 나타난 계시의 마지막에 악마의 환영이 찾아왔을 때, 줄리안은 악마가 뿜는 열기를 느끼고 지독한 악취에 당했다. 그러나 청각 역시 인간에게서 기인하는 듯한 무언가에 의해 자극 받았다. "또한 두 육신이 부딪힌 듯한 소리가 들렸다. 양쪽 모두 대단히 중요한 일로 의회를 소집하기라도 한 듯 한꺼번에 맞붙은 거라는 생각이 들었다. 이 모든 게 낮은 속삭임이어서, 이들이 하는 말을 전혀 알아듣지 못했다. 이 모든 것이 나를 절망케 했다…"[20]

무엇보다도 중세 신비가들의 경험은 각자 신앙의 맥락에서 해석할 필요가 있다. 경험으로서의 특징뿐만 아니라 자신에게 일어나는 일을 알고자 했던 줄리안이나 마저리 같은 이들의 각고의 노력이라는 맥락에서도 이해해야 한다. 역사적 기록을 해석할 때 늘 그렇듯, 우리는 텍스트들이 왜 그리고 누구를 위해 쓰였는가 질문해야 한다. 줄리안은 모든 기독교인들을 위해 썼지만, 기적 같은 그날의 사건들을 이해하고자 하는 자신을 위해 쓴 것이기도 했다. 20년 후에 낸 『하나님 사랑의 계시』 2판을(이 책은 두 번에 걸쳐 집필되었는데, 흔히 첫 번째 판을 짧은 책the short text, 두 번째 판을 긴 책the long text이라고 부른다_옮긴이) 보면 그녀는 자신이 보고 들은 것이 어떤 의미를 갖는지를 두고 여전히 우려하고 있다. 반면, 잔다르크의 증언은 전혀 다른 목적—단죄하기 위한 기록—으로 심문관들에 의해 작성됐다. 이렇듯 전혀 다른 두 텍스트를 보이는 대로만 받아들인다면, 이 여성들이 겪은 경험이 어떤 것이었는지에 관한 진실에 다가가기는 힘들 것이다.

또한 마저리의 책 페이지마다 가득한 생생하고 독특한 목소리들은 그것들이 기록된 이유라는 관점에서 이해해야 한다. 줄리안이 자신이 경험한 현시들을 열심히 체로 걸러냈던 것과는 달리, 마저리의 책은 하느님과의 대화를 솔직하고도 세속적으로 기술하고 있다. 그녀의 책을 최근에 편집했던 배리 윈디트는 책 전체를 관통하는 내적 대화를 다음과 같이 부각시켰다. "이제 마저리 켐프 내면의 목소리[21]를 자신이 신과 나눈 대화에 대한 나름의 영적 이해의 투사로서, 즉 그녀 자신의 정신세계에 대한 통찰로서 읽어내야 할 시점에 와 있다." 사회적 배척에 관해 하나님께 털어놓든 그리스도의 죽음 이후 마리아를 위로하든, 마저리는 자신에게 말을 걸었던 외적 존재를 기록하고 있는 것이 아니라 그 경험들이 의미하는 바를 두고 자기 자신과 논쟁하고 있는 것이다. 그 질문에 대한 답을 이해할 수 있는 자기 역량의 모든 한계 내에서 말이다. 우리는 '기도하는 마음의 혼잣말'을 엿듣는 것이다. 대화하는 목소리들로 가득한 마음은 늘 되풀이되는 주제다. 마저리의 경우, 매우 특별한 실체와의 내적 대화였다. 한 여자와 그녀가 섬기는 신의 대화였던 것이다.

11

자기 말에
귀 기울이는 뇌

THE VOICES WITHIN

신이 정말로 마저리 켐프에게 말을 했다고 믿든 안 믿든, 어떤 목소리를 듣는다는 것은 한 사람의 마음속에서 전개되는 사건이라는 사건이라는 인상이 들 것이다. 평범한 내적 대화가 그렇듯, 똑같은 뇌가 말을 거는 발화와 답하는 발화를 동시에 만들어낸다. 마저리에게 다른 점이라면 내적 대화를 나누는 목소리 중 일방이 외적인 심지어는 초자연적인 존재로 지각된다는 것이다. 마치 다른 어딘가에서 들려오는 목소리처럼 '느껴진다.' 어느 지점에서는 초자연적 발화가 육체적 형태를 띤다. 신성한 것이든 세속적인 것이든, 목소리를 듣는 일은 어쨌든 뇌 속에서 공명하는 언어에 관한 문제다.

마저리나 줄리안 같은 여성들은 양쪽 귀 사이에 있는 기관의 작용에 대해서는 아는 바가 별로 없었을 것이다. 당시 해부학은 학식 있는 남성들만의 영역이었다. 아리스토텔레스는 인간 인지의 이성적 측면을 심장 한가운데 두었지만, 그리스의 해부학자 갈레노스의 연구를 기반으로 하여 13세기 말 즈음 체계적 연구 분야로서 모습을 갖춰가던 과학적 심리학이 처음 태동하면서 인지 기능은 이제 뇌로 이식된 상황이었다. 생각을 하는 것은 두 측면을 포함한 과정이었다. 이성적인 영혼의 활동들, 즉 우리가 오늘날 '정신mind'이라 지칭하는 것은 대뇌기관 내에서 전개되는 생리학적 과정, 그중에서도 특히 '생명의 영vital spirit'(아랍철학에서 유래한 영혼삼분설에서 말하는 영혼의 일부)이 감각, 운동, 상상, 인지, 기억을 관장하는 '동물의 영animal spirit'으로 변형되는 과정의 거울상과도 같았다.

당시 뇌의 해부에 관한 이해[1]는 페르시아의 박식가 이븐 시나(또는 아비켄나)에게 대부분 빚진 것이었다. 그의 저술은 12세기 들어 라틴어로 번역되었는데(그리하여 서구 지식인들도 읽을 수 있었다) 그중 『키탑 알 나자트(구제의 책)』는 뇌를 다섯 구역으로 나눈 갈레노스의 개념을 바탕으로 한 것으로, 다섯 구획의 뇌실에 관해 다룬다. 여기에 탑재된 것이 '내적 감각inner senses'으로, 외적 감각들로부터 데이터를 통합하고 그 감각들을 구성하는 개념이나 '형태'로부터 생각을 구축하는 일을 담당했다. 당시 알려진 바에 따르면, 이러한 몽환phantasmata을 구축하는 것은 마저리 켐프 같은 사람이 왜 화자도 없는 상태에서 목소리를 들을 수 있었는지 그리고 그런 경험이 어떻게 뇌가 사고와 감정을 통합하는 방식에 좌우됐는지 설명하는 데 핵심적이었다.

앞쪽 뇌실 한 쌍의 전면부에서는 ('상식common sense'이라고도 알려진) 감각 정보가 공통감각sensus communis을 통해 처리된 다음, 앞쪽 뇌실의 뒷부분 절반에 있는 구상부^{imaginatio}라는 임시 기억 체계로 옮겨졌다. 그런 다음 그 인상들은 창의적 재조합을 위해 중간 뇌실 앞부분인 상상부^{imaginativa}(훗날 '환상^{phantasy}'으로 지칭)로 넘어왔다. 이 부분은 기억을 기반으로 하여 정서적 판단을 담당하는 (같은 뇌실의 뒷부분에 있는) 판단부^{estimativa}와 연결돼 있다. 마지막으로, 뇌의 뒤쪽 뇌실의 기억부^{memorialis}는 기억의 저장고였다. 뒤쪽 뇌실로 정보가 들어가려면 충부^{蟲部}로 알려져 있던 벌레처럼 생긴 구조를 통과해야 했는데, 이 부분은 생각과 기억 사이에서 전환을 담당하는 일종의 밸브로 간주됐다. 중세의 어느 작가는 심지어 머리 부분의 육체적 움직임이 이 밸브를 열고 닫을 수도 있다고 주장하며, 사람들이 적극적으로 기억을 되살리려 할 때 대개 고개를 뒤로 젖힌다는 것을 예로 들기도 했다.

그렇다면 목소리를 듣거나 환영을 보는 것은 이 두 요소—상상부 (혹은 활동적 상상력)와 좀 더 이성적인 판단부—간의 역동적인 상호작용이라는 측면에서 설명이 가능할 수도 있다. 일부 특정한 환경에서는 상상부의 창의력이 판단부의 이성적인 과정을 흔들고 속일 수도 있다. 만일 네 가지 체액(흑담즙, 황담즙, 혈액, 담즙) 사이에 불균형^{2}이 생기면, 그 미묘한 균형이 깨진다는 이야기였다. 이를테면, 황담즙이 많아지면 앞쪽 뇌실의 심상 생성 체계를 과도하게 자극해 현실에 기반하지 않은 지각으로 이어질 수 있다.

따라서 중세의 과학은 생리학적 과정에 기반하여 이상^{異常} 지각을 설명한 셈이다. 이상 지각 경험 모두를 무조건 악마나 신 같은 초자연적인 행위자에서 비롯된다고 간주하지는 않았다. 예를 들어, 13세기 중반 저술활동을 했던 성 토마스 아퀴나스는 이상 지각 경험들은 육체적 변화 혹은 '동물의 영과 체액의 국지적 이동[3]'에 의해 촉발될 수 있다고 보았다. 잔다르크, 줄리안, 마저리가 살았던 시대의 서구 사회는 과학을 아는 이가 소수이고, 많은 이들이 성급하게 신학적 해석을 내렸겠지만, 목소리를 듣는 경험이 뇌 안에서 어떻게 발생할 수 있는지에 관한 이해가 싹트는 시기이기도 했다.

⊠

'환각'이라는 개념은 근대의 개념이다.[4] 이전부터 이 용어가 흔히 사용되기는 했지만—노리치의 줄리안은 그에 해당하는 중세식 영어 표현인 '몽상raveing'을 사용했다—정신의학적 증상으로서 이 개념을 구체화한 것은 1817년경이 되어서였다. 프랑스의 정신과의사 장 에티엔느 에스퀴롤은 이 증상을 '아무런 외부 대상이 없는데도 실제로 어떤 감각을 인지한다고 믿는 내밀한 확신'이라 정의했다. 목소리를 듣고 환영을 보는 등 여러 이상 지각들을 뭉뚱그려 단일한 꼬리표를 붙였으며, 영속적인 잘못된 신념(망상)이나 잘못된 지각(착각)과는 구별했다.

에스퀴롤의 구분은 오늘날에도 대체로 유효하다.[5] 환각에서 공통적으로 나타나는 주요 특색들은 실제 자극이 전혀 없는 상황에서 발생하고, 지각되는 힘이 있으며(경험하는 주체에게는 실제 지각처럼 생생하게 느껴진다), 수의적 통제가 불가능하다는 것이다. 상상은 분홍색 코끼리나 동료의 목소리 등 선택적으로 할 수 있지만, 환각은 그런 식으로 통제할 수 없다. 올리버 색스는 이렇게 표현한 바 있다. "환각 앞에서 당신은 수동적이고 무력하다. 환각은 당신과 상관 없이 발생할 뿐이다. 당신이 원할 때 발생하는 것이 아니라 제멋대로 나타났다 사라진다."[6]

이런 경험들의 공통점은 그럴 리 없는 상황에서 어떤 일이 일어난다는 것이다. 정신의학에서 환각은 '양성 증상'으로 간주된다. 있어야 할 것이 없는 것이 아니라, 없어야 할 것이 있다는 뜻이다. 따라서 환각의 경험은 어떤 다른 이상 사건에 의한 통상적인 지각 기제의 탈선이라는 관점에서 설명이 가능하다. 17세기 내성주의자이자 철학자였던 르네 데카르트는 당김줄에 종을 매달아 집 안의 다른 층에서 하인을 부를 수 있다는 유비類比를 이용해 환각을 기계론적으로 설명했다.[7] 가령, 부엌에서 종 울리는 소리가 들린다면 위층에서 여주인이 뭔가 일을 부탁하기 위해 부른 것일 수 있지만, 중간에 있는 어떤 방에서 누군가가 줄을 잡아당긴 것일 수도 있다. 부엌에 있는 사람들 입장에서는 이런 유형의 잘못된 이상 신호는 진짜 호출 신호와 구별이 안 될 것이다. 데카르트는 뇌와 신체에서 일어나는 사건들의 기계론적 사슬들이 우리 지각의 밑바탕을 이루고 있으며, 따라서 어떤 신호의 전송에 비정상적인 오류가 생기면 환각으로 이어질 수 있다고 보았다.

그렇다면, 아무런 실제 외부 자극이 없는 상태에서 기계를 자극하면 목소리를 듣는 이상 지각을 만들어내는 것도 가능할 것이다.[8] 이것이 바로 캐나다의 신경외과의사 와일더 펜필드가 진행했던 연구에서 있었던 일이다. 뇌전증 환자들의 뇌를 수술하던 펜필드는 문제의 원인인 발작을 중단시킬 방법을 찾고 있었다. 뇌는 통증을 느끼지 못하기 때문에 이 수술은 흔히 마취하지 않은 상태에서 이루어진다. 수술 중에 환자의 안전을 바로 확인할 수 있는 장점도 있다. 펜필드는 최적의 처치 지점을 판단하기 위해 전극을 사용해 뇌 표면을 자극했다. 연구 시작 당시 펜필드는 청각적 환각을 겪는 뇌전증 환자의 뇌는 내적 발화 네트워크의 핵심 부위인 상측두이랑의 이상 활성화 경향이 있음을 알고 있었다(〈그림 1〉 참고). 물론, 펜필드가 뇌의 해당 부위를 자극하면 환자들은 어떤 목소리가 들린다고 하는 경우가 많았다. 특히, 비우성대뇌반구non-dominant hemisphere(오른손잡이 환자의 경우 우반구)에 자극을 가하면 이런 경향이 더욱 뚜렷했다.*

청각 체계를 무작위로 활성화시키면 환청을 듣게 될 수도 있는 것일까?[9] 소리를 실제로 지각하는 경우, 청신경을 따라 전송된 신호가 뇌의 일차 청각피질 부위(상측두이랑 내 좁은 영역)에 도달한 뒤 베르니케 영역 같은 상부의 피질 중추에서 그리고 다시 상측두엽에서 처리된다. 당김줄에 달린 종 소리 비유처럼, 이 청각 체계의 무작위 활성화는 아무런 자극이 없는 상태에서도 청각 신호의 지각으로 이어질 수 있다. 그러나 이 이론으로는 이상 지각이 여느 다른 소리가 아닌 인간의 목소리(게다가 많은 경우 경험 당사자에게 익숙한 목소리)로 경험되는 경우가 왜 그리 많은지를 설명하기가 쉽지 않다.

분명 다른 신경 영역도 관여돼 있을 가능성이 높아 보인다. 환청을 설명하는 내적 발화 모형[10]은 내적 발화 요소를 생성하고도 무슨 이유

---

* 실제로는 오른손잡이나 왼손잡이 경향과 무관하게, 비우성반구는 대개 오른쪽 대뇌반구다._감수자

에서인지 그것을 자기가 한 것으로 인식하지 못할 때 목소리를 환각으로 경험한다고 말한다. 만일 이 이론이 옳다면, 우리는 청각 체계에서 무작위적 신경 소음을 듣는 데 그치지 않을 수 있다. 뇌가 혼잣말을 해놓고 이를 자신이 만들어낸 신호로 인식하지 못하리라는 예상이 가능하다. 이 논리대로라면, 누군가가 어떤 목소리를 들을 경우 내적 발화 시 관찰되는 것과 흡사한 신경 발화nerve firing(신경섬유가 최대반응에 도달하는 강도_옮긴이)를 보게 되리라는 예측도 가능하다. 뇌에서 내적 발화가 이뤄지는 방식을 설명하는 기존 이론에 비춰볼 때, 이는 내적 발화 네트워크 내에서 브로카 영역 및 상측두이랑 등 여러 영역의 활성화가 관찰된다는 의미다.[11]

내적 발화 네트워크에 관한 초기의 뇌영상 연구[12]는 바로 이런 질문을 염두에 두고 설계됐다. 1990년대에 런던 정신의학연구소의 필립 맥과이어 연구팀은 양전자방출단층촬영법positron emission tomography, PET을 사용해 몇 가지 연구를 진행했다. PET는 무해한 방사성 분자를 사람에게 투여해 흡수되는 과정을 추적하는 방식이다. 맥과이어의 연구결과를 보면 조현병 환자가 환각을 경험하는 동안에는 그렇지 않을 때에 비해 브로카 영역이 더욱 활성화되는 것으로 나타났다. 이 환자들이 환청을 듣는 동안 뇌의 발화 산출 기제 역시 활성화된다는 의미다.

fMRI의 등장으로 연구자들은 내적 발화와 환각을 연구할 수 있는 좀 더 강력한 도구가 생긴 셈이다. fMRI는 신경 활성화에 관한 단서가 되는 뇌의 혈류를 감지한다는 점에서 PET와는 다르다. fMRI는 훨씬 우수한 공간해상도로 정확히 뇌의 어느 부위가 활성화되고 있는지 연구자들이 더 정밀하게 판단할 수 있다는 것도 한 가지 다른 점이다. fMRI의 단점은 시간해상도가 훨씬 낮다는 것이다. 즉, 정확히 '언제' 활성화가 일어났는지 판단하기에는 (다른 스캐닝 방식에 비해) 덜 효과적이다.

경우에 따라서는 뇌 내에서 환각이 전개되는 방식을 보여줄 수 있을 정도로 시간해상도가 충분할 수도 있다. 정신의학연구소의 맥과이어 연구진 소속의 서퀸더 셔길 연구팀은 환각을 자주 경험하던 조현병 환자 두 명의 뇌를 스캔했다.[13] 연구팀은 환각이 시작되기 수 초 전에 이 환자들의 브로카 영역이 활성화된 것을 확인했다. 이전에 이 연구팀은 건강한 참가자들의 경우 내적 발화 중에 브로카 영역이 활성화되는 것을 보여준 바 있었다. 조현병에서 내적 발화와 청각 언어적 환각 간에 연관성이 있음을 확인시켜준 셈이다.

이들 연구의 해석에는 여러 문제점이 있다. 우선, 환각이 일어났을 때 스캐너로 환각을 포착하기 어렵다는 점이다. 셔길은 연구 중 여섯 명의 참가자들을 추가로 제외해야만 했는데, 이 가운데 세 명은 스캐닝하는 도중 중 아무런 환각을 경험하지 못했기 때문이었고, 또 다른 세 명은 환청 경험이 너무 촘촘하게 일어났기 때문이었다. 필요시 언제든 환각을 겪는 참가자를 찾을 수 있다고 하더라도(환각의 정의상 환각은 이런 식으로 소환이 '불가능'한 것이라는 점도 유의해야 한다), 참가자가 환각의 발생 시작 시점을 어떻게 알리게 할 것인가도 또 하나의 문제다. 대개 목소리가 들리기 시작할 때 버튼을 눌러 알리게 했지만, 이 방법은 심각한 교란요인들을 끌어들인다는 지적이 있다.[14] 자신에게 무슨 일이 일어나고 있는지 먼저 주의를 기울인 다음 적당한 시점에 버튼을 눌러야 하기 때문이다.

만일 스캐닝하는 도중 목소리를 듣게 되는 찰나의 경험을 포착[15]할 수 없다면, 환청을 듣는 실험군이 환청을 듣지 않을 때의 뇌 활성화 양상을 환청이 없는 대조군과 비교해 확연한 차이가 있는지 살펴볼 수 있다. 서퀸더 셔길 연구팀은 건강한 대조군과 목소리를 듣는 환자 중 차도가 있는 이들의 신경 활성화를 비교하는 연구를 진행했다. 다시 말해, 환청이 들리는 순간을 스캐너에서 포착하는 대신, 대조군과 실험군 사이의 좀 더 지속적인 차이를 찾고자 했던 것이다. 특히 '내적 발화' 조건에서의 활성화가 주 관심 대상이어서, 피험자들에게 제시 단어('수영')를 녹음해 들려준 뒤 각자 조용히 머릿속으로 구문을 완성해보게 했다. 그런 다음 세 가지 추가적인 조건에서 다양한 형태의 청각 언어적 심상을 떠올리게 했다. 자신의 목소리로 같은 구절을 속으로 말하거나 녹음된 목소리로 같은 구절을 듣는 상상을 하고 2인칭이나 3인칭으로 그 내용을 언급하게 한 것이다.

'내적 발화' 조건에서는 환자와 대조군 사이에 아무런 차이점이 발견되지 않았다. 대신, 두 집단 간 차이는 연구자들이 심상 조건의 활성화를 비교할 때만 나타났다. 타인이 자신에게 말을 건다고 상상할 때, 목소리를 듣는 환자들은 대조군에 비해 주로 자기 행동 감시와 연관된 뇌 영역의 신경 활성이 더 적은 것으로 나타났다. 연구자들은 청각 언어적 심상을 특정한 목소리로('넌 수영을 좋아하는구나' 혹은 '그녀는 수영을 좋아하는군') 발생시키려면 자신이 내면에서 무엇을 만들어내고 있는지 스스로 감시 또는 추적하는 과정이 필요하기 때문에 이런 차이가 나타난다는 결론을 내렸다. 이 과제에서 규정한 통상적인 내적 발화는 낮은 수준의 자기 감시만을 요하는 것으로 여겨졌으며, 따라서 이 조건에서는 두 집단이 차이가 없었다.

이들 연구를 이해할 때 생기는 문제는 내적 발화의 정의가 우리가 지금껏 접해온 다양하고 미묘한 현상과는 굉장히 거리가 멀어 보인다는 점이다. 단지 사람들에게 스캐너 속에서 소리는 내지 말고 말해 보라는 요청[16]을 한다고 해서 일상적으로 일어나는 자발적인 성격의 내적 발화를 만들어낼 수 있는 것은 아니기 때문이다. 또한 연구에 참여하는 사람들을 선택하는 것에도 여러 문제가 있다. 이 분야의 신경 영상 실험들은 대부분 조현병 환자들과 건강한 대조군의 뇌 활성화를 비교했다. 이 같은 실험 설계는 실험군과 대조군 간의 차이점을 발견할 경우 그것이 환각의 문제인지 아니면 진단의 문제인지 알 수 없다는 약점이 있다. '조현병을 앓는' 뇌[17]가 보통의 뇌와 다르게 보인다면 여기에는 신경병리학, 인생 경험, 약물 치료 등 온갖 원인이 있을 수 있다. 만일 당신이 특정 진단 대신 특정 경험―목소리를 듣는 경험―에 관심이 있다면, 다음과 같은 피험자를 찾는 것이 가장 확실하다. 환청을 겪긴 하지만, 약물치료나 시설에 수용된 경험이 없고, 정신과적 진단도 받지 않은 피험자를 찾는 것이다. 청각 언어적 환각에 관심 있는 연구자들은 중증 정신장애를 앓는 사람의 뇌를 연구하는 것보다 이 접근법이 환청에 대해 좀 더 명확한 그림을 제시해준다고 주장해 왔다.

그러나 이 같은 연구는 아직도 극히 부족하다. 목소리를 듣는 네덜란드 출신의 비임상 참여자, 즉 정신과 진단을 받지 않은 일반인 21명[18]과 정신병 진단을 받았으며 목소리를 듣는 환자 21명의 fMRI 신호들을 비교한 것이 역대 최대 규모의 연구다. 위트레흐트대학 메디컬 센터의 켈리 디데렌 연구팀은 환각 경험 중 뇌 활성화에 있어 두 집단 사이에 아무런 차이를 발견하지 못했다. 웨일스에서 이루어진 좀 더 소규모의 연구에서 데이비드 린덴 연구팀은 정신의학적 진단을 받지 않았으나 환청을 겪는 7명을 관찰하고 이들이 환각을 경험할 때와 별도의 대조군이 청각적 심상을 생성(사람들이 자신에게 말을 거는 상상)할 때의 활성화 양상을 비교했다. 두 조건 모두 표준적인 내적 발화 네트워크에서 활성화가 나타났지만, 운동피질의 일부인 보조운동영역 Supplementary Motor Area, SMA(〈그림 3〉 참고)에서 한 가지 흥미로운 차이점이 드러났다. 대조군 참가자들이 발화를 상상하고 있을 때는 SMA의 활성화가 청각 영역의 활성화보다 먼저 일어났다. 반면, 비임상 참여자, 즉 평소에 환청을 경험하는 사람이 환각을 경험하고 있을 때는 두 가지 활성화가 동시에 일어났다. 이는 SMA가 환각의 '수의성隨意性'의 신경 기반이 된다는 개념에 부합한다. 일상적으로 이뤄지는 상상에서는 SMA가 마치 '이건 내가 했다'는 명료한 신호라도 보내듯 먼저 활성화된다. 하지만 목소리를 듣는 사람들은 이후에 결과적으로 듣게 되는 목소리를 지각하면서 자극이 의도적으로 생성된 것임을 포착하게 된다.

청각 언어적 환각에서 SMA가 담당하는 이 명백한 역할[19]은 핀란드에서 진행한 독창적 연구에서 입증되었다. 이들은 목소리를 듣는 비

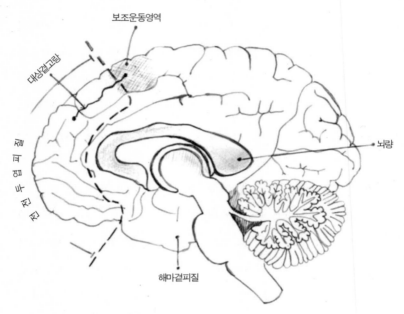

보조운동영역

대상곁고랑

전전두피질

뇌량

해마곁피질

〈그림 3〉 목소리를 듣는 것에 관여하는 뇌 부위
(대상곁고랑ParaCingulate Sulcus, PCS의 길이는 사람마다 천차만별이다.)

임상 참가자들 대신 환자들과 실험을 진행했다. 투우카 라이지와 타파니 리에키는 두 가지 조건에서 fMRI 활성화를 비교했다. 한 조건에서는 참가자들이 기존 방식대로 환각을 경험할 때 버튼을 눌러 알리게 했고, 또 다른 조건에서는 참가자들이 이전에 경험했던 환각을 '상상'하게 했다. 웨일스 연구팀의 실험에 비해 이 같은 방식이 더 나은 점은 환각을 상상하게 하는 것에 목소리가 들리는 실제 경험과 훨씬 흡사한 어떤 것이 포함됐다는 것이다. 핀란드 연구팀의 실험에서는 누군가가 말을 거는 상상을 하는 다소 인위적인 조건 대신, 자신에게 말을 거는 자기 자신의 목소리를 재생하게 했다.

웨일스 연구팀과 마찬가지로 내적 발화 회로는 두 조건에서 모두 활성화됐다. 그러나 SMA는 청각 언어적 환각보다는 심상 과제를 수행하면서 좀 더 강력하게 반응했다. 이런 종류의 환각이 일상적인 상상에 수반하는 '이건 내가 했다'라는 성격이 비교적 약하다는 사실을 보여주는 것이기도 하다. 그렇다면, 여기서 분홍색 코끼리의 이미지를 떠올리는 것과 환각으로 경험하는 것 사이에 한 가지 차이점이 있을 수 있다. 전자에는 수의적 행동에 관련된 뇌 활성화 같은 것이 따르는 반면, 후자에는 자기 자신이 만든 것이라는 일종의 신경적 증표가 없다. 작가 대니얼 B. 스미스는 이것이 목소리가 들리는 혼란스러운 현상을 통해 심오한 과학적 문제들을 조명할 수 있는 한 가지 방법임을 지적한다. 여기서 신경 활성화는 경험의 주관적 특성들로 옮겨진다는 것이다. 스미스는 이렇게 적고 있다. "목소리가 들릴 때 뇌는 마치 네스 호^湖의 괴물처럼 표면 위로 머리를 내민다. 잠깐 동안 정말로 뇌를 '보거나'

'들을' 수 있는 셈이다."[20]

기존 연구의 여러 한계점에도 불구하고 내적 발화 모형은 목소리를 듣는 경험과 관련된 신경과학적 연구결과들을 이해하는 데 유용한 틀이었다. 가장 인상적인 증거 몇몇은 목소리를 듣는 사람들과 듣지 않는 사람들 간의 구조적 차이에 관한 발견들에서 나왔다. 내적 발화 모형은 내적 발화를 생성하는 뇌 부위(특히 좌측 하전두이랑 혹은 브로카 영역)와 그 발화를 지각하는 부위(상측두이랑의 일부 혹은 베르니케 영역) 간 연결이라는 측면에서 신경과학적 언어로 번역되는 경우가 많았다. 크리스 프리스 연구팀이 제시한 행동 감시 모형[21]에서 신호는 내적 발화를 산출하는 체계로부터 뇌의 발화탐지 영역으로 전송되어 '여기에 신경쓰지 마. 이건 네 자신이 말하고 있는 거니까'라는 메시지를 효과적으로 전달한다는 것을 상기하자. 프리스에 따르면, 조현병 환자는 이 신호 전송에 뭔가 문제가 생긴 것이다. 뇌의 '듣는' 부위가 오는 신호를 예측하지 못하는 탓에 신호를 외부의 목소리로 처리하게 되는 것이다.

뇌의 이 영역들 간의 연결성을 연구함으로써 우리는 이런 유형의 전송 오류의 발생 여부를 확인할 수 있다. 신경과학자들은 뇌 물질을 대략 두 종류로 구분한다. 하나는 회백질로, 회색을 띠는 뉴런이나 신경세포의 세포체에서 따온 이름이다. 다른 하나는 백질로, 다른 신경세포들과 통신하는 신경세포의 부분들(간단히 말하자면, 뇌의 배선 부분)이다. 백질의 통합성 연구[22]는 뇌의 여러 부분들이 서로 어떤 방식으로 대화하는지 혹은 적어도 어떤 식으로 대화의 배선이 연결되어 있는지에 관해 중요한 정보를 준다. 비유하면, 실제 전화신호가 간 적이 한 번도 없더라도 전화 교환의 연결 방식을 연구하는 것만으로 통신체계의 구조에 대해 꽤 많은 부분을 파악할 수 있는 것과 마찬가지다.

목소리를 듣는 경험에 관한 내적 발화 모형과 관련하여, 특히 관심의 대상이 된 백질 신경로가 하나 있다. 신경배선 중 (아주 대략적으로 표현하자면) 브로카 영역을 베르니케 영역과 연결시키는 이 구간은 상측두이랑에서 발화를 지각하는 영역이다. 이른바 궁상얼기라 불리는 섬유 다발이다. 내적 발화에서 말이 생성된 것처럼 보이는데도 발화 지각 영역에서 이를 평상시처럼 포착하지 못한다는 것을 기억하자. 프리스의 이론에 따르면, 이런 상황이 발생하는 것은 브로카 영역이 대개 해당 지침의 사본을 베르니케 영역에 발송하여, 곧 일어날 일에 특별히 귀 기울일 것 없다는 메시지를 효과적으로 전달하기 때문이다. 소위 이 '원심성 사본efference copy'은 궁상얼기를 따라 전송된다.

이 백질 신경로의 통합성은 실제로 청각 언어적 환각과 관련이 있다. 연구자들은 해당 경로의 물리적 구조를 살펴봄과 동시에 뇌파검사 electroencephalography, EEG 등의 신경생리학적 방법을 사용하여 뇌의 이 부위들 간 통신이 방해받는지 여부를 확인했다. 예일대학의 주디스 포드 연구팀은 원심성 사본을 수신함으로써 일반적으로 베르니케 영역에서 발생하는 완충dampening[23] 현상이 조현병 환자들에게는 나타나지 않는 경향이 뚜렷함을 확인했다. 이 같은 해석은 내적 발화가 생성될 때에 비해 외부 발화를 지각할 때 환자들의 뇌가 어떻게 달리 반응하는가를 관찰한 fMRI 연구를 통해서도 뒷받침됐다. 대조군의 경우 문장들을 상상하는 동안 뇌의 '듣는' 영역이 활성화되는 정도는 소리 내어 발화된 문장을 들을 때에 비해 더 낮았다. 환자들의 경우에는 이 차이가 현저히 줄었는데, 이는 브로카 영역과 베르니케 영역 간의 원심성 사본 전송에 문제가 있음을 보여준다.

직관에 반하는 것으로 보일지 모르지만, 여러 신경계가 서로 이야기하는 방식을 알아내는 또 한 가지 방법은 어떤 일을 하라는 요구를 받지 않은 상태의 뇌를 살펴보는 것이다. 스캐너 속에 들어가 있는 피험자가 분명 아무것도 하지 않고 있을 때에도 뇌는 결코 가만히 있지 않다는 것은 2000년경에 이미 밝혀진 사실이다. 대신, 뇌 시스템들 간의 연결에는 (대개 디폴트 네트워크로 간주되는) 조직화된 패턴들이 있는데, 이는 뇌의 기능적 구성에 관해 중요한 사실을 알려주는 것으로 보인다. 공회전 중인 뇌는 미세조정을 마친—고도의 활성화 상태인—기계나 마찬가지다.

이 같은 활성화 패턴을 탐구하기 위해 신경과학자들은 이른바 '휴지休止 상태' 패러다임[24]을 활용한다. 실험은 대개 참가자에게 스캐너 안에 누워 고정된 십자 모양을 응시하게 하면서 진행한다. 아무런 과제나 지침도 없고, 보통은 심리적 혹은 행동적 데이터 수집도 전혀 하지 않는다. 휴지 상태의 자발적 활성화를 관찰하면 개인이 특정 과제로 분주한 상태가 아닐 때 뇌의 여러 영역이 어떻게 서로 연결되는지 알 수 있다. (전기기술자는 멀티미터를 사용하여 비슷한 방식으로 회로의 각 부분들 간 연결성을 검사할 것이다). 이런 연구 결과들은 환청을 겪는 조현병 환자들의 뇌는 휴지기休止期 연결성에서 미세한 차이가 있음을 보여준다. 말하자면, 전두 및 측두 부위 간 연결이 특이한 패턴을 보인다는 것이다. 이는 브로카 영역 등 전두 영역들이 측두엽의 발화 지각 영역과 제대로 연결되지 못하고 있다는 개념을 대체로 뒷받침한다.

내적 발화 모형은 지원자의 뇌 활동을 잠깐 동안 인위적으로 수정할 수 있는 기법들로도 검증되었다. fMRI 연구는 상관관계만 보여줄 수 있을 뿐, 인과관계는 입증하지 못한다는 문제가 있다. 특정한 활성화 패턴이 특정한 심리 상태나 인지 기능과 동시에 나타날 수 있지만, 어떤 것이 어떤 것을 촉발했는지는 절대 알 수 없는 것이다. 만일 뉴런들의 발화 방식을 변화시킬 수 있다면, 그리고 이로 인해 특정한 심리 변화가 생기는 것을 보여줄 수 있다면, 뇌의 변화는 심리 변화의 결과가 아니라 원인임을 확신할 수 있을 것이다.

환자들의 노출된 뇌를 자극했던 펜필드의 방식에 비해 더 안전하고 신뢰할 만한 방법이라 할지라도, 이처럼 지원자들에게 환각을 유도하는 기법은 몇 가지 명백한 윤리적 문제가 있다. 사람들이 환각을 경험하게 만드는 대신, 뇌의 전기적 활동을 변화시켜 환각을 겪고 있는 사람들에게서 환각을 없앨 수도 있을까? 경두개자기자극Transcranial Magnetic Stimulation, TMS[25] 기법은 두피의 특정 영역에 강한 자기장을 형성함으로써 피질의 전류를 유도한다. 반복적 자극을 전달하는 TMS 기법은 비록 효과가 장시간 지속되지는 않으나 좌측 측두피질 같은 부위에 적용되어 환각 치료에 어느 정도 성과를 거두었다. 다른 방법인 경두개직류자극Transcranial Direct Current Stimulation, tDCS 기법은 뇌 활성화에 좀 더 지속적인 변화를 가하며, 효과는 15분가량 지속된다. 실험 참가자는 두 개의 전극이 달린 밴드를 머리에 착용하는데, 이 중 한쪽 전극에서 뇌의 특정 부분에 전류를 흘려보낸다. 대학원생 제자인 피터 모젤리는 이 방법을 사용해 청각 언어적 환각에서 중요하게 여겨지는 출처 감시 판단source monitoring judgements[26]에 상측두이랑이 관여한다는 주장을 검증했다. 건강한 지원자들의 표본에서 피터는 좌측 후방 상측두이랑으로 전류를 보내 해당 부위의 활동을 증가시켰다. 이 경우 앞서 목소리가 들리는 것과 연관돼 있었던 청각 신호 탐지 과제에서 오류 발생 가능성이 더 높아지는 것으로 밝혀졌다.

청각 언어적 환각을 다루는 신경과학은 아직 걸음마 단계이다. 목소리를 듣는 경험 가운데 적어도 일부 유형은 내적 발화의 변칙적 처리와 연관된 듯 보인다. 하지만 정확히 어떤 유형의 내적 발화일까?[27] 지금까지 살펴보았듯이, 우리가 일상적으로 머릿속에서 듣는 목소리의 다양함을 다루는 뇌 연구는 아직 제대로 시작조차 못한 상태다. 게다가 환청이 내적 발화에 대한 귀인 오류로 유발되는 것이라면, 대체 왜 '모든' 내적 발화에 귀인 오류가 일어나지는 않는 것일까? 목소리를 듣는 사람들은 왜 항상 목소리를 듣지는 않는 것일까? 물론 계속되다시피 하는 환청으로 괴로워하는 이들도 있지만, 이는 흔치 않고 예외적인 일부에 해당한다.

분명 해답은 좌반구의 표준 언어 체계 너머에 있다. 목소리가 들릴 때 비정상적인 활성화가 나타나는 부위 중 하나는 해마곁피질Parahippocampal Cortex로[28] 뇌의 기억발전소에 해당한다. 위트레흐트의 켈리 디데렌 연구팀은 fMRI를 사용하여 조현병 환자들이 목소리를 듣기 직전에 해마곁피질로 알려진 부위의 신경 신호가 감소함을 확인했다. 내적 발화에 대한 귀인 오류를 일으키는 것으로 보이는 과정에 기억 체계는 왜 관여하는 것일까? 앞으로 살펴보겠지만, 목소리를 듣는 경험 중 적어도 일부는 현재의 자아와의 대화보다는 과거 기억과 더 관련이 있다고 볼 만한 충분한 근거들이 있다.

그렇다면 뇌에서 대개 언어 기능이 탑재된 곳 반대편에 활성화 차이에 대한 증거가 있는 셈이다. 대부분의 사람들에게는 언어 처리가 주로 좌반구, 브로카 영역 및 상측두이랑의 발화 지각 영역 같은 부위에 집중되어 있다. 역설적이게도, 몇몇 연구결과에 따르면 사람들이 스캐너 안에서 목소리를 들을 때 '우반구'의 언어 영역이 활성화됐다.[29] 위트레흐트의 아이리스 솜머 연구팀은 스캐너 안에서 경험한 환청은 좌반구(목소리를 듣는 경험 중에 흔히 활성화되는 브로카 영역 포함)보다는 우반구 언어 관련 영역의 활동 증가와 관련된다는 것을 확인했다. 대개 우반구의 언어 영역은 언어 산출과 큰 관련이 없으나, 전혀 상관이 없지는 않은 것이다. 뇌 손상으로 인한 실어증(언어 상실)에 걸린 환자들의 경우는 특히 관련이 있었다. 실어증 환자들에서 우반구의 이 언어 영역은 대개 폭력적이고 반복적으로 짧은 말을 쏟아내는 '자동 발화' 산출과 연관돼 있었다. (어떤 환자는 '마더퍼커motherfucker'라는 단어 외에는 전혀 말을 못 했지만, 그 단어만큼은 적절한 강세로 유창하게 내뱉었다.) 아마도 이 우반구 언어 영역들이 작동해 이와 같은 특유의 말들을 함으로써 목소리 — 특히, 짧고 거칠고 반복적인 목소리 — 가 나오는 것일 가능성이 크다. 이는 보통 우반구의 언어 영역을 억제하고, 언어를 주로 담당하는 좌반구가 제대로 작동하지 않은 결과이다. 사이먼 맥카시-존스는 우반구 언어 영역들의 활성화에 관한 연구결과들이 설득력이 약했던 줄리언 제인스의 이론에 어느 정도 힘을 실어줬음을 지적했다.

뇌 안에서 청각 언어적 환각이 어떻게 발생하는지에 관해 여전히 알아야 할 것들이 많다. 신경과학은 청각 언어적 환각에 관해 어떤 쓸모 있는 내용도 전혀 입증하지 못하리라고 주장하는 이들도 있을 것이다. 신경과학은 우리가 환청 경험에 관심을 가져야 하는 순간에 생물학적 과정을 기술하기 때문이다. 그러나 뇌 안에서 들리는 목소리를 탐색하는 일은 이 문제를 다양한 과학적 방식으로 사유하는 데 도움이 되며, 목소리가 '단지' 신경 활성화에 불과하다는 환원주의적 관점을 결코 답습하지 않는다. 우선, 이 분야 연구의 복잡성은 '목소리를 듣는다는 것은 어떤 느낌일까?'라는 질문에 세심한 주의를 기울이는 것이 얼마나 중요한지 분명히 상기시켜 준다. 목소리를 듣는 경험에는 다양한 종류가 있으며, 앞으로 더 살펴보겠지만, 그중 몇몇은 내적 발화와는 전혀 무관해 보인다.

목소리를 듣는 경험은 중대한 질문들을 끊임없이 던진다. 어떤 행동을 의도적으로 한다는 것, 사람이 자기 자유의지를 행사한다는 느낌을 가지고 행동한다는 것은 무엇을 의미할까? 우리의 뇌와 몸이 하는 어떤 일들은 왜 우리의 수의적 통제권 밖에서 일어나는 것처럼 보이는지를 이해한다는 것은 어떤 의미를 가질까? 아마 우리는 누구나 무의식적으로 말해 놓고 스스로 놀란다거나 자신이 직접 만들어낸 것 같지 않은 어떤 생각이나 기억이 떠오른 경험이 있을 것이다. 불수의적으로 어떤 일을 했다는 그 느낌은 정말 뇌의 어느 부분이 다른 부분과 대화를 하지 않아 생긴 단순한 사건일까? 호메로스의 주인공들을 이끄는 신들의 목소리가 없는 세계, 그곳에서 그들이 (어느 작가의 표현대로) "트로이 해변에 마치 꼭두각시처럼 얼어붙은 채 서 있는" 모습을 상상해보라.[30] 제인스의 이론이 허점투성이일지는 몰라도, 그의 분석은 우리를 상상의 세계로 이끈다. 우리 경험의 중요한 부분들이 의식적으로 의도되지 않는다면, 우리가 마음이라는 배의 선장이 된들 무슨 의미가 있겠는가? 그곳의 책임자는 누구이며, 우리가 ─ 때때로 ─ 책임자가 아니라는 그 사실을 우리는 어떻게 감당할까?

12
수다쟁이 뮤즈

THE VOICES WITHIN

나는 목소리를 듣지 않는다. 어디선가 말소리가 들려와서 그 소리가 어디서 들리는지 두리번거리다 결국 아무것도 없음을 깨달은 적도 없다. 주위에 아무도 없는데 내 이름을 부르는 목소리를 듣는 꽤 흔한 경험은 해봤고, 특히 아이들이 아주 작았던 무렵에는 침대 옆에 아이가 있는 것 같은 환각을 꽤나 자주 경험했다.[1] 활기 넘치는 내면세계가 있기는 하지만, 나는 내면의 대화 소리가 어디서 오는지 늘 알고 있다. 나는 환각을 겪는 사람이 아니다.

　나는 사람들이 말하는 소리를 듣는다. 비록 사람들이 그곳에 있지는 않지만. 그들은 내게 직접 말을 걸지는 않지만 나는 그들의 목소리, 말투, 어조를 들을 수 있다. 내가 그들을 만들어냈으므로—혹은 적어도 내가 알고 지내는 여러 사람들을 창의적으로 합성하여 아무렇게나 불러 모아 놓은 것이므로—그들이 실제로 거기 존재하지 않는다는 것을 나는 알고 있다. 나는 그들에게 이름, 얼굴, 이력을 부여하며, 그들이 즐겨 듣는 음악이 무엇인지, 쉬는 날에는 어떤 옷차림을 하는지, 욕조 턱에는 무엇을 올려두는지도 알고 있다. 소설 속이라면 나는 그들에게 할 일을 말해줄 수도 있다. (그렇다고 해서 그들이 나를 놀라게 할 때가 없다는 뜻은 아니다.) 나는 이 허구적 인물들을 실제 사람으로 착각한 적은 한 번도 없지만, 그들의 말소리를 듣는 것은 사실이다. 내가 그들의 소리를 들어야 할 '필요'가 있는 사람이라고 할 수도 있을 것이다. 나는 그들의 목소리를 제대로 이해해야—정확히 받아 적어야—한다. 그렇지 않으면 그들의 이야기를 읽고 있는 독자에게 실제처럼 보이지 않을 테니까.

어느 소설가는 이를 다음과 같이 표현했다.[2] "작가로서 그것은 마치 내가 어떤 대화 혹은 대화들을 엿듣고 있는 것과도 같다. 나는 대화를 지어내지 않는다. 등장인물이 말하는 것을 듣고 그 말을 받아 적는다. 마치 받아쓰기를 하고 있는 속기사 같다." 또 다른 작가는 가상의 인물들과 교감하는 일은 "주파수를 맞춰 수신"하는 좀 더 섬세한 과정이라고도 한다. "그것은 마치 그들의 생각을 나만 공유하게 되는 것 같은 내밀한 과정이다. 그들은 내게 말을 걸지 않고, 나 역시 그들에게 말을 걸지 않는다. 그들의 내면세계에 접근하는 권한을 부여받는 것에 더 가깝다."

등장인물은 자신들이 하고자 하는 말을 할 것이다. 줄거리도 마찬가지다. 나는 그날 지하철 안에서 크게 웃음을 터뜨렸던 기억이 난다. 이동식 우체국 차량 안에서 섹스를 하고 있는 사람들에 관한 대목에서였다. 워낙 불청객처럼 찾아든 생각이었던 탓에 나는 당혹스럽게도 사람들 앞에서 웃음이 터지고 말았다. 하지만 어떻게? 당신은 스스로를 간지럽힐 수 없다.[3] 왜냐하면 당신은 간지럽히는 사람이 당신 자신임을 (아마도 당신의 내적 발화가 당신 자신의 것임을 알 수밖에 없게 만드는 바로 그와 같은 종류의 원심성 사본 전송을 통해서) 알고 있기 때문이다. 어떤 농담을 이미 알고 있다면, 그 농담에 ─ 미리부터 킥킥댈 만큼 확실히 웃긴 대단한 농담이 아니고서야 ─ 당신은 웃으려야 웃을 수가 없을 것이다. 만일 내가 나 자신을 웃기려면, 뭔가 놀라게 만드는 요소가 반드시 있어야만 한다. 하지만 그런 생각은 나 자신이 만들어낸 것인데 대체 어떻게 놀라게 한단 말인가? 내가 무슨 생각을 할지 스스로 분명히 알고 있는데 말이다. 지금 이 단어들은 내가 선택하고 있는 것이다, 아닌가?

⊠

오래전부터 인류는 광기와 창의성 사이에 모종의 연관[4]이 있다는 생각을 해왔다. 고대 그리스와 로마에서 창의성은 신의 개입, 즉 초자연적 존재가 갑작스럽게 인간 속으로 들어온 것 ─ 정신이상의 원인 중 하나로도 간주됐던 일종의 전송 오류 ─ 이었다. 키츠, 워즈워스, 콜리지가 살았던 낭만주의 시대에 창의성은 조금 덜 신성한 뮤즈들의 작품 정도로 여겨졌다. 훗날, 프로이트식 정신분석에서는 정신적 창조력은 무의식적인 힘들을 이용하는 것으로 간주하면서, 의식적 자아

conscious ego가 자신에게 전달되는 내용에 어떻게 놀랄 수 있는지를 설명했다. 창의적인 사람은 자신의 밖에서 오는 목소리를 자기 것으로 이용할 수 있는 사람이라는 말이다.

평범한 사람들이 그렇듯이 가장 창의적인 사람들 역시 얼마든지 온갖 비정상적인 경험을 할 수 있지만, 다수의 연구결과에 따르면 자타가 인정하는 창의적인 사람일수록 정신장애psychiatric disorder(특히 기분장애mood disorder) 발병률이 유독 높은 것으로 나타났다. 창의성과 정신장애의 연관성을 유전적 요인으로 설명하기도 한다. 만일 (지금까지 충분히 밝혀진 바와 같이) 정신병적 경험에 유전적 요소가 있다면, 이런 경험에는 적합도(개별 유전형질이나 유전자가 다음 세대에 전달되는 정도_옮긴이)와 생존에 부정적인 영향을 주는 것으로부터 보호하거나 균형을 맞춰줄 만한 일종의 선택적 이점이 있어야 한다. 그렇지 않다면, 편집증, 환각, 감정 기복 등에 취약하게 만드는 유전자들은 이미 유전자 풀pool에서 제거됐을 것이다. 아마도 이런 특이한 사고 패턴은 사람을 좀 더 창의적으로―통상적이지 않은 연상을 하거나 기존의 제약을 벗어난 생각을 하는 데 더 능숙하게―만드는 데 여러 이점을 주었을 것이다.

여느 독창적인 생각을 하는 사람들이 그렇듯 작가들 역시 이처럼 통상적이지 않은 경험을 많이 한다. 하지만 작가의 창의성이라는 흔한 광기는 특히 목소리의 성질을 띠는 경향이 있는 것 같다. 작가는 내레이터와 등장인물을 말하게 만드는데, 또 다른 목소리가 작가 자신의 감정과 생각의 흐름 속으로 들어오는 순간 창의성이 생겨난다는 시각은 역사적으로 늘 있어 왔다. 문예학자 피터 가렛의 표현을 빌리면,

"글을 쓴다는 것은 자신의 목소리가 다른 목소리에 의해 가로막히고, 점유되고, 표현되는 것을 의미한다."[5]

찰스 디킨스는 바로 그런 작가였다. 작가생활 말년에 디킨스는 고된 일정의 낭독 투어를 하며 자기 작품의 유명한 등장인물에게 목소리를 입히곤 했다(1853년부터 1870년 세상을 떠날 때까지 거의 500회에 달하는 낭독 공연을 한 것으로 전해진다). 디킨스는 이 같은 독특한 공연을 통해 자신이 창조한 인물들을 복화술로 연기했을 뿐만 아니라, 창작 행위를 특정한 목소리를 수신하는 일로 해석했다. 1841년, 친구인 존 포스터에게 보낸 편지를 보자. "이 고통과 통증의 한가운데서 내 책을 마주하고 앉을 때면, 어떤 선한 힘이 그 모든 것을 내게 보여주며 내 관심을 유도해. 내가 만들어 내는 게 아니라—정말 안 해—'바라보는 거야', 그리고 써내려 가는 거지."[6] 여기서 말하는 책은 『바너비 러지 Barnaby Rudge』였다. 디킨스 작품의 미국 출판을 담당했던 제임스 T. 필즈는 이렇게 회상했다. "『오래된 골동품 상점』을 한참 집필 중일 때는 리틀 넬이 어디든 그를 따라다녔고, 『올리버 트위스트』를 쓰는 동안 유대인 페이긴은 잠시도 디킨스를 그냥 두지 않았는데, 심지어 그가 일을 놓고 한참 쉬고 있는 순간에도 마찬가지여서, 한밤중이든 아침이든 바다에서나 땅에서나 타이니 팀과 리틀 밥 크랫치트가 그의 코트 소맷자락을 잡아끌기까지 했다. 마치 디킨스가 책상으로 돌아가 자기네 삶의 이야기를 계속해주기를 안달하며 기다리기라도 하는 것처럼."

다른 작가들도 자신들의 창의성의 목소리에 대해 비슷하게 설명한다. 조지프 콘래드는 1899년 윌리엄 블랙우드에게 보내는 편지에서 자체 편집권을 행사하는 비판적인 자신의 뮤즈에게 유기당했다고 하소연하기도 했다. "내가 얼마나 굼뜨게 일하는지 자네는 알 거야. 수많은 생각들이 스스로 모습을 드러내지만—표현들이 열두 가지씩 떠오른다네—선택은 내면의 목소리의 몫이지. 이건 좋아, 이게 맞아, 하는 그 목소리가 어떨 때는 며칠 동안 들리지 않기도 하거든. 게다가 그러는 동안에도 일상생활은 해야 하고 말이야!"[7] 문예학자 제레미 호손에 따르면 이것이 진짜로 '들리는' 내면의 목소리다. 목소리를 내어 말하고 있는 이 존재는 어쨌든 생각하는 주체가 아니라 작가에게 불수의적으로 다가오는 목소리다. 작가 자신은 내놓지 못했을 지혜를 전하는 목소리인 것이다.

버지니아 울프는 목소리를 듣는 경험과 좀 더 복잡하게 뒤얽힌 관계였다. 울프가 1927년에 쓴 소설 『등대로』에서 램지 부인이 앉아서 뜨개질을 할 때 그녀의 머릿속에서는 자기 의지와는 상관없는 말을 읊조리는 목소리가 들린다. "우리는 주님의 손 안에 있는 존재들이다." "왜 '우리는 주님의 손 안에 있는 존재들이야'라고 말하게 되었을까? 그녀는 의아했다. 진실들 사이로 슬그머니 미끄러져 들어오는 위선에 화가 나고 불쾌했다. 부인은 다시 뜨개질을 시작했다. 대체 어떤 주님이 이런 세상을 만들 수 있었을까? 그녀는 물었다."[8] 목소리를 듣는 경험을 다룬 허구적 이야기를 읽고 이 이야기를 쓴 작가도 똑같은 경험을 했으리라 추측하는 것은 자제해야겠지만, 울프에게 예술과 삶은 정말 나란히 함께였다. 울프는 1904년 아버지의 죽음 이후 생긴 신경쇠약 초기 증상 중 하나로 '그 끔찍한 목소리들'에 대해 적었다. 1941

년에 쓴 유서에서 그녀는 끝내 견딜 수 없었던 고통의 원인으로 목소리를 언급했다. "여러 목소리가 들리기 시작하고, 집중을 할 수가 없다. 그러므로 나는 최선의 것으로 보이는 일을 하겠다."

울프는 목소리를 듣는 경험을 유년기의 트라우마와 결부시켰는데, 그중에는 아동기의 성적 학대, 괴롭힘 그리고 어머니와 형제자매의 죽음도 포함돼 있었다. 1925년에 발표한 소설 『댈러웨이 부인』에서는 참전 후 전쟁신경증을 앓게 된 퇴역 군인 셉티머스 스미스의 경험을 통해 목소리를 듣는 모습을 그려냈다. 친구 에번스의 죽음으로 트라우마를 입은 셉티머스는 살해된 동료의 목소리뿐 아니라 (울프 본인이 겪었다고 했던 경험을 그대로 반영하여) 그리스어로 노래하는 새소리도 듣는다. 울프는 창의적 영감은 자기 생각보다 '앞서 [흘러든] 목소리들'과 얽혀 있는 것이라고 여겼다. 아울러 영감을 자신을 통해 말하는 어떤 다른 존재에 비유하며, 창작 행위를 통해 그 존재의 영향력을 지워 없앨 수 있다고 보았다. 가령, 『등대로』는 울프가 런던의 타비스톡 광장을 걷고 있을 때 "느닷없이, 나도 모르는 사이에 불쑥" 그녀에게 들이닥쳤다. "나는 그 책을 굉장히 빨리 썼으며, 책을 다 썼을 때 내 어머니에게 붙들린 상태도 끝났다. 더 이상 어머니의 목소리가 들리지 않으며, 어머니가 보이지도 않는다."

소설에서 목소리를 듣는 일은 유머가 될 수도 있고 비극이 될 수 있다.⁷ 힐러리 맨틀의 소설 『암흑 너머Beyond Black』에서 주인공 앨리슨은 스스로를 빅토리아 시대의 영매로 다시 태어나게 함으로써 학대당했던 어린 시절을 극복하는데, 이 영매는 자신에게 들리는 목소리들을 디킨스도 인정했을 법한 연극조로 '공연'한다. 맨틀은 불행 회고록 misery memoir의 소재를 택해 독창적인 블랙 코미디에 활용하고 있다. 그 중에는 키가 60센티미터인 '악마' 모리스를 상세하게 그리는 부분도 있는데, 모리스는 앨리슨의 옷 방에서 바지 지퍼를 가지고 놀면서 어슬렁댄다. 앨리슨의 트라우마인 악마들은 환시와 환청이 되어 나타난다. 문예학자 패트리샤 워프는 목소리가 들리는 경험을 작가들이 어떻게 활용하는지 논하면서 소설가의 흔한 광기에 접근할 때는 '소설 작품을 낳는 내면의 목소리와 자아의 통합성 자체를 파괴할 위험이 있는 목소리 사이의 관계'를 이해해야 한다고 지적한다. 환청을 분명하게 듣든 그렇지 않든, 소설가들은 그 경험에 대한 허구적 묘사를 이용함으로써 소설을 읽을 때 얼마든지 가능한, 자아에 대한 통제된 해체를 활용하는 것이다.

맨틀은 정신병적 경험들로 점철됐던 입원 생활에서 영감을 얻은 자전적 에세이 『피 속의 잉크Ink in the Blood』에서 목소리, 병, 글쓰기 사이의 관계에 대해 썼다.[10] "나의 내적 독백은 수많은 이들에 의해 공연된다. 맨 앞줄에는 간호사들과 은행 지점장들이 있다. 숨이 끊긴 텅 빈 공간이 내 안에 있고, 그 공간은 채워져야만 한다." 한 인터뷰에서 맨틀은 자신이 '청시각hearsights'이라 명명한 것에 대한 이해를 창작 과정의 핵심으로 생각한다고 말한 바 있다. "홀로 방 안에서 상상 속 군중과 함께 앉아 그들의 말을 듣고 대답하는 일이 허락된 것은 오직 영매와 작가뿐이다." SF작가 필립 K. 딕은 밤이면 라디오에서 나오는 목소리들[11]을 듣는다며 이를 백만 단어 분량으로 기록했다. 『주해Exegesis』라는 제

목의 이 책에서 그는 영적 존재로부터 메시지를 수신하는 듯했던 느낌을 이야기한다. 세상을 떠나기 얼마 전인 1982년의 한 인터뷰에서 필립 K. 딕은 학창 시절부터 이따금씩 자신에게 말을 거는 여성의 목소리를 들어온 경험에 대해 이렇게 말했다. "그 목소리는 매우 경제적으로 말을 합니다. 아주 간결하고 간명한 몇 개의 문장만 쓰거든요. 저는 잠들거나 일어날 때에만 그 영혼의 목소리를 듣는데, 목소리를 들으려면 받아들일 만반의 준비가 되어 있어야 합니다. 마치 수백만 마일 밖에서부터 들려오는 듯한 소리이기 때문이죠."

✕

"작가는 누구나 목소리를 듣습니다."[12] SF 작가 레이 브래드버리는 1990년 인터뷰에서 말했다. "아침이면 그 목소리와 함께 눈을 뜨고 목소리가 일정한 높이에 다다르면 침대에서 벌떡 일어나 목소리가 달아나버리기 전에 붙잡으려 애를 씁니다." 브래드버리가 말한 이야기는 창의성에 관한 논의에서 자주 등장한다. 소설가 시리 허스트베트는 회고록 『떨고 있는 여자The Shaking Woman』에서 빅토리아 시대 심령론자들을 그토록 매료시켰던 '자동 기술automatic writing'[13]과 흡사한 경험에 대해 적고 있다. "글을 잘 쓰고 있을 때는 대개 내가 글을 쓰고 있다는 느낌이 완전히 사라진다. 마치 내 의지와는 상관없이 다른 어떤 존재에 의해 만들어진 듯한 문장들이 내게 오는 것이다. … 나는 쓰지 않는다. 씌어진다."

그렇다면 이 '목소리들'은 실제로 어떤 것일까? 제이나 애덤 또는 조현병 같은 정신장애 진단을 받은 사람들이 들었던 침입적인 목소리와는 어떤 공통점이 있을까? 영감에 관한 전통적인 설명에 따르면,[14] 창의성의 목소리는 문자 그대로 귀에 '들렸다.' 가령, 목동 헤시오도스가 헬리콘산에서 들었던 뮤즈들의 목소리는 실제 청각적 속성을 지닌 환각으로 해석되어왔다. 그러나 영감을 주는 목소리를 듣는 것에 대한—결국 창의성이라는 형언할 수 없는 과정을 효과적으로 설명하기 위한 은유에 불과한 것이었을지 모를—작가의 묘사를 지나치게 곧이곧대로 해석했을 위험도 분명 존재한다.

이 질문에 답할 수 있는 유일한 길은 목소리를 듣는 경험에 더 세심하게 주의를 기울이는 것이다. 수많은 환청과 마찬가지로 작가들에게 들리는 목소리도 감각적 특성을 지니고 있을까? 일화적 설명 이외에, 작가들에게 영감을 주는 목소리가 감각적 특성을 지녔다는 확실한 증거는 전무하다시피 하다. '히어링 더 보이스 프로젝트' 소속의 우리 연구팀은 2014년 에든버러 국제도서축제[15]와의 협업 연구에서 이 공백을 채워 넣어 보기로 했다. 3주에 걸친 기간 동안 800여 명의 작가들이 축제에 다녀갈 예정이었고, 우리는 그들이 들었던 목소리에 대해 물어볼 생각이었다. 작가들이 등장인물의 목소리를 '듣는다'는 이야기는 클리셰나 은유 이상의 어떤 것일까?

그해 축제에 참여한 모든 작가들에게 각자 작품 속 등장인물의 목소리에 관한 경험과 관련된 설문지를 작성하도록 요청했다. 전업 작가 91명—활동 분야는 성인을 대상으로 한 일반 소설, 청소년 소설,

논픽션 등 다양했다—이 설문지 작성을 마쳤다. "본인 작품 속 등장 인물의 목소리를 들어본 적이 있는가?"라는 질문에 70%의 작가들이 '그렇다'고 응답했다. "본인 작품 속 등장인물과 관련해 시각적 혹은 여타 감각적 경험이 있는가?"라는 질문에도 대부분이 긍정적으로 답했다. 작가들 가운데 4분의 1가량은 자신의 작품 속 등장인물이 마치 같은 방 안에서 말을 하고 있는 듯한 소리를 들었다고 한 반면, 41퍼센트는 등장인물과 대화할 수 있었다고 했다. 그러나 많은 작가는 어떤 인물의 목소리에 일종의 주파수를 맞추는 것이 목소리를 환각으로 겪는 것과 흡사하다는 데는 동의하지 않았다. 성인 대상의 일반 소설을 쓰는 한 작가는 "나는 그들이 이야기의 세상 속에서 자기에 대해 말하거나 다른 인물들과 대화를 나누는 것을 '듣는다.' 하지만 이들이 그런 식으로 나에게 '말을 걸'지는 않는다. 이 사람들은 내가 존재한다는 것을 모르는 것 같다. 나는 그들의 이야기를 엿듣는 것이다." 반면, 어느 아동소설 작가는 목소리를 종종 외부 공간에서 경험했다고 말한다. "글을 쓰거나 이야기를 지으면서 가장 중요한 인물의 목소리를 들을 수 있을 때가 있다. 마치 방 안에서 실제 사람이 내게 말을 거는 것처럼 느껴진다. 살짝 미친 것 같은 기분이 들기도 하지만, 그렇다고 해서 내가 방해를 받거나 불편해지는 일은 절대 없다. 그저 이건 상상력을 발휘해서 글을 씀으로써 촉발된 내 나름의 창작 과정의 일부라고 생각하기 때문이다."

작가들은 이런 경험이 일상적인 내적 경험과 어떻게 다른지 곰곰이 생각했다. "머릿속으로 나 자신의 목소리를 듣는 방식(생각 중일 때, 그러니까, 입 밖으로 소리 내어 말하지 않을 때)과 크게 다르지 않다. 그러니까 이 사람들 목소리는 그저 그곳의 다른 모든 것들과 뒤섞인 채 거기 있을 뿐이다. 그러고 보니 이 사람들 목소리는 늘 오른쪽에 있었다. 저 아래, 내 오른쪽 어깨 옆이다. 왼쪽에서는 한 번도 들은 적이 없는 것 같다." 또 어떤 작가는 이렇게 적었다. "분명 내 머릿속에 있는 나 자신의 목소리이긴 한데 완전히 다른 누군가에게서 나오는 것처럼 들린다. 마치 아이들의 목소리로 말하는 어른들이 등장하는 끔찍한 하리보 광고 같달까."

　설문지를 작성한 작가들 가운데 스무 명가량은 이런 생각들을 좀 더 심도 있게 탐구하기 위한 후속 인터뷰에도 자원했다. 후속 인터뷰를 진행한 박사 후 과정 연구원 제니 호지슨은 이를 "작가적 상상력의 신비한 작용으로 그려지는 희귀하고도 놀라운 그림"을 드러내는 과정이라고 묘사했다. 제니가 인터뷰한 거의 모든 작가들은 이런 과정에서 특정 인물의 목소리에 주파수를 맞추는 경험이 필수불가결하다고 인식했다. 어느 저명한 소설가는 이렇게 말했다. "저는 그 인물의 목소리를 듣기 전까지는 사실상 작품을 쓸 수가 없습니다. 이 사람들이 어떻게 소리를 내고, 무엇을 말하는지, 이들이 말하는 방식과 내용을 들어야 합니다. 이 사람들의 목소리를 들을 수 있어야 돼요. 그런 다음 저는 좀 더 이야기가 전개되기를 바라며 일종의 부채질을 해보는 겁니다." 또 다른 작가는 이렇게 표현하기도 했다. "등장인물은 주로 어떤 목소리로부터 시작돼요. 대개 그 목소리가 저를 인물 속으로 끌어들이죠. 간혹 제가 등장인물의 유형에 대해 막연한 생각을 가지고 있을 때도 있지만, 그쪽으로 저를 끌고 가는 것은 바로 그 목소리예요. … 목소리는 제가 글을 쓰고 있을 때 찾아와요. 목소리가 제게 오는 과정이 바로 글쓰기의 과정이죠. 그게 일시적인 것인지는 모르겠어요, 하지만 어쨌든 저는 그 목소리를 들을 수 있어요."

후속 인터뷰를 통해 드러난 또 한 가지 사실은 작가들이 등장인물을 경험하는 방식에는 주요 인물과 부차적 인물 사이에 묘한 차이가 있다는 점이다. 대부분의 작가들은 주인공의 마음에 자리 잡고 머물며 주인공의 눈을 통해 세상을 바라본다고 답했다. 반면, 부차적인 인물들은 시각적으로 그리고 좀 더 먼 거리에서 객관적인 방식으로 경험하는 경향이 있다는 것이었다. 어느 소설가는 이렇게 말했다. "그들은 거기서 물리적으로 모습을 드러내기 때문에 제가 그들을 볼 수 있고, 묘사할 수 있어요. … 저는 그들이 말하는 걸 들을 수 있지만 제가 그들 안에 머물지는 않아요." 같은 맥락에서, 몇몇 작가들은 자기 작품 속 주인공의 얼굴은 볼 수 없었고 대신 이들의 겉모습을 꾸며주어야 했는데, 사실상 나중에 이뤄진 이 과정에 꽤나 공을 들였다고 했다. 어떤 작가는 이렇게 표현했다. "어떤 인물이 제게 다가올 때 제가 그 인물의 얼굴을 볼 수 있었던 적은 거의 없어요. … 그저 흐릿한 실루엣 같은 것이 보일 뿐이죠. 얼굴이 있어야 할 위치는 비어 있는 식이에요."

대체로 우리의 연구결과를 보면 작가들의 경험은 천차만별이지만, 소설이든 아니든 글을 쓴다는 것은 하나 혹은 그 이상의 목소리에 '주파수를 맞추는' 것과도 같은 일이며, 이는 심지어 목소리를 (온전한 대화 형식으로 들리는 몇몇 경우처럼) 침입적인 방식으로 들을 때도 마찬가지라는 주장을 뒷받침해준다. 내면의 말을 폭넓게 다뤄온 시인 데니스 라일리는 우리의 안(내면)과 밖의 경계를 넘나드는 작가들에 대해 써왔다. 우리 에든버러 팀의 연구결과를 놓고 데니스와 이야기를 나누었는데, 그녀는 내게 "작가로서 목소리를 듣는다는, 그리고 자신이 아닌 어떤 화자에게 주파수를 맞춘다는 당혹에 가까운 그 느낌"에 대해 말해주었다.

✦

이러한 문학적 목소리는 일종의 내적 발화일까? 어떤 의미에서 보면 분명 그렇다. 우리와 이야기를 나눴던 작가 중 어느 누구도 정말로 본인의 창의성이 자신이라는 유기체 바깥 어딘가에서 온다고 생각하지는 않았다. (목소리를 듣는 사람들도 대부분 자신의 경험이 분명 스스로 만들어낸 것임을 인정한다. 문제는 그 목소리들이 그렇게 느껴지지 않는다는 것이다.) 하지만 우리가 이야기를 나눠본 여러 작가들도 그것은―자신들을 '통해 말하는'―타자의 목소리에 주파수를 맞추는 것과 비슷했다고 말했다. 우리의 통상적인 내적 발화는 늘 말하기보다는 듣기에 가까운 것일까?

DES 연구결과를 보면 그럴 가능성이 있다. 지난 수십 년간 나름의 연구기법을 발전시킨 러셀 헐버트는 사람들이 내적 발화 같은 것을 보고한 몇몇 사례를 기술해왔는데, 이 사례들은 대부분 적극적으로 말을 한다기보다는 전달되는 내용을 듣는 방식이라는 특징이 있다. 헐버트는 이것을 '내적 말하기'와 '내적 듣기'[16]라 구분해 부르는데, 테이프 레코더로 자기 목소리를 녹음하고 다시 듣는 일에 비유한다. 레코더의 마이크에 대고 말할 때와 마찬가지로, 언어를 산출하면서 이를 자신이 만들고 있음을 아는 감각인 내적 말하기는 내적 발화에서 좀 더 흔한 형태에 해당한다. 내면의 듣기는 좀 더 수용적인 과정으로, 마치 녹음 된 본인의 말을 재생하여 듣는 것과 마찬가지다. 모든 DES 참가자들이 내면의 듣기가 이루어진 순간에 대해 말하지는 않지만, 상당수는 내적 말하기와 분명히 구분해서 언급하는 것으로 나타났다.

베를린에서 실험에 참여했던 라라는 그런 경험을 몇 차례 보고했다. 호출음이 울렸을 때 유체이탈에 가까운 경험을 라라가 자기 자신에게 속엣말로 말해주는 순간이 포착된 적도 있었다. '마치 TV를 통해 내 손을 보는 기분이군.' 라라는 책상 앞에 앉아서 자신의 왼손과 그 옆에 놓인 책상 위 스캐너가 움직이며 만들어내는 빛과 어둠의 패턴을 바라보고 있었다. 또 한 번은 MRI 기기 안에 누워 있을 때 라라 자신이 어느 동료와의 협력 문제에 관해 이렇게 말하는 것을 듣기도 했었다. '그래도 그럴 가치가 있지.' 여기서 그녀는 자신의 경험이 말하기보다는 듣기에 가깝다고 느꼈다. 두 요소가 모두 있기는 했지만 말이다. 다른 DES 참가자들과 마찬가지로, 라라는 '말하기-듣기'의 구분이 늘 명료한 것은 아니며, 자신의 경험들은 말하기와 듣기의 양 극단 사이 연속선상 어디인가에 놓일 때가 많다고 말했다.

라라는 DES 방법이 신경영상과 통합 가능한지 확인하는 우리의 연구를 돕기 위해 모집한 자원자 다섯 명 가운데 한 명이었다. DES 방법과 신경영상은 지금까지 단 한 번도 결합된 적이 없었다. 이를 제대로 시행한다는 것은 뇌를 신경영상 기법으로 스캔하기에 앞서 참가자들이 각자 자신의 경험을 지속적으로 명료하게 보고할 수 있도록 DES 방식으로 철저히 훈련해둔다는 의미다. 라라는 먼저 자연스러운 환경에서 꼬박 나흘간 표집 기간을 거친 뒤 그다음 주 스캐너 안에서 호출음을 듣는 실험을 했다. 이 기간 동안 라라는 아무런 구체적인 과제도 받지 않았고, 스캐너 안에 누워 눈을 뜬 채 아무 생각 없이 멍하니 있기만 하면 됐다(이른바 신경과학자들이 말하는 표준 '휴지 상태' 패러다임이다). 라라는 머리 전체를 가만히 두어야 했지만, 우리는 그녀가 노트패드에 메모를 할 수 있게 준비해두고 기록하는 내용을 지켜보기 위해 거울 몇 개를 정밀하게 배치했다. 라라는 미리 교육받았던 방식대로 각 25분마다 4회에 걸쳐 무작위로 울리는 삐 소리를 듣고 삐 소리가 울리기 직전 순간의 자기 느낌을 적어야 했다. 그런 다음 스캐너 밖으로 나와 호출음이 울린 순간에 대해 인터뷰를 했다. 그날 마지막으로 그녀는 스캐너 안에서 삐 소리를 듣는 시간을 한 차례 더 가졌고, 하루 두 차례씩의 스캐너 실험 패턴은 총 5일간 반복됐다.

　라라는 내면의 듣기를 수 차례 경험했으므로 우리는 그녀가 내면에서 듣기를 하고 있을 때와 내면에서 말하기를 하고 있을 때의 활성화 양상을 비교할 수 있었다. 예상대로, 말하고 있을 때에 비해 듣고 있을 때 브로카 영역의 활성화 정도가 낮았다. 이는 브로카 영역이 내적 발화의 '말하기' 부분을 담당한다는 개념에 부합한다. 단일 사례 연구로 내면의 듣기가 뇌 안에서 어떻게 작동하는지 결론을 내릴 수는 없지만, 이런 방법론적 통합은 어느 정도 돌파구가 될 것으로 여겨졌으며, 향후 신경영상 연구가 자연적으로 발생하는 내면의 듣기를 경험하는 순간에 집중될 가능성 역시 보여주었다.

다소 까다로운 DES 방식에 의존하지 않고도 내면의 듣기 경험을 파악할 수 있는 다른 방법이 있을까? 러셀 헐버트에게서 영감을 얻은 우리는 질문지에 내적 발화의 이런 특성들에 접근 가능하도록 설계된 몇 가지 항목을 새로 추가했다. "단어로 생각할 때 나는 듣고 있다기보다는 말하고 있는 것처럼 느낀다"라는 질문에 1,400명의 참가자 중 약 90퍼센트가 어느 정도 동의했다. "단어로 생각할 때 나는 녹음된 내 목소리를 듣는 느낌이다"라는 질문에는 참가자의 5분의 1가량이 '매우 자주' 또는 '항상' 그렇다고 응답했다. 단 한 번도 이런 경험을 한 적이 없다고 한 응답자는 4분의 1에 불과했다. 하지만 '내면의 듣기'와 관련한 새 항목들은 그 어떤 특정 요인과도 일치하지 않았는데, 이것은 내면의 경험 가운데 이 특성이 우리 연구팀의 질문지 같은 자기보고self-report 방식으로 포착될 만큼 흔하지 않거나 또는 그 속성을 잡아내려면 DES처럼 좀 더 민감한 방법이 필요하다는 의미다.

적어도 우리 가운데 일부는 자기 나름의 내적 발화를 베케트의 『이름 붙일 수 없는 자』[17]와 유사한 방식으로 경험하는 것 같다. 화자와 청자 둘 다 의식의 내러티브 속에 있는 것이다. 뇌 안에서 내면의 듣기가 어떻게 작동하는지 그리고 라라 같은 사람들의 경험이 작가들이 듣는다는 창의성의 목소리와 같은 것인지 등의 질문에 답을 얻기 위해서는 훨씬 더 많은 연구가 필요하다. 러셀은 현재 우리가 이 질문에 답을 구할 수 있도록 DES에 참여해줄 만한 전업 소설가들을 찾고 있다. 또한 그는 글쓰는 것이 직업은 아니지만 글을 쓰는 과정 중에 내적 발화가 머릿속에서 소리를 낸다는 사람들을 대상으로도 상당수의 표집을 마쳤다. 아직 체계적인 연구는 진행하지 않았으나, 다년간의 관찰 결과 러셀은 사람들이 글을 쓸 때 내적 발화가 상당히 흔한 일임을 알 수 있었다. 아이들은 뭔가를 적어 내려갈 때 단어들을 중얼거리거나 심지어는 크게 소리 내어 말하는 경우가 많다. 내 딸 아테나는 실제 글을 쓸 수 있게 되기 전까지 종이 위에 끼적거리는 연습을 할 때마다 혼잣말을 하곤 했다. 크레용으로 표시하는 기호들이 아직은 전혀 글자처럼 보이지는 않았지만, '하나, 둘, 셋, 넷'이나 '엄마, 아빠, 나' 같은 말을 반복했다. 이는 아이가 종이 위에 기호를 표시하는 과정과 말 사이의 연관성을 이해했다는 뜻이었다. 이것을 이해하면 학교에서 좀 더 형식을 갖춘 글쓰기를 공부하게 됐을 때 상당히 도움이 될 것이었다.

이러한 일상적인 관찰결과는 글쓰기 과정에서 내적 발화가 담당하는 역할에 대한 좀 더 구체적인 연구로도 뒷받침되었다. 비고츠키의 제자로도 널리 알려진 신경심리학자 A. R. 루리아는 아이들에게 입을 연 채로[18] 혹은 혀를 치아 사이에 가만히 둔 채로 글씨를 쓰게 하면 글쓰기에 실수가 늘어난다는 것을 확인했다. 비고츠키 역시 내적 발화가 소리 내어 말하기를 준비하는 데 핵심적인 기능을 수행할 수 있으나, 특히 작문의 도입부 역할도 톡톡히 한다고 지적했다. "쓸 내용을 글쓰기 전에 미리 자기 자신에게 이야기할 때가 많다. 우리는 생각 속에 대략의 초안을 가지고 있는 셈이다." 글쓰기 과정은 내적 발화라는 단편적이고도 압축된 언어를 재확장하는 과정이다.

사실, 글쓰기에 대한 영향력 있는 심리학적 모형에 따르면, 글쓰기는 구어적 과정에 의해 완전히 뒷받침되어야 한다.[19] 글쓰기를 하는 동안 내적 발화가 일어나야 한다는 뜻이다. 물론, 발달 중인 아이의 글쓰기는 입말에 비해 뒤처진 듯 보이므로, 글쓰기가 발달하기에 앞서 입말이 먼저 준비된 상태여야 하는 것 같기도 하다. 뇌손상에 관한 연구를 보더라도, 모든 경우에 그런 것은 아니지만 구어에 손상이 일어나면 대개 쓰기 기능의 문제도 뒤따르는 경향이 있음을 알 수 있다. 앞에서 언급했듯이 뇌졸중으로 인해 말하는 능력을 상실한 환자의 경우, 내적 발화가 읽기에 필요한 것은 아니었다. 그러나 쓰기에도 필요하지 않았다. 좀 더 놀라운 예는 사르디니아 출신의 '싹싹하고 활달한' 어느 13세 아이[20]에 관한 연구에서 찾을 수 있다. 이 아이는 완전한 말 실어증(운동 기능의 마비나 손상이 없는데도 숙련된 행동을 하지 못하는 증상_옮긴이)—입으로 아무런 소리도 내지 못하고 전혀 말도 하지 못함—이 있었다. 그런데도 이 소년은 이미 정상적인 읽기 및 작문 능력을 습득했으며, 이후 10년간 정상적인 발달을 지속하여 농업 전공으로 학위를 취득한 뒤 지역 관리사무소에 사무직원으로 취직했다. 내적 발화를 발달시켰을 가능성이 없음을 감안할 때, 이는 혼잣말을 할 줄 아는 것이 글쓰기의 필수 전제조건이 아님을 확실히 보여주는 사례다.

필수적인 것은 아닐지 몰라도, 내적 발화가 글쓰기 과정에서 유용한 도구임은 틀림없다.[21] 서던캘리포니아대학의 제임스 윌리엄스는 이 연관성을 심층적으로 파고든 연구에서 쓰기 능력에 관한 표준화 검사를 기준으로 학생들을 평균 이상 및 평균 이하 두 집단으로 구분했다. 참가자들은 15분간 두 가지 주제로 연이어 글을 써야 했는데, 하나는 그들이 연구실에 들어선 순간부터 일어난 모든 일을 열거하는 것이었고 다른 하나는 이란 인질사태(이 연구는 1979~81년 테헤란의 위기^{Tehran} ^{crisis}(미국인 50여 명이 이란 주재 미국 대사관에서 인질로 억류되어 있던 사건_옮긴이) 직후 진행되었다)를 해결할 방법을 논하라는 것이었다. 학생들이 말없이 글을 쓰고 생각을 하는 동안, 윌리엄스는 혀, 아랫입술, 후두의 조음 근육의 근전도 활성화를 측정하고 내적 발화의 사용에 대해 각자 알리도록 했다.

이 실험의 전제는 학생들이 각자의 문장을 세심하게 구상하는 데 내적 발화를 사용하는 정도가 천차만별일 것이고 이는 쓰기 능력과 연관이 있으리라는 논리였다. 예상대로, 쓰기 능력이 평균 이하인 집단은 과제 수행 중 휴지 기간 동안 근전도 활성화가 낮게 나타난 반면, 쓰기 능력이 뛰어난 사람은 내적 발화를 이용해 다음 글쓰기를 준비했다. 단순히 쓰기 능력이 떨어지는 학생들이 내적 발화를 전반적으로 덜 사용한 것은 아니었다. 오히려 글을 쓰는 동안만큼은 활성화가 더 높았기 때문이다. 이 모든 결과는, 관련 근육의 전기적 활동으로 측정되듯, 내면에서 이뤄지는 발화는 문장을 글로 쓰는 과정을 수월하게 한다는 주장에도 부합한다. 글쓰기를 계획할 때 내적 발화를 많이 사용할수록, 씌어지는 글의 수준은 더 높아질 것이다.

많은 작가가 글을 쓰기 위해서는 침묵이 필요하다고들 한다. 나 역시 음악을 틀어놓고는 글을 쓰지 못하며, (기차의 '조용한 칸' 안에서 노트북으로 작업할 때도 자주 느끼는 것인데) 입말은 무조건 방해가 된다. 이런 현상의 한 가지 이유는 아마 주변의 다른 사람들이 이야기하는 소리나 성악곡의 가사가 이른바 심리학자들이 말하는 '집중하지 않은 발화 효과unattended speech effect'[22]를 생성하기 때문일 것이다. 이 효과로 인해 듣는 이가 없는 발화도 작업 기억 체계에서 음운 고리 구성요소를 차단할 수 있고, 따라서 내적 발화를 생성하는 능력에 방해가 될 수 있다는 것이다. 기악곡은 비교적 영향이 덜할 수 있다. 뇌의 자동적 단어 처리를 촉발하지 않기 때문이다. 하지만 나 같은 경우에는 기악곡의 리듬조차도 머릿속에서 만들어내려던 언어의 패턴을 방해한다. 덜 예민한 작가들 가운데는 음악을 틀어놓고도 아무 문제없이 작업을 잘할 수 있고 가사가 있는 음악도 상관없다는 이들도 있다. 글쓰는 방식이 좀 더 시각적이고, 언어적 방해에도 덜 취약한 사람들일 수 있다. 어떤 경우든 이런 과정들이 전업 작가든 아니든 모든 작가들에게 동일한 방식으로 작용하리라 추측하는 것은 위험할 것이다.

또한 쓰기의 큰 부분은 읽기—이미 나와 있는 책들을 읽는 일뿐만 아니라 자기 자신이 쓴 글을 읽는 것도 포함한다—라는 점도 잊지 말아야 한다. 창의적 글쓰기 과정을 다룬 에세이에서 소설가 데이비드 롯지는 "명목상 '쓰기'에 소요된 시간 중 90퍼센트는 실은 읽기—자기 자신을 읽기—에 쓰인 것이다. … 이것이 근본적으로 쓰기와 말하기를 구분 짓는 점이다."[23] 작가 본인이 쓴 글을 읽는 것, 특히 약간의 공백을 두었다가 읽는 것은 작품이 독자에게 미칠 효과를 가늠할 기회가 된다는 점에서도 가치가 있다. 우리 연구에 참여한 작가 몇 명은 머릿속에서 등장인물이 내는 목소리를 들어보고 나서야 비로소 자신이 그 인물들을 제대로 이해했음을 알 수 있으며, 다시 읽기는 이것을 확인할 수 있는 한 가지 중요한 방법이라고 말했다. 버지니아 울프는 자기만의 혼잣말 형태로 이 작업을 하곤 했다. 울프의 요리사이자 가정부로 수십 년을 지냈던 루이 메이어는 버지니아가 전날 밤에 쓴 문장들을 읽어보느라 위층 욕실에서 혼잣말하는 소리를 우연히 들은 적이 있다고 회상했다. "아내는 끊임없이 계속 말하고, 말하고 또 말하면서 질문을 던지고 또 스스로 답을 하러 간 거예요. 내가 보기에 위층에 두어 명이 그녀와 함께 있어줘야 할 것 같군요."[24] 남편 레오나르드 울프는 당황한 가정부에게 버지니아는 그냥 자기 글을 소리 내어 읽으며 점검해보고 있을 뿐이라고 설명했다. 버지니아는 '적절한 소리로 들리는지 알아보려면 필요'했기 때문에 자기 문장을 되풀이해 읽어보곤 했다.

작가는 자신의 창의성의 목소리와 복잡한 관계를 맺고 있고, 각자 다양한 방법을 동원해 자기 글을 '낯설게' 만든 다음 새로운 독자의 눈을 통해 바라보려 한다. 하지만 지금껏 살펴보았듯이 작가들에게 다가오는 말들은 여러 방식으로 그들을 놀라게 한다. 에든버러 연구에 참여했던 사람 중 몇 명은 몇몇 측면에서 통제 밖의 경험이었다고 털어놓았다. 허구적 인물들은 각자 나름의 행위성^{agency}을 손에 넣는 것으로 보인다. 다시 말해, 목소리를 듣는 사람들이 자신에게 들리는 그 목소리가 대체로 통제 불가능하다고 했던 것처럼, 자신들을 창조한 사람의 정신에 의해 일단 생각되고 나면 계속해서 있는 존재가 되는 것이다. 이와 관련하여 디킨스는 자신의 미국 측 출판을 담당했던 필즈에게 "그의 뇌가 낳은 아이들이 그에게서 풀려나 세상 속으로 던져지고 나면 그 아이들은 이따금씩 가장 예상치 못한 방식으로 나타나 제 아버지의 얼굴을 똑바로 처다볼 것이다"[25]라고 말했다. 필즈의 기억에 따르면, 한번은 디킨스가 길을 같이 건너달라고 부탁했다고 한다. 펌블추크 씨(『위대한 유산』의 등장인물_옮긴이)나 미코버 씨(『데이비드 카퍼필드』의 등장인물_옮긴이)를 마주치면 안 된다는 것이었다.

바로 앞 장에서 우리는 이러한 외적 행위성의 경험이 어떻게 마음과 뇌 안에서 내적 발화와 목소리를 듣는 현상으로 일어나는지를 탐구했다. 이런 물음은 또 다른 유형의 환각과 관련해서 생각해볼 수 있는데, 이 환각은 대체로 완전히 양성적인 것으로 여겨진다. 4~10세 사이의 아이들 약 3분의 1 내지 3분의 2가량은 있지도 않는 사람에게 말을 걸거나 함께 모험을 한다. 한때는 부모가 걱정할 만한 현상으로 여겨지기도 했지만, 오늘날에는 상상 속의 친구와 어울리는 것[26]은 아동 발달상 지극히 정상적인 것으로 여겨진다. (사정이 이렇다 보니 내가 대화하면서 이런 말을 하면, 부모들은 아이가 상상 속 친구가 '없는 것'을 걱정해야 하는 건지 묻기도 한다).

그렇다면 성인 소설가가 만들어낸 등장인물은 과연 아이들의 상상 속 놀이친구와 얼마나 비슷할까? 상상 속 친구에 관한 세계적인 학자 중 한 명인 오리건대학의 마조리 테일러가 던진 질문이다. 아이들에게서 나타나는 이 현상을 다년간 연구한 테일러는 상상 속 친구가 성인이 된 이후까지 계속 존재하는지 관심을 가졌는데, 특히 창의적인 사람들을 중점적으로 살펴보았다. 가상의 친구와 상상 과정을 연계시킬 만한 증거는 제한적이기는 해도 분명 있었다. 한 연구에서는 어린 시절 가상의 친구가 있었던 것으로 기억한 학생들일수록 자기보고self-report 방식의 창의성 검사에서 더 높은 점수를 기록했다. 또 다른 표본에서는 상상 속 친구가 있었던 학생들이 성격 차원 검사에서 높은 점수를 받았는데, 이 검사는 상상에 빠져든 학생들이 자신만의 상상 행위에 어떻게 몰입하게 되는지와 관련된 검사였다.

아이들의 상상 속 친구들과 관련하여 테일러가 주목한 부분은 이 친구들이 자신을 창조한 아이의 요구에 반항하거나 나쁜 행동[27]을 하는 경우가 많다는 것이었다. 테일러 연구팀은 성인인 몇몇 소설가들이 자기 작품 속 등장인물과의 관계를 그린 것을 보면 고분고분하지 않은 성격이 똑같이 나타난다는 것을 확인했다. 가령, 필립 풀먼은 『호박색 망원경The Amber Spyglass』 도입부에서 마리사 콜터라는 인물을 동굴 안에 들여보내기 위해 그녀와 협상을 해야만 했다고 썼다. 존 파울즈는 소설 『프랑스 중위의 여자』에서 이렇게 언급하기도 했다. "우리의 인물들과 사건들은 우리한테 반항하기 시작하면서 비로소 살아서 움직이기 시작한다. 찰스가 사라를 벼랑 끝에 남겨두고 떠났을 때, 나는 그에게 곧장 라임으로 돌아갈 것을 명령했다. 그러나 그는 그렇게 하지 않고, 까닭 없이 방향을 돌려 낙농장으로 내려갔다."

테일러는 작가들이 작품 속 등장인물의 행위성을 경험하는 방식에 관해 50명의 작가를 연이어 인터뷰했다. 대부분 등장인물이 작가 본인의 통제를 벗어나 제멋대로 구는 경우들이 있었다고 털어놓았고, 테일러는 이 현상을 "독립적 행위성의 환영illusion of independent agency"이라 지칭했다. 작가들 42퍼센트는 어렸을 때 상상 속 친구가 있었다고 답했는데, 이는 보통의 성인 응답자들의 답변에 비해 더 높은 비율이다. 작가 50명 가운데 다섯 명은 어린 시절부터 알고 지낸 상상 속 친구가 아직도 있다고 답했다. 상상 속 친구를 가진 적이 있다고 해서 해당 작가가 고분고분하지 않은 등장인물을 만날 가능성까지 미리 알 수 있는 것은 아니고, 이 표본에서 독립적 행위자의 환영이 워낙 흔히 나타났기 때문일 수 있다. 간신히 유의미한 수준의 차이이기는 하나, 아직 작품을 출간하지 않은 작가들에 비해 기성작가들이 환영을 겪은 비율이 조금 더 높았다.

우리의 주 관심 대상은 상상 속 친구보다는 허구적 인물들에 관한 것이었으나, 고분고분하지 않다는 특성은 작가들과 진행한 인터뷰에서도 나타났다. 성인 대상의 일반 소설을 쓰는 한 작가는 이렇게 말했다. "재미있는 건, 제 작품 속 인물들은 저와 생각이 달라서 제가 쓰고 있는 내용이 뭐가 됐든 스토리라인을 이것저것 바꾸라고 자꾸 요구한다는 거예요. 그리고 마치 저를 계속 즐겁게 해주려면 어쩔 수 없다는 듯 계속 말을 걸죠." 작가들이 '착각'했는지 감지해내는 한 가지 방법은 등장인물의 입 속에 그 인물이 쓸 법하지 않은 단어들을 넣어보는 것이었다. 그러나 인터뷰에 응했던 작가들 가운데 등장인물과 진짜로 대화를 나눌 수 있다고 느낀 경우는 거의 없었다. 등장인물에게 질문—'너 왜 그러고 있는데?' 또는 '지금 뭐하는 거야?'—을 던지기는 하지만 실제로 답변을 기대하거나 얻지는 않는다는 것이다.

이처럼 다소 일방적인 특성이 많은 작가에게 불거진 것은 그 관계가 끝났을 때였다. 몇몇 작가는 탈고한 뒤 목소리가 잠잠해지면—정말로 그렇게 됐을 때—마치 사별한 듯한 느낌을 받았다. 어느 아동소설가는 특정 인물의 목소리는 자기들이 나오지도 않는 이야기 세상 속으로 침입해 들어온다고 묘사했다. "어떤 시리즈에 속하는 책 한 권을 작업하고 있으면, 갑자기 (내 마음 속에서) 다른 시리즈에 나오는 다른 인물의 말이 들린다. 혹은 어떤 상황에 대해 쓰고 있는데 갑자기 다른 여러 인물들이 그 상황에 반응하는 소리를 듣게(생각하게) 되기도 한다. 인물들은 그 책이나 시리즈에 나오지 않는데도 말이다." 극작가 닉 디어는 『폐허 속에서In the Ruins』라는 작품에서 조지 3세의 독백을 쓴 것은 그 주제에 관한 다른 작품을 탈고하면서 "(다른 작품에 등장했던) 옛 친구가 좀처럼 입을 다물지 않으리라"는 것을 깨닫고 난 뒤였다고 말했다. 각본가 사라 펠프스는 한 라디오 인터뷰에서 이렇게 말했다. "정말 말 그대로 완전한 사별의 느낌을 받아요. 그토록 혈기왕성하게 생생히 살아 숨 쉬며 긴박하게 움직였던 인물들이 이제 없는 거니까요. … 머릿속의 사람들은 때로는 일상에서 매일 마주치는 사람들보다도 더 실제 같을 때도 있어요. 가끔은 정말 좀 미친 게 아닐까 싶기도 해요."

환각 속 목소리는 보통의 사람은 거쳐 지나가는 상상 속 풍경에 인물들을 상주시키는 것과 비슷한 역할을 맡기도 한다. 연구자 리사 블랙먼은 어머니가 들었던 목소리들이 어떻게 자신의 어린 시절 환상의 세계를 구축해주었는지 내게 들려줬다. 목소리는 그녀의 놀이친구가 되었다.[28] 낯익은 손님이자 대화의 상대방인 것이다. 리사의 어머니는 라각틸(제1세대 향정신병 약물인 클로로프로마진의 상품명) 치료와 전기경련요법을 받고 있었고 십대였던 리사는 유전상담genetic counseling을 권유받았다(그러나 거부했다). 어린 리사가 자기 어머니가 듣는 목소리와 상호작용하는 방식 중 하나는 색, 크기, 모양이 제각각인 연필이 든 상자를 가지고 노는 것이었는데, 연필마다 목소리를 바탕으로 붙인 이름과 성격과 개성이 있었다. 리사 블랙먼의 말을 들어보자. "저는 방에서 여러 상황과 시나리오를 궁리하면서 몇 시간씩 보내곤 했어요. 그냥 바닥에 누운 채로 연필 여러 자루를 집어 들고 연필끼리 이야기를 나누는 대로 이리저리 움직이곤 했죠. 그게 제 환상 세계였어요." 정신건강 문제를 안고 있는 양육자와 한 집에 살며 자란다는 게 보통일은 아님에도 불구하고, 리사는 어머니가 정신병을 앓는 동안 그 어느 때보다도 어머니에 대해 더 많이 알게 된 느낌이었다. 이제 자칭 '목소리를 듣는 명예 회원'인 리사는 자신만의 특별한 경험을 통해 청각 언어적 환각의 풍부한 매력을 볼 줄 알게 됐다.

내적 발화라는 다중의 목소리를 사용해 허구적 세계를 구축하듯, 작가들은 한층 더 거침없는 환각의 목소리를 이용해 의미를 구축해낼 수도 있다. 패트리샤 워프에게 소설은 '목소리들로 쌓아올린 허구 세계'[29]이며, 그 목소리에는 내적 발화라는 평범한 목소리도 있고 환청이라는 좀 더 침입적이고 이질적인 목소리도 있다. 부재하는 존재의 목소리를 기술하는 것은 강력한 소설적 방법이 된다. 살만 루슈디의 소설 『한밤의 아이들』에서 주인공 살림 시나이는 인도가 분할되던 날 자정 정각에 태어난 다른 모든 아이들의 목소리를 듣는다. 말 그대로 분리 독립된 국가를 대표하는 합창 소리인 셈이다. 윌리엄 골딩의 소설 『핀처 마틴Pincher Martin』은 명확하게 구분하기 힘든 내면화 및 외면화된 목소리를 사용하여 혼란 속에 빠져드는 주인공의 의식을 재구성한다. 스코틀랜드의 소설가 뮤리엘 스파크는 첫 소설 『위로자들The Comforters』에서 환각 속에서 탁탁거리는 타자기의 목소리를 사용해 이야기 세계를 창조하고, 이 세계 속 주인공인 작가 캐롤라인은 자신의 활동이 내레이션으로 되읽어지는 소리를 듣는다. 앞서 버지니아 울프가 그랬듯이, 스파크는 개인적인 경험을 바탕으로 글을 썼다. 1950년대 초반 가톨릭 신앙으로 개종할 당시, 그녀는 시인 T. S. 엘리엇이 암호화된 메시지를 통해 자신과 대화를 나누려 한다고 확신했다.[30] 이런 믿음은 소설 속에서 캐롤라인을 괴롭히는 허구와 현실 사이의 혼란에도 흔적으로 남아 있다.

물론, 목소리의 힘을 빌려 허구를 창작하기 위해 직접 환청을 들어야만 하는 것은 아니다. 제니가 인터뷰했던 수많은 작가들은 작품 속 등장인물의 목소리를 들었다고 언급했지만, 스파크와 울프가 말했던 것처럼 명백하게 경험한 것은 드물었다. 그렇다면 '창의성의 목소리들'에 관한 이 모든 논의는 은유 이상의 어떤 것일까? 신중을 기하는 편이 현명하다. 대니얼 B. 스미스는 이 개념들이 서구 문화에서 표현되어 온 방식을 긴 안목으로 훑어보면 헬리콘산에서 헤시오도스에게 들렸던 뮤즈의 목소리에 비해 작가들에게 영감을 불러일으키는 목소리는 물리적인 실체의 성격이 약하다고 본다. 화가이자 시인이었던 윌리엄 블레이크는 죽은 형의 유령을 비롯하여 자신에게 영감을 주는 여러 존재들의 목소리를 듣는다는 이야기를 자주 했다. "나는 형의 영혼과 매일, 매시간마다 대화를 나눈다. … 형의 영혼이 하는 조언을 들으며, 지금도 그의 명령에 따라 쓰고 있다."[31] 오늘날 일각에서는 윌리엄 블레이크가 실제로 환각을 겪었던 것이라고 주장하지만, 스미스는 은유적 표현이라고 주장한다. 일반인들이 좀 더 쉽게 이해할 수 있는 개념으로 예술적 영감을 설명하려는 시도이자, 어쩌면 뮤즈의 소리가 실제로 또렷이 들리던 시절에 대한 일종의 노스탤지어에서 나온 이야기라는 것이다.

이제 우리가 처음 던졌던 질문으로 되돌아가 이 같은 창의성의 목소리가 정말 정신장애인들이 호소하는 목소리와 공통분모가 있는지 다시 물어야 할 때다. '환각'이라는 억압적 꼬리표는 여기서 별로 쓸모가 없음이 분명하다. 환각은 불수의적이며, 이를 겪는 사람이 통제할 수 없는 것이라 여겨진다. (하지만 고분고분하지 않은 상상 속 친구나 방해되는 허구적 인물이 이런 식의 정의에서 반드시 배제된다고 볼 수 있는지는 불분명하다.) 제이처럼 목소리를 듣는 사람 중 많은 사람이 어느 정도 목소리를 제어할 수 있으며, 때에 따라서는 그들에게 가 버리라거나 특정한 순간에 돌아오라고 할 수도 있다고 말한다. 따라서 올리버 색스가 환각, 망상, 환영[32] 간 경계를 모호하게 만드는 다양한 양태의 여러 경험들에 관해 지적하듯, 전형적인 환각 사례조차도 용어가 타당하다는 것을 입증해주지는 못한다. 제이처럼 자신에게 무슨 일이 일어나고 있느지 그리고 그 일에 대한 자신의 반응을 스스로 어떻게 통제할 수 있는지 아는 사람은 쉽게 말해 다른 이들에게 없는 '병식'이 있는 것이다. 문제는 병식에 대한 아무런 객관적 정의가 없는 상태에서 그런 식의 추론은 순환 논리에 불과하다는 점이다.

작가들의 경험에서 하나 이야기할 수 있는 것은 어떻게 보면 작가는 이 존재를 제 발로 찾아 나선다는 것이다. 최근 소설 한 권을 탈고하고 나니, 내가 나 자신을 목소리들 앞으로 적극적으로 데리고 갔던 수많은 상황이 떠오른다. 계시를 받았던 노리치의 줄리안과 마찬가지로, 작가는 환청에 시달리는 환자라면 결코 택하지 않을 다양한 방식으로 스스로 그 경험에 마음을 열어둔다. 한 번도 일어난 적 없는 사건을 상상하는 것은 그 사건에 대한 기억 오류의 가능성을 높인다는 연구결과가 입증하듯이, 노력에 의한 상상[33]이 환상과 현실 간 경계를 흐려놓을 수 있음은 익히 알려진 사실이다. 적극적인 상상이 이 과정에서 얼마나 중대한 역할을 하는지 감안한다면, 작가들이 목소리를 듣는 사람들과 같은 종류의 경험을 한다는 결론을 섣불리 내리지 않는 것이 훨씬 더 중요하다. 제니가 전업 작가를 대상으로 진행한 대면 인터뷰가 빛을 발한 이유 중 하나가 바로 여기에 있다. 질문지나 지면 인터뷰에 의존했을 경우 예상되는 결과에 비해 창작 과정에 관한 좀 더 솔직담백한 이야기를 끌어낼 수 있기 때문이다.

창의성의 목소리는 풍요로운 내적 대화로 생각해야 한다. 이 내적 대화 안에서 경험과 기억을 바탕으로 한 여러 관점은 다채롭게 그리고 우여곡절을 겪으면서 한데 합쳐져 새로운 것을 만들어낸다. 개인적으로 그것이 어떤 대화에 적극적으로 참여하는 느낌이라기보다는 어떤 목소리를 엿듣는 일에 가까운 느낌일 때조차 이런 해석은 유효하다고 본다. 목소리는 '타자'의 냄새를 강하게 풍길 때가 많지만, 실은 전부 안에서부터 나온다. 목소리를 한데 잘 맞추는 일은 자아를 조립하는 것과 비슷한 일이다. 패트리샤 워프의 표현에 따르면, "내분비계가 아니라 몸, 마음, 환경, 언어, 시간 전체에 걸쳐 있는 경험으로서"의 자아를 조립하는 일[34]이다. 힐러리 맨틀은 이러한 자기 창조 행위를 아름답게 표현한다. "매일 아침 글을 씀으로써 나 자신을 존재하게 해야 한다고 느낄 때가 가끔 있다. … 종이에 적을 단어들이 충분할 때 당신은 바람 속에 서 있을 만큼 단단한 등뼈를 가지고 있다고 느낀다. 하지만 글쓰기를 멈추는 순간 당신은 그저 오래된 깃펜 한 자루처럼 바싹 말라버린, 어느 등뼈, 달각거리는 척추 한 줄에 불과함을 깨닫는다."

이 장을 마무리하는 말은 다른 소설가에게 넘기는 것이 좋겠다. 재닛 윈터슨은 회고록 『정상이 될 수 있을 때 왜 행복할까?Why be Happy When You Could be Normal?』에서 자신의 경험에 대해 이렇게 썼다. "나는 여러 목소리를 자주 듣는다. 그게 나를 미친 사람 범주 안에 집어넣는다는 걸 알지만 별로 개의치 않는다. 마음은 스스로 치유하기를 원하며, 정신이 분열 대신 결속을 추구한다는 것을 당신도 나처럼 믿는다면, 마음이 그 일에 필요한 것은 무엇이든 보여주리라는 결론을 어렵지 않게 내릴 수 있다."[35] 2004년 인터뷰에서 재닛은 이렇게 말했다. "작가들은 듣는 데 재능이 있어야 해요. 제가 창조하는 목소리들이 제게 들려주는 이야기를 들을 수 있어야 하니까요. 창의성의 바로 맞은편에 있는 건 정신병원입니다. 소리 내어 혼잣말을 할 때면 사람들이 종종 저를 이상한 눈으로 바라본다는 걸 눈치 채곤 하지만, 달리 방법이 없지요."

13

과거로부터
오는 메시지

THE VOICES WITHIN

"글쎄요. 정신 나간 소리 같지만, 그 사람은 가끔씩 정말 재미있는 이야기를 해줘요."

밝고 천진한 얼굴에 온화한 미소를 띤 70대 여성 마가렛이 말했다. 그녀는 오늘 딸과 함께 왔다. 딸은 자기 어머니가 자주 듣는 목소리들에 잘 대처하는 데 도움이 될 만한 조언을 간절히 구하고 있었다. 방 안에는 우리까지 스무 명가량이 있었다. 임상심리학자 몇 명과 우리 연구팀 몇 명을 제외하면, 여기 있는 사람은 전부 목소리를 듣는 경험을 숱하게 한 전문가들이었다. 쌀쌀하고도 눈부신 어느 봄날 오후 우리는 더럼대학 대회의실에 모였다. 우리 프로젝트의 오랜 동료이기도 한 영국 '히어링 보이스 네트워크'의 재키 딜런 회장을 특별 손님으로 초청해 행사를 개최하는 중이었다.

"맞아요, 내 목소리들도 재미있는 이야기를 하죠."

이 방에 들어서기 전까지만 해도 목소리를 듣는 다른 사람을 한 번도 만나본 적이 없었던 마가렛은 지금 온통 그런 사람들에 둘러싸여 있었다. 지켜봤더니 줄리아와 대화하는 데 푹 빠져 있다. 줄리아는 자신의 경험에 관해 수 차례 우리에게 이야기를 들려주러 왔던, 비슷한 연배의 작가였다. 나이 지긋한 이 두 여성은 차를 홀짝거리며 머릿속 목소리에 관한 담소를 나누고 있었다. 이 상황에 익숙한 줄리아와는 달리, 마가렛은 전혀 새로운 영역에 발을 들인 것이다. 마가렛은 어딘가 달라진 듯, 환한 모습이었다. 어떤 삶이 바로 눈 앞에서 변화할 수도 있구나 싶었다.

나 역시 예사롭지 않은 하루를 보냈다. 말하는 도중 줄곧 혼자 웃는 습관이 있고 안색이 어두운 어느 중년 남성과 이야기를 나눴다. 남자는 본인이 듣는 목소리가 자기 목숨을 —두 번— 구했다고 한다. (부연설명은 하지 않는다.) 앨리슨 역시 어떤 목소리가 구해준 적이 있었다. 40대인 그녀는 짧은 은발에 딱딱한 표정을 하고 있지만, 대화를 시작하는 순간 푸근한 미소가 번졌다. 한때 좀도둑이었던 앨리슨은 언젠가 도둑질한 현장을 벗어나 길을 따라 도망치던 중 '멈춰!' 하고 소리치는 목소리를 들었다. 그 소리에 갑자기 멈춰 섰다가 다음 모퉁이를 돈 그녀는 코앞에서 차 한 대가 벽을 들이받고 가로등을 부수는 장면을 목격했다. 앨리슨은 자신이 듣는 목소리 중 일부는 내면에서 오는 것이고 나머지 일부 목소리는 그녀가 '우주 의식'이라 부르는 것과의 연계로부터 온다고 믿었다. 그녀는 우리의 정신과 모든 살아있는 존재들의 정신이 통합된 단일 존재 안에 서로 연결돼 있다고 말했다. 앨리슨의 견해에 동의한다고는 못 하지만, 나는 그녀의 설명을 믿는다. 그녀가 그렇게 믿는다는 것을, 그리고 그런 믿음이 그녀에게 도움이 된다는 것을.

이 자리는 사람들 간에 교류를 도모하는 자리였다. 목소리를 들어본 경험이 있지만 아직 비슷한 이들과의 모임에는 참석해본 적 없는 사람들을 위해 마련되었다. 이번 기회에 새로운 모임을 만들자는 이야기가 많이 오가고 전화번호 교환이 이뤄졌다. 모임은 목소리를 들어본 경험이 있는 사람들 스스로─나는 제외하고─만들고 운영하는데, 따라서 이 자리는 내가 사적으로 참석한 모임이나 마찬가지였다. 맞은편에는 취약 X 증후군Fragile X syndrome(지적장애를 유발하는 X염색체 이상의 유전 질환_옮긴이)으로 학습 장애를 겪고 있는 사이먼이 있었다. 간병인은 지적장애인들과 함께 일하는 자선단체 직원이지만, 대다수 동료들과 마찬가지로 그녀 역시 목소리를 듣는 것과 관련해서는 아무런 훈련도 받은 적이 없고 경험도 없었다. 사이먼이 목소리들에 잘 대처할 수 있게 도울 방법들을 찾아보려는 마음에서 참석한 것이다. 사람들에게 자기 경험을 이야기하던 애덤이 대장이 꾸미는 일들을 늘어놓으며 작은 소리로 욕설을 내뱉자 사이먼이 웃음을 터뜨렸다. 애덤 역시 우리 프로젝트의 오래된 구성원으로서, 전문가─이를 테면, 재키처럼 정신의학계를 거쳐 다른 영역으로 진출한, 늘 즐겁지는 않더라도 자신에게 들리는 목소리와 불편 없이 잘 지내는 사람─답게 새로 온 이들에게 말을 건넸다.

또 다른 참석자 리처드는 직장에서 동료들과 대화를 나눈 후부터 목소리를 듣기 시작했다. 이야기를 나누던 사람들은 사무실 쪽으로 갔지만, 그들의 목소리는 계속 곁에 머물러 있었다. 그들은 리처드의 아내가 아마 리처드가 안 보는 데서 바람을 피웠을 거라는 이야기를 하고 있었다. 격렬한 말싸움이 벌어지고 결국 리처드가 경찰서 유치장에 들어가는 것으로 일단락되었는데 목소리는 그곳까지 따라왔다. 이후 망상에 시달리게 된 리처드는 결국 편집성 조현병paranoid schizophrenia 진단을 받았다. 리처드는 자신의 정신병 증상이 문제투성이 결혼생활의 여파와 어린 아이가 있는 가족을 부양한다는 압박감 등 스트레스에서 비롯된 것이라고 생각했다. 목소리는 마치 같은 방 안에 있는 누군가가 하는 말처럼 들렸다. 회복 과정의 일환으로, 경험을 글로 써보라는 권유를 받은 그는 이렇게 적었다. "기억하기로는 엄마네 집에 앉아서 차를 마시는 중이었는데 갑자기 어떤 목소리가 마음속에 등장했다. 그건 분명 [지번] 주소였다. … 나는 마치 내 뇌 속을 들여다보기라도 하듯 뒤져본 뒤 웃었던 기억이 난다. 마치 내 뇌(마음)를 야단이라도 치듯이 '너 지금 웃음이 나오냐'라고 말했던 것으로 기억한다. 대체 무슨 일이 벌어지고 있었던 것인지 궁금했다. 목소리가 너무도 또렷해서 내 머릿속에서 거의 쿵쿵 울려대다시피 했으니까."

오늘 행사에 참석한 많은 이들이 저마다 자신들이 갖고 있는 스트레스와 트라우마에 관해 이야기를 풀어냈다. 모임은 목소리가 의미가 있으며 중요한 정서적 메시지를 전달한다는 전제를 바탕으로 만들어진 자리였다. 목소리에 심오한 인간적 의미가 담겨 있을 수 있다는 생각은 깊은 뿌리를 가지고 있는데, 이를테면 정신분석학자 칼 융은 환각에는 '의미의 싹'[1]이 담겨 있으며 그 의미를 정확히 밝히는 것이 치유 과정의 시작이라고 주장했다. 그러나 이런 주장은 목소리를 신경계의 찌꺼기이자 뇌 속의 무의미한 오류라고 간주해온, 정신의학 기반의 전통적인 생물의학적 관점과는 상반된다. 인기를 끌었던 자신의 TED 강의내용을 바탕으로 쓴 슬프고도 매혹적인 책 『내 머릿속 목소리들로부터 배우기Learning from the Voices in My Head』에서 엘레너 롱든은 학창시절 신경쇠약이 조현병 진단으로까지 이어진 과정을 다루었다. 그녀는 조현병에서 회복되는 일은 없을 것이라는 말을 듣기도 했다. 엘레너가 들었던 첫 번째 목소리는 온화했고, 그녀의 행동을 3인칭으로 언급했다. '그 여자는 지금 건물을 나서는 중이군요.'[2] '그 여자는 지금 문을 열고 있네요.' 항상 무미건조한 느낌의 목소리였지만 빈도가 증가했고, 이따금씩 엘레너 자신이 표현하지 않았던 감정들을 거울처럼 되비추기도 했다. 예를 들면, 숙주가 억눌러 놓은 분노를 그대로 반영해 짜증 섞인 말투를 쓴다든가 하는 식이다. 엘레너가 목소리에 대해 친구에게 이야기하자, 초반에 유지됐던 목소리와의 긍정적인 관계는 흐트러지기 시작했다. 엘레너는 급히 의료적 도움을 구했고, 교내 담당의사는 정신과의사에게 그녀를 인계했다. 전과목 A학점을 받던 학생이 잔뜩 움츠러든 정신과 환자로 강등되는 여정이 시작된 것이다. 상담을 하던 어느 정신과의사는 엘레너에게 '암 치료가 더 쉽기 때문'에 조현병보다는 암에 걸리는 게 더 나았을 것이라는 말을 하기도 했다.

수많은 다른 사람들과 마찬가지로, 엘레너는 '히어링 보이스 무브먼트the Hearing Voices Movement'가 제시하는 대안적 이해의 틀에서 많은 도움을 받았다. 병원에서 암울한 시간을 보냈던 그녀는 이 문제를 잘 이해하는 정신과의사 팻 브래큰을 만났다. 브래큰은 엘레너에게 자신의 목소리들을 질병 증상이 아니라 생존 전략으로 이해하도록 도왔다. 여러 경험들 때문에 만신창이가 되어 있던 엘레너의 정신은 적응하기 위해 고군분투 중이었다. 엘레너는 자신에게 들리는 목소리가 어렸을 때 겪었던 끔찍하고 조직적인 성 학대 때문에 비롯되는 것임을 이해하기 시작했다. 자신이 당한 학대에 대해 그녀는 이렇게 썼다. "그것은 모독, 형언할 길 없는 신성모독이었고, 그로 인해 어린아이의 마음은 무너지고 산산조각이 나버렸다." 엘레너는 학업성적이 우수하고 뛰어나며 사람들이 보기에 안정적인 모습을 한 젊은 여성으로 성장했다. 하지만 그런 얼굴 이면에는 '정신적 내전'으로 무너져버린 마음이 있었다.

브래큰의 도움으로 엘레너는 자신에게 들리는 목소리를 이해해 보기로 결심했다. 그녀는 목소리가 해결되지 않은 정서적 문제들에 관한 중요한 정보를 전달하는 전령(傳令)[3]이라는 네덜란드의 정신과의사 마리우스 롬므의 주장을 접하게 됐다. 롬므의 은유에 따르면, 메시지의 내용이 마음에 안 든다고 해서 그것을 전하는 전령을 쏴 죽이는 것은 말도 안 되는 일이다. 대신, '히어링 보이스 무브먼트'는 목소리를 듣는 사람들이 목소리가 표출하고 있는 정서적 고통의 원인이 된 사건들을 이해하고자 노력하도록 격려하는 접근방식을 택한다. 롬든은 말한다. "우리가 던져야 하는 질문은 '당신의 문제는 무엇인가?'가 아니라 '당신의 이야기는 무엇인가?'다."

이 같은 움직임의 출발점이 된 것은 롬므와 롬므의 환자였던 팻시

하혜라는 젊은 네덜란드 여성 사이의 특별한 치료적 파트너 관계였다. 전통적인 방식으로 수련한 의사였던 롬므는 자연스레 하혜의 파괴적이고 성가신 목소리들을 생물의학적 질환의 의미 없는 증상들이라고 생각했다. 그러나 하혜는 자신의 목소리들은 주변 사람들이 기도하는 신들처럼 실재하며 의미심장한 존재라고 주장했다. 그녀는 『일리아스』의 시대에 우리 조상들은 자신들에게 말을 거는 신들을 경험했다는 줄리언 제인스'의 이론에 영향을 받았으며, 제인스가 한때 사유의 기본 방식이라 주장했던 것이 자신의 경험과 흡사하다는 데 안도했다. 하혜가 롬므에게 말했듯, 자신에게 들리는 이질적인 목소리를 이해한 통찰의 순간^{epiphany}에 다음과 같은 단순한 진리를 깨달았다. "나는 조현병자가 아니다. 나는 고대 그리스인이다!"

이 환자를 보는 롬므의 시각이 변하기 시작했고, 그녀의 이야기를 좀 더 진지하게 받아들이기 시작했다. 이들이 네덜란드 TV 방송에 함께 출연해 그간 해온 작업을 논하고 목소리를 듣는 사람들에게 연락을 달라고 호소했을 때, 폭발적인 반응이 일었다. 연락을 해온 150여 명의 사람들은 목소리와 더불어 만족스러운 삶을 영위해 나가는 방법을 찾았다. 이 운동이 확산되면서 자리잡은 기본 신조는 다음과 같이 요약 가능하다. 목소리를 듣는 것은 인간 경험의 흔한 양상으로, 고통을 야기할 수는 있으나 반드시 어떤 질환의 증상인 것은 아니며, 목소리마다 정서적 진실 및 문제에 관한 메시지들이 담겨 있고, 목소리를 적절히 응원하고 진지하게 수용함으로써 문제 해결이 가능하다는 것이다. 리사 블랙먼의 표현을 빌리면, 목소리들은 "말할 수 없는 것을 말한다." 아무리 불쾌하고 고통스러운 것일지라도 들어야 할 정보가 있다면 목소리는 그것을 실어 나른다.

롬므와 공동연구자 샌드라 에셔가 목소리를 듣는 사람들과 함께 연구하면서 개발한 방법은 마스트리흐트 Maastricht 접근법으로도 알려져 있다. 롬므의 말을 들어보자. "우리는 목소리의 의미에 대해 물어봅니다. 목소리의 구체적 특징에 초점을 맞춰서요." 에셔는 관련 이야기를 듣는다. "처음 진행한 연구에서는 목소리가 무슨 말을 하는지, 누구를 상징하는지, 어떻게 전개된 것인지를 물었어요. 그런 다음 그 사람의 인생에서 과거에 일어났던 일이나 그 일이 정서적으로 미친 영향과 내용을 연관시키려고 했습니다. 우리 연구에 참여했던 사람들 가운데 90퍼센트가량이 뚜렷한 정서적 문제가 있었어요." 마스트리흐트 인터뷰는 목소리가 처음 나타났던 연령, 개인적인 역경, 목소리의 등장을 촉발한 다양한 계기 등 여러 질문을 던졌다. 에셔와 마리우스가 우리 더럼대학 행사에 참석했을 때 샌드라 에셔가 진행한 훈련의 일환으로 나도 목소리를 듣는 사람이 되어 직접 인터뷰에 응해 보았는데, 해당 경험 평가 목적으로 설계된 대부분의 다른 도구들보다 훨씬 더 세밀했다. 이 인터뷰 방식에서 특히 주목할 만한 부분은 자신이 듣는 목소리가 어디에서 유래하는 것으로 보는지 나름의 해석을 묻는다는 점인데, 목소리의 출처에 관한 답변 선택지로는 실존 인물, 초자연적 존재(신, 유령, 천사, 영혼, 악마), 타인이 느낀 고통의 표현 등이 있다. 인터뷰의 궁극적 목표는 목소리를 듣는 경험 그리고 당사자의 인생 사건들과 그 경험의 관계를 상세하게 그려내는 데 있는데, 롬므와 에셔는 이

것을 '구인construct'(개인의 행동에 영향을 미치는 심리학적 잠재요인_옮긴이)
이라고 부른다.

　트라우마성 사건에서 목소리를 듣는 경험의 원인을 찾는 것은 환
청을 듣는 수많은 사람들에게는 과감한 접근방식이다. 어렸을 적 학교
에 다닐 때 괴롭힘을 당했던 애덤은(이런 경험은 자신이 예민하고, 내성적
인 사람이라는 생각을 굳히는 계기가 되었다) 이후 영국 왕립 포병대에 입
대했다. 이 유약한 남학생은 거의 하룻밤 만에 공격적인 남성이 되라
는 요구를 받게 된 셈이었다. 훈련 도중 분노 제어에 문제를 겪기 시작
한 애덤은 몇 번이고 자기 방을 때려 부수고 분노에 휩싸여 바닥을 주
먹으로 치기도 했다. 등록했던 분노 조절 수업을 듣는 대신, 이라크에
자원하여 포대장 경호 임무를 맡았고 이라크 남부를 돌면서 통신 담
당 하사관의 최종 엄호를 담당했다. 복무 중 충분히 지원을 받고 적절
한 정신과 치료도 받기는 했지만, 2004년 이라크에서 복귀한 이후 상
황은 크게 악화됐다. 2007년 군 제대 후 가스 및 석유 특수 수송관을
만드는 일자리를 구한 애덤은 그 일을 즐겼지만, 목소리는 한층 강력
해져서 돌아왔다. 목소리는 야비하고 비판적이었으며, 특히 가혹하게
굴던 '대장'은 그 뒤로 애덤의 곁을 떠난 적이 없었다.

　애덤은 더럼에서 있었던 샌드라 에셔의 교육과정에 참여했다. 이 과
정의 대단원은 목소리를 듣는 사람들이 각자의 회복담을 들려주는
공개 행사로 마무리되었다. 애덤이 자신의 이야기를 적어가며 언젠가
는 목소리들을 몰아낼 수 있으리라는 희망을 표현하고 있는 동안에도
'대장'은 애덤이 써놓은 글을 지워버리라고 꼬드기고 있었다. '집어치

워, 난 평생 여기 있을 거니까.' 애덤은 샌드라와의 작업을 통해 자신의 경험이 학창 시절 겪었던 집단 괴롭힘으로부터 비롯된 것임을 이해하기 시작했다. 애덤의 회복 과정은 한 걸음 더 나아갔다. 우리 팀의 지원으로 자기 경험을 담은 〈애덤 플러스 원Adam Plus One〉이라는 단편 영화도 만들었다. 이후 우리는 목소리를 듣는 경험에 달린 꼬리표를 없애고자 다양한 곳에서 이 영화를 상영하고 있다. BBC 진행자 션 윌리엄스가 '대장'이 없었다면 본인은 어떤 사람이 되었을 것 같느냐고 물었을 때, 애덤은 선뜻 답하지 못했다. "지금 제가 아는 것이라고는 저는 목소리를 듣는 사람이라는 것뿐이에요. … 전 그런 사람인 거죠. 제 생각에 자기만의 정체성을 벗어버리고 싶은 사람은 없을 것 같아요. 대장이 없는 어떤 공간을 제 자신이 원하는 것 같지도 않고요. 네, 물론 대장이 아주 성가시게 굴기도 하고, 저를 굉장히 불편하게 만들기도 합니다. 하지만 대장이 없는 제가 어떤 사람일지는 전혀 모르겠네요."[5]

'히어링 보이스 무브먼트'의 접근법은 재키 딜런의 표현대로 "들불처럼 번져나가는"[6] 중이다. 현재 23개국에 네트워크가 형성돼 있고, 영국에만 180여 개의 목소리를 듣는 사람들의 모임이 있다. 이 운동은 미국에서도 자리를 잡아가는 중이다. 2010년에 내가 목소리를 듣는 경험에 관해 이야기를 하러 NPR의 〈라디오랩Radiolab〉[7]에 출연했을 때, 프로듀서들은 관련 모임 참여자 중 이야기를 나눌 사람을 섭외하는 데 애를 먹었다. 당시만 해도 뉴욕시에는 그런 모임이 전무했던 것이다. (2015년 초 현재는 6개가 있다.) 히어링 보이스 무브먼트는 이제 지역별 네트워크를 형성하고 대서양을 건너서까지 이 운동의 성장을 가속화할 체계적인 계획을 갖추고 있다. 생물정신의학의 심장부에서 이 같은 발전을 이룬데 이어, 이 접근방식은 이제 그야말로 전 세계적인 현상이 되었다.

◈

재키와 엘레너가 적극 관여하고 있는 이 운동은 특정한 생각을 토대로 하고 있다. 바로 목소리의 출처에 관한 것이다. 해결되지 않은 정서적 문제를[8] 남긴 트라우마성 사건에 원인이 있다고 보는 것이다. 얼핏 보면, 이는 환청이 내적 발화의 비정상적 처리에서 비롯된다는 개념과는 전혀 다른 것 같다. 뇌 안에서의 언어 처리나 발화 지각 네트워크를 가리키는 대신, 트라우마성 기억과의 연관성을 찾아봐야 한다는 지적이다. 임상적으로나 개개인의 진술을 증거로 보나, 완벽히 맞는소리다. 하지만 목소리가 과거의 기억과 관련된 것이라는 주장에는 어떤 과학적 증거가 있을까?

이 질문을 다루는 한 가지 방법은 목소리를 듣는 경험에 기억의 특성[9]이 있는지 질문하는 것이다. 사이먼 맥카시 존스 연구팀은 환청을 겪는 200여 명의 사람들과 현상학적 심층 인터뷰를 분석했다. 대부분 조현병 진단을 받은 사람들이었다. 이들 중 3분의 1 이상이 자신에게 들리는 목소리는 타인과 나눴던 과거의 대화를 재연한 것 같다고 답했다. 하지만 목소리가 이전의 경험을 그대로 복제한 것이라 생각한 이들은 소수에 불과했다. 대부분은 들은 내용이 과거 경험과 '비슷하다'고 주장했다.

다른 접근방식으로는 목소리를 듣는 사람들이 기억 처리 방식[10]에서 차이를 보이는지 살펴보는 것이다. 웨스턴오스트레일리아대학의 플라비 워터스 연구팀은 환청은 현재 하고 있는 일과 무관한 기억들을 억제하지 못한 데서 비롯된다고 주장했다. 워터스의 실험 연구를 통해서도 입증된 이 개념은 목소리를 듣는 경험이 있는 사람들은 무관한 정보가 의식에 접근하는 것을 막는 것에 특히 서툴다는 것이다. 맥락 기억—어떤 사건이 발생한 맥락의 디테일을 회상하는 능력—문제와 맞물려, 기억들이 맥락의 닻을 잃은 의식 속으로 침입해 들어가는 결과로 이어질 수 있다. 보통은 맥락의 닻이 있어야 우리는 기억을 환각이 아닌 기억으로 인지한다.

또 다른 증거는 트라우마와 관련된 것에서 찾을 수 있다. 목소리를 듣는 경험과 어린 시절의 불행, 특히 아동기의 성적 학대[11]와의 관계를 뒷받침하는 강력한 증거는 이미 나와 있다. 최근 리처드 벤털이 진행한 연구에 따르면, 어린 시절의 성폭행은 이후 삶에서 나타나는 환각과 아주 밀접하게 구체적으로 연관돼 있었다. 이 명백한 연관성을 설명하기 위해, 벤털은 흡연과 폐암의 관계에 비유했다. 용량-반응 관계(투여된 약의 용량과 그 생리학적 효과의 관계_옮긴이)도 관찰됐는데, 이는 당사자가 더 큰 불행을 겪었을수록, 위험도 더 커진다는 뜻이다. 벤털의 말을 들어보자. "용량-반응 관계는 그 효과가 인과적이라는 꽤나 확실한 증거로 간주됩니다. 다른 여러 방식으로는 쉽게 해명되지 않는 부분이기 때문이죠. 따라서 여러 트라우마를 겪은 아이들은 단일한 트라우마성 사건만 겪는 아이들에 비해 목소리를 듣게 될 확률이 더 높다는 연구결과를 보면 트라우마가 인과적 역할을 수행한다는 확신이 강해집니다."

그럼에도 불구하고 신중을 기해야 할 이유들이 몇 가지 존재한다. 벤털은 이렇게 설명한다. "원인을 명확히 짚어내기가 까다롭습니다. 이 경우는 상당히 확신할 수 있어요. 100퍼센트의 확실성까지는 아니더라도 그 효과는 인과적입니다. 물론 트라우마가 늘 목소리를 유발한다거나 트라우마가 목소리의 유일한 원인이라는 이야기는 아닙니다." 트라우마에 관한 기억[12]을 다룬 학계 문헌들은 매우 복잡하지만, 인과로 보는 견해는 끔찍한 사건들의 각종 심상과 인상이 부동浮動상태로 남아 있을 수 있다는 증거에 의해 뒷받침된다. 대개 기억으로 인식될 만한 맥락 정보로부터 유리된 채 언제든 의식 안으로 침입할 수 있는 상태인 것이다.

기억 관련 설명이 내적 발화 관련 설명에 비해 유리한 또 다른 점은 후자는 음악, 개 짖는 소리, 비명, 딸각거리는 소리, 콧노래, 물소리, 사람들의 중얼거림 같은 비언어적 환청을 설명하는 데 고전을 면치 못한다는 점이다. 맥카시 존스에 따르면, 실험참가자 중 3분의 1이 비언어적 유형의 환각을 경험했다고 한다. 평범한 내적 경험도 그런 소리들을 동반한다고 주장하지 않는 이상, 이 같은 환각들이 잘못 귀인한 내적 발화에서 비롯된 것이라고 보기는 어렵다.

하지만 기억 관련 설명 역시 몇 가지 심각한 문제를 안고 있다. 우선, 끔찍한 사건에 관한 기억이 성인 초기에 다시 표면으로 떠오르기―조현병 같은 장애 진단에 도달하는 절정기―에 앞서 어떻게 수년간 잠복해 있을 수 있는지 설명해야만 한다. 또 한 가지 문제는 무엇보다도 기억은 그와 같은 방식으로 작동하지 않는다는 데 있다. 기억의 생성은 여러 다양한 출처의 정보를 통합하는 작업이 수반되는 재구성 과정[13]으로, 본래의 사건에는 전혀 등장하지 않았던 일부 정보가 잘못 포함되기도 한다. 우리는 사람들이 우리에게 한 말을 정확한 단어 그대로 다시 떠올리는 것에 특히 취약하다. 심지어 짧은 기간에 일어난 일마저도 그렇다. 우리는 메시지를 글자 그대로 기억하는 것이 아니라 요지만을 기억해내는 경향이 있다. 목소리들이 과거 나눴던 대화를 그대로 재연한 것이라고 주장하려 한다면 문제가 생길 것이다. 전반적으로, 트라우마성 기억이 해당 사건의 세부사항을 충실히 복제해 두었다가 수십 년 뒤에 다시 활성화될 수 있다는 생각은 지금까지 밝혀진 인간의 기억 방식에 부합하지 않는다.

트라우마와 목소리를 듣는 경험 사이에 빠진 고리는 해리解離라 알려진 심리학적 현상[14]인지도 모른다. 19세기 말 프랑스의 정신과의사 피에르 자네가 처음 상세히 설명했던 해리는 여러 사고, 감정, 경험이 통상적인 방식으로 통합되지 않는 현상을 말한다. 해리가 목소리를 듣는 것과 관련이 있다는 것은 끔찍한 사건을 겪은 많은 사람이 트라우마를 입는 동안 자아가 분열되는 것으로 자신을 묘사한다는 연구결과를 통해서도 짐작할 수 있다. 스스로를 여러 다른 부분으로 분할하는 것은 정신의 가장 강력한 방어기제 중 하나다. 공포를 겪고 있는 상

13. 과거로부터 오는 메시지

318

황에서 스스로 멀찌감치 떨어지기 위해 정신이 일종의 극단적 시도를 하는 셈이다. 이것이 극단적인 이유는 정신이 기어이 스스로를 여러 조각으로 갈라놓기 때문이다.

과학적 연구에 따르면 해리는 트라우마와 목소리를 듣는 경험 사이를 잇는 다리 역할을 할 수 있다. 리처드 벤털의 연구에서는 조현병 스펙트럼 장애 환자들과 비환자 대조군에게 환각에 대한 취약성, 해리 성향, 어린 시절의 트라우마에 관해 질문했다. 이 연구로 어린 시절의 성적 학대가 환각과 연관돼 있고 해리가 그 관계를 '매개'[15]한다는 기존의 통계적 분석결과들이 재확인되었다. 매개란 A와 C 두 요인 모두가 B 요인과 관련된 방식으로 인해(이를테면 B가 A의 결과이면서 C의 원인이 되는 것이다_옮긴이) A 요인이 C 요인과 어떻게 연관되는지를 지칭하는 통계적 용어다. 벤털의 분석은 트라우마가 환각을 직접 유발하는 것이 아니라 트라우마(A 요인)가 해리(B 요인)를 유발하고 이것이 다시 환각(C 요인)을 유발한다는 주장에 부합한다.

연구자들은 해리 역시 목소리가 들리는 경험처럼 인구 일반에서 천차만별로 나타난다는 사실에도 주목했다. 내적 발화 관련 질문지를 사용해 진행했던 우리 팀의 연구에서는 자원한 학부생들을 대상으로 해리경험척도Dissociation Experiences Scale 검사도 실시했다. 해리경험척도는 다양한 해리 상태(가령, 결혼식이나 졸업식처럼 인생에서 중요한 사건에 대한 기억이 전혀 없다든가 하는 식)의 경험에 점수를 매긴다. 우리는 해리가 환청 성향과 두 가지 내적 발화 요인 간 연관성을 '매개'한다는 것을 발견했다. 구체적으로 말하자면, 자기 자신의 행동 평가에 관련된 요인과 자신의 내적 발화 속 타인들의 존재를 기술하는 요인이다. 즉, 내적 발화(A 요인)가 해리(B 요인)와 연관돼 있고, 이는 다시 목소리를 듣는 것(C 요인)과 연관되는 것이다. 여기서 우리는 어린 시절 트라우마 판단(질문지 방식의 연구로는 아주 힘든 부분이다)에는 착수하지 않았으나, 연구결과는 왜 어떤 사람들에게 목소리가 들리는지 설명하는 데 해리가 중요한 기제라는 주장을 뒷받침하고 있다.

아마도 해리는 단지 우리에게 무엇이 정상인지를 극단적으로 설명하는 것일지도 모른다. 엘레너 롱든은 현재 박사후과정 연구원으로서 트라우마와 관련된 목소리의 등장을 설명하는 데 해리라는 심리적 과정이 어떻게 작용하는지 집중 연구하고 있다. 최근 연구에 관해 물었을 때, 엘레너는 단일 자아라는 개념을 다중 자아─전부 평범한 하나의 자아라는 기본 구조를 가지고 있으나 단수가 아니라 복수일 뿐인 것으로 간주된다─로 대체할 때 개념상 한 가지 중요한 문제가 있다는 내 생각에 동의했다. 엘레너의 말은 이렇다. "우리는 누구나 다중적 측면을 가지고 있는 자아가 있으며, 이는 대부분의 사람들이 공감하는 바라 생각합니다. 그러니까 몹시 비판적인 부분, 모든 사람의 기분을 맞춰주고 싶어하는 부분, 장난스럽고 무책임한 부분 등 여러 측면이 있겠죠. 대개 목소리들은 내 것이 아닌, 밖에서 오는 것 같은 느낌이지만, 분명 목소리가 표상하는 것은 비슷한 과정이라 생각합니다."

그렇다면, 목소리는 평범한 인간 자아가 파편적으로 구성되어 있다는 점을 밝혀줄 중요한 실마리를 줄지도 모른다. 엘레너는 자신의 경험을 바탕으로 해리는 끔찍한 사건에 대한 자연스러운 반응으로서 납

득할 만한 현상이라는 주장을 끌어냈다. "제가 겪은 것 중 가장 인상적인 해리 경험은 실제 트라우마 노출 중에 나타난 급성 해리예요. 바닥에 누워 있는 제 자신을 보는 느낌입니다. 저 아래에서 벌어지는 무시무시한 상황 위로, 완전히 분리된 채, 떠 있기라도 한 것 같아요. 마치 자기 몸에 벌어지고 있는 일과 접촉을 끊는 편이 나은 시점이 왔음을 자기 마음이 알고 바로 도망치는 것과도 같아요. 일종의 정신적 도피인 셈이죠." 해리된 자아로 설명하는 이 관점은 환청에 관한 연구에서 이미 상당한 성과를 거두고 있다. 이런 자아의 파편들은 어떤 모습이며 어떻게 작동하고 행동하는지 정확히 설명하려면 여전히 갈 길이 멀지만 말이다. 해리를 통한 설명은 트라우마성 기억이 어떻게 환각으로 바뀌었는가—특히 그 경험들은 왜 그토록 언어적인 경우가 많은가—를 설명하는 데까지는 아직 미치지 못하고 있으나 향후 연구의 든든한 발판을 마련하고 있다. 특히, 어떤 목소리는 왜 '나'이면서도 '내가 아닐' 수 있는 것인가 하는 미스터리를 어느 정도 풀 수 있을지도 모른다.

물론 이렇게 주장한다고 해서 우리가 내적 발화 모형을 거부해야 한다는 뜻은 아니다. 오히려, 이런 주장은 목소리가 다양한 형태를 취할 수 있고,[16] 그 기저에는 다양한 인지적, 신경적 기제가 있을 수 있으며, 따라서 원인에 관한 다양한 설명, 목소리가 집요하게 계속되는 이유와 이를 어떻게 대처할 수 있는지에 대한 다양한 이론화가 필요하다는 것을 인정한다. 사람들이 들었다고 말하는 목소리 가운데는 당연히 내적 발화에 뿌리를 둔 것도 있지만, 또 어떤 목소리는 기억에서 침입한 것으로 볼 때 가장 잘 설명할 수 있다. 목소리를 듣는 사람들이 이야기하는 각각의 경험을 좀 더 주의 깊게 듣지 않는다면, 알고 보면 결정적인 차이점이었을 것들을 지나칠지도 모른다.

目

목소리를 위와 같은 방식으로 고찰함으로써 얻을 수 있는 가장 큰 장점은 목소리를 듣는 경험을 감당하고 관리하는 부분에 있다. 만약 목소리 가운데 적어도 일부가 당신에게 일어난 일과 관련된 문제라면, 당신이 제어할 수 있는 부분이 생긴다. 회복의 실마리가 있는 셈이다.

이런 아이디어를 활용해 히어링 보이스 무브먼트는 확실히 효과를 거두었다. 엘레너 롱든이 가장 기분 나쁜 목소리를 용서해 주었을 때, 자신과 대화하던 목소리의 어조가 변했다. 엘레너의 말을 들어보자. "이건 본질적으로 나 자신과 화해하는 과정일 수밖에 없어요. 부정적인 목소리는 수많은 고통스러운 기억과 풀리지 않은 감정을 구현했던 거니까요. 목소리는 실제 학대자가 아니라 학대에 대한 나 자신의 여러 감정과 믿음의 표상이었다는 깨달음이 전환점이 되고 있어요. 목소리가 엄청나게 부정적이고 악의적인 듯 보여도 실제로는 가장 깊이 상처받았던 나의 일부분을 구현했던 것이고 그래서 그토록 지극한 연민과 보살핌을 필요로 했던 거예요."

기억과의 비교가 환청의 밑바탕에 깔린 심리적 과정을 고찰하는 데 도움이 됐던 것과 마찬가지로, 환청에 시달리는 사람을 도울 방법을 찾는 데도 유용할 수 있다. 엄밀히 말해 목소리가 곧 기억인 것은 아니다. 하지만 사람들이 끔찍한 사건의 기억을 안고 살아가는 법을 어떻게 터득하는지 살펴본다면 목소리를 다루는 법에서도 많은 것을 배울 수 있다. 외상 후 스트레스 장애를 보이는 트라우마성 기억을 치유하는 방법[17]에는 고통 받는 당사자에게 그 사건을 잊으려 애쓰기보다는 오히려 더 정확히 기억하도록 격려하는 과정도 있다. 해당 사건을 기억 네트워크 속에 잘 맞춰 넣음으로써 사건에 대한 기억의 침입, 왜곡, 자율성을 줄이는 것이다.

목소리에 국한시켜 말하자면, 자신에게 들리는 목소리는 자아의 기이하고 파괴적이며 비틀린 면들—그럼에도 불구하고 분명 자기 자신의 일부분—이라는 점을 인정한다는 뜻이다. 만일 목소리가 기억과 관련이 있다면, 불쾌한 기억에 대처할 때와 동일한 방식으로 목소리에 대처할 수 있다. 떨어져 나온 본래의 정신 속에 다시 통합해 넣는 것이다.

이 통합 과정을 수월하게 하는 방법 한 가지는 바깥에 실제로 존재하는 어떤 대상에 목소리를 주는 것이다. 어떤 사람들은 목소리가 하는 말을 꼭두각시 인형에게 대신 표현하게 함으로써, 목소리를 자신과 분리시켜 다루기 쉬운 상태로 만든다고 말했다. 히어링 보이스 무브먼트에서 많이들 선호하는 또 한 가지 기법에서는 목소리를 치료 세션으로 직접 끌고 들어온다. 목소리 대화Voice Dialogue[18] 또는 목소리들과 이야기 나누기Talking with Voices로 알려진 이 기법에서는 촉진자facilitator가 목소리를 듣는 당사자에게 그 목소리에게 직접 말을 걸 수 있겠느냐고 묻는다. 엘레너 롱든의 사례 연구를 보면, 치료사(이 사례에서는 네덜란드 출신 심리치료사 디르크 코르스턴스)가 참가자인 넬슨에게 주로 듣는 목소리 중 하나에 말을 걸어보라고 권한다. 이 목소리를 유다라는 이름으로 부르기로 한다. 유다는 선의로 말하지만 태도는 지배적이고 고압적이다. 유다와 접촉한 넬슨은 군인 같은 자세로 방 안을 이리저리 걸어 다니기 시작하면서(넬슨은 과거에 군 복무를 한 적이 있었다), 유다의 목소리로 말을 한다. 유다의 목소리는 두서가 없고 단절적인 문장들이 특징이다. 알고 보니 유다는 넬슨에게 이것저것 지나친 요구(예를 들면, 나이트클럽에 가서 여자들을 만나라고 떠민다)를 해대며 과잉보호를 하는 아버지 같은 인물이었다. 그는 넬슨이 자신을 밀쳐내지 말고 받아들이기를 바란다. 목표는 유다와 유다가 원하는 것을 좀 더 알아냄으로써 그를 어떻게 다룰지 좀 더 선택지를 늘리는 것이다. 세션 막바지에 자기 자신으로 돌아온 넬슨은 그동안 일어난 일을 전부 인지하고 있었다고 말한다. 유다가 자기 이름을 설명하며 (적어도 원래는) 그리스도의 보호자였던 유다를 주로 연상시킨 것이 흥미롭기도 했다고 한다. 치료는 긍정적이고 지속적인 효과가 있어서, 넬슨은 마음에 들어온 사람들과 새로운 라포rapport(상호 신뢰 및 친근감을 뜻하는 말로, 상담이나 정신과치료에서 치료적 관계형성의 바탕이 됨_옮긴이)를 찾아내고, 결정적으로, 이전까지는 서로 싸우던 목소리들 — 그러니까 넬슨의 자아의 일부분 — 간의 관계회복을 끌어낼 수 있었다.

목소리를 외면화시키는 과정이 포함된 기법이 하나 더 있는데 출발점은 전혀 다른 분야임에도 불구하고 목소리 대화 기법과 몇 가지 유사점을 지닌다. 1970년대에 조현병을 재발시키는 사회적 요인들에 대한 연구의 새 장을 연 인물이었던 영국의 정신과의사 줄리언 레프는 최근에는 환자들이 컴퓨터 속 아바타[19]를 통해 목소리와 상호작용할 수 있게 하는 방식으로 치료 환경을 조성했다. 환자들은 먼저 얼굴 생성 소프트웨어를 사용해 자신이 함께 작업하고자 하는 목소리에 어울리는 얼굴을 만든 다음 음성 합성 소프트웨어를 써서 거기에 맞는 목소리를 입힌다. 그런 다음 치료사는 다른 방에 앉아 동기화된 아바타의 얼굴로 환자에게 환각 속 목소리로 말을 건다. 다만, 언제든 스위치 조작 한 번으로 격려자이자 안내자 역할의 치료사로 되돌아갈 수 있다. 대개 여기서는 환자가 목소리에 맞서거나 목소리가 하는 말에 반기를 들어 보도록 용기를 불어넣는다. 예비 실험에서는 인상적인 결과가 나왔다. 목소리가 들리는 빈도도 낮아지고 그 목소리가 악의를 갖고 있다거나 전능하다고 믿는 정도도 감소했다. 실험에 참여한 환자 16명 가운데 3명은 목소리를 듣는 일이 완전히 없어졌다. 레프는 환각 경험을 시각화하면 환자들이 목소리를 장악할 수 있게 된다고 본다. 목소리에 맞서거나 도전할 때 목소리가 어떻게 반응할지 두려움을 느끼던 경우라면 더욱 그럴 수 있다는 것이다.

재키 딜런은 이 접근방식에 특별히 새로울 것은 없다고 지적했다. 어느 화창한 11월 런던 바비컨 센터에서 만나 점심을 들던 자리에서 그녀는 아바타 프로젝트의 의도는 너무 좋지만 이론적 근거가 부족해 보인다고 말했다. 재키의 말은 이렇다. "전반적으로 필요 이상으로 복잡하고 기술적으로 너무 거창해 보여요. 기본적으로 여기서 작동하는 것으로 보이는 원리가 제게도 현실적이고 의미 있을 것이라 생각하셨기 때문에 지금 저에게 이야기를 하시는 거겠죠. 근데 굳이 다른 방으로 가서, 만들어낸 아바타를 통해 그런 일을 해야 한다는 것 자체가 사실 제가 보기에는 괜한 짓이 아닌가 싶은 거예요. 그냥 같은 방에 앉아서 이야기를 나누면 안 되나요?"

재키에 따르면 히어링 보이스 무브먼트는 사람들의 경험이 무엇을 의미하는지 말해줄 권리가 과연 누구에게 있느냐의 문제이기도 했다. "권력의 문제거든요, 누가 전문기술과 권위를 가지고 있느냐의 문제죠."[20] 재키는 이 접근법을 CBT와 비교했다. CBT는 사고 및 행동 체계를 수정하는 방식으로 제이가 도움을 받았던 치료법이기도 했다. "CBT에 관한 비판 중 하나는 전문가가 무엇인가를 '해준다'는 거예요. 물론 히어링 보이스의 접근방식 전반에도 전문가가 함께하지만, 그런 식으로 전문가가 주축이 되지는 않아요. … 자기가 겪어본 사람들은 그 경험에 관해 할 말이 많아요. 그런 경험을 하고 그 경험과 더불어 살고 그 경험에 대처한다는 것이 어떤 일인지 알고 있으니까요. 만일 우리가 극한의 인간 경험에 관해 조금이라도 알기를 원한다면, 경험을 통해 더 많이 알게 된 사람들의 이야기에 귀 기울여야 한다고 봐요."

재키와 알고 지낸 지는 몇 년 됐다. 목소리를 듣는 사람이라는 걸 확실히 알고 만난 첫 번째 사람이 재키였다. 당시 이 주제로 연구를 시작한 지 얼마 안 된 시기였던 나는 그런 흔치 않은 경험을 해본 사람이 어떤 식으로 행동할지 노파심이 있었다. 만일 재키가 의심을 품고 나를 만나러 오는 인상이었다면, 실제로 겁이 났을지도 모른다. 재키는 정신건강 분야에서 매우 영향력 있는 인사로, 자기 자신의 삶과 경험 그리고 성장세를 보이는 국제적인 이 운동에서 자신의 역할에 대해 이야기하기 위해 자주 강연을 다니고 있다. 프로젝트가 진행되면서 목소리를 듣는 경험에 대한 우리 팀의 관심에 진정성 있음을 알게 되었고, 이렇게 우리는 친구가 됐다. 서로 생각이 다른 부분이 여전히 있기는 하지만 말이다. 히어링 보이스 무브먼트의 여러 다른 사람들과 마찬가지로, 재키 역시 내적 발화 모형에 의구심을 갖고 있었다. 목소리가 들리는 경험의 의미를 충분히 제대로 다루지 않는 듯 보인다는 이유에서다. 재키를 이렇게 다시 만난 것은 내 입장을 전달하고자 하는 마음도 있었다. 목소리의 작용 방식에 대한 내 관심—마음과 뇌에서 목소리가 작용하는 메커니즘을 이해하려는 노력—이 반드시 그 모든 것을 낱낱이 해명하고자 하는 것은 아님을 말하고 싶었다. 또한 목소리가 더 이상 들리지 않게 한다는 의미로 목소리를 쫓아내려는 것도 아니라는 것을 말이다. 과학자로서 여러 가지가 어떻게 작용하는지 알고 싶다고 인정하는 것은 개인적 경험의 의미를 부정한다거나 목소리를 전부 사라지게 만들겠다고 말하는 것과는 다르다.

내적 발화 모형에 대한 반감은 내적 발화 현상의 복잡성을 무시하는 데서 일부 비롯되는 게 아닌가 하는 생각이 든다. 사람들은 "그게 어떻게 그냥 내적 발화일 수 있죠?"라고 묻는데, 그러면 나는 내적 발화에서 '그냥' 같은 것은 없다고 답한다. 지금껏 살펴보았듯이, 우리 머릿속의 목소리에는 많은 것이 담겨 있다. 상당히 다양한 형태로 존재할 뿐 아니라, 다양한 목소리 간의 대화, 기억 속 사건의 재현, 시각적 심상이나 기타 감각 경험과의 상호작용 등도 그 안에 있다. 환원주의에 대한 두려움도 이해하지 못하는 것 아니지만 이는 잘못 이해한 것이다. 목소리가 왜 유의미한지 내적 발화로는 설명할 수 없다고 말하는 것은 내적 발화가 의미 없다고 주장할 경우에나 통하는 소리다. 지금까지 충분히 설명이 됐기를 바라는 부분이지만, 그런 논리는 너무나 사실과 거리가 멀다.

다원적 관점은 가능하며, 꼭 필요해 보인다. 목소리를 듣는 젊은이들과 함께 런던 캠든에서 독창적인 연구를 진행해온 레이첼 워딩햄은 내적 발화가 수많은 기제 중 하나[21]로서 역할을 할 수 있을 것으로 본다. 물론 유일한 기제일 것이라는 가정은 위험하다고 말한다. 2011년 우리팀 초청으로 더럼 고등연구원에 방문했을 때, 마리우스 롬프와 나는 내적 발화 모형이 트라우마 모형에 통합될 수 있는지를 두고 몇 차례 대화를 나눴다. 그 운동에 참여하는 많은 다른 사람들처럼 마리우스 역시 내적 발화 모형으로 과거의 트라우마와의 관계를 설명할 수 있다는 것에 회의적이었다. 하지만 마리우스가 분명히 믿었던 것은 자기 자신의 목소리와 조용히 어울리고, 목소리를 알며 더 잘 이해하게 되고 그리하여 목소리가 다시 자아 속으로 통합될 수 있도록 돕는 데 내적 발화가 역할을 할 수 있다는 점이었다. 예를 들면, 제이는 자신의 목소리가 소리 내어 말을 거는 경우는 절대 없고, 소리를 내지 않고 머릿속에서만 말을 걸뿐이며 그것도 하루 중 단 몇 번에 한해서라고 한다. 내적 발화가 그 현상 자체를 설명하지는 못해도 자신의 목소리들과 계속 접촉하는 통로가 될 수는 있는 것이다.

두 모형 사이에 일종의 관계회복이 필요한 것은 명백하나, 일단 상황은 훨씬 더 복잡해질 수밖에 없다. 기본적으로 목소리는 '필히' 내적 발화의 문제일 수밖에 없다. 일단 정의상으로도 목소리는 머릿속에서 소리를 내는 언어이기 때문이다. 백여 가지의 목소리를 듣는 재키는 과학이론이 말이 되는지 판단하는 데 나보다 훨씬 더 나은 입장에 있다. 재키는 목소리를 듣는 것은 '자신의 무의식으로부터 걸려오는 전화[22]를 받는 일과도 같다고 설명했다. 아무리 무시무시하고 파괴적이어도 반드시 들어야만 한다는 압박을 느끼는 메시지다. 재키의 말을 들어보자. "그건 자아의 한 측면이잖아요, 그렇지 않나요? 설사 불쾌한 측면이라 해도 말이에요. 목소리를 듣는 많은 사람에게 진지하게 물어보면, 사실 그 목소리가 떠나는 것을 원치 않는다는 사실을 알게 돼요. 목소리가 고통을 주는 것을 바라지는 않지만, 어쨌든 자신의 일부분이라는 느낌이 있다는 거죠, 정말로 골치 아프고 성가신 것이라고 말하면서도요."

사람들이 트라우마성 기억과 어떤 관계를 맺고 있는지 알고자 할 때 이와 똑같은 질문이 나온다. 어바인 캘리포니아대학의 엘리자베스 로프터스 연구실에서 진행한 연구에 따르면 사람들은 자신의 기억들, 심지어 트라우마성 기억일지라도 굉장히 강한 애착을 느끼는 것으로 밝혀졌다. 로프터스는 한 실험에서 참가자들에게 시나리오 한 편을 제시했다. 트라우마의 기억을 지울 수 있는 (가상의) 약[23]을 먹을 수 있다는 내용이었다. 80퍼센트의 참가자들이 약을 먹지 않고 그냥 그 끔찍한 기억을 간직하겠다고 답했다. 기억이 아무리 끔찍해도 우리는 기억을 놓지 않고 붙잡고 있기를 원하는 듯 보인다. 기억들은 우리 자신의 일부분인 것이다. 두려움 속에서 지켜볼 수밖에 없는 것이라 할지라도 말이다.

그러나 치료는 트라우마성 기억에 도움이 될 수 있다.[24] 치료를 통해 트라우마성 기억을 덜 침입적이고 덜 파괴적이며 덜 뒤틀린 상태로 재처리할 수 있다. 이 주제에 관한 책을 준비하던 당시 나는 화물차 기사 콜린과 이야기를 나눴다. 콜린은 한때 갖고 있던 교통사고에 대한 무섭고 왜곡된 기억을 EMDR(안구운동 둔감화 및 재처리_옮긴이) 기법을 통해 재형성한 상태였다. 외상 후 스트레스 장애의 최악의 단계였다면 무슨 수를 써서라도 기억을 떨쳐버리려 들었겠지만, 치료를 받고 난 지금 콜린은 트라우마성 기억을 자신의 일부로 받아들인다. 나 역시 내가 갖고 있는 무척 고통스러운 몇 가지 기억에 대해 똑같은 말을 할 것 같다. 그 기억들은 끔찍하지만, 나의 것이다. 몇몇 사람들이 자신이 듣는 목소리에 관해 이야기하는 것이 바로 이것 아닐까?

재키도 동의했다. 고통을 주는 목소리를 없애는 것만이 능사는 아니다. 목소리를 듣는 경험은 사람을 풍요롭게 만들 수 있다. 목소리를 길들이는 과정은 우리를 변화시킨다. 재키는 이렇게 말했다. "그 과정은 우리를 인간으로서 한층 더 깊게 만듭니다. 느낄 수 있는 능력 혹은 고통 받는 다른 존재와 유대감을 가질 수 있는 능력이라는 관점에서 모든 단계마다 영향을 미치죠." 그리고 목소리는 트라우마성 기억으로 유추하여 이해할 수 있을 뿐만 아니라, 많은 경우 목소리 '자체'가 곧 트라우마성 기억 혹은 적어도 재구축된 기억이다. 재키에게도 했던 질문인데, 내가 궁금한 것은 어떤 사람에게 일어났던 끔찍한 일이 목소리로 다시 등장한다는 사실을 어떻게 설명해야 하느냐는 것이다. 기억에 관한 기존의 관점만으로는 설명하기 어려운 지점이다. 해리로도 어느 정도는 설명이 가능하지만, 여전히 언어라는 문제에 손을 대야 한다. 왜 하필 목소리로 듣게 되는가에 대해서는 여전히 설명이 필요한 것이다.

어떻게 보면 내가 마리우스 롬므의 생각에 동의하지 못하는 핵심은 바로 이 부분이기도 했다. 나는 그에게 우리 둘 다 옳을 수 있다고 이야기했다. 단지 동일한 문제의 서로 다른 측면을 연구하는 것인지도 모른다는 이야기다. 마리우스가 보기에 설명해야 할 핵심은 트라우마가 어떻게 정서적 메시지로 이어지는 것이기에 그 메시지들이 이제는 우리 귀에 들릴 만큼 크게 울부짖고 있느냐는 것이었다. 반면, 내가 보기에 핵심은 그 메시지가 어떻게 그리고 왜 다른 무엇이 아니라 목소리로서 들리느냐는 것이었다. 여기서 기억 모델이 유용한 이유는 기억이 재구성되는 성질을 가지고 있기 때문이다. 우리가 변화하는 대로 기억도 변화한다. 아주 먼 과거에 일어난 사건이라 하더라도 그 사건에 관해 우리가 구성하는 이야기는 현재 우리가 어떤 사람인가에 따라 달리 빚어진다. 지금 우리가 원하는 것, 믿는 것, 여기까지 오는 도중에 있었던 일들에 의해 빚어지는 것이다. 이 유비를 좀 더 따라가다 보면 한 사람의 인생 전반에 걸쳐 목소리가 어떻게 변화하는지 이해하는 데 도움이 될 것이다. 목소리를 듣는 사람과 함께 나이 들어가는 목소리도 있고 시간 속에 동결되는 목소리도 있다.

당신이 과거를 잘못 기억한다면, 이전 기억 버전이 지금 당신의 이야기에 맞지 않기 때문일 수 있다. 그래서 지금 이야기에 맞도록 사실들을 바꾸는 것이다. 나는 재키에게 목소리를 듣는 사람들이 기억 속의 경험 조각들을 가지고 비슷한 일을 한다는 점을 지적했다. 자신들이 느끼기에 현재의 자아에게 그다지 파괴적이지 않은 이야기 속에 기억 조각들을 변형시켜 넣는다는 얘기였다. 목소리를 듣는 당사자인 재키의 직관과도 일치했다. "저는 그 조각들을 한 자아의 여러 측면들로 보는 것 같아요. 그리고 제가 종종 사용하곤 하는 유비가 가족 치료예요. … 제대로 기능하지 않는 가족이라는 것이죠. 저는 그들을 자아의 파편들로 보는 편이에요. 이런 파편들이 모여 한 사람을 구성하는 거죠."

누구나 파편화되어 있다. 일체一體의 자아 같은 것은 없다. 우리 모두는 여러 조각들로 나뉘어 있어서 매 순간 일관된 '나'라는 환영을 만들고자 분투한다. 누구나 어느 정도씩은 해리되어 있다. 우리의 자아는 끊임없이 구축되고 또 재구축되며 잘 돌아가다가도 고장이 나기도 한다. 말도 안 되는 일이 벌어지고, 중심을 잡을 수가 없다. 우리 가운데는 이미 일어난 일들 때문에 좀 더 파편화가 많이 진행된 사람들도 있는데, 이들은 그 모든 것을 그러모아 정상화시켜야 하는 더 큰 난관에 직면해 있다. 그러나 마지막 한 조각을 끼워 맞추어 온전한 하나로 만드는 사람은 없다. 우리는 인간으로서 완결된, 일체의 자아라는 환영을 원하는 듯하지만, 거기에 도달하기는 어려운 일이다. 아무튼, 우리는 절대 그곳에 도달하지 못한다.

한편, 재키 같은 사람들은 목소리를 떠안은 채 살아간다. 바비칸 센터 카페에서 농담을 주고받는 동안 나는 재키가 그 동반자와 즐겁게 지낸다는 인상을 받았다. 이후 인터뷰에서 그녀는 이렇게 말했다. "대개는 그들이 나를 웃게 만들어요,[25] 정말 재미있는 친구들이죠. 편안한 기분으로 즐겁게 함께 웃어요. 그들은 통찰력이 있고, 다정하고, 나를 위로하고, 덜 외롭게 해요. 다른 누구보다도 나를 잘 알고 나를 위해 늘 거기에 있지요."

14

말하지 않는
목소리

THE VOICES WITHIN

한때 목소리를 듣던 어떤 사람—루머라고 부르기로 하자—이 자신에게 들리던 목소리들이 어떻게 영영 사라졌는지에 대해 내게 이야기한다. 주로 여성의 목소리였는데, 섭식 장애와 관련이 있었다. 목소리는 루머에게 뚱뚱하고 못생겼다며, 먹어야 한다거나 먹지 말아야 한다면서 이것저것 간섭하곤 했다. 그러던 어느 날 목소리가 더 이상 그곳에 있지 않았다. 내가 루머와 이야기를 나눌 당시, 루머는 목소리를 마지막으로 들은 지 수 개월이 지난 시점이었는데 그녀는 목소리가 영영 떠나버린 것이라는 확신은 아직 없었다. 흥미로운 점은 목소리가 이미 사라져버렸다는 것을 루머가 알게 된 방식이었다. 마치 당신이 앉아 있는 방에서 (설사 작별인사가 없더라도) 누군가가 떠났다는 것을 당신이 아는 것처럼 사회적 환경이 변해버렸다는 그런 느낌이었다. 어떻게 말로 표현하기 어려운 느낌이었다. 굳이 말하자면 언제부턴가 말이 없어진 어떤 사람의 죽음 같은 느낌이었다. 단순한 청각적 경험의 중단이 아니었다. 누군가가 거주하고 있다는 느낌의 종결이었다.

들리던 목소리가 사라져버린 경험을 해본 사람들 사이에서는 꽤 흔한 이야기다. 누군가가 그곳에 있다가, 어느 순간 더 이상 그곳에 없는 것이다. 목소리를 처음 듣게 됐던 순간에 대해 들었던 이야기들이 떠올랐다. 늘 존재하고 있던 어떤 방송에 채널을 돌려 맞추는 것과 비슷하다는 것이었다. 마크 보네거트는 자신의 경험에 관해 이렇게 썼다. "한번 목소리를 듣기 시작하면,[1] 그 목소리가 늘 거기 있어 왔다는 사실을 깨닫게 된다. 그들에게 주파수가 맞추어지느냐의 문제일 뿐이다." 특정 주파수에 맞추는 것이 가능하다고 한다면, 아마 그 주파수에서 벗어나는 것도 가능할 것이다.

존재에 대한 이와 같은 느낌은 제이의 진술 내용에서도 나온다. 웨더스푼 바깥에서 목소리가 들려왔을 당시, 제이는 목소리가 말을 하고 있지 않았는데도 여러 목소리 중 하나가 거기 와 있다는 것을 알고 있었다. 또 한 번은 기차 터널 안을 지나는데, 감지된 목소리의 존재와는 별도로 소리가 분리되어 들린 적도 있었다. 마녀의 목소리는 들렸지만 존재는 느낄 수 없었던 반면, 다른 두 목소리는 아무 말도 하지 않고 있었지만 그곳에 있다는 것을 알았다.

'임재감臨在感'[2]이라는 심리적 경험을 다룬 연구는 많지 않다. 임재감의 흔한 형태로는 아이가 갓 태어난 부모들의 경우 아기가 침대에 같이 있는 듯 느끼는 경우가 있다. 최근 세상을 떠난 누군가의 존재를 느끼는 것 역시 사별을 경험한 이들에게 자주 나타나는 현상이다. 임재감은 뇌전증을 비롯한 다양한 신경장애에 주로 나타나는 증상이며, 수면마비 경험을 동반하는 경우는 더 흔하다. 수면마비의 경우 잠들거나 깨어나는 순간에 일시적으로 마비를 경험한다. 물론 자애로운 존재의 느낌은 종교적 경험의 전형적 특징이다. 많은 사람이 자신을 지켜봐주는 수호천사가 있다고 느끼는데, 이런 존재들에게 늘 목소리가 있지는 않다.

좀 더 극단적인 상황에서는 임재감이 생존에 좀 더 직접적으로 관여하는 것으로 보일 수 있다. 극지 탐험가 어니스트 섀클턴은 동료 두 명과 함께 사우스조지아의 산과 빙하를 누볐던 위험천만한 여정에서 마치 동행하는 네 번째 여행자가 있는 듯한 느낌을 자주 받았다고 적었다. "그때 나는 동료들에게 아무 말도 하지 않았지만,[3] 나중에 워슬리가 내게 말했다. '대장, 걷는 도중에 이상한 느낌을 받았어요. 우리 옆에 다른 사람이 같이 있는 것 같았어요.'" 그 존재는 안내자이자 보호자였다. 산악인 조 심슨이 자신의 책 『난 꼭 살아 돌아간다』에 썼던 사건들을 겪으면서 발견했듯이, 극한의 추위, 피로, 고독 같은 것들도 환청을 듣게 하는 온상이다. 심슨은 섀클턴이 말했던 그런 존재를 느꼈다고 쓰지는 않았지만, 그 목소리에 지켜주고 자극하는 기능[4]이 있음을 깨달았다. 어떤 사람들은 이런 경험들이 심지어 기본적인 생존기제로, 생명이 위험할 때 우리를 보호해주도록 진화한 것일 수 있다고 주장하기도 한다.

사람들이 목소리를 들을 때 어떤 존재를 느끼는 것은 얼마나 흔한 일이며, 이 존재가 자신들과 소통하고자 애쓰고 있다는 느낌과는 또 어떤 연관이 있을까? 한 가지 문제는 연구자들이나 임상의들이 목소리에 대해 물을 때 목소리와 함께 따라오는 다른 경험들에 관해서는 묻지 않는 경향이 있다는 것이다. 이런 사각지대에 대해 히어링 보이스 무브먼트 측은 오래전부터 문제를 제기했으며, 목소리를 듣는 사람들이 모인 여러 단체에서도 이 점을 단체명이나 홍보자료를 통해 명시적으로 밝히고 있다(예를 들면, 영국의 히어링 보이스 네트워크의 전체 이름에는 환영과 '기타 통상적이지 않은 지각들'이라는 표현이 포함돼 있다). 동반되는 경험들을 이처럼 백안시하는 것은 어쩌면 목소리를 듣는다는 것이 조현병 진단에서 중요한 역할을 맡아왔던 탓인지도 모른다. 신성한 상징에 대한 신성한 상징을 다루고 있다 보면 그에 수반되는 나머지 핵심 단서들을 놓치기가 쉽다.

우리는 앤절라 우즈가 진행한 대규모 인터넷 기반 연구에서 목소리를 듣는 경험의 이 같은 부가적인 측면들[5]에 대해 질문하기 시작했다. 앤절라 우즈는 '히어링 더 보이스 프로젝트'의 의료인문학 연구원이자 공동책임자다. 목소리를 듣는 사람들은 '당신에게 들리는 목소리가 생각과 조금이라도 다른 점이 있다고 한다면 어떻게 다른가?'나 '들리는 목소리(들)마다 각자 나름의 성격이나 개성이 있는 것처럼 느껴지는가?' 같은 질문에 익명으로 답했다. 한 설문 항목은 응답자의 통상적이지 않은 경험과 연관된 다른 감각에는 어떤 것이 있었는지에 초점을 맞췄다. 약 150명의 응답자로부터 얻은 결과에 따르면 그 경험은 분명 단순히 환각에 의한 소리의 문제만은 아니었다. 청각적 경험만을 했다고 보고한 응답자는 절반에 못 미쳤다. 신체적인 감각이 목소리에 수반된다고 보고한 이들은 응답자의 3분의 2 정도였다. 신체 감각으로는 뇌에 불이 붙었다거나 자신이 몸에서 떨어져 나온 것 같은 느낌 등이 있었다. 폭력이나 학대와 연관된 목소리에는 신체 경험 상의 이 같은 변화들이 동반되는 경향이 있었다. 우즈의 설명은 이렇다. "결과는 분명하다. 목소리를 듣는 것은 단지 청각적인 경험만이 아니다."

이는 목소리를 듣는 것이 언제나 '언어적인' 경험이냐는 것과 같은 질문이 아니다. 우리는 이미 비언어적이면서도 청각적인 '목소리들'의 사례를 수없이 보아왔다. 환청의 현상학에 관한 중요한 연구[6]에서 정신의학연구소의 토니 나야니와 앤서니 데이비드는 자신들이 표집한 목소리를 듣는 집단(대다수가 조현병 진단을 받음)의 3분의 2가 언어적 환청과 더불어 비언어적 환청도 들었다고 했다. 이들이 묘사한 경험에는 속삭임, 울부짖음, 딸깍거리거나 쿵 하는 소리, 음악적 환각, 특히 합창 음악 등이 있었다. 목소리를 듣는 많은 사람이 비언어적 환청을 자연스레 목소리로 분류했으며, 그 경험들은 한꺼번에 나타나거나 서로 결합될 수도 있다. 마저리 켐프는 신의 목소리를 풀무 소리, 비둘기 소리, 개똥지빠귀가 지저귀는 소리로 들었다. 노리치의 줄리안 역시 목소리의 경험이 늘 명료하고 이해가능한 것은 아니었고 (최소 한 차례 이상은) 특정한 단어들을 식별할 수 없는 불분명한 중얼거림[7]이었다고 적었다.

이 모든 것을 통해 알 수 있는 사실은 우리가 그물망을 훨씬 넓게 펼치면 청각적이지 않은 현상도 잡아낼 수 있으리라는 것이다. 목소리로 지각되는 어떤 경험들은 음향적 요소조차 전혀 없는 경우도 있다.

마저리와 줄리안이 '영적인 이해'를 통해 받았던 목소리들─아무런 청각적 요소가 없이 마음속에 이식된 말씀─이 그 예에 해당된다. 12세기 독일의 신비주의자였던 빙엔의 힐데가르트는 자신이 듣는 말씀에 대해 "사람의 입에서 나오는 소리 같지 않고 마치 불길이 펄럭대는 소리 혹은 맑은 공기가 구름을 휘젓는 소리" 같았다고 적었다. 소리 없는 목소리는 20세기 초 오이겐 블로일러의 환자 몇몇이 묘사한 '생생한 생각들'처럼 현대의 정신의학 보고서에서도 불쑥 등장하곤 한다. 블로일러의 사례 연구에서 어떤 환자는 이렇게 표현하기도 했다. "마치 누군가가 나를 손가락으로 가리키며 '가서 빠져죽어'[8]라고 하는 것 같았다." 따라서 시각적 환상, 임재감, 덧붙여진 여러 감각 등 통상적이지 않은 다른 지각까지 포함시키는 것이 결코 지나친 확장은 아닌 듯 보인다. 목소리를 듣는 일에 특별히 '목소리스러운' 것이 전혀 없을 수도 있는 것이다.

한편 목소리를 듣는 경험에 대해 쓴 중세의 이야기로 돌아가는 것도 하나의 방법이다. 잔다르크, 마저리 켐프, 노리치의 줄리안의 진술 내용은 모두 어떤 존재를 모든 면에서 지각하는 것에 훨씬 더 가까운 경험이었음을 보여주고 있다. 청각적으로뿐 아니라 시각적으로나 물질적으로도 느꼈다는 것이다. 여기에는 사회적이거나 종교적인 이유도 있다는 것을 이미 언급했다. 만일 당신이 정말로 성령의 임하심을 받게 된다면, 당신은 모든 감각에 갑자기 들이닥쳤다[9]고 표현할 가능성이 높다(사람들이 당신의 말을 믿기 어려워할 것이라고 생각할수록 특히 그럴 것이다). 환각으로 목소리를 경험하는 사람들은 아마 정말로 '사람들'

도—몇 가지 가능한 감각 양상들 가운데 하나로 명료하게 나타낼 수 있는 방식으로—환각으로 경험할 것이다.

애덤을 예로 들어보자. 그는 대장에 대해 이렇게 말했다. "그건 목소리가 아니에요, 사람이죠." 대장은 하나의 청각적 경험이 아니라, 실제로는 존재하지 않는 어떤 사람의 표상을 애덤의 정신이 만들어내고 있는 것이라 가정해보자. 이 사람은 간혹 목소리로 등장하기도 하고, 어떤 때는 존재감으로 느껴지기도 하고, 시각적 심상으로 나타나기도 하는 것이다. 환청은 감각 데이터를 경험하는 것이 아니라 환각으로 사람을 경험하는 것이라는 개념은 목소리에 왜 그리 목소리 같지 않은 요소가 많은지 설명하는 데 도움이 될지도 모른다. 이에 관한 가장 놀라운 논증은 아마 어떤 소리도 들어본 적 없는 사람에게 목소리가 들린 사례로부터 나올 것이다.

⊠

28세의 어느 덴마크 여성[10]은 자해하라고 다그치는 목소리가 들린다고 호소하며 덴마크 올보르그의 정신병원에 입원했다. 두 살 때 선천성 청각장애 진단을 받은 이후로 전혀 소리를 듣지 못했던 그녀는 수화를 배우기 시작한 열 살 이전까지는 입술 모양을 읽고 똑같이 말하는 방식으로 소통했다. 열예닐곱 살 무렵부터 부모가 자신의 오른쪽 귀에 대고 하는 격려의 목소리를 듣기 시작했는데, 이는 그녀의 머릿속에서 크게 그리고 '상당히 음악적으로' 울렸다. 이후 얼마 지나지 않아 그녀는 그즈음 세상을 떠난 사촌을 시각적, 후각적 환각으로 경험하기 시작했다. 사촌은 바깥 공간에 있는 것으로 지각되었는데, 그의 목소리는 크기나 선명함에 있어서 매번 다르게 들렸다. 20대 중반 트라우마성 신체 공격을 당한 뒤로 그녀는 자해를 하든지 다른 사람들을 해치든지 하라고 명령하는 남성의 목소리를 듣기 시작했다. 목소리는 그녀에게 칼을 집어 들고 스스로를 찌르라고 재촉하기도 했다. 양쪽 귀에 들리던 목소리는 머릿속에서 크게 울려대며 본인의 목소리보다도 높은 음고로 그녀를 다그쳤다. 그녀가 항정신병 약물인 아리피프라졸을 처방받은 뒤 곧 목소리는 사라졌다.

조현병을 비롯한 여러 정신장애는 비장애인만큼이나 청각장애인 사이에서도 흔한 것으로 보인다. 관련 진단을 받은 청각장애인 가운데 대략 절반 정도가 '목소리'를 언급한다. 연구문헌에 등장하는 첫 사례는 1886년으로 거슬러 올라가는데, 소위 순환정신병folie circulaire(양극성 장애의 예전 명칭)[11]을 앓는, 말하고 듣는 것을 둘 다 못하는 여성이었다. 1970년대 이후 선천적 청각장애 탓에 청각적 경험이 전무했던 이들에게도 환각이 나타났던 사례들을 다룬 일련의 보고서들이 등장했다. 1971년 한 연구에서는 한 살에 청각장애인이 된 남성이 신의 목소리를 들으며,[12] 그 존재를 끌어내기까지 — 정밀하게 배열된 전선을 자신의 신체 각 부위에 연결시켜 귀까지 의사전달 신호들을 끌어내는 등 — 한다고 주장한 경우가 있었다.

'목소리'를 듣는 일에 관한 이 같은 보고들이 청력이 있는 사람들의 경험과 얼마나 유사한 것을 실제로 포착하는가에 관해서는 다소 논란이 있다. 회의적인 입장에서는,[13] 목소리가 들린다는 청각장애인의 보고 내용은 실은 들을 수 있기를 바라는 '욕망'—일종의 희망사항—을 반영하는 것이라 주장한다. 목소리를 듣는 개인들이 실은 비청각적인 다른 경험들, 이를테면 공기의 흐름이나 진동의 이상 지각 같은 것을 잘못 기술하고 있다고 보는 시각도 있다. 일각에서는 이런 보고 내용은 청각장애인들의 실제 경험보다는 인터뷰 진행자의 선입견에 관련된 것이라고 주장한다. 그런가 하면, 분명히 듣는 것과 연관된 수화를 사용하는 청각장애인에 관한 상세한 보고서도 여럿 존재한다. 영국에서 진행된 어느 연구에서는 전혀 듣지 못하는 청각장애인이자 조현병 진단을 받은 환자 17명[14]을 인터뷰했는데, 이 가운데 열 명은 현재 목소리를 듣고 있으며 내용을 기술할 수 있었다. 다섯 명은 태어날 때부터 전혀 소리를 듣지 못했던 경우라서 아주 어렸을 때 제한적이나마 소리를 들었던 경험을 가지고 내용을 설명할 수 있는 가능성은 없었다. 33세의 한 여성은 그동안 소리를 지각할 수 있었던 적이 한 번도 없었음에도 불구하고, 오른쪽 귀에 끊임없이 나쁜 말들을 해대는 어떤 남자의 목소리를 들을 수 있었다. '전혀 못 듣는다'고 스스로를 설명하는 그녀는 본인이나 타인의 목소리를 신체적으로는 들을 수 없음을 충분히 잘 알고 있었다.

이 이야기들에서는 어떤 다른 경험들보다도 목소리가 들리는 것을 강조해 언급했고, 몇몇 환자들은 수화를 사용했다. 하지만 연구자들이 '당신은 아무 소리도 들어본 적이 없는데 어떻게 목소리를 들을 수 있는 겁니까?'라는 어색한 질문을 던졌을 때, 이상하게도 환자들의 반응에서는 별다른 실마리를 얻을 수 없었다. 기록에 따르면, "대개 환자들은 그저 어깨만 으쓱하거나 '모른다'라고 답하거나 질문 자체를 이해할 수 없다는 눈치였다. 물론 피상적이거나 간단한, 어쨌거나 만족스럽지는 않은 설명을 시도하는 이들도 있기는 했다. '내 뇌 속에서 말을 하나보죠'라든가 '안 들릴 때도 있고 들릴 때도 있어요'라고 하는 식이었다. … 두 살에 청각장애 진단을 받았던 한 환자는 다섯 살까지는 들을 수 있었지만 벽돌로 된 담에 부딪친 뒤로 못 듣게 됐다고 말했다. 그런가 하면 자신의 청력을 신이 복원해준 것이라고 믿는 환자도 있었다." 또 다른 연구에서는 연구자가 조현병을 앓는 청각장애인들에게 본인 목소리의 음향적 속성들(음고, 성량, 말투 등)에 관한 질문을 했는데 뾰족한 반응들이 돌아왔고, 그중에는 도저히 반박할 말이 없는 경우도 있었다. "내가 어떻게 알아요? 나는 못 듣는데!"[15]

이런 경험의 특성이 이처럼 모호하다고[16] 해서 이 보고서들에 진정성이 없다는 결론을 내려서는 안 된다. 소리를 처음 듣는 사람이라면—설령 그 경험이 전적으로 환각이었다 하더라도—자신의 경험을 비장애인에게 전달하는 데 기준이 되는 적절한 틀이 당연히 없을 것이다. 그러나 여기서 또 한 가지 흥미로운 사실은 이들 경험에는 수화로 전달받거나 누군가가 손가락으로 철자를 써서 알려줬다는 느낌, 시각적 환각이나 몸 안에서 진동이 느껴지는 등 여러 다른 양상의 경험들을 포함하는 경우가 많다는 것이다. 영국에서 진행된 연구에서는 청각장애인 가운데 목소리를 듣는 사람들 몇몇은 섬광, 악마의 모습 같은 것들을 보았고, 심지어 '파노라마처럼 펼쳐진 천국의 환상'을 봤다는 경우도 있었다. 환각 속 냄새로는 연기, 민트, 썩은 계란 같은 것들이 있었던 반면, 신체적 환각으로는 복부가 뒤틀리거나 화끈거리는 느낌이라든가 환자의 몸 안에 다른 사람들이 있는 듯한 느낌 등이 있었다.

런던에서 주로 활동하는 심리학자 조앤 앳킨슨―본인도 아동기부터 소리를 전혀 못 듣는 청각장애인이었다―은 이처럼 청각장애인이 목소리를 듣는 상황에서 수반하는 비청각적 요소들은[17] 소리를 지각하지 못하는 사람들이 어떻게 존재하지 않는 것들의 소리는 들을 때가 있는가라는 수수께끼를 푸는 실마리를 준다고 지적한다. 조앤은 더럼의 우리 연구팀을 방문했을 때 내게 내적 발화 모형[18]은 청각장애 상태에서의 목소리 환각을 이해하는 데 도움이 될 수 있지만 몇 가지 중요하게 수정할 부분이 있다고 설명해주었다. 조앤과의 만남은 나로서는 청각장애인과 처음으로 길게 상호작용을 해본 것이었는데, 소통의 타이밍을 잡고, 그녀와 통역사 사이를 왔다 갔다 하며 집중하는 데 애를 먹었다. 조앤이 내 입술의 움직임을 쉽게 읽어낼 수 있도록 평소 중얼대듯 말하는 습관을 꽤나 성공적으로 자제했음에도 불구하고 내가 그녀에게 수화를 쓸 줄 모른다는 것이 난감했다. 조앤은 청각장애인 환각 경험자가 듣는 것이 정말 목소리인지 아닌지 판단할 새로운 방법을 개척해왔다. 한 연구에서 그녀는 사람들이 공식적인 수화나 (청각장애인 다수에게 모국어가 아닌) 영어로 번역하지 않고도 자기 경험을 언급할 수 있게 도와주는 그림 신호를 개발했다. 예를 들면, 머리에서 생각 풍선이 떠오르고, 풍선 안에서는 두 손이 활발하게 수화를 하고 있는 그림 같은 것이다. 이 특정한 이미지는 '목소리를 경험할 때 나는 누군가가 머릿속에서 수화로 내게 말하고 있는 모습을 볼 수 있다'는 (카드에 영어로도 다시 적힌) 문장을 기술하는 것이었다.

표준적인 내적 발화 모형의 예측에 따르면 들려오는 목소리는 개인의 평소 내적 의사소통의 형태를 띨 것이다. 그러므로 첫 번째 질문은 청각장애인들은 비장애인의 통상적인 내적 발화와 동일한 어떤 것을 경험하느냐는 것이다. 최근 이 질문을 온라인 포럼 쿼라Quora에 올리자 몇몇 청각장애인들로부터 생각할 거리가 많은 답변이 달렸다. 어느 댓글에는 이런 내용이 달렸다. "제 머릿속에는 '목소리'가 하나 있습니다. 하지만 소리 기반은 아니에요. 저는 시각적인 사람이라서 머릿속에서 보게 되는 것은 ASL(미국 표준 수화_옮긴이)이나 그림이고 간혹 인쇄된 단어들을 보기도 하죠." 이 사람의 경우 내적 발화 경험에 소리의 특성은 없었다. 또 다른 댓글에서는 경험이 혼합된 양상을 띠었다. "내면의 목소리가 어떤 형상을 한 채 말을 걸어오면 나는 입술 모양을 읽듯이 그 말을 듣는 거예요." 이 경우는 청각적 속성과 시각적 속성이 모두 있었다. 그런가 하면 두 살 무렵 청력을 상실했다는 어느 답변자는 자신은 단어로 생각하지만 그 단어들은 소리가 없다고 한 반면, 아동기에 청력을 상실했다는 또 다른 답변자는 꿈속에서 '들은' 목소리를 묘사하면서 수화나 입술의 움직임 같은 것은 없다고 하기도 했다. 이 모든 증거를 통해 알 수 있는 것은 청각장애인의 경우 내면의 목소리는 비장애인과 유사한 기능을 담당한다는 사실이다. 이를테면, 내적 수화는 수화하는 사람의 단기기억 속에서 어떤 역할을 수행하는 듯 보이는데, 이는 비장애인의 경우 내적 발화가 단기기억을 매개하는 것

과 비슷하다.[19]

그렇다면 청각장애인이 듣는 환청 목소리는 통상적인 내적 수화를 다른 곳에서 온 경험으로 착각할 때 일어나는 것일 수 있다. 청각적 내적 발화의 경우와 마찬가지로, 내적 버전의 수화 역시 외적 버전과 아주 똑같이 '들릴' 필요는 없다. 사실, 압축 등의 과정으로 인해 똑같이는 들리지 않을 가능성이 매우 높다. 청각장애인에게 들리는 목소리에 관한 몇몇 묘사는 이 설명에 부합한다.[20] 가령, 어떤 이들은 손의 움직임을 시각적으로 뚜렷이 지각하지 않고도 손가락으로 쓴 철자를 본다든가 대화 상대의 얼굴을 직접 보지 않고도 입술의 움직임을 읽는다고 말한다. 그러나 청각장애인의 목소리는 비장애인의 목소리가 청각 영역에 관련된 것과 동일한 방식으로 뇌의 시각 영역을 활성화시킬 것이라 추측하는 것은 실수로 보인다. 사실, 내적 발화와 내적 수화는 몇 가지 신경자원을 공유하는 것으로 보인다. 청각장애인의 언어 처리[21]는 비장애인의 언어처리에서 활성화되는 곳과 흡사한 부위를 기반으로 이루어지는 듯 보이며, 청각장애인이 속으로 하는 수화는 전형적인 '내적 발화' 네트워크를 채택하는 것으로 보인다.

이는 우리 뇌가 의사소통에 관한 정보를 어떤 특정 감각 통로에 국한되지 않는 방식으로 암호화한다는 점을 시사한다. 이것은 목소리가 들린다는 청각장애인의 경우 여러 경험이 자주 혼재되는 이유를 설명하며, 비장애인에게 들리는 목소리는 다른 감각들로 이루어지는 경험을 동반하는 경우가 많다는 관찰결과에도 부합한다. 조앤 앳킨슨의 연구를 예로 들자면, 목소리를 듣는 경험에 시각적 심상이 동반되는 정도에는 비장애인과 청각장애인 표본 사이에 아무런 차이가 없었다. 이들 집단은 의사소통 전반에 걸쳐 상당히 다른 감각 통로(비장애인의 경우 청각, 청각장애인의 경우 시각)에 의존했을 텐데도 불구하고, 목소리가 들릴 때 시각적 경험의 영향을 받는 정도는 동일했다.

어떤 소리도 들어본 적 없었던 사람이 어떻게 환각 속 목소리는 '들을' 수 있겠느냐는 물음에서 출발한 의문은 이제 한걸음 더 나아가 사람들— 청각장애인이든 비장애인이든 —이 어떻게 '아무런 감각 입력이 없는 상태에서' 소통하는 경험을 할 수 있느냐는 질문으로 이어진다. 사실 결국은 임재감sense of presence의 경험 같은 문제로 돌아오게 된다. 임재감은 마땅히 망상으로 이해해야 한다는 주장도 있다. 환상이든 실제든 어떤 감각적 지각과도 연관되지 않는 듯 보이기 때문이다. 그러나 이보다 유용한 고찰 방식은 임재감을 소통 의도를 지닌 사회적 행위자agent[22]의 환각으로 보는 것이다. 만일 당신이 침대에서 아기가 곁에 있는 느낌을 받거나 사별한 배우자가 방 안에 함께 있는 듯한 느낌을 받는다면, 당신은 어떤 사람을 환각을 통해 효과적으로 경험하고 있는 것이다. 그들의 목소리나 얼굴이 아닌 존재 전체를 경험하고 있으니 말이다. 어쩌면 당신이 그 존재를 줄곧 좋아온 실제 사람이 거기에 있거나 혹은 있었기 때문인지도 모른다. 가게 주인이 수상해 보이는 손님의 움직임을 지켜보거나 부모가 이제 막 걷기 시작한 호기심 많은 아기의 동선을 따라다니는 것과 비슷하다. 발달심리학 연구에 따르면 사회적 행위자를 계속 좇는 능력[23]은 유아기 초기부터 일찍이 발달하거나 심지어는 가지고 태어나기도 한다. 사별의 경우,[24] 오랫동안, 아마도 수십 년간 존재를 지켜봐왔던 어떤 사람이 어느 날 갑자기 그곳에 더 이상 없는 것이다. 하지만 당신의 뇌는 그들의 존재를 계속 기대하며 그들이 떠난 빈 자리를 채워 넣는다. 사랑하는 사람을 잃은 지 얼마 되지 않은 이들이 흔히 목소리를 듣게 되는 것은 어쩌면 당연한 일이다.

알고 보면 임재감이라는 현상은 목소리를 듣는 경험의 복잡성을 이해하는 데 효과적인 개념이다. 어떤 목소리가 들리고, 거기에는 다양한 감각적 속성들이 연관되어 있다. 그러나 어떤 존재 역시 사람과 마찬가지로 느껴질 수 있다. 애덤의 경우 대장이 말을 하고 있지 않을 때조차도 거기에 있음을 알 수 있고, 루머가 자신이 듣던 목소리가 완전히 떠나버렸음을 알았던 것도 바로 그런 맥락이다. 목소리를 듣는 많은 이들은 목소리의 등장에 앞서 특정한 존재감을 인식한다고 말한다. 이에 대해 예술가 돌리 센은 인터뷰에서 직접 지각하지 않고도 누군가를 감지할 수 있다는 것에 대해 이렇게 묘사했다. "그건 마치 버스에서 누군가가 당신 옆자리에 앉아 있을 때와 비슷한 거예요. 그 사람을 볼 수는 없어도 바로 옆에 있으니 어떤 사람인지 어느 정도 짐작이 되죠."[25]

궁극적으로 보면 들려오는 목소리는 소통하는 존재이며, 소통하는 존재는 그 존재의 실제 발화들과는 별개로 표상할 수 있다. 만일 내가 누군가와 전화통화 중이고 대화중에 말이 끊기는 순간이 생긴다고 한다면, 상대의 목소리가 들리지 않아도 나는 여전히 상대방을 정신적으로 표상할 수 있다. 목소리는 감각적 지각의 파편들 혹은 기억으로부터의 침입 이상의 것이다. 레이첼 워딩햄의 말은 이렇다. "그 목소리는 사람이나 마찬가지예요, 정말로요." 아울러 경험되거나 환각으로 겪게 되는 이 소통적 행위자는 나름의 의도가 있다. 이 행위자가 원하는 것과 목소리를 듣는 당사자가 원하는 것이 꼭 일치하는 것은 아니다. 지금까지 살펴본 것처럼 상상 속 친구나 소설가에게 떠오르는 허구적 인물에서도 비슷한 불일치가 일어날 수 있다.

목소리를 이처럼 행위자 같은 속성을 지닌 것으로 기술하는 것은 목소리에 관한 역사에서 늘 있어 왔다. 1890년대에 정신의학의 선구자 피에르 자네가 어느 환자와 나눴던 대화를 보자. "항상 누군가가 제게 말을 겁니다. … 저더러 가서 교황에게 용서를 구해야 한다는 거예요. ─ 당신에게 말을 거는 그 목소리가 누군지 알아볼 수 있습니까? ─ 아니요, 알 수가 없어요, 어느 누구의 목소리도 아니거든요. ─ 그 목소리는 멀리 있습니까 아니면 가까이 있습니까? ─ 멀지도 가깝지도 않아요, 마치 내 가슴 속에 있는 것 같습니다. ─ 일종의 목소리 같은 겁니까? ─ 정확히 말하자면, 그건 목소리가 아니에요, '어떤 소리도 듣고 있지 않습니다.' 누군가가 말을 건다는 느낌을 받는 거죠."[26] 온라인 조사로 사람들이 듣는 목소리에 대해 물었을 때, 소리 없는 목소리의 소통적, 정서적 긴박성이 마치 청각적 자극이 있는 것처럼 생생했다는 사례를 찾을 수 있었다. 한 답변자는 이렇게 적었다. "청각적인 것이 아닌 목소리를 대체 어떻게 '들을' 수 있었는가를 설명하기는 어렵지만 사용된 단어나 그 안에 담긴 감정(증오나 혐오)은 전적으로 명료하고 틀림없이 확실했다. 귀로 들었던 것보다도 훨씬 뚜렷했던 것 같다."[27]

목소리 환청을 오인된 내적 발화로 설명하는 데 초점을 두고 시작했던 우리는 이제 전혀 다른 관점[28]에 도달했다. 어떤 목소리를 듣는다는 것은 소통하려는 의도를 경험하고 있는 것이다. 이제 '청각 언어적 환각'이라는 말은 잘못된 용어처럼 느껴진다. 그 경험의 청각적 특성들에 집착하는 데서 벗어나 무시되곤 했던 몇 가지 사실들에 초점을 맞춰야 할 시점이다. 목소리들은 상호작용이 가능한 존재들이며, 목소리를 듣는 사람들은 '당신은 몇 개의 목소리를 듣습니까?' 같은 질문을 던져도 대답할 수 있으며, 심지어 목소리를 좋은 친구로 여기기도 한다. 이는 목소리를 듣는 사람 중 일부는 정신적 손님을 환각으로 경험한다는 강력한 증거들이다. 그렇다고 해서 목소리마다 행위자 같은 속성들에 차이가 있음을 부정하는 것은 아니다. 철학자 샘 윌킨슨과 심리학자 보건 벨은 목소리를 듣는 경험을—관련 행위성이 거의 없는 경우(가령 환각 속의 비명이나 신음)에서부터 말을 거는 특정 개인을 식별할 수 있는 경우에 이르기까지—4단계로 기술했다. 우리 연구에 참여한 사람 중 70퍼센트가량이 자신에게 들리는 목소리는 저마다 일관된 정체성이 있다고 답했다.

이처럼 만일 우리가 목소리를 듣는 경험에 대해 전혀 다른 관점을 받아들인다면, 수많은 질문을 새로이 던질 수 있게 된다. 내적 발화에 대한 귀인이 왜 잘못될 수도 있는지 묻는 대신, 사회적 행위자를 좇는 방식에 왜 이 같은 변화가 생기는지 물어야 한다. 오늘날 우리는 사회적 존재 표상의 바탕이 되는 인지체계 및 신경체계에 관해 꽤 많은 것을 알고 있다. 이 과정들이 엉망으로 흐트러지면 목소리를 듣게 되는 것일까? 현재까지 나와 있는 신경영상 증거를 보면 그렇지 않다. 환청을 겪는 동안 사회적 인지가 비정상적으로 작동한다는 아무런 확실한 증거가 없다. 그러나 몇 가지 흥미로운 단서가 있다. 마음이론과 밀접하게 연관된 영역인 측두정엽의 손상[29]은 일부 뇌손상 사례에서 임재감과 연관이 있었던 반면, 이 영역의 인위적 자극은 임재감을 유발하는 것으로 나타났다. 재미있는 사실은 대화적 내적 발화의 신경 서명 neural signature에 관한 우리팀 연구에서 우측 측두정엽 근처의 한 영역이 모습을 드러냈다는 것이다. 내적 대화가 마음이론 체계의 일부를 구성한다는 우리의 연구결과는 목소리를 듣는 경험에서 사회적 처리 과정이 내적 발화 네트워크와 어떻게 상호작용하는지를 이해하는 새로운 길이 될 수도 있다.

시간이 흐르면서 목소리가 어떻게 변화해 가느냐는 질문은 우리에게도 몇 가지 중요한 단서가 될 수 있다. 제이 같은 경우, 그가 듣는 목소리들(의사, 마녀) 제각각의 사회적 성격은 처음부터 완성된 모습으로 나타났을까, 아니면 사람과는 덜 비슷한 상태에서 출발하여 점차 사회적 존재의 속성을 가지게 된 것일까? 엘레너 롱든을 보면[30] 그녀의 행동에 관해 꽤 다정하게 말하던 목소리는 특정한 의도를 가지고, 대개 기분 나쁘게 이야기하는 쪽으로 변했음을 알 수 있다. 하지만 모든 사례가 이렇게 진행한다고 가정하는 것은 잘못이다. 목소리가 변화해 가는 다양한 방식을 헤아리는 것은 까다로운 과제로, 통상적이지 않은 경험들의 경로를 따라 각 개인들을 추적하는 섬세한 종단 연구가 꼭 필요하다.

이와 같은 새로운 관점은 내적 발화의 사회적 본질에 관한 몇 가지 녹록지 않은 질문들로 연결된다. 우리가 우리 자신의 평소 목소리로 혼잣말을 하고 또 그 혼잣말을 들을 때, 우리는 사회적 행위자의 존재를 감지할까? 평소 마음속에 있던 타인들의 목소리를 떠올리게 될 때 다중음성으로 된 우리의 내적 발화가 사회적 행위자를 표상하는 방식 가운데 하나일 수도 있는 것일까? 당신 머릿속의 '당신'은 정말 당신과 소통하고 있는 사람과 같을까? 만일 그렇다면, 이런 사실은 당신이 당신 자신에 대해 알고 있는 것에, 그리고 현재의 자아를 놓치지 않고 계속 좇아야 한다는 문제에 대해 어떤 의미를 가질까?

이 질문을 파고드는 한 가지 길은 우리의 내적 발화에 목소리의 어조가 있는지, 혹은 목소리를 감정 및 의도를 표현할 줄 아는 일종의 행위자로 만드는 어떤 다른 특성이 내적 발화에 있는지 질문을 던져보는 것이다. 이를테면 당신의 내적 발화가 풍자적이거나 위선적일 때가 있는지 없는지를 묻는 것이다. (개인적으로는 확실히 '오늘은 정말 잘 풀릴 거야' 같은 혼잣말은 정확히 반대의 뜻일 때 한다.) 내적 발화로 스스로에게 거짓말을 하거나 실제 의도와는 다른 어떤 말을 할 수도 있을까? 통상적인 내적 발화가 대화적 성격dialogicality을 가지고 있다는 증거는 우리의 말하는 자아가 다중적이라는 것을 보여준다. 그런데도 이 자아들은 소외감을 느끼지 않으며, (목소리를 듣는 사람들과는 달리) 보통의 우리는 식민지가 됐다거나 거주민이 생겼다거나 점령당했다고는 느끼지 않는다. 우리의 말하는 자아를 전형적인 '우리'처럼 보이게 만드는 것은 무엇일까? 그것이 무엇이든 간에 여기에 장애가 생기면 전혀 갈피를 잡을 수 없는 혼란스러운 경험을 하게 될 것이다.

목소리를 듣는 수많은 이들에게 목소리와 생각의 구분이 항상 명쾌한 것은 아님을 명심하는 것도 중요하다. 우리의 조사결과를 보면 표본집단의 3분의 1이 청각적 목소리 그리고 생각에 가까운 목소리가 결합된 경험 혹은 청각적인 것과 생각 사이의 어딘가에 해당하는 경험을 하는 것으로 나타났다. 응답자 중 한 명은 이렇게 말했다. "제가 들었던 목소리는 항상 제 머릿속에 있었어요. 저는 그게 소음으로 들리지 않았습니다. 당신이 자신의 생각을 듣는 방식과 다를 바 없었죠. 단지 그런 생각에 비해 더 크고 센 소리이고 대체로 곁에서 나란히 달리고 있다는 게 다를 뿐이에요."

만일 목소리가 내적 대화의 절반이라고 한다면, 생각과 목소리 사이의 이 회색지대를 이해하기가 좀 더 쉬워진다. 어쩌면 당연한 일이지만, 애덤은 이 지대를 '혼란스럽다'고 했는데, 나는 이것이 전형적인 사례에서든 이례적인 사례에서든 우리 의식의 흐름을 잘 보여준다고 생각한다. 목소리를 소통 행위로 보면 우리의 의식에 사회적 행위자들이 거주하고 있음을 좀 더 명확히 이해할 수 있다. 목소리를 '단지' 내적 발화로만 보다가 무엇인가 중요한 것을 잃어버렸다고 하소연한다면 다음과 같은 사실을 놓치고 있는 것이다. 말하자면 내면의 혼잣말은 사람들 간의 상호작용에서 기원하며,[31] 혼잣말은 사회적 행위자들의 여러 관점을 나타낸다는 사실 말이다. 내적 발화는 그저 전체 이야기의 일부분일 뿐이다. 우리는 내면의 대화에 수반되는 그 밖의 다른 청각적, 비청각적 경험을 설명하고, 목소리가 들리는 일처럼 내적 대화 역시 단순한 언어 이상의 것임을 이해해야 한다.

목소리가 들리는 것을 일종의 소통 행위로 이해하면 사람들이 온 갖 다양한 방식으로 목소리와 정서적인 유대를 맺는 일이 어떻게 가능한지 이해하는 데도 도움이 된다. 지금까지 살펴본 것처럼 이 목소리를 통해 우리는 그 이면의 사회적 정체성에 대한 실마리를 얻을 수 있다. 사람이 존재하는 곳이면 어디든 애착의 여지 그리고 심지어는 공감의 여지도 존재한다. 거의 쉴새 없이 독백을 이어가는 마가렛의 목소리는 '저는 끔찍한 시간을 보내왔어요'라고 토로한다. 한때 목소리를 들었던 루머에게 말을 건넸을 때, 그녀는 마음의 동반자가 더 이상 그곳에 없다는 사실이 약간은 서운한 눈치였다. 대개 부정적인 말만 하던 목소리였는데도 루머는 목소리를 약간은 그리워했다.

애덤 역시 언젠가는 대장이 영영 떠나버릴까 봐 겁을 낸다. 짓궂게 괴롭힐 때가 많지만 그의 장난이 그리워질 것 같다. 한번은 애덤이 정신과 의료진을 붙잡고 "내가 조현병 환자일까 봐 무서워요"라고 말하고 있었는데, 대장은 이렇게 말했다. "'내' 말 들리지, 이 빌어먹을 멍청아, 당연히 넌 조현병자야!" 짝꿍이 당신을 놀리거나 속이거나 믿을 수 없을 만큼 짜증나게 굴 때도 있지만, 그래도 어쨌거나 당신의 짝꿍인 것이다. 애덤은 BBC 인터뷰에서 이렇게 말했다. "어느 정도는 안전한 느낌이 있어요. 가끔 그가 나타나 아크메(루니툰 애니메이션에 등장하는 가상의 회사 이름_옮긴이) 타입의 엄청 큰 쌍안경을 들고 서 있거든요. 그럼 마치 당신을 지켜봐 주며 괜찮다고 안심시켜 주는 짝꿍이 한 명 생긴 느낌이 드는 거죠."[32]

15

자기 자신에게
말 걸기

THE VOICES WITHIN

'인터뷰를 하게 되다니, 좋네.'

수전은 베를린 막스 플랑크 연구소 뇌 스캐너 안에 누워 있었다. 러셀 헐버트에게 가족에 관해 이것저것 물어보며, 자석으로 작동되는 그 기기 안에 들어가기 직전 순간들을 다시 떠올리는 중이었다. 수전은 질문을 받는 대신 다름 아닌 본인이 러셀에게 질문을 하고 있다고 생각하니 기분이 좋았다. 삐 하고 호출음이 나던 순간, 수전의 머릿속에는 노래 한 곡이 배경음악으로 은은하게 깔리기 시작했다. REM의 〈이그노어랜드 Ignoreland〉였다. 밴드의 현란한 기타 연주에 마이클 스타이프가 노래를 하는 원곡 그대로였다. 삐 소리가 울리는 순간 수전은 혼잣말을 하고 있었다. '인터뷰를 하게 되다니, 좋네.' 수전은 아침 내내 기분이 꽤 좋았지만, DES 조사를 하는 순간에는 이런 기분이 들어가지 않았다.

수전은 속으로 혼잣말을 하면서 행복한 영혼이 분출되는 것 같은 느낌이 들었다. 그녀 자신이 하나의 목소리로 말을 한 것이지, 화자와 청자가 분리되어 창작자에게 다시 들려온 발화는 아니었다. "제가 마치 두 사람인 것처럼, 저 자신에게 말을 한 건 아니었어요. 그냥 감탄하는 한 사람으로 한 말이었어요." 수전의 내적 말하기는 본인의 행동을 감독하거나 스스로를 응원하고 독려하거나 질책하려는 의도로 보기 어렵다. 거기에 어떤 기능이 있다면, 단순한 만족감의 표현 정도였을 것이다. 이는 지하철에서 내가 떠올렸던 생각 같은 내적 발화의 꽤 흔한 부분—너무도 통상적이어서 알아채거나 주목하기 힘든 우리 경험의 한 측면—이다. 시인 데니스 라일리는 내적 발화에 관해 이렇게 썼다. "이 내적 발화가 계속해서 우리 안에 살고 있다는 사실 때문에 우리는 내적 발화의 특이함을 보지 못하는 것이다."[1]

당시 수전의 뇌에서 무슨 일이 일어나고 있었는지 살펴보면, 이 일상적인 현상이 결코 단순한 것이 아님을 알 수 있다. 우리 베를린 팀의 연구 목표 중 하나는 참가자들이 지침에 따라 산출해내는 내적 발화가 자연발생적인 내적 발화와 신경활성화 측면에서 유사한지 확인하는 것이었다. 우리 연구팀원 세 명은 DES 일화를 전부 모은 다음 독립적으로 작업해서 내적 발화를 분명히 포함하는 부분집합을 정할 수 있는지 확인했다. 그런 다음 나머지 호출 순간들에 대해서도 동일한 작업을 하여, 확실히 내적 발화가 포함되지 '않은' 것들을 찾아냈다. 내적 발화의 성격에 조금이라도 모호한 점이 있는 일화는 분석에서 제외됐다.

그리고 나서 실험 초기에 얻은 참가자들의 뇌 영상 데이터 일부를 다시 확인했다. 이 단계의 연구에서는 사람들에게 단어들을 소리 내지 않고 혼잣말을 하게 했다. 사실상 이 주제에 대한 기존의 모든 신경영상 연구들과 마찬가지로, 참가자들은 요구에 따라 내적 발화를 하도록 지침을 받았다. 우리 팀이 분석 시 초점을 맞춘 부분은 이전 연구에서 이미 그 중요성이 밝혀진 뇌의 두 영역—청각과 주로 연관된 헤슬 이랑 그리고 대략 브로카 영역(앞서 살펴봤듯이, 주로 내적 발화 연구에서 활성화된다)에 해당하는 부분—이다. 이후 우리는 DES 방법을 사용해 자연발생적인 내적 발화에서 포착된 것과 지침에 따른 내적 발화에서 활성화된 양상을 비교해 보았다.

패턴은 놀라우리만치 달랐다. 내적 발화를 하라는 지침을 받은 사람들은 브로카 영역이 갑자기 활성화됐지만—비슷한 요청을 하여 진행했던 이전 연구를 바탕으로 보면 예상되는 바였다—청각 영역(헤슬 이랑)은 '비'활성화됐다. 자연적으로 발생한 내적 발화가 포착됐을 때는 정반대로 브로카 영역은 미미하게 자극됐지만, 청지각 영역에서는 상당한 활성화가 일어났다. 두 종류의 내적 발화는 신경 활동에서[2] 반대되는 패턴을 보였다. 이 책 전반에 걸쳐 살펴보았듯이, 내적 발화는 손에 잘 잡히지 않는 난해한 현상이며, 이런 연구결과를 통해 알 수 있는 사실은 자연스러운 방식으로 내적 발화를 하도록 만들기는 어렵다는 것이다. 사람들에게 내적 발화를 요청했다고 해서 그들이 내적 발화를 했다고 가정할 수는 없는 노릇이다. 여기서 우려스러운 부분은, 만일 우리의 연구결과가 사실로 확인될 경우, 사람들에게 스캐너 안에 들어가게 한 다음 내적 발화를 요청해 진행했던 연구(청각 언어적 환각의 신경적 토대를 밝히려는 취지의 연구 포함)는 어떻게 해석할지 또다시 질문해야 한다는 것이다.

1990년대에 박사과정에 있으면서 이 주제에 대해 관심을 가지게 된 이래 내적 발화 관련 연구는 장족의 발전을 거듭해왔다. 연구가 불가능한 현상이라 생각되던 내면의 혼잣말은 이제 많은 성과를 내는 연구 분야[3]가 됐다. 벤 앨더슨-데이와 내가 2015년 쓴 리뷰 논문에는 발표된 연구결과 250여 건이 참고문헌으로 인용되었으며, 아동발달에서부터 뇌손상에 이르기까지 수많은 주제를 망라한다. 이제는 어느 누구도 경험적 연구가 불가능하다는 이유로 내적 발화는 연구를 지속할 만한 주제가 아니라는 조언을 대학원생에게 하지 못할 것이다.

우리는 방법론적으로 진일보했고, 많은 것을 알아냈지만, 아직도 갈 길이 멀다. 내면의 혼잣말 그리고 목소리를 듣는 경험이라는 어려운 주제 사이의 관계를 고찰할 때는 특히 신중을 기해야만 한다. 내적 발화 모형은 다양한 이유에서 비판을 받아왔으며 환청을 완벽하게 설명해내지 못한다는 것도 분명하다. 특히 이 모델이 설명할 것으로 기대했던 경험의 당사자들에게 비판받는다는 사실도 난감한 문제 중 하나다. 레이첼 워딩햄은 내게 이렇게 말했다. "우리 사회는 생화학적, 심리학적 모형 쪽에 치중해 있는데, 좀 더 다양한 다른 해석의 여지도 열어두려는 노력을 할 필요가 있어요." 과학적 검증이 과학 탐구의 궁극적 심판자가 되어야 하는 것은 옳다. 하지만 어떤 이론이든 경험의 당사자들에게 공허하게 들린다면, 이것은 개개인의 삶 속에서 그 경험이 갖는 의미, 그리고 경험의 현상학에서 뭔가 중요한 것을 놓치고 있다는 이야기다. 만일 과학이 이 경험의 현상학과 의미를 소홀히 한다면 좋은 과학이 아니다.[4]

내적 발화 모형은 다른 종류의 환각을 설명하는 데도 노력해야 할 것이다. 조현병에서 가장 흔히 나타나는 환각은 목소리를 듣는 것이다. 하지만 조현병을 겪는 환자들은 다른 양상의 환각도 경험한다. 이를테면 음악적 환각은 상당히 흔하다. 인터넷 설문조사로 일반인들에게 관련 질문을 했을 때, 200여 명의 응답자 중 약 40명이 음악적 환각을 경험한 적 있다고 답했다. 어떤 응답자는 이렇게 말했다. "마치 내 안에 아이팟이 있는 것과도 같다. 언젠가 내가 들어본 적 있는 음악은 언제든 들릴 수 있다." 또 어떤 응답자는 "천국의 합창소리" 환각이 "너무도 또렷해서 차 안에 라디오를 켜둔 줄 알았다"고 했다. 우리는 음악적 환각을 어떤 특정한 내적 발화 모형이 뒷받침하는지 탐구할 필요가 있다. 많은 사람이 '내면의 음악'을 경험한다. 앞서 수전도 스캐너에 들어간 순간 이를 언급했다. 아마 음악적 환각 혹은 적어도 그와 같은 형식의 환각들은 내면의 음악을 외부에서 오는 것으로 잘못 귀인했을 때 나타날 가능성이 높다.

그 밖의 다른 양상의 환각은 설명하기가 더 어려울지도 모른다. 어떤 특정한 감각 통로에서 내적 발화에 상응하는 것이 무엇인지 찾는데는 한 가지 문제가 있다. 양상이 각기 다른 환각을 겪으면서 우리는 경험에 어떤 계속되는 흐름이 있다고 가정하고 싶을 것이다. 이를테면 시각적 이미지의 흐름 같은 것 말이다. 의식의 흐름은 당연히 다중 매체로 전개되지만(개인적으로 지하철 안에서 낄낄대며 웃었던 순간에 분명 시각적 이미지들을 경험했다) 내적 발화와 유사한 내면의 시각적 이미지의 흐름에 대한 과학적 이론화는 아직 충분히 이루어지지 않은 상태다. '내적인 환상'이라 부를 만한 무엇인가가 어떻게 내면의 대화 같은 다양한 기능적 역할을 할 수 있는지는 확인이 어렵다. 유령의 냄새를 맡거나 피부 위를 무엇인가가 기어다니는 느낌 등 후각적 혹은 신체적 환각을 내적 발화 모형에 들어맞게 하는 것은 훨씬 더 어려운 작업이 될 것이다.

이와 더불어 목소리를 듣는 것은 정보의 내적 출처와 외부 출처 간에 일종의 혼동을 수반한다는 개념이 점차 지지를 얻는 추세다. 〈아빠 테드Father Ted〉에서 테드는 머릿속에서 일어나는 일(여기서는 거미 아기Spider Baby[5]라 불리는 존재에 관한 기이한 꿈)과 바깥세상에서 실제 일어나는 일을 구별하는 데 도움이 될 만한 도표를 두걸에게 그려준다. 꿈을 실제 일어난 일로 착각해본 적이 한 번이라도 있는 사람이라면 알겠지만, 우리는 누구나 이런 실수를 하기 쉽다. 내면의 일과 바깥세상의 일을 구분해내는 능력(전문용어로는 현실 감시reality monitoring[6])은 환각에서 핵심적인 부분을 담당하는 것으로 보인다.

연구자들은 현실 감시 과정이 뇌 안에서 어떻게 작동하는지 이해하기 시작했다. 케임브리지대학의 인지신경과학자 존 사이먼스 교수팀의 한 학생은 현실 감시 능력은 내측 전전두엽 피질 안의 특정 구조, 즉 대상걸고랑[7]으로 알려진 뇌 표면 주름의 편차와 연관되어 있음을 입증했다(그림3 참고). 우리 중 절반가량은 이 부위 윤곽이 상당히 두드러지는데, 부다의 연구에 따르면 이 부분이 뚜렷한 사람일수록 현실 감시 과제를 더 잘 수행하는 것으로 보인다. 최근 한 연구에서 역시 사이먼스의 제자인 제인 개리슨은 이 뇌 주름의 좀 더 세밀한 측정치를 살펴보았다. 제인은 대규모 조현병 환자 표본집단의 구조적 뇌 스캔 자료에서 주름의 길이를 심혈을 기울여 측정함으로써 좌반구 주름의 길이는 환자의 환각 경험 여부를 예상할 수 있는 최적의 기준임을 입증했다. 전반적인 뇌 주름의 양이나 뇌 용량 등 여러 다른 요인들을 고려한 분석의 경우도 마찬가지였다. 사실, 제인은 수치화까지도 시킬 수 있었는데, 주름의 길이가 1센티미터 줄어들 때마다 환각을 경험할 가능성이 거의 20퍼센트씩 증가했다.

결정적으로 주름 크기와 환각 성향 간 관계는 경험하는 환각의 양상에는 좌우되지 않았다는 점이다. 목소리를 듣는 사람들과 다른 환각을 경험하는 사람들은 고랑의 길이에서 차이가 없었다. 만일 뇌 고랑이 내면의 일과 바깥의 일을 구분하는 데 관여한다면, 청각적 사건에 국한된다기보다는 환각을 경험하는 일반적인 경향과 연관이 있는 것으로 보인다. 그러나 목소리를 듣는 것은 다른 감각 통로에서 일어나는 환각과 비교해 훨씬 더 흔하게 일어난다. 내적 발화를 생성하는 뇌 체계는 이 전전두의 현실 감시 체계와 특히 밀접하게 연결돼 있는지도 모른다. 그래서 이들 체계 간 소통에 문제가 생기면 다른 환각 대신 목소리가 들리는 경험을 하게 될 가능성이 특히 커지는 것이다. 목소리를 듣는 사람들의 경우 휴지 상태의 뇌[8]는 보통 사람들과 연결 방식이 다르다는 확실한 증거가 이미 나와 있다. 내적 발화에 관여하는 측두 부분과 현실 감시 기능을 지원하는 전두 부분 간의 연결에서 특히 차이가 나타난다.

따라서 왜 어떤 사람들은 목소리를 듣는지를 설명하기 위해서는 여러 다양한 절차가 관련이 있음을 알 수 있다. 목소리를 듣는 수많은 경험을 보면, 내적 발화는 출처를 착각해 목소리로 지각된 내면의 어떤 사건일지도 모른다. 그러나 그런 식의 잘못된 귀인이 진공상태에서 이루어지는 것은 아니다. 현실 감시의 틀 안에서 어떤 사건이 내적인 것인가 아니면 외적인 것인가 판단하는 데는 수많은 다른 요인들이 영향을 미친다. 다른 해석보다 굳이 한쪽 해석으로 치우치게 되는 일반적인 편향은 정보 출처에 대한 어떤 기대와 연관된 것일 수 있다. 과거에 목소리를 들어왔고 그로 인해 괴로워했던 사람이라면 그런 일이 다시 일어날까 봐 신경을 곤두세우고 있을 가능성이 크며, 이는 목소리 해석에 편견으로 작용하고 목소리를 들을지 모른다는 불안감은 자기 충족적 예언이 되어버린다는 이야기다.

이와 같은 일반적 편향을 설명하는 데 적절한 사례로 들 수 있는 유형의 청각적 환각이 있다. 임상심리학자 가이 도지슨은 내게 이렇게 말했다. "사람들은 위협을 느낄 때 위험 신호에 대해 과각성되도록 진화했기 때문에 예상하고 있던 위협을 부정확하게 '듣게' 될 수 있습니다." 이 '과각성' 환각[9]은 심리학에서 대표적으로 구분하는 두 가지 지각 과정 즉, 환경에서 들어오는 데이터에 의해 지각하는 상향식bottom-up 과정과 개인의 신념과 감정이 지각되는 대상을 빚어내는 하향식top-down 과정[10]을 분명하게 보여준다. 적당한 압박과 기대감이 있는 상황에 처하면 사람들은 휴대전화 벨소리나 무선호출기 소리 같은 신호에서도 소통적 의도를 아주 쉽게 감지해낸다는 것이다. 최근 한 연구에 따르면, 육아 중인 여성이 유축기 소음[11]에서 '내 팔을 낚아채' 같은 반복적이고 깜짝 놀랄 만한 말을 하는 목소리를 비롯한 여러 소리를 듣는 일은 흔히 있다고 한다.

문학에서 이와 같은 왜곡된 지각을 묘사한 사례는 에벌린 워에서 찾아볼 수 있다. 그는 1957년 소설 『길버트 핀폴드의 시련The Ordeal of Gilbert Pinfold』에서 목소리를 듣는 경험을 다뤘다. 술과 수면제에 절어 있던, 소설 제목과 같은 이름의 중년 작가는 선박 배관에서 사람 목소리가 들리는 환청을 겪기 시작한다. 올리버 색스는 『환각』에서 핀폴드의 시련을 워 자신의 독소 유발성 섬망을 다룬 철저히 자전적인 이야기로 간주하면서도, 환각이 '개인의 지적, 정서적, 상상적 능력 그리고 속해 있는 문화의 신념 및 양식에 의해 빚어지는 것'임을 입증하는 사례라고 본다.[12] 문화적 신념은 다양한 방식으로 환각 경험에 하향식 영향을 가할 것이다.[13] 우리 연구팀은 최근 관련 증거를 검토한 뒤 한 개인의 문화적 배경(종교 포함)은 무엇을 '현실'로 볼 것인가에 영향을 미치고, 환각 경험 방식을 형성하며, 환각의 의미에도 영향을 미친다는 결론을 내렸다. 가령, 스탠퍼드대학의 인류학자 타냐 루어만은 가나와 인도의 환청 환자들은 캘리포니아 출신의 비교집단에 비해 자신에게 들리는 목소리를 지인이라고 여기고 목소리를 대화에 참여시키는 경우가 더 많음을 확인했다. 환각을 온전히 생물학적 기제로 설명할 수 있다고 보는 견해와는 양립할 수 없는 연구결과다.

개인의 문화적 배경에 영향을 받는 것은 단지 하향식 과정만이 아니다. 비고츠키에 따르면 내적 발화는 그 원천이라 할 수 있는 사회적 대화에 의해 형성된다. 아울러 사회적 대화는 사람들이 서로 어떻게 상호작용해야 하는지를 알려주는 문화적 규범의 영향을 받을 것이다. 특히 중요한 것은 혼잣말이 내면화되어 가는 시기에 이루어지는 아이와 양육자 간의 상호작용이다. 혼잣말이 발달상에서 어떤 편차를 보이는지를 다룬 비교문화 연구는 지금까지 거의 이뤄지지 않았다. 영국과 사우디아라비아 출신의 아동 표본집단[14]을 연구한 압둘라만 알-남라는 아이들이 어른들의 대화에 참여하는 것을 얼마나 권장하는지에 관한 문화 간 차이가 아이들의 혼잣말 속에 나타날 것으로 예측했다. 우리의 가설대로 사우디아라비아 어린이들은 영국 아이들(남아들이 여아들보다 더 많이 발화함)과 달리 성별에 따른 차이를 보이지 않았다. 우리는 이런 결과가 사우디 소녀들이 여자만 있는 모임에서 자기 표현을 할 기회가 반영된 것이라고 주장하는 한편, 사우디 소년들은 남자들끼리의 대화에 적극 참여하지 않고 주로 듣고 있을 것으로 예상했다.

지금까지, 혼잣말의 문화적 차이에 관한 이 같은 학계의 제한적 관심은 내면의 혼잣말에 관한 연구로까지 이어지지는 못했다. 특정 언어들이 어떻게 내적 발화에 특정 속성들을 부여하는지[15] 그리고 그것이 어떻게 다른 언어에서는 불가능한 사고 패턴까지도 가능하게 할 수 있는지 좀 더 알아볼 필요가 있다. 우르두어와 영어로 생각할 때의 차이를 기술했던 아머 후세인의 개인적인 이야기들을 제외하면, 이 주제에 관한 연구는 거의 전무하다. 아울러 사회적 맥락에 의해 내적 발화가 어떻게 형성되는지에 대해서도 아직 더 알아낼 것들이 많다. 언어가 우리 내면에서 어떤 길을 거쳐 정확히 '어떻게' 변형되는지에 관한 좀 더 심도 있는 질문들을 던져보아야 한다. 한 가지 확실한 것은 언어의 압축 과정에 대해 더 알아야 한다는 것이다. 지금까지 살펴본 것처럼 압축된 내적 발화에서 확장된 내적 발화로의 변환은 목소리를 듣게 되는 원인을 착각하게 만드는 구체적 시발점일 가능성이 높다. 향후 가능한 한 가지 질문은 압축된 내적 발화의 전보 같은 간결성이 오귀인을 막아주는 것인지, 그리하여 또 다른 존재로 잘못 귀인할 위험이 있는 것은 오직 확장된 형태의 내적 혼잣말밖에 없는가 하는 것이다. 만일 이런 예측이 유효하다면, 일반적인 처리 편향 가능성이 있음에도 불구하고, 왜 내적 발화 중 오직 일부만이 외부의 목소리로 잘못 지각되는지의 문제를 해결하는 데 도움이 될 것이다.

많은 목소리가 독특한 개성을 지닌 인물로 의인화되는 것 역시 설명이 필요한 부분이다. 한 가지 가능성은 타인들의 정신 상태를 표상하고 계속 파악하는[16] 통상적인 과정에 뭔가 문제가 생긴 것이다. 사회적 인지 능력 혹은 마음이론으로 알려져 있는 여러 심리적 능력들에 문제가 있을 가능성이다. 벤 앨더슨-데이와 내가 개발한 모형에 따르면, 이 비정상적인 마음이론 과정이 대화적 내적 발화의 '빈 주차칸'을 포착하는 사회적 표상을 내던져 버리고, 이전까지는 그곳에 없었던 인물을 내적 대화 속으로 끌어들이는 것이다.

목소리의 비밀은 주로 내적 발화 네트워크가 다른 뇌 체계와 협력하는 방식과 관련이 있다. 앞서 우리가 확인했듯이 다른 인지 체계들에 '플러그를 꽂기' 위해 내적 발화가 나타난다. 이 인지 체계는 이른바 집행 기능 같은 것인데 우리의 행동을 계획, 제어, 억제한다. 집행 과제에 계속 집중하게 만드는 뇌 안의 체계는 뇌의 디폴트 모드 혹은 휴지 상태의 네트워크와는 반대로 일하는 중인 것으로 여겨질 때가 많다. 대략적으로 말하자면, 한 네트워크가 켜지면, 다른 네트워크는 꺼지고, 또 반대로 하나가 꺼지면 다른 것이 켜지는 것이다. 그러나 내적 발화는 디폴트 네트워크에 플러그를 꽂을 수도 있다. 이 디폴트 네트워크는 우리의 생각 활동 중에서 백일몽이나 잡념 등 집중해서 해결해야 할 특정 과제가 없는 생각들을 뒷받침하는 것으로 보인다. 관련 연구는 아직 걸음마 단계에 불과하지만, 대개 잡념은 본질상 언어적[17]이며, 대부분의 잡념은 근본적으로 내적 발화 속 백일몽으로 묘사될 수밖에 없음은 분명하다. 따라서 내적 발화 네트워크는 대체로 서로 반대로 작동하는 것처럼 보이는 두 가지 네트워크 체계와는 별개로 상호작용이 가능하다. 우리 머릿속 단어들은 제어하고 지시할 수 있을 뿐 아니라, 각종 환상을 빚어내고 다른 현실을 꿈꿀 수도 있다.

우리가 내적 발화 연구의 미래를 생각하고 있긴 하지만, 과거에 대한 목소리를 잊어서는 안 된다. 디폴트 네트워크의 가장 중요한 역할은 아마도 지난 삶에 대한 이야기를 쉬지 않고 자아내는 자전적 기억에 있을 것이다. 내적 발화 체계와 디폴트 네트워크 간의 상호작용은 수많은 환각 속 목소리가 기억 과정과 어떤 관계를 맺고 있는지를 설명할지도 모른다. '내적 발화'와 '기억' 사이의 차이점을 별개의 두 체계 간 차이로 여기지 말고, 내적 발화 네트워크는 트라우마 등 휴면 기억에 대한 표상이 — 때로는 그 끔찍한 사건이 일어난 지 수십 년 만에 — 재활성화되는 통로라고 보는 것이 더 타당할 것이다. 다시 말하지만, 끔찍한 기억이 우리 머릿속에서 단어로 다시 표면에 떠오르는 과정은 여전히 연구해야 할 부분이 많이 남아 있다.

머릿속 목소리는 강렬한 경험이다. 통상적인 내적 발화에도 가끔씩 우리가 듣곤 하는 평범한 말의 수위를 넘어 두드러지는 부분이 있다. 영화에서 내레이션 — 영화의 내적 발화라 볼 수 있는 언어적 논평 — 같은 장치가 갖는 힘과도 비슷하다. 2014년 오스카 수상작인 블랙코미디 영화 〈버드맨Birdman〉에서 내레이션은 말 그대로 환각 속의 목소리로, 주인공의 또 다른 자아인 수퍼히어로가 하는 논평이다. 유성영화가 나오기 전, 관객들은 스크린 속 이미지들로부터 의미를 찾아내기 위해 해야 할 일이 훨씬 더 많았다. 러시아의 문학평론가 보리스 예이헨바움에 따르면 내적 발화는 무성영화의 시각적 흐름 안에 있는 불연속점을 관객들이 이해할 수 있게 해주는 기제의 일부였다. 사회학자 노버트 윌리는 이를 한번 뒤집어 우리의 통상적인 의식의 흐름을 내적 발화가 해석하는 것이라고 주장했다. 옛날 관객들이 스크린 위에서 휙휙 지나가는 이미지들로부터 의미를 찾기 위해 속으로 혼잣말을 했던 것과 마찬가지라는 얘기였다. 윌리의 말을 들어보자. "삶은 무성영화와도 같은 것이며, 내적 발화가 이것을 앞뒤가 맞게 만들어준다."[18]

여러 가지 이유에서, 내적 발화는 우리가 우리 자신과 소통하는 지배적인 방식이다. 외적 발화가 타인들과 상호작용하는 기본 통로인 것과 마찬가지다. 만일 그런 내면의 소통 과정에 무엇인가 변화가 일어나면 기이하고 심지어는 고통스럽기까지 한 경험이 뒤따를 수 있다. 형태가 뭐가 됐든 간에 목소리를 듣는 경험은 자아가 스스로에게 어떻게든 전달하고자 했던 내용이 왜곡된 경우라는 관점은 위안이 되고 심지어는 해방감마저 줄 수 있다.

※

내적 발화를 자아와의 대화로 보는 견해에서 우리가 얻는 것은 무엇일까? 나는 프로 운동선수의 자기 조절적 비판에서부터 중세 영국의 신비주의자가 받았다는 신의 계시에 이르기까지, 내적 대화로서의 머릿속 목소리에 초점을 맞추면 인간 정신세계의 수수께끼 같은 특징들을 어느 정도 밝혀줄 수 있으리라 생각했다. 정신적 목소리에는 다양한 형태, 그리고 이와 관련된 다양한 기능들이 있고, 이 목소리는 또 어린 시절 내적 발화가 어떻게 발달했는지에 따라 달라지며, 혼잣말은 매번 그 사회적 기원을 배신한다는 사실을 말하고자 했다. 내적 발화를 목소리 환청이라는 조금은 이례적인 경험과 대응시켜 탐구함으로써, 우리는 내적 발화가 얼마나 다채로운 경험인지 알 수 있고, 내적 발화와 목소리를 듣는 것 사이의 공통점과 차이점을 이해하며, 그들의 개인적, 문화적, 심리학적 의미를 좀 더 깊이 이해할 수 있는 출발점에 서게 되었다.

이 책에서 다룬 몇몇 경험들은 우리가 내면의 대화로 정의하던 것의 경계를 약간 확장한 것처럼 보일 것이다. 예를 들어, 소설가의 창의적 사고는 서로 간의 대화라기보다는 우연히 듣거나 엿듣는 것에 더 가까운 것 같다. 자기 작품 속 등장인물과 직접 교감한다는 작가는 별로 없었다. 소설을 쓰면서 개인적으로 겪은 바는 (미신일지도 모르지만) 작품 속 등장인물에 대꾸하면 서서히 자연스레 떠오르고 있는 이야기의 흐름이 끊어질 것만 같은 느낌이 든다는 것이다. 일단 목소리가 등장하게 되면, 대화에 관여하지 않고도 (아마도 어떤 사회적 표상의 비정상적 활성화를 통해) 떠올려질 수 있도록 빈 주차칸 모형을 좀 더 다듬을 필요는 있을 것 같다. 분명, 당신이 할 수 있는 것은 이런 식으로 다른 목소리를 머릿속에 들이는 것뿐이다. 당신에게는 내적 대화라는 대화적 구조가 있고, 이는 당신이 한 인간으로서 어떻게 발달했는지를 나타내는 함수이기 때문이다. 우리는 모른다. 그러나 이는 적어도 오래도록 신비에 싸여 있던 창의성이라는 과정을 고찰하는 새로운 방법이다.

대화적 내적 발화 모형 역시 영적인 맥락에서 목소리를 듣는 사람들을 달리 생각해보는 데 유용하다. 마저리 켐프의 경험은 오늘날 환청을 이해하는 데 시사하는 바가 크지만, 켐프의 사례를 환각을 겪은 개인의 사례라고 문자 그대로 받아들이는 것은 경계해야 한다. 그런 경험들을 정상화하고 낙인을 제거할 필요는 분명히 있지만, 강력하고 심오하면서도 사람을 극도로 쇠약하게 만드는 현상을 사소한 것으로 치부할—양측 모두에 해로울 수 있는—위험 역시 존재한다.

오히려 우리는 켐프의 경험들 그리고 그녀 같은 사람들의 경험을 내적 대화의 일부로 생각할 수 있다. 마저리는 신에게 기도하고 있었던 것일까, 아니면 자기 자신에게 말하고 있었던 것일까? 물론 당신의 대답은 당신의 우주관에 따라 달라질 것이다. 마저리의 경험이 가지는 영적 의미를 부인하지 않고도, 나는 우리가 내면의 대화라는 전략을 택함으로써 진일보할 수 있다고 생각한다. 특히 내적 발화의 축약 버전과 확장 버전을 구분한다면 더욱 좋을 것이다. 마저리는 평소 일상적인 내적 발화로 신과 대화를 나누고 있지만, 이는 비고츠키가 말했던 '순수 의미로만 생각'하는 단계에 근접한, 골자만 남은 축약된 형태다. 바로 이 내적 대화가 확장될 때, 마저리의 머릿속에서 신의 목소리가 들리는 것이다. 주님과 '함께 있는' 일상적 내적 발화 상태를 온전한 내적 대화가 아닌 일종의 축약된 형태의 내적 대화로 이해한다면, 영적 명상의 심리학[19]을 상당히 다른 방식으로 생각할 수 있게 된다.

또한 대화적 틀을 받아들이면 목소리를 듣는 사람들이나 표준적인 내적 발화 모형을 극구 거부하는 사람들의 진술에도 좀 더 가까이 다가갈 수 있게 된다. 이는 목소리를 듣는 사람들이 그들의 목소리를 다양한 목소리를 한 자아가 나누는—대개 문제가 많은—대화로 이해하고 있음을 반영한다. 자아의 각 양상은 서로 단절되거나 심지어는 소외되어 있을 수도 있는데, 따라서 이 양상들을 있는 그대로의 자기 자신의 일부분으로 인정하는 데는 당사자의 용기 있는 노력이 필요할지도 모른다. 그러나 이런 이해는 목소리를 듣는 경험을 이해하는 중요한 방식일 수 있다. 목소리 환청을 자아와의 대화로 생각하면 내적 발화라는 지나치게 단순화된 모형에 함몰되지 않을 수 있으며, 해당 경험의 엄청난 복잡성을 무가치한 것으로 일축하지 않을 수 있다.

이와 더불어 목소리를 듣는 사람들은 대개 자신의 통상적 내적 발화와 목소리 환청을 구분할 수 있는데, 그렇다면 이 두 가지는 상당히 다른 것이 될 수 있다. 예를 들어 제이는 우리에게 환청의 목소리가 자신보다 더 느릿느릿 말한다고 했다. 또한, 제이는 자신의 내적 발화는 대체로 자신의 외적 목소리와 비슷하다고도 했으므로, 목소리는 그의 내적 발화보다 느리게 말한다는 결론이 나온다. 반면, 애덤은 자신이 듣는 목소리를 자기 생각의 일부로 여기는데, 이 생각은 애덤 자신에게 의견을 말할 수 있다. 이를테면 DES 기법을 실행하고 있는 상황에서도, 대장이 가끔 끼어들었다. 애덤이 지극히 일상적이고 환청도 없는 어떤 순간의 경험에 대해 묘사하고 있을 때, 대장은 불쑥 이렇게 말했다. '나는 네가 무슨 이야길 하는지 알고 있지.' 시간이 흐르면서 애덤은 두 종류의 경험을 구분하려는 노력을 그만두었고, 이렇게 말했다. "생각이 있는 게 아니에요, 목소리가 있죠." 전통적인 정신의학에서는 애덤이 실제로는 목소리를 듣고 있는 것이 아니라 '가성환각pseudohallucination'[20]을 겪고 있다고 말할 것이다. 사실상 완전히 무의미하다시피 한 이 용어는 다행스럽게도 인기가 시들해지고 있다. 애덤의 경험은 그에게는 실제이며, 그런 경험을 가짜 버전의 가짜 경험이라 일축해 버리는 것은 사실 아무에게도 도움이 되지 않는다.

그렇다면, 우리는 머릿속에서 일어나는 이런 대화의 중요성에 대해 어떤 결론을 내릴 수 있을까? 인간이 지적 능력을 갖추려면 언어가 필요하다는 주장은 얼마든지 거부할 수 있다. 사고가 언어에 의존하는지를 다룬 골치 아플 정도로 복잡한 철학 문헌들이 있으므로, 여기서 내 견해는 간단히만 밝혀야 할 것 같다. 우선, '생각한다'라는 것의 의미를 훨씬 더 명확히 하지 않고서는 이 대화를 이어갈 수 없다. 우리가 생각이라 부르는 여러 활동에 대해 자기지시적 언어를 쓰면 엄청난 힘이 되긴 하지만 결코 필수적인 것은 아니다. 내적 발화는 어쩌다 보니 인간의 사고에 기여하게 된 것이지만 결코 유일한 방식은 아니다.

또한 우리가 언어라고 할 때 이것이 의미하는 것이 무엇인지 명확히 할 필요가 있다. 비고츠키는 말이 심리적 도구로 기능하며, 사람이 정신적 능력으로 해낼 수 있는 것들의 범위를 늘릴 수 있다고 본다. 그러나 이런 역할은 충분히 정교한 여느 기호 체계로도 충족될 수 있으며, 따라서 언어적 혹은 청각적인 것에 국한되는 것은 아님이 분명하다. 청력이 없다는 것은 여러 방식으로 언어 사용에 영향을 미치지만, 청각장애인들이 수화로 내적 소통을 못 할 이유는 없다. 많은 청각장애인이 실은 이중언어사용자이며, 이중언어사용은 내적 대화에 관한 온갖 심도 있는 질문을 제기한다. 내가 강연할 때 자주 던져보는 질문이 있다. 이중언어사용자가 있느냐고 묻는 것이다. 그러면 보통 몇 명이 손을 드는데, 나는 그중 아무나 한 명을 골라 다시 묻는다. "그럼 생각은 어떤 언어로 하세요?" 이 질문에 사람들은 늘 흔쾌히 다양한 답변을 내놓지만, 정작 흥미로운 것은 그 질문 자체가 통한다는 사실이다. 만일 생각이 언어적인 것이 아니었다면, 사람들은 그 질문에 당황스러운 표정을 지어 보였을 것이기 때문이다.

언어가 '전혀' 없는 상태에서 생각이 발생하는 사례는 조금 더 복잡하다. 실어증의 경우,[21] 사람들은 대개 말하는 법을 이미 배운 이후—즉 아마도 혼잣말을 하는 법을 익힐 기회가 있었던 이후—에 (뇌 손상이나 질병으로 인해) 언어 기능을 상실한다. 그러므로 실어증 상태의 인지 기능에 관한 연구는 내적 발화 모형을 입증하는 결정적인 실험은 아니다. 언어가 온전했던 시기에 대화적 사고에 필요한 구조들이 이미 발달했을 것이기 때문이다.

자폐증 같은 발달장애는 또 다르다. 자폐증의 내적 발화[22]에 대해서는 알려진 바가 별로 없는데, 이는 자폐 장애가 언어와 의사소통의 문제라는 측면에서 규정되는 장애라, 자폐증이 있는 사람에게 본인의 내적 경험을 기술하게 하기가 어려운 탓도 있다. 자폐인들도 내적 발화를 사용한다고 볼 만한 증거는 아직 별로 없지만, 보통 사람들의 내적 발화에서 나타나는 대화적, 자기 소통적self-communicative 특성은 없는 듯 보인다. 해당 이상이 자폐아들의 성장 과정에서 사회적 상호작용 기회를 제한하는 한 가지 요소인지도 모른다. 만일 당신이 사회적 대화에 참여하지 않는다면, 사회적 대화를 사실상 내면화할 수 없는 것이다.

다양한 언어 결손이 생각에 어떤 영향을 미치는가 하는 질문은 내적 발화가 진화를 거듭해온 이유에 대해서도 시사하는 바가 있다. 언어를 생물학적 개량으로 보는가 아니면 문화적 창조로 보는가는 사실 그다지 중요하지 않다. 중요한 것은 내면의 언어 사용이 유기체에 주는 이득이 있느냐는 것이다. 앞서 살펴봤듯이, 내적 발화는 뇌가 하는 수많은 일을 조화롭게 통합시키는 역할을 한다는 견해가 있다. 수없이 다양한 기능을 수행하도록 진화한 뇌는 이 같은 서로 다른 정보 처리

체계들을 통합할 어떤 방법이 필요할 것이다. 몇몇 학자들에 따르면, 언어는 별개의 자율적인 뇌 체계의 출력을 한데 결합할 수 있으므로 인간의 인지에 관여하게 된 것이다. 비유를 달리하면 내적 발화는 목걸이의 줄이라고 생각할 수 있다.[23] 시각적 심상, 소리, 음악, 감정 등 여러 다양한 경험들이 우리의 의식을 관통해 흐르고 있지만, 이들을 한데 엮어 주는 것이 바로 내적 발화다. 내면의 언어 네트워크가 유연하고도 선택적인 방식으로 다른 체계들에 연결됨으로써 각 신경 체계가 서로 소통할 수 있는 것이다.

내적 발화에 이런 쓰임새가 있다면, 큰 이득일 것이다. 만일 내적 발화에 정말로 생존 기능이 있다면 —극한의 상황에서 목소리를 듣는 경험을 하는 것에서 알 수 있듯— 자연 선택에서도 그대로 살아남게 되리라고 생각할 만한 이유가 더 충분해진다. 목소리 환청을 듣는 많은 사람이 자신의 경험을 특정한 트라우마 사건과 결부시킨다. 예술가 돌리 센은 인터뷰에서 이렇게 말했다. "목소리가 제 목숨을 구했어요.[24] 전 정말 이렇게 말했을 거예요. '살 가치가 없어, 아빠조차도 날 죽이려 들었고, 아무도 내게 관심 없지, 죽는 게 나아.' 제 말은, 자살을 했을 수도 있다는 거예요. 정말로 저를 지킨 건 목소리였어요. … 당시 전 진실을 똑바로 보지 못했거든요, 그러니까 목소리가 제가 죽지 않게 도와줬죠." 이에 대해 히어링 보이스 무브먼트의 창립자인 마리우스 롬므와 샌드라 에셔는 목소리가 고문자이자 보호자로서 이중적 역할을 하는 것이라는 근사한 요약을 한 바 있다. 롬므와 에셔는 이 경험을 "개인적 정체성에 대한 공격인 동시에 그 정체성을 온전하게 지켜내려는 시도"[25]라고 표현한다. 만일 사람들에게 들리는 목소리를 신경계의 찌꺼기에 불과하다고 계속 주장한다면, 그 경험이 갖는 일부 심오한 의미나 고통에서 벗어날 수 있는 길을 잃고 만다.

우리 내면의 목소리는 우리를 안전하게 지키는 데 도움을 줄 수 있다. 또한, 내면에서 '소리 내지 않고 조용히' 말하는 것은 명백한 진화적 이득이 있다. 자기 위치를 포식자나 적에게 알리게 되는 혼잣말이라면 별로 쓸모가 없을 것이다. 내가 지하철 안에서 했던 생각이 아무런 사회적 자본의 손실로 이어지지 않았던 한 가지 이유다. 내면의 대화에 뚜껑을 꼭 닫아두어야 한다는 압력은 어쩌면 사회적인 동시에 진화적인 것일 수 있다. 혼잣말을 소리 내서 하는 것이 서구 학교에서는 대개 허락되지 않는 것도 중기 아동기에 혼잣말이 '지하로 숨어드는' 한 가지 이유인지도 모른다. 그러나 요즘은 소리 내는 혼잣말이 성인이 된 이후에도 여전히 중요하다는 인식이 차츰 증가하는 추세다. 피아제 시대의 기준으로 보면 성인의 혼잣말[26]에 대한 인식에 상당한 변화가 있는 것이다. 이 위대한 발달심리학자는 이렇게 썼다. "내적 발화에 대해서는 말할 것도 없고, 혼잣말, 즉 들릴 만한 소리로 독백을 계속하는 버릇을 지닌 사람이 꽤 많다. 노동계급이든 아니면 '지식계급' 중에 다소 부산스러운 사람이든 마찬가지다." 청소부일 수도 있고 정신없는 교수일 수도 있겠지만, 어쨌든 피아제는 혼잣말로 떠들어대는 것은 문명인이 할 행동은 아니라고 생각했던 것이 분명하다.

내적 발화가 우리에게 줄 수 있는 도움의 목록은 이미 길고, 관련 연구가 계속됨에 따라 그 목록은 더 길어질 것이다. 무엇보다도, 나는 내적 발화가 기억에서 실질적인 역할을 담당하는 것으로 밝혀지리라 생각한다. 지금까지 우리는 기억 재료를 말로 반복하는 것이 인간의 작업 기억 체계에서 얼마나 중요한 부분인지 확인했다(당신이 슈퍼마켓을 둘러볼 때 자기 자신에게 쇼핑 목록을 읊어주는 경우를 떠올려 보라). 좀 더 장기적으로 보면, 우리 자신에게 하는 말은 과거를 장악하는 방식에서 큰 부분을 차지할지도 모른다. 아이의 자전적 기억의 발달[27]은 지나간 사건에 관해 부모와 함께 나누는 대화 종류에 영향을 받는 것으로 알려져 있다. 만일 아이들이 사건의 주요인물의 정서나 느낌 등 세세한 부분을 묘사하는 어른들의 대화에 노출된다면, 자기 나름의 좀 더 풍성한 자전적 내러티브를 생성한다는 얘기다. 런던탑 과제를 활용한 연구에서 압둘-라만 알-남라는 자기조절적 혼잣말을 많이 하는 아이일수록 더 정교한 자전적 내러티브도 많이 만들어낸다는 사실을 발견했다. 내적 발화가 어른들의 기억을 매개한다는 증거도 있다. 이중언어사용자들은 상대적으로 더 나중에 배웠던 언어에 비해 사건이 있던 당시 썼던 언어로 관련 질문을 받으면 해당 사건을 더 쉽게 기억해낸다. 이는 탐색에 사용되는 언어 종류에 기억이 민감할 수 있도록 우리가 기억을 언어적으로 암호화한다는 주장에도 부합한다.

이와 같은 내적 언어의 중요한 역할은 분명 우리가 우리 자신을 인식하게 되는 방식[28]에서도 일정한 역할을 했을 것이다. 데니스 라일리의 말을 들어보자. "우리의 내적 발화는 최소한 우리에게 충실하다. 그것이 항상 거기에 있다는 것은 안심이 되기도 하고 성가시기도 하다. … 떠날 생각이 없는 어떤 손님과의 수상하고도 한결 같은 동거가 시작되는 셈이다."[29] 캐나다의 심리학자 얼레인 모린은 혼잣말을 하는 사람들은 자기인식 및 자기평가 척도에서 더 빈번하게, 더 높은 점수를 매긴다는 사실을 확인했다. 우리가 자기 자신에 대해 만들어내는 내러티브들이 자아를 고정시키는 닻 역할을 한다는 주장은 실어증 연구를 통해 뒷받침되었고, 실어증이 자신을 파악하는 감각을 약화시킬 수 있다는 것도 확인되었다. 이를테면 뇌졸중으로 인해 말하는 능력을 일시적으로 상실했던 질 볼트 테일러 박사가 쓴 글에 따르면 "내 머리 안에 일찌감치 자리 잡은 극적인 침묵"은 개인성에 대한 감각과 자전적 기억을 재생하는 능력을 떨어뜨렸다. 혼잣말하는 능력을 상실하면, 우리 자신이 어떤 사람인지에 대한 감각도 일부 상실할 수 있다.

내적 발화가 중요한 역할을 하는 또 하나의 영역은 바로 옳고 그름에 대한 추론이다. 내 경우는 딜레마와 씨름할 때 온전한 형식의 내적 대화를 경험할 가능성이 가장 큰 것 같다. 아이들이 소리 내어 하는 혼잣말을 사용해 도덕적 문제를 고찰하는 방식[30]을 살펴본 연구 한 건을 제외하고는, 이 주제에 관한 연구는 거의 전무한 실정이다. 여덟 살짜리 미국 소녀 하나는 어른들이 외출했을 때 자기 여동생을 통제하느라 애를 먹는 상황을 다음과 같이 묘사했다.

음, 그래, 내가 그걸 하는 거야. 가끔 할머니랑 엄마아빠랑 없을 때 쟤는 가지 말라는데 가고 막 그러니까, 그럼 나는 말하는 거야. '아니, 그러면 안돼.' 그런 다음 '좋아' 아니면 '싫어'라고 하기 전에 나한테 혼잣말을 하는 거지. 그러고 나서 쟤한테 말하면 되는 거야.

… 그래, 먼저 혼잣말을 한다. '글쎄, 난 모르겠다, 생각 좀 해봐야겠어.' … 그런 다음 동생이 잠깐 앉아 있으면 내가 뭔가 말을 하는 거지, 그러고 나서 내가 '아니'라고 하는 거야, 왜냐하면 동생이 어디로 갈지 어쩔지 난 모르니까, 어쩌면 밖으로 나가버릴지도 모르잖아.

이런 내적 대화는 도덕적 기능을 지닌 듯 보인다. 아이가 옳고 그름을 구분할 수 있게 돕는 것이다. 어쩌면 여러 관점을 이런 식으로 주고받는 것은 이후 삶에서도 계속 중요한 일일지도 모른다. 크리스토퍼 이셔우드의 회고록 『크리스토퍼와 친구들Christopher and His Kind』을 보면 젊은 시절의 이셔우드는 자신의 동성애적 성향을 두고 자기 자신과 분노의 대화[31]를 나눈다.

너도 여자애들의 몸매에 흥분할 수는 없는 거니. 열심히 노력해도? 아마 안 될 거야. 그럼 또 다른 환상을 꾸며낼 수는 없는 거냐고. 여자애들을 집어넣어서? 대체 내가 왜 그래야 하는데? 글쎄, 그게 너한테 훨씬 더 편할 테니까, 그렇게만 한다면.

러셀 헐버트의 DES 연구에서는, 간혹 논쟁의 파편들이 보이기는 해도 본격적인 도덕적 논쟁은 거의 찾아볼 수 없다. 한 표본 사례에서, 어떤 여성은 기사를 읽으며 좀 전에 있었던 남편과의 말다툼에 대해 생각하는 중이었다. 언쟁을 되짚던 그녀는 어떻게 그이가 그런 말을 할 수 있었을까 생각하며 화가 났다. 정확한 단어들을 밝히지는 않았지만, 속상하고 불쾌했던 어떤 내용을 떠올린 것 같았다. 내적 발화의 좀 더 구체적인 경우로는 스페인어 숙제를 베끼는 행위의 옳고 그름을 놓고 여동생과 토론하고 있었던 여성의 사례에서 찾아볼 수 있다. 호출음이 울리는 순간 그녀는 속으로 혼잣말을 하는 중이었다. '쉬운 일이야.'

아마도 내적 말하기의 이 같은 긍정적인 효과들은 부정적인 일이 벌어졌을 때 그에 대처하는 능력을 향상시키는지도 모른다. 청각 언어적 환각이 내적 발화와 관련된 유일한 병리학적 경험은 아니다. 고통이나 불행의 이유를 강박적으로 곱씹는 것을 지칭하는 반추증rumination[32]에는 환각을 비롯한 몇 가지 정신의학적 증상들이 동반된다. 반추가 언어적 현상일 가능성이 크다는 것을 많은 사례가 보여주고 있지만, 이를 확인해보려는 시도는 지금껏 전무하다시피 했다. 청각적 양상[33]은 비참한 일들을 곱씹는 데 특히 적합한 통로인지도 모른다. 당신은 어떤 청각적 표상과 자급자족적인 대화를 이어나갈 수 있는데, 이것은 (특히 청각적 표상이 나름의 개성이 있는 행위자로서의 '타자'의 형태를 취하는 경우) 시각적 이미지로는 어려운 방식일 것이다. 따라서 언어적 반추는 창의적이고, 자유로운 내적 대화의 음울한 버전일지도 모른다.

어쩌면 이는 목소리를 안전 기제라고 보는 히어링 보이스 무브먼트의 관점을 이해할 수 있는 방편인지도 모른다. 부정적인 감정이 청각적 양상 속에 집중되면, 그 감정을 다루기가 조금은 더 쉬워질 수 있다. 목소리와 부정적 반추는 달갑지 않은 것일 수 있지만, 적어도 대적해볼 수는 있다. 어쨌든 내적 발화가 지배적이라는 말은 고통에 대한 유기체의 회복탄력성에서 내적 발화가 발전적 역할을 한다는 점을 궁극적으로 반영하는 것일지도 모른다. 아바타 치료와 비슷한 방식으로, 고통을 주는 것에 어떤 물질적인 외적 형태를 입히는 것은 환자가 고통에 더 수월하게 맞설 수 있게 해 줌으로써 그로 인한 불행을 줄일 수 있다.

이런 관점은 CBT의 몇 가지 원칙과도 분명히 일맥상통한다. 만일 당신이 우울증에 CBT 처방을 받는다면, 부정적인 생각들을 적어보라는 권유를 받게 된다. 말하자면, 일기장에 부정적 생각을 기록한 다음 내용이 계속 유효한지 꼼꼼히 따져보는 것이다. 목소리 환청에 대한 CBT[34] 처방도 비슷한 방식으로 진행한다. 우리 팀이 더럼에서 개발한 프로그램에서는 내적 발화가 어디서부터 오고 왜 그런 속성을 지니는지 당사자가 이해하도록 돕는 데 주력했다. 한 환자에게는 자신을 고문하고 있는 것이라고 믿었던 사악한 심리학자를 머릿속에 그려보고 상상 속 목소리를 다시 빚어보게 했다. 심각하게 받아들이기 힘든 희극적 인물로 바꿔보게 한 것이었다. CBT 매뉴얼의 공저자 중 한 명인 데이비드 스메일리스는 이렇게 말한다. "그에게 들리는 목소리를 덜 위협적인 것으로 느껴지게 변형시키는 거였죠. 환자는 자신의 내적 발화를 통제할 수 있듯이 목소리도 어느 정도는 통제할 수 있다는 걸 알게 됐습니다." 그 결과 목소리가 약화된 것 같았고, 이것은 환자의 고통을 덜어주는 데 핵심적인 역할을 했다.

한편, 이 작업은 사람들이 자기 머릿속에 떠오르는 생각들―언어적인 것이든 아니든―은 통제 불가능할 때가 많음을 인정하게 돕는 것이다. 문제는 침입적 인지intrusive cognition의 발생 여부에 있지 않다. 침입적 인지는 발생하기 마련인데, 강박 장애[35] 같은 병리학적 이상 사례에서는 심각한 고통을 초래할 것이다. 중요한 것은 그런 나쁜 생각들이 불쑥 나타날 때 어떻게 대응하는가 하는 문제인 것 같다. 이와 같은 설명이 가진 장점을 잘 보여주는 가장 좋은 사례는 역사에서 찾을 수 있다. 온갖 의심과 걱정에 시달리던 새뮤얼 존슨의 전기를 쓴 제임스 보스웰은 존슨을 맹수에 맞서 싸우는 검투사에 비유했다.[36] 생존에는 자기통제를 위한 절체절명의 싸움이 필요했다. 존슨은 이렇게 썼다. "이성을 지배하는 환상의 모든 힘이 정신이상 수준이다. 그러나 이 힘은 우리가 통제하고 억제할 수 있는 범위 내에 있는 한, 타인에게는 보이지 않으며 지적 능력의 악화로 간주되지도 않는다. 눈에 띄는 광기가 아니라 통치불가능한 상태가 됐을 때 말이나 행동에 뚜렷이 영향을 미치는 것이다." 존슨은 자신의 정신건강을 심각하게 걱정했고, 합리적 힘에 근거하지 않은 것은 무엇이든 그가 그토록 중시하던 섬세한 정신적 균형에 위협이 된다고 생각했다.

반면, 보스웰은 무질서한 것, 침입적인 것, 무작위적인 것들을 포용했다. 문예학자 앨런 잉그램은 보스웰이 자기 자신의 마음의 움직임에 매료됐으며, 존슨이 그토록 두려워했던 무질서한 생각들―"나를 사로잡을 만한 변덕스런 기분들과 불쑥불쑥 솟구치는 내 풍성한 상상력"―을 기꺼이 받아들였다고 적고 있다.

나는 나 자신에 정말 만족한다. 단어들은 마치 모팻 산(스코틀랜드

남부의 고지대_옮긴이)의 양떼처럼 내게 몰려들고, 마치 수레바퀴를 만드는 솜씨 좋은 목수가 돌아가는 베틀의 윗 막대를 돌리듯이 나는 나도 모르는 사이에 근사한 문장들을 부드럽게 내놓는다. 환상이 있다! 직유가 있다! 한 마디로, 나는 지금 천재다.

보스웰은 존슨이 마주했던 것과 유사한 '우울', 그 정신적 혼돈이 가하는 유사한 공격을 알고 있었지만, 존슨과는 사뭇 다른 방식으로 대응했다. 문학계의 두 거장은 매우 비슷한 경험을 했으나, 그에 대한 태도만은 매우 달랐던 것이다.

내면의 대화를 억누르는 좀 더 과감한 접근법은 생각을 깡그리 없애버리려 노력하는 것이라 볼 수 있다. 〈심슨 가족〉의 한 에피소드에서는 호머가 딸 리사를 감각 차단 탱크에 들어가 보게 한다. 탱크 뚜껑이 닫히자마자 호머는 머리가 텅 빈 해탈 상태에 도달하지만, 리사는 신경을 끄려고 점점 더 애를 쓰게 된다. "뇌를 끄기는 너무 어렵군. 생각을 멈춰야 해, 그리고 … 지금. 와, 됐다! 아, 아니야, 이것도 생각이잖아."[37] 아무런 단어도, 이미지도, 그 어떤 것도 없이 머릿속을 완전히 비울 수 있다고 말하는 몇몇 명상가들과 이야기를 나눠본 적이 있다. 기독교 교회의 부정否定의 기도 즉 '비아 네가티바via negativa'[38](라틴어에서 부정의 통로라는 의미로, 인간이 신을 이해하기는 어려우므로 긍정 대신 부정의 진술을 통해 신의 본질을 인식하려는 방식_옮긴이)는 신도들이 내면의 참된 침묵을 통해 하느님의 완전무결함에 근접하도록 독려한다. 마저리나 줄리안이 살았던 시대에 익명의 저자가 쓴 『무지의 구름The Cloud

^{of Unknowing}』속에 나와 있는 대로다. 오늘날 좀 더 대중적인 방식으로는 불교신앙에서 영감을 얻은 마음챙김 명상이 있다. 이 명상은 생각을 내쫓는 대신, 생각하는 사람이 그 생각에 관해 새로운 관점을 가지게 한다.[39] CBT에서는 목소리를 듣는 사람이 자신을 괴롭히는 목소리로부터 비판적 거리를 두는 법을 배울 수 있지만, 마음챙김 명상자는 어떤 생각이 다가올 때 그 생각 바깥에 설 수 있다.

목소리로부터 거리를 확보하는 또 한 가지 방법은 목소리를 비물리적 존재로부터 오는 것으로 이해하는 것이다. 사람들은 목소리가 들리는 경험을 신경과학이나 트라우마 등 다른 어떤 틀보다 영적인 틀 안에서[40] 주로 이해한다. 소통하는 행위자를 감지하는 방식이 환청에 주로 집중돼 있음을 생각하면, 영적 해석은 자연스러운 흐름인 것도 같다. 나는 종교가 없지만, 많은 신도가 자신의 일상적 생각 중 일부를 (꼭 목소리 환청으로 묘사하지는 않더라도) 초자연적 존재로부터 오는 것으로 여길 수 있겠다는 생각이 든다.

우리는 15세기 신비가들의 작품 속에서 이미 이 경험의 스펙트럼—크게 들리는 목소리에서부터 신이 심어주신 생각들에 이르기까지—을 살펴보았다. 후대로 오면 존 웨슬리의 성가들에 '내 모든 죄는 용서받았다고 속삭이는 … 마음속의 작은 목소리'를 향한 갈망의 예들이 많이 나온다. 윌리엄 블레이크 같은 유명 인사들이 목소리를 들었다는 경험을 해석할 때 주의를 요하듯, 여기서도 목소리의 은유적 사용을 경계할 필요가 있다. 흔히 우리는 도덕적 의무를 안내하는 양심의 '목소리'[41]에 대해 이야기하곤 한다. 지그문트 프로이트는 이를 특정 상황에서는 환각으로 나타날 수도 있는(프로이트는 조현병자들이 자신의 행동을 언급하는 환청을 들을 때를 예로 든다) 초자아^{superego}의 발화라고 보았다. 소니아 간디는 2004년 인도 총선에서 자신이 이끄는 국민회의당이 승리한 후 총리로 취임하지 않겠다고 공표했다.[42] '내면의 목소리'가 이유였다. 어쩌면 이런 은유적 사용은 또 다른 간디인 마하트마 간디의 경우와는 대조를 이룰지도 모르겠다. 마하트마 간디에게 내면의 안내자는 훨씬 더 실체적 특성을 지니고 있었다. 단식 문제로 갈등하던 간디는 '아주 가까이서' 목소리를 들었다. "분명히 내게 어떤 사람이 말을 거는 것 같은, 잘못 들을 리 없는 목소리였고, 거역할 수 없었다. … 나는 들었고, 그것이 바로 그 목소리임을 확신했으며, 고통은 끝났다."

기도의 심리학[43]에 관한 여러 연구들에서 다수의 신앙인들이 영적인 목소리를 생생하게 경험한다는 사실이 밝혀졌다. 인류학자 사이먼 데인의 연구에는 자신의 기도에 응답하는 하나님의 음성을 들었다는 런던 북동부 오순절교회 신도 25명에 대한 심층 인터뷰가 실려 있다. 그중 15명은 외부의 어떤 장소에서 크게 들려오는 목소리를 가끔씩 들었다고 했다. 이들은 자기 자신의 생각과 신의 목소리를 뚜렷이 구별했는데, 신의 목소리는 종종 지극히 소박한 인간적 특성을 띨 때도 있었다. 한 신도는 북아일랜드 악센트로 말하는 하나님의 목소리를 듣기도 했다. 신의 목소리와 대화를 나눴다고 답한 응답자 중 다수는 목소리가 질문도 하고, 설명할 것을 요구하기도 했다고 말했다. 정말 거액의 십일조를 꼭 내야 하는지를 물은 어느 신도에게는 목소리가 되

물었다. '하나님의 말씀은 무엇이라 하시느냐?' 그녀는 하느님의 말씀은 수입의 10분의 1을 교회에 헌금하라는 것이라고 대답했다. 그러자 목소리가 말했다. '그래, 그렇다면, 너는 해야 할 바를 알고 있구나.'

여기서 알 수 있듯 사람들이 항상 하나님의 지시에 고분고분 따르는 것은 아니다. 런던의 복음주의교회 교인들에 대한 후속 연구에서, 데인과 신학자 크리스 쿡은 교인 여덟 명에게 신과 소통한 경험에 대해 물었다. 하나님이 노리치의 줄리안을 찾아가라 했을 때 마저리 켐프가 보였던 순종과는 거리가 멀게도, 교인들 모두는 이 상호작용에서 각자 나름의 행위성을 그대로 가지고 있으면서 그 목소리에 따를지 말지 선택할 수 있었다고 답했다. 인류학자 타냐 루어만 역시 신이 말할 때 인간이 항상 행동하는 것은 아님을 발견했다. 포도원 교회(신 ※카리스마파(질병치유 등 하느님으로부터 받은 특별한 능력을 강조하는 종파_옮긴이) 복음교회 교파)에서 하느님의 음성을 듣는 경험을 집중적으로 연구해온 루어만은 하나님이 한 가지 특정한 지침을 내리는 음성을 들었다는 어느 여성의 사례를 언급하고 있다.

> "4월에 주님께서 내게 분명히 말씀하셨습니다. 5월인가 4월인가 그랬어요. 학교를 시작해라."
>
> "음성으로 들으신 거예요?"
>
> "네."
>
> "혼자 계셨습니까?"
>
> "네, 그냥 기도하는 중이었어요. 사실 특별히 어떤 기도를 하고 있지

는 않았고, 그냥 하느님에 대한 생각을 하고 있었죠. 그러다가 들은 거예요. '학교를 시작해라.' 저는 바로 일어나서 그랬죠. '좋아요 주님, 어디서요?'"

하지만 그녀는 결국 하지 않았다. 꼭 해야만 한다는 느낌은 없었다.

당신 머릿속에서 들리는 그 목소리는 무엇일까? 부엌에서 당근을 썰고 있을 때, 버스를 기다릴 때, 이메일을 클릭해서 열어볼 때, 어려운 문제로 고심하고 있을 때 들리는 그 목소리 말이다. 당신에게 말을 거는 그 목소리가 당신인가, 아니면 목소리와의 대화를 통해 끝없이 직조되는 것이 당신인가? 뭐가 됐든 간에 목소리가 멈추면, 당신은 어디로 가는가? 그 목소리가 멎은 적 있는가? 어린아이가 크게 소리 내어 말을 거는 '나' 또는 '너'는 누구이며―특히 연약한 자아가 아직 형성되어가는 과정 한가운데에 있을 때―화자는 누구인가? 서재에서 소설가에게 말을 걸거나 병실에서 정신과 환자에게 말을 거는 것은 누구인가? 예배당 좌석에서 묵묵히 기도를 하고 있는 교인이나 일상적으로 목소리를 듣는 사람들은 파편화된 자아가 전하는 말을 듣는 것일까? 청각 언어적 환각이 낳은 (하지만 우리를 보호하고 또 이해하도록 돕는) 너덜너덜 닳고 해리된 파편들은 무엇인가? 베케트의 이름 붙일 수 없는 자"는 우리에게 상기시킨다. '어떤 다른 은유도 마땅치 않아.'

나는 서재에 앉아 이 단어들을 타이핑하고 있다. 머릿속에서 울려 퍼지는 다음 문장을 듣고, 화면에 그 문장이 생겨나는 것을 보고 있으면 어떤 목소리가 그 문장을 내게 다시 들려준다. 잠시 멈추고 밖에서 윙윙대는 겨울바람 소리를 듣는다. 2월의 어느 화창한 오후 창밖을 내다본다. 이제 그 목소리는 잠잠하지만, 방금 전 다급하게 떠들던 소리의 그림자가 아직 거기 있다. 나는 소리 내어 혼잣말을 중얼대며 씨름 중인 문장들을 내뱉어본다. 내 머릿속, 쉴 틈 없는 뇌의 산물이 나인가, 아니면 내게 되들려오는 메아리들, 이 모든 것—내 자아, 이 단어들, 이 현실—을 구축하는 과정의 일부가 나인가? 짧은 침묵이 있다. 나는 열심히 일했으며, 지금 매우 피곤하다. 하지만 머지않아 그것이 다시 시작되리라는 것을 안다. 가만히 나도 모르는 사이에 아주 익숙하게 시작될 일. 내 머릿속의 목소리는 가끔 더 잘하라고 꾸짖거나 다그치기는 하겠지만, 나를 겁박하거나 깎아내리지는 않을 것이다. 내가 알지 못하는 것들을 말해줄 것이다. 나를 놀라게도 하고 웃게도 만들 것이며, 무엇보다도 내가 누구인지 잊지 않게 해줄 것이다. 나는 전에도 그 목소리를 들어본 적이 있다.

1. 재미있는 치즈 조각들

1) Thomas Nagel, 'What is it like to be a bat?', *Philosophical Review*, 83, pp. 435 – 50, 1974. 생각에 현상학이 있는가, 그리고 생각하는 것에는 (생각한다는) '느낌 같은 어떤 것'이 있는가를 두고 심리철학에서는 열띤 논쟁이 있다. 인지현상학을 지지하는 관점으로는, Terence Horgan and John Tienson, 'The intentionality of phenomenology and the phenomenology of intentionality', in David J. Chalmers, ed., *Philosophy of Mind: Classical and contemporary readings*, Oxford: Oxford University Press, 2002를 참고할 것. 반대 입장으로는 Peter Carruthers and Bénédicte Veillet, 'The case against cognitive phenomenology', in Tim Bayne and Michelle Montague, eds, *Cognitive Phenomenology*, Oxford: Oxford University Press, 2011를 참고할 것..

2) 나는 '내적 경험'이라는 용어를 여러 생각, 감정, 감각, 지각 및 여타 경험 등 의식의 내용을 지칭하는 데 사용한다. '의식적 경험'이나 '현상적 의식' 같은 용어들과도 같은 것으로 볼 수 있다. Russell T. Hurlburt and Eric Schwitzgebel, *Describing Inner Experience? Proponent meets skeptic*, Cambridge, MA: MIT Press, 2007 참고.

3) Ludwig Wittgenstein, *Philosophical Investigations* (G. E. M. Anscombe, trans.), Oxford: Basil Blackwell, 1958, II xi, p. 223.

4) 이후 장들에서 더 명확히 논의하겠지만, 나는 언어가 사고에서 철학자들이 말하는 소위 '구성 요소'의 역할을 담당한다고 주장하려는 것은 아니다. 즉, 언어는 사고에 '필수적'인 것이 아니라, 어쩌다 보니 다수의 인간들이 생각할 때 거의 늘 사용하는 도구가 된 것뿐이다.

5) Philip N. Johnson-Laird, *The Computer and the Mind: An introduction to cognitive science*, London: Fontana, 1988.

6) Ray Jackendoff, *A User's Guide to Thought and Meaning*, Oxford: Oxford University Press, 2012, chapter 15; Charles Fernyhough, 'What do we mean by thinking?', blog post in The Voices Within, *Psychology Today*, 16 August 2010, https://www.psychologytoday.com/blog/the-voices-within/201008/

what-do-we-mean-thinking. 대니얼 카네만의 베스트셀러 *Thinking: Fast and slow* (London: Penguin, 2012)는 '생각'에 대한 자유로운 정의를 채택하여 비의식적(혹은 급속, 1체계) 인지도 포함시키고 있다. 내가 사용한 '생각'이라는 용어는 카네만의 2체계의 의도적이고 노력을 들인 과정에 가깝다. 이 책 175~176쪽도 참고할 것.

7) Robert B. Zipursky, Thomas J. Reilly and Robin M. Murray, '조현병에 대한 잘못된 속설은 퇴행성 뇌질환으로 여기는 것', *Schizophrenia Bulletin*, vol. 39, pp. 1363 – 72, 2013.

8) Eleanor Longden, *Learning from the Voices in My Head*, TED Books, 2013.

9) 환각은 아무런 외부 자극이 없는 상태에서 강렬한 지각을 경험하는 것으로 정의된다. 이 책 198쪽 참고.

10) 양심의 '목소리'에 관한 논의는 이 책 387~388쪽 참고.

11) 이 책에서 내가 관심 있는 대상은 들을 수 있게 말하는 목소리들이 가진 언어적, 음향적, 소통적 속성이 있는 경험들이다.

12) Sir Charles Sherrington, *Man on His Nature*, Cambridge: Cambridge University Press, 1940, p. 225.

13) Miguel de Unamuno, *The Tragic Sense of Life in Men and in Peoples* (J. E. Crawford Flitch, trans.), London: Macmillan, 1931, p. 25.

2. 가스불 켜기

1) Ray Jackendoff, *A User's Guide to Thought and Meaning*, Oxford: Oxford University Press, 2012, chapter 15. 이 책 p. 6 참고.

2) 어느 개인이 아무런 특정 과제 없이 한가할 때 작동하는 정신적 과정에 대한 관심이 최근 들어 폭증했다. Jonathan Smallwood and Jonathan W. Schooler, 'The science of mind wandering: Empirically navigating the stream of consciousness', *Annual Review of Psychology*, vol. 66, pp. 487~518, 2015 참고.

3) Plato, *Theaetetus*, in *Dialogues of Plato* (Benjamin Jowett, trans.), vol. 3, Cambridge: Cambridge University Press, 1871, 155, p. 376. 한국어판은 『테아이테토스』, 천병희 역, 숲

4) René Descartes, *Discourse on Method and the Meditations* (F. E. Sutcliffe, trans.), Harmondsworth: Penguin, 1968.

5) William James, *Principles of Psychology*, vol. 1, London: Macmillan, 1901, p.191.

6) Wilhelm Wundt, 'Selbstbeobachtung und innere Wahrnehmung',

Philosophische Studien, vol. 4, pp.292~309, 1888.

7) Edwin G. Boring, 'A history of introspection', *Psychological Bulletin*, vol. 50, pp.169–89, 1953.

8) James, *Principles of Psychology*, vol. I, p. 189.

9) James, *Principles of Psychology*, vol. I, p. 244.

10) Boring, 'A history of introspection'; Kurt Danziger, 'The history of introspection reconsidered', *Journal of the History of the Behavioural Sciences*, vol. 16, pp.241–62, 1980; Richard E. Nisbett and Timothy DeCamp Wilson, 'Telling more than we can know: Verbal reports on mental processes', *Psychological Review*, vol. 84, pp.231–59, 1977.

11) Michael D. Storms and Richard E. Nesbit, 'Insomnia and the attribution process', *Journal of Personality and Social Psychology*, vol. 2, 319–28, 1970.

12) 2013년 7월 2일 러셀 헐버트와의 인터뷰.

13) Russell T. Hurlburt and Christopher L. Heavey, 'Telling what we know: Describing inner experience', *Trends in Cognitive Sciences*, vol. 5, pp.400–403, 2001; Russell T. Hurlburt and Eric Schwitzgebel, *Describing Inner Experience? Proponent meets skeptic*, Cambridge, MA: MIT Press, 2007.

14) Nisbett and Wilson, 'Telling more than we can know', p.246.

15) Eric Schwitzgebel, 'Eric's reflections', in Hurlburt and Schwitzgebel, *Describing Inner Experience?*, pp.221–50.

16) p. 185 참고.

17) Hurlburt and Schwitzgebel, *Describing Inner Experience?*

3. 혼잣말의 심리학

1) Ray Jackendoff, *A User's Guide to Thought and Meaning*, Oxford: Oxford University Press, 2012, p. 82; Ludwig Wittgenstein, *Philosophical Investigations* (G. E. M. Anscombe, trans.), Oxford: Basil Blackwell, 1958, I 329, p. 107; Peter Carruthers, *Language, Thought, and Consciousness*, Cambridge: Cambridge University Press, 1996, p. 51. 이들 철학자들은 내적 발화의 빈도에 관한 경험적 주장보다는 생각과 언어의 관계에 관한 주장을 주로 펼치고 있음을 참고할 것.

2) Bernard J. Baars, *In the Theater of Consciousness: The workspace of the mind*, Oxford: Oxford University Press, 1997, p. 75; Bernard J. Baars, '뇌는 어떤 방

식으로 정신을 드러내는가: 의식적 경험의 근본적 역할을 뒷받침하는 신경학 연구들(How brain reveals mind: Neural studies support the fundamental role of conscious experience)', *Journal of Consciousness Studies*, vol. 10, pp. 100 – 14, 2003.

3) 일종의 경험 표집 방식을 사용한 어느 연구에서는 무작위 표본의 약 4분의 3에서 내적 발화가 나타났다. Eric Klinger and W. Miles Cox, 'Dimensions of thought flow in everyday life', *Imagination, Cognition and Personality*, vol. 7, 1970, pp. 105 – 28. 헐버트 연구팀은 이 연구가 내적 경험 연구에 부적합한 방법들을 사용했다고 비판한다. Russell T. Hurlburt, Christopher L. Heavey and Jason M. Kelsey, 'Toward a phenomenology of inner speaking', *Consciousness and Cognition*, vol. 22, pp.1477 – 94, 2013.

4) Pascal Delamillieure et al., 'The resting state questionnaire: An introspective questionnaire for evaluation of inner experience during the conscious resting state', *Brain Research Bulletin*, vol. 81, pp. 565 – 73, 2010. 휴지 상태의 내적 발화에 관한 더 자세한 논의는 11장 및 12장을 참고할 것.

5) 한 가지 유명한 구분법은 '언어적' 사고자와 '시각적' 사고자로 나누는 것이지만, 대체로 이 영역의 연구는 두 범주의 사람들이 실제로 얼마만큼의 내적 발화를 사용하는지 측정하지 않았다. 다음 예를 참고할 것. Alan Richardson, 'Verbalizer – visualizer: A cognitive style dimension', *Journal of Mental Imagery*, vol. 1, pp.109 – 25, 1977.

6) 혼잣말이라는 용어는 스포츠심리학에서 널리 사용되고 있지만, (들을 수 있는) 외적 발화와 안으로 숨겨진 발화를 대개 전혀 구분하지 않는다는 비판을 받아 왔다. Adam Winsler, 'Still talking to ourselves after all these years: A review of current research on private speech', in Adam Winsler, Charles Fernyhough and Ignacio Montero, eds, *Private speech, executive functioning, and the development of verbal selfregulation*, Cambridge: Cambridge University Press, 2009.

7) W.Timothy Gallwey, *The Inner Game of Tennis*, New York: Random House, 1974, p.9.

8) Plato, *Theaetetus*, in *Dialogues of Plato* (Benjamin Jowett, trans.), vol. 3, Cambridge: Cambridge University Press, 1871, 190, p.416. 한국어판은 『테아이테토스』, 천병희 역, 숲

9) William James, *Principles of Psychology*, vol. 1, London: Macmillan, 1901, p. 281.

10) Charles Sanders Peirce, *Collected Papers of Charles Sanders Peirce* (C. Hartshorne and P. Weiss, eds), vol. 4, 1933, p. 6; Margaret S. Archer,

Structure, Agency and the Internal Conversation, Cambridge: Cambridge University Press, 2003.

11) George Herbert Mead, *Mind, Self, and Society: From the standpoint of a social behaviorist*, Chicago: University of Chicago Press, 1934.

12) '승자가 되라고 제 자신을 독려했어요, 라고 머레이는 말한다.' *The Times*, 2013년 3월 30일자.

13) James Hardy, 'Speaking clearly: A critical review of the self-talk literature', *Psychology of Sport and Exercise*, vol. 7, pp. 81 – 97, 2006; James Hardy, Craig R. Hall and Lew Hardy, 'Quantifying athlete self-talk', *Journal of Sports Sciences*, vol. 23, pp.905 – 17, 2005; Winsler, 'Still talking to ourselves after all these years'.

14) Judy L. Van Raalte et al., 'Cork! The effects of positive and negative self-talk on dart throwing performance', *Journal of Sport Behavior*, vol. 18, pp.50 – 57, 1995.

15) Michael J. Mahoney and Marshall Avener, 'Psychology of the elite athlete: An exploratory study', *Cognitive Therapy and Research*, vol. 1, pp.135 – 41, 1977.

16) 다음 장에서 내적 혼잣말과 외적 혼잣말의 구분에 대해 다시 살펴볼 예정이다.

17) Peter McLeod, 'Visual reaction time and high-speed ball games', *Perception*, vol. 16, pp. 49 – 59, 1987; Michael F. Land and Peter McLeod, 'From eye movements to actions: How batsmen hit the ball', *Nature Neuroscience*, vol. 3, pp. 1340 – 45, 2000; John McCrone, 'Shots faster than the speed of thought', *Independent*, 23 October 2011; Frank Partnoy, *Wait: The useful art of procrastination*, London: Profile Books, 2012, chapter 2.

18) Adam Miles and Rich Neil, 'The use of self-talk during elite cricket batting performance', *Psychology of Sport and Exercise*, vol. 14, pp. 874 – 81, 2013. 이 연구가 매우 독창적이기는 하나, 그 연구결과에 지나친 의미를 부여하지 않는 것이 중요하다. 우선, 실험참가자들의 보고내용은 사건들로부터 1주일이 경과한 시점에 머릿속에서 진행된 내용에 대한 재구성을 포함하므로, 기억의 변덕에 노출돼 있다. 야심만만하게 말하고 생각한 것이나 타자가 기술한 내용에 이상화시켜 재구성한 부분이 있는지 여부를 객관적으로 판단할 길은 없었다. 또한 이런 발화들이 성취해 내는 바에 관해서는 어떤 인과적 결론도 내릴 수 없다. 해당 단어들이 기술된 대로 발화됐다 하더라도, 그 단어들이 주의집중, 행동, 동기부여를 제어하는 효과가 있었는지 확인이 불가능하다. 마지막으로, 이 분야(그리고 혼잣말에 관한 대부분의 설문 연구는 좀 더 일반적으로)의 거의 모든 연구가 그렇듯, 연구자들은 드러난 발화와 숨겨진(묵음의) 발화를 구

분하지 않았다.

19) Małgorzata M. Puchalska-Wasyl, 'Selftalk: Conversation with oneself? On the types of internal interlocutors', *The Journal of Psychology: Interdisciplinary and Applied*, vol. 149, pp. 443 – 60, 2015.

20) Ethan Kross et al., 'Self-talk as a regulatory mechanism: How you do it matters', *Journal of Personality and Social Psychology*, vol. 106, pp. 304 – 24, 2014.

4. 아이의 머릿속

1) *The Language and Thought of the Child* (Marjorie and Ruth Gabain, trans.), London: Kegan Paul, Trench, Trubner & Co., 1959 (original work published 1926), p. 14.

2) Piaget, *The Language and Thought of the Child*, p. 16.

3) L. S. Vygotsky, *Thinking and Speech*, in *The Collected Works of L. S. Vygotsky*, Vol. 1 (Robert W. Rieber and Aaron S. Carton, eds; Norris Minick, trans.), New York: Plenum, 1987 (original work published 1934), p. 70. 피아제가 말한 '자기중심적 발화'는 대개 '혼잣말'이라는 비교적 덜 이론의존적인 용어로 대체돼 온 추세다. John H. Flavell, 'Le langage privé', *Bulletin de Psychologie*, vol. 19, pp. 698 – 701, 1966.

4) Jean Piaget and Bärbel Inhelder, *The Child's Conception of Space* (F. J. Langdon and J. L. Lunzer, trans.), London: Routledge & Kegan Paul, 1956 (original work published 1948).

5) Vygotsky, *Thinking and Speech*.

6) Lawrence Kohlberg, Judy Yaeger and Else Hjertholm, 'Private speech: Four studies and a review of theories', *Child Development*, vol. 39, pp. 691 – 736, 1968.

7) Adam Winsler, Charles Fernyhough, Erin M. McClaren and Erin Way, 'Private Speech Coding Manual', unpublished manuscript, George Mason University, Fairfax, VA, 2004.

8) L. S. Vygotsky, *Mind in Society: The development of higher psychological processes* (M. Cole, V. John-Steiner, S. Scribner and E. Souberman, eds), Cambridge, MA: Harvard University Press, 1978 (original work published 1930, 1933 and 1935).

9) Charles Fernyhough and Emma Fradley, 'Private speech on an executive task: Relations with task difficulty and task performance', *Cognitive Development*, vol. 20, pp. 103–20, 2005.

10) Paul P. Goudena, 'The problem of abbreviation and internalization of private speech', in R. M. Diaz and L. E. Berk (eds), *Private Speech: From social interaction to self-regulation*, Hove: Lawrence Erlbaum Associates, 1992; A. D. Pellegrini, 'The development of preschoolers' private speech', *Journal of Pragmatics*, vol. 5, pp. 445–58, 1981.

11) Charles Fernyhough, 'Dialogic thinking', in Adam Winsler, Charles Fernyhough and Ignacio Montero, eds, *Private Speech, Executive Functioning, and the Development of Verbal Self-regulation*, Cambridge: Cambridge University Press, 2009; Peter Feigenbaum, 'Development of the syntactic and discourse structures of private speech', in R. M. Diaz and L. E. Berk (eds), *Private Speech: From social interaction to self-regulation*, Hove: Lawrence Erlbaum Associates, 1992; Kohlberg et al., 'Private speech'.

12) Robert M. Duncan and J. Allan Cheyne, 'Private speech in young adults: Task difficulty, self-regulation, and psychological predication', *Cognitive Development*, vol. 16, pp. 889–906, 2002.

13) 약간 다르게 정의되기는 했으나, 이 개념은 대개 '단기기억'이라는 좀 더 익숙한 용어를 대체했다. 인지적, 신경과학적 용어로 좀 더 명확히 설명되었다는 이유도 작용한 결과다. Alan Baddeley, 'Working memory', *Science*, vol. 255, pp. 556–9, 1992.

14) Alan D. Baddeley, 'Short-term memory for word sequences as a function of acoustic, semantic and formal similarity', *Quarterly Journal of Experimental Psychology*, vol. 18, pp. 362–5, 1966.

15) 예시 참고, Sue Palmer, 'Working memory: A developmental study of phonological recoding', *Memory*, vol. 8, pp. 179–93, 2000. 단기기억 전략에서 질적 전환에 관한 주장에 반론을 제시하는 연구로는, 다음을 참고할 것. Christopher Jarrold and Rebecca Citroën, 'Reevaluating key evidence for the development of rehearsal: Phonological similarity effects in children are subject to proportional scaling artifacts', *Developmental Psychology*, vol. 49, pp. 837–47, 2013.

16) Abdulrahman S. Al-Namlah, Charles Fernyhough and Elizabeth Meins, 'Sociocultural influences on the development of verbal mediation: Private speech and phonological recoding in Saudi Arabian and British samples', *Developmental Psychology*, vol. 42, pp. 117–31, 2006.

17) Jane S. M. Lidstone, Elizabeth Meins and Charles Fernyhough, 'The roles of private speech and inner speech in planning in middle childhood: Evidence from a dual task paradigm', *Journal of Experimental Child Psychology*, vol. 107, pp. 438-51, 2010.

18) Russell T. Hurlburt and Eric Schwitzgebel, *Describing Inner Experience? Proponent meets skeptic*, Cambridge, MA: MIT Press, 2007, box 5.8, p. 111.

19) John H. Flavell, Frances L. Green and Eleanor R. Flavell, 'Children's understanding of the stream of consciousness', *Child Development*, vol. 64, pp. 387-98, 1993; Charles Fernyhough, 'What can we say about the inner experience of the young child? (Commentary on Carruthers)', *Behavioral and Brain Sciences*, vol. 32, pp. 143-4, 2009; John H. Flavell, Frances L. Green, Eleanor R. Flavell and James B. Grossman, 'The development of children's knowledge about inner speech', *Child Development*, vol. 68, pp. 39-47. 이 연구들에 참여한 아이들은 온전한 음운 루프 등 내적 발화를 할 수 있는 구조를 갖춘 연령대였지만, 대개 그것을 활용할 생각을 하지 않았거나 어떻게 활용할지 몰랐을 수 있다는 전제를 기억할 것.

20) *The Baby in the Mirror: A child's world from birth to three*, London: Granta Books, 2008.

21) Edward St Aubyn, *Mother's Milk*, London: Picador, 2006, p. 64.

5. 생각의 자연사

1) Russell T. Hurlburt and Eric Schwitzgebel, *Describing Inner Experience? Proponent meets skeptic,* Cambridge, MA: MIT Press, 2007, p. 66-8.

2) L. S. Vygotsky, *Thinking and Speech*, in *The Collected Works of L. S. Vygotsky*, vol. 1 (Robert W. Rieber and Aaron S. Carton, eds; Norris Minick, trans.), New York: Plenum, chapter 7, 1987 (original work published 1934).

3) 'The rate of inner speech', *Perceptual and Motor Skills*, vol. 71, pp. 1043-52, 1990.

4) J. Y. Kang의 석사논문 'Inner Experience of Individuals Suffering from Bipolar Disorder', University of Nevada, Las Vegas, 2013. Cited in Russell T. Hurlburt, Christopher L. Heavey and Jason M. Kelsey, 'Toward a phenomenology of inner speaking', *Consciousness and Cognition*, vol. 22, pp. 1477-94, 2013.

5) *Thinking and Speech*, p. 281.

6) Simon McCarthy-Jones and Charles Fernyhough, 'The varieties of inner speech: Links between quality of inner speech and psychopathological variables in a sample of young adults', *Consciousness and Cognition,* vol. 20, pp. 1586‒93, 2011.우리는 마지막 요인을 '평가적/동기부여적'이라 지칭했다. 여기서는 간단히 '평가적'으로 언급하기로 한다.

7) Robin Langdon, Simon R. Jones, Emily Connaughton and Charles Fernyhough, 'The phenomenology of inner speech: Comparison of schizophrenia patients with auditory verbal hallucinations and healthy controls', *Psychological Medicine*, vol. 39, pp. 655‒63, 2009.

8) Hurlburt et al., 'Toward a phenomenology of inner speaking'. 헐버트 연구팀은 몇몇 특정 형태의 내적 발화는 그 활동적 성격을 강조하기 위해 '내적 말하기'로 지칭함을 염두에 둘 것. (p. 46 참고).

9) Ben Alderson-Day and Charles Fernyhough, 'More than one voice: Investigating the phenomenological properties of inner speech requires a variety of methods. Commentary on Hurlburt, Heavey and Kelsey (2013), Toward a phenomenology of inner speaking', *Consciousness and Cognition*, vol. 24, pp. 113‒14, 2014.

10) John B. Watson, 'Psychology as the behaviorist views it', *Psychological Review*, vol. 20, pp. 158‒77, 1913, p. 174.

11) Scott M. Smith, Hugh O. Brown, James E. P. Toman and Louis S. Goodman, 'The lack of cerebral effects of d-tubocurarine', *Anesthesiology*, vol. 8, pp. 1‒14, 1947.

12) 내적 발화에 관한 운동시뮬레이션 가설은 좀 더 광범위한 '체화된 시뮬레이션' 이론과 연결돼 있다. 단어 이해나 정신적 심상 같은 과정들은 행동이나 인지 약화를 나타내는 것일 수밖에 없다는 주장이다. 최신 이론의 요지는 다음을 참고할 것. Benjamin K. Bergen, *Louder than Words: The new science of how the mind makes meaning*, New York: Basic Books, 2012.

13) 예를 들어, 멜라니가 묘사한 본인의 '내적 사고'의 목소리를 참고할 것. Hurlburt and Schwitzgebel, *Describing Inner Experience?*, box 4.2, p. 62; Ben Alderson-Day and Charles Fernyhough, 'Inner speech: Development, cognitive functions, phenomenology, and neurobiology', *Psychological Bulletin*, vol. 141, pp. 931‒65, 2015.

14) R. Netsell and E. Ashley, 'The rate of inner speech in persons who stutter', *Proceedings of the International Motor Speech Conference*, 2010.

15) Gary M. Oppenheim and Gary S. Dell, 'Inner speech slips exhibit lexical bias, but not the phonemic similarity effect', *Cognition*, vol. 106, pp. 528‒

37, 2008; Martin Corley, Paul H. Brocklehurst and H. Susannah Moat, 'Error biases in inner and overt speech: Evidence from tongue twisters', *Journal of Experimental Psychology: Learning, Memory, and Cognition*, vol. 37, pp. 162−75, 2011; Gary M. Oppenheim and Gary S. Dell, 'Motor movement matters: The flexible abstractness of inner speech', *Memory & Cognition*, vol. 38, pp. 1147−60, 2010. 더 자세한 논의는 다음을 참고할 것. Alderson-Day and Fernyhough, 'Inner speech'.

16) 이들 뇌 부위의 3D 레이아웃을 느껴볼 수 있는 좋은 방법은 온라인 뇌 지도 brain atlas나 스마트폰 앱을 이용하는 것이다. '3D 브레인Brain'은 꽤 괜찮은 스마트폰 앱이다.

17) Ben Alderson-Day, Susanne Weis, Simon McCarthy-Jones, Peter Moseley, David Smailes and Charles Fernyhough, 'The brain's conversation with itself: Neural substrates of dialogic inner speech', *Social Cognitive & Affective Neuroscience*, vol. 11, pp. 110−120, 2016.

6. 종이 위의 목소리들

1) Saint Augustine of Hippo, *The Confessions* (Maria Boulding, trans.), Hyde Park, NY: New City Press, 1997, book 6, chapter 3, pp. 133−4. 해당 번역이 언급된 출처는 Mary Carruthers, *The Book of Memory: A study of memory in medieval culture* (2nd ed.), Cambridge: Cambridge University Press, 2008, p. 213, n. 63.

2) St Augustine, *The Confessions*, book 8, chapter 12, p. 224.

3) Alberto Manguel, *A History of Reading*, London: Flamingo, 1997; A. K. Gavrilov, 'Techniques of reading in classical antiquity', *The Classical Quarterly*, vol. 47, pp. 56−73, 1997; M. F. Burnyeat, 'Postscript on silent reading', *The Classical Quarterly*, vol. 47, pp. 74−6, 1997; James Fenton, 'Read My Lips', *Guardian*, 29 July 2006; Sara Maitland, *A Book of Silence*, London: Granta, 2008, p. 151. 중세사학자 메리 카루더스에 따르면 주교로서 끊임없이 좇아 온 나름의 소신을 지녀야 한다는 무게를 이해하기 위해 그곳을 찾아왔던 아우구스티누스 본인이 당시 글을 쓰고 있었으며, 따라서 그가 보인 정서적 반응은 놀라움보다는 감정이입이라는 또 다른 관점도 있다. 무엇인가 아우구스티누스를 놀라게 한 것이 있다면, 그것은 그런 상황에서, 심지어 사람들이 있는 앞에서도 말없이 책을 읽기만 하고 절대 '다른 방식으로는'(가령, 소리내어) 읽지 않던 암브로시우스의 모습이다. Carruthers, *The Book of Memory*, pp. 212−16 참고.

4) Gavrilov, 'Techniques of reading in classical antiquity'.

5) Edmund Burke Huey, *The Psychology and Pedagogy of Reading*, New York: Macmillan, pp. 117–23, 1908. These 'essential characteristics' are explored in more detail below.

6) Marianne Abramson and Stephen D. Goldinger, 'What the reader's eye tells the mind's ear: Silent reading activates inner speech', *Perception & Psychophysics*, vol. 59, pp. 1059–68, 1997.

7) H. B. Reed, 'The existence and function of inner speech in thought processes', *Journal of Experimental Psychology*, vol. 1, pp. 365–92, 1916.

8) p. 67 참고.

9) W. D. A. Beggs and Philippa N. Howarth, 'Inner speech as a learned skill', *Journal of Experimental Child Psychology*, vol. 39, pp. 396–411, 1985.

10) Russell T. Hurlburt and Eric Schwitzgebel, *Describing Inner Experience? Proponent meets skeptic*, Cambridge, MA: MIT Press, p. 101, 2007.

11) David N. Levine, Ronald Calvanio and Alice Popovics, 'Language in the absence of inner speech', *Neuropsychologia*, vol. 20, pp. 391–409, 1982.

12) David N. Levine, Ronald Calvanio and Alice Popovics, 'Language in the absence of inner speech', *Neuropsychologia*, vol. 20, pp. 391–409, 1982.

13) Jessica D. Alexander and Lynne C. Nygaard, 'Reading voices and hearing text: Talker-specific auditory imagery in reading', *Journal of Experimental Psychology: Human Perception and Performance*, vol. 34, p. 446–59, 2008.

14) Adam Phillips, *Promises, Promises: Essays on psychoanalysis and literature*, London: Faber & Faber, 2000, p. 373.

15) Dorrit Cohn, *Transparent Minds: Narrative modes for presenting consciousness in fiction*, Princeton, NJ: Princeton University Press, 1978.

16) Ben Alderson-Day, Marco Bernini and Charles Fernyhough, 'Uncharted features and dynamics of reading: Voices, characters, and crossing of experiences', manuscript under review.

17) Ruvanee P. Vilhauer, 'Inner reading voices: An overlooked form of inner speech', *Psychosis*, in press. 빌하워의 데이터 수집은 '목소리 듣기'로 먼저 검색한 뒤 '읽기'를 수식어로 추가하여 이루어졌다..

18) Elizabeth Wade and Herbert H. Clark, 'Reproduction and demonstration in quotations', *Journal of Memory and Language*, vol. 32, pp. 805–19, 1993.

19) Christopher A. Kurby, Joseph P. Magliano and David N. Rapp, 'Those

voices in your head: Activation of auditory images during reading', *Cognition*, vol. 112, pp. 457-61, 2009.

20) Danielle N. Gunraj and Celia M. Klin, 'Hearing story characters' voices: Auditory imagery during reading', *Discourse Processes*, vol. 49, pp. 137-53, 2012.

21) Alderson-Day, Bernini and Fernyhough, 'Uncharted features and dynamics of reading.' 단지 이런 이유로 자기 작품들의 오디오북은 듣지 않을 것이라고 내게 이야기한 작가도 있었다.

22) Gustave Flaubert, *Madame Bovary*, Alan Russell, trans., Harmondsworth: Penguin, 1950, p. 175. 한국어판은『마담 보바리』김화영 역, 민음사.

23) Russell T. Hurlburt, Christopher L. Heavey and Jason M. Kelsey, 'Toward a phenomenology of inner speaking', *Consciousness and Cognition*, vol. 22, pp. 1477-94, 2013. 앞서 p. 108 내용 참고.

24) Patrick Ness, *The Knife of Never Letting Go,* London: Walker Books, 2008, p. 42.

25) Aamer Hussein, *Another Gulmohar Tree*, London: Telegram Books, 2009, p. 58; 2013년 8월 19일자 BBC 월드 서비스 프로그램 〈더 포럼The Forum〉의 아머 후세인 인터뷰.

26) 조이스는『젊은 예술가의 초상』조너선 케이프판과 관련하여 이렇게 적었다. "당시 나는 케이프 씨와 출판사 측 때문에 애를 먹었어. 책에 이상한 쉼표들을 박아 넣었기에 나는 끝까지 그것들을 지우자고 주장했어. 그러더니 자기네가 보기에 탐탁지 않은 단락들에 밑줄을 그었더라고. 하지만 자네도 보면 알 텐데, 그때도 그랬지만, 하, 지금 봐도 아무렇지 않다고." H.S. 위버에게 보낸 1924년 7월 11일자 서신, *Letters of James Joyce* (Richard Ellmann, ed.), vol. III, London: Faber & Faber, 1966, p. 99.

27) Cormac McCarthy, *The Road*, London: Picador, 2009, pp. 25-6. 한국어판은『로드』, 정영목 역, 문학동네.

28) James Joyce, *Ulysses*, Harmondsworth: Penguin, 1986, p. 46. 한국어판은『율리시스』, 김종건 역, 어문학사.

29) Geoffrey Chaucer, *The Book of the Duchess*, lines 503-506, in *The Riverside Chaucer*, Oxford: Oxford University Press, 2008, p. 336.

30) Daniel Defoe, *Robinson Crusoe*, Harmondsworth: Penguin, 1994, p. 135; Patricia Waugh, 'The novelist as voice-hearer', *The Lancet*, vol. 386, e54-e55, 2015.

31) Charlotte Brontë, *Jane Eyre*, Harmondsworth: Penguin, 1966, p. 118; Jeremy

Hawthorn, 'Formal and social issues in the study of interior dialogue: The case of *Jane Eyre*', in Jeremy Hawthorn, ed., *Narrative: From Malory to motion pictures*, London: Edward Arnold, 1985, pp. 87 – 99.

32) 'David Mitchell' in John Freeman, *How to Read a Novelist: Conversations with writers*, London: Constable & Robinson, 2013, p. 200; Waugh, 'The novelist as voice-hearer.'

7. 뇌는 대화한다

1) Samuel Beckett, *The Unnamable*, in *The Beckett Trilogy*, London: Picador, 1979, p. 320. 한국어판은 『이름 붙일 수 없는 자』, 전승화 역, 워크룸프레스

2) 사뮈엘 베케트가 조르주 뒤튀에게 보낸 편지(1949년 4-5월), *The Letters of Samuel Beckett, Volume 2: 1941–1956*, Cambridge: Cambridge University Press, 2011, p. 149. 이 인용문구에 관심을 환기시켜 준 마르코 버니니에게 감사를 전한다. 이는 11장 제목에도 영감을 주었다.

3) Beckett, *The Unnamable*, p. 284.

4) Marco Bernini, 'Gression, regression, and beyond: A cognitive reading of *The Unnamable*', in David Tucker, Mark Nixon and Dirk Van Hulle (eds), *Revisiting* Molloy, Malone Meurt/Malone Dies and L'Innommable/The Unnamable, *Samuel Beckett Today/ Aujourd'hui*, vol. 26, Amsterdam: Rodopi, 2014, pp. 193 – 210; Jerome Bruner, 'Life as narrative', *Social Research*, vol. 71, pp. 691 – 710, 2004.

5) Marco Bernini, 'Reading a brain listening to itself: Voices, inner speech and auditoryverbal hallucinations', in *Beckett and the Cognitive Method: Mind, models, and exploratory narratives*, under revision; Marco Bernini, 'Samuel Beckett's articulation of unceasing inner speech', *Guardian*, 19 August 2014.

6) Charles Fernyhough, 'Dialogic thinking', in Adam Winsler, Charles Fernyhough and Ignacio Montero, eds, *Private speech, executive functioning, and the development of verbal self-regulation*, Cambridge: Cambridge University Press, 2009; Charles Fernyhough, 'The dialogic mind: A dialogic approach to the higher mental functions', *New Ideas in Psychology*, vol. 14, pp. 47 – 62, 1996; Charles Fernyhough, 'Getting Vygotskian about theory of mind: Mediation, dialogue, and the development of social understanding', *Developmental Review*, vol. 28, pp. 225 – 62, 2008.

7) M. M. Bakhtin, *Problems of Dostoevsky's Poetics* (C. Emerson, trans. and ed.),

Minneapolis: University of Minnesota Press, 1984; M. M. Bakhtin, *Speech Genres and Other Late Essays* (C. Emerson and M. Holquist, eds; V. W. McGee, trans.), Austin: University of Texas Press, 1986.

8) pp. 37 − 8 참고.

9) Michael Holquist, *Dialogism: Bakhtin and his world*, London: Routledge, 1990; Michael Holquist, 'Answering as authoring: Mikhail Bakhtin's trans−linguistics', *Critical Inquiry*, vol. 10, pp. 307 − 19, 1983.

10) Fernyhough, 'Getting Vygotskian about theory of mind', p. 242; Ben Alderson−Day and Charles Fernyhough, 'Inner speech: Development, cognitive functions, phenomenology, and neurobiology', *Psychological Bulletin*, vol. 141, pp. 931 − 65, 2015.

11) Vincent van Gogh, *The Complete Letters of Vincent van Gogh, Volumes 1–3* (2nd ed.), London: Thames & Hudson, 1978. The letters quoted are Letter 221 (31 July 1882), Letter 228 (3 September 1882), Letter 289 (c. 5 June 1883), Letter 291 (c. 7 June 1883) and Letter 293 (15 June 1883).

12) Joshua Wolf Shenk, *Powers of Two: Finding the essence of innovation in creative pairs*, Boston: Houghton Mifflin Harcourt, 2014, pp. xvii and 70.

13) L. S. Vygotsky, *Thinking and Speech*, in *The Collected Works of L. S. Vygotsky*, vol. 1 (Robert W. Rieber and Aaron S. Carton, eds; Norris Minick, trans.), New York: Plenum, 1987 (original work published 1934); Laura E. Berk, 'Children's private speech: An overview of theory and the status of research', in R. M. Diaz and L. E. Berk, eds, *Private speech: From social interaction to selfregulation*, Hove: Lawrence Erlbaum Associates, 1992

14) Mihaly Csikszentmihalyi, *Creativity: Flow and the psychology of discovery*, New York: HarperCollins, 2009, p. 25.

15) Karl Duncker, 'On problem−solving', *Psychological Monographs*, vol. 58, no. 5, Whole No. 270; Fernyhough, 'Dialogic thinking'.

16) van Gogh, *Letters*, vol. 1, Letter 133, July 1880.

17) Martha Daugherty, C. Stephen White and Brenda H. Manning, 'Relationships among private speech and creativity in young children', Gifted Child Quarterly, vol. 38, pp. 21 − 6, 1994.

18) Virginia Woolf, *A Writer's Diary: Being extracts from the diary of Virginia Woolf* (Leonard Woolf, ed.), New York: Harcourt Brace Jovanovich, 1953, pp. 292 − 3. 해당 노트는 다음 버지니아 울프 전기와 연관된다. Roger Fry. Vera John−Steiner, *Notebooks of the Mind: Explorations of thinking* (revised ed.),

Oxford: Oxford University Press, 1997; Frederick J. DiCamilla and James P. Lantolf, 'The linguistic analysis of private writing', *Language Sciences*, vol. 16, pp. 347-69, 1994. 소셜미디어는 공책에 하는 메모를 통해 나눌 수 있는 자기 자신과의 대화의 현대판인 셈이다. Charles Fernyhough, 'Twittering out loud', blog post in The Voices Within, *Psychology Today*, 20 February 2011, https:// www.psychologytoday.com/blog/the-voices-within/201102/twittering-out-loud

19) Alderson-Day and Fernyhough, 'Inner speech'.

20) Daniel C. Dennett, 'How to do other things with words', *Philosophy*, suppl. 42, 1997, p. 232.

21) Ibrahim Senay, Dolores Albarracín and Kenji Noguchi, 'Motivating goal-directed behavior through introspective self-talk: The role of the interrogative form of simple future tense', *Psychological Science*, vol. 21, pp. 499-504, 2010.

22) Linda Hermer-Vazquez and Elizabeth S. Spelke, 'Sources of flexibility in human cognition: Dual-task studies of space and language', *Cognitive Psychology*, vol. 39, pp. 3-36, 1999.

23) Gary Lupyan and Daniel Swingley, 'Self-directed speech affects visual search performance', *Quarterly Journal of Experimental Psychology*, vol. 65, pp. 1068-85, 2012; Gary Lupyan, 'Extracommunicative functions of language: Verbal interference causes selective categorization impairments', *Psychonomic Bulletin & Review*, vol. 16, pp. 711-18, 2009.

24) Benjamin Lee Whorf, *Language, Thought and Reality*, Cambridge, MA: MIT Press, 1956.

25) Peter Carruthers, 'The cognitive functions of language', *Behavioral and Brain Sciences*, vol. 25, pp. 657-726, 2002.

26) Ben Alderson-Day, Susanne Weis, Simon McCarthy-Jones, Peter Moseley, David Smailes and Charles Fernyhough, 'The brain's conversation with itself: Neural substrates of dialogic inner speech', *Social Cognitive & Affective Neuroscience*, vol. 11, pp. 110-120, 2016. 만일 대화적 사고 모형이 옳다면, 자아를 구성하는 여러 다양한 목소리들에 상응하는 뇌 내 특정 부위들을 찾아야 할까? 이는 지나치게 단순하고도 조야한 개념이다. 우선, 내적 대화에 동원되는 일련의 목소리들(그리고 해당 신경 영역들)을 명확히 한정하는 방식이 필요할 텐데 그러기에 우리의 정신은 너무 열려 있다는 것이 내 견해다. 어느 신경과학자의 의견대로 자아의 대화 속 한 목소리가 특정 뇌 부위(가령, 안와전두피질)에서 생성되고 또 다른 목소리는 또 다른 곳(가령, 전측대상)에 자

리잡고 있다는 식의 주장은 지나치게 단순화된 생각이다. Marc D. Lewis, 'The dialogical brain: Contributions of emotional neurobiology to understanding the dialogical self', *Theory & Psychology*, vol. 12, pp. 175‒90, 2002. 그보다는 대화적 내적 발화를 가능하게 하는 기저 구조—특히 네트워크 간 상호작용 패턴—을 찾아야 한다.

8. 내가 아니다

1) Simon McCarthy-Jones, Joel Krueger, Frank Laroi, Matthew Broome and Charles Fernyhough, 'Stop, look, listen: The need for philosophical phenomenological perspectives on auditory verbal hallucinations', *Frontiers in Human Neuroscience*, vol. 7, article 127, 2013.

9. 머릿속에 누군가 살고 있다

1) Nathan Filer, *The Shock of the Fall*, London: HarperCollins, 2013, p. 67. 한국어판은 『달빛 코끼리 끌어안기』, 박아람 역, RHK

2) Bernice A. Pescosolido et al., '"A disease like any other"? A decade of change in public reactions to schizophrenia, depression, and alcohol dependence', *American Journal of Psychiatry*, vol. 167, pp. 1321‒30, 2010.

3) *Dementia Praecox or the Group of Schizophrenias*, New York: International Universities Press, 1950. 블로일러의 이 1911년작에 처음 등장한 용어로, 이중 인격 지칭시 이 용어를 오용하는 것은 T.S. 엘리엇이 1933년에 쓴 다음 에세이에서 착각한 내용에서 비롯되는 경우가 많다. 'Shelley and Keats' in *The Use of Poetry and the Use of Criticism*, Cambridge, MA: Harvard University Press, 1933, p. 90.

4) Kurt Schneider, *Clinical Psychopathology*, New York: Grune & Stratton, 1959.

5) 다음에서 인용된 것. Roy Richard Grinker, 'The five lives of the psychiatry manual', *Nature*, vol. 468, pp. 168‒70, 2010.

6) Thomas Szasz, *Schizophrenia: The sacred symbol of psychiatry*, New York: Basic Books, 1976.

7) 예로는 다음을 참고할 것. Richard P. Bentall, 'The search for elusive structure: A promiscuous realist case for researching specific psychotic experiences such as hallucinations', *Schizophrenia Bulletin*, vol. 40, suppl. no. 4, pp. S198‒

S201, 2014.

8) Robert B. Zipursky, Thomas J. Reilly and Robin M. Murray, 'The myth of schizophrenia as a progressive brain disease', *Schizophrenia Bulletin*, vol. 39, pp. 1363 – 72, 2013.

9) J. Arnedo et al., 'Uncovering the hidden risk architecture of the schizophrenias: Confirmation in three independent genome-wide association studies', *American Journal of Psychiatry*, vol. 172, 139 – 53, 2015.

10) American Psychiatric Association, *Diagnostic and Statistical Manual of Mental Disorders* (5th ed.), Arlington, VA: American Psychiatric Association, 2013. '음성 증상'에는 전형적인 인지 과정 및 정서 반응의 상실이나 결여가 포함된다. 언어 빈약이나 동기 상실 등이 그 예에 해당된다.

11) American Psychiatric Association, *Diagnostic and Statistical Manual of Mental Disorders* (5th ed.), p. 822. 이상한 것은, 반대되는 증거들이 늘어가는데도 DSM-5는 입면 또는 출면 상태에서 나타나는 경우 이외에 정상적인 경험 바깥에서 발생하는 환각에 대한 고려가 없다. (아래 미주 14번 참고.)

12) Frank Laroi et al., 'The phenomenological features of auditory verbal hallucinations in schizophrenia and across clinical disorders: A state-of-the-art overview and critical evaluation', *Schizophrenia Bulletin*, vol. 38, pp. 724 – 33, 2012. 목소리가 들리는 것을 조현병과 자동으로 결부시키지 않는다고 해서 중증 정신장애의 현실을 부정하는 것은 아님을 재차 강조할 필요가 있다. 많은 이들에게 목소리를 듣는 일은 매우 고통스러운 경험이다. 진지한 지원을 요하는 정신건강 문제가 있는 것이며, 우리는 그들에게 낙인을 찍기보다는 마땅히 공감과 존중을 해야만 한다.

13) Charles Fernyhough, 'Hearing the voice', *The Lancet*, vol. 384, pp. 1090 – 91, 2014.

14) H. Sidgwick, A. Johnson, F. Myers, F. Podmore and E. Sidgwick, 'Report of the census of hallucinations', *Proceedings of the Society for Psychical Research*, vol. 26, 259 – 394, 1894. '깨어 있을 때' 일어나는 경험에 대해서는 소위 입면시 및 출면시 환각이라고 하는 흔한 경우들은 제외되었음을 참고할 것. Simon R. Jones, Charles Fernyhough and David Meads, 'In a dark time: Development, validation, and correlates of the Durham Hypnagogic and Hypnopompic Hallucinations Questionnaire', *Personality and Individual Differences*, vol. 46, pp. 30 – 34, 2009.

15) Simon McCarthy-Jones, *Hearing Voices: The histories, causes and meanings of auditory verbal hallucinations*, Cambridge: Cambridge University Press, 2012; Vanessa Beavan, John Read and Claire Cartwright, 'The prevalence of voice-

hearers in the general population: A literature review', *Journal of Mental Health*, vol. 20, pp. 281-92, 2011.

16) Ruvanee P. Vilhauer, 'Depictions of auditory verbal hallucinations in news media', *International Journal of Social Psychiatry*, vol. 61, pp. 58-63, 2015.

17) Otto F. Wahl, 'Stigma as a barrier to recovery from mental illness', *Trends in Cognitive Sciences*, vol.

16, pp. 8-10, 2012.

18) 2013년 3월 2일자 BBC Radio 4의 *Saturday Live* 프로그램 애덤 인터뷰.

19) 나는 이 '발달적 문제'라는 개념을 다음 글에서 좀 더 파고들었다(결국은 제외시켰다). 'Alien voices and inner dialogue: Towards a developmental account of auditory verbal hallucinations', *New Ideas in Psychology*, vol. 22, pp. 49-68, 2004.

20) Simon R. Jones, 'Re-expanding the phenomenology of hallucinations: Lessons from sixteenthcentury Spain', *Mental Health, Religion & Culture*, vol. 13, pp.187-208, 2010. 목소리를 듣는 경험의 역사에 관한 탁월한 설명은 다음을 참고. McCarthy-Jones, *Hearing Voices*.

21) Thomas Aquinas, *Summa Theologica*, London: Burns, Oates & Washbourne Ltd., vol. 14, 1a, 107.1, 1927.

22) Henry Maudsley, *Natural Causes and Supernatural Seemings*, London: Kegan Paul, Trench & Co., 1886, p. 184.

23) Irwin Feinberg, 'Efference copy and corollary discharge: Implications for thinking and its disorders', *Schizophrenia Bulletin*, vol. 4, pp. 636-40, 1978.

24) Christopher D. Frith, *The Cognitive Neuropsychology of Schizophrenia*, Hove: Lawrence Erlbaum Associates, 1992; Christopher D. Frith and D. John Done, 'Experiences of alien control in schizophrenia reflect a disorder in the central monitoring of action', *Psychological Medicine*, vol. 19, pp. 359-63, 1989.

25) Richard P. Bentall, 'The illusion of reality: A review and integration of psychological research on hallucinations', *Psychological Bulletin*, vol. 107, pp. 82-95, 1990; Richard P. Bentall, *Madness Explained: Psychosis and human nature*, London: Allen Lane, 2003; M. L. Brookwell, R. P. Bentall and F. Varese, 'Externalizing biases and hallucinations in source-monitoring, self-monitoring and signal detection studies: A meta-analytic review', *Psychological Medicine*, vol. 43, pp. 2465-75, 2013.

26) Louise C. Johns et al., 'Verbal self-monitoring and auditory verbal

hallucinations in patients with schizophrenia', *Psychological Medicine*, vol. 31, pp. 705 – 15, 2001.

27) Louis N. Gould, 'Verbal hallucinations and activity of vocal musculature: An electromyographic study', *American Journal of Psychiatry*, vol. 105, pp. 367 – 72, 1948; Louis N. Gould, 'Verbal hallucinations as automatic speech: The reactivation of dormant speech habit', *American Journal of Psychiatry*, vol. 107, pp. 110 – 19, 1950. 근전도 활성화보다는 혀의 움직임에 초점을 맞추기는 했으나 소련의 선구적 심리학자 A.N. 소콜로프도 유사한 연구들을 진행한 바 있다. A. N. Sokolov, *Inner Speech and Thought*, New York: Plenum, 1972. 얼핏 보면, 이런 결과들은 내적 발화는 단순히 외적 발화를 들리지 않을 만큼 작은 소리로 발성한 것이라는 존 B. 왓슨의 주장에 부합하는 듯 보인다. 그러나 지금까지 살펴본 대로, 이 이론에는 여러 문제가 있다. 내면화 과정에서 외적 발화가 변형된다는 비고츠키 모형을 좀 더 강력하게 뒷받침하는 증거가 있다. 내적 발화에 대한 이 같은 관점에서 언어적 사고의 근전도적 상관관계는 내면의 경험에 동반될 수도 있고 동반되지 않을 수도 있다. 그러나 내적 발화가 발생 중인지에 관해서는 전혀 말해주는 바가 없다. 내적 발화는 내면화 과정에서 변형되므로, 여러 신경계에 의존하게 되고 운동 동작의 생성과는 완전히 다른 관계일 수 있다. 5장의 내적, 외적 발화 간 관계에 관한 논의 내용 참고.

28) Paul Green and Martin Preston, 'Reinforcement of vocal correlates of auditory hallucinations by auditory feedback: A case study', *British Journal of Psychiatry*, vol. 139, pp. 204 – 208, 1981.

29) Peter A. Bick and Marcel Kinsbourne, 'Auditory hallucinations and subvocal speech in schizophrenic patients', *American Journal of Psychiatry*, vol. 144, pp. 222 – 5, 1987.

30) James Gleick, *Genius: Richard Feynman and modern physics*, London: Little, Brown, 1992, p. 224. 파인만은 이어 설명했다. '나는 내 자신과 논쟁한다… 내 안에는 서로 말을 주고 받는 두 목소리가 있다.'

31) Aaron T. Beck and Neil A. Rector, 'A cognitive model of hallucinations', *Cognitive Therapy and Research*, vol. 27, pp. 19 – 52, 2003. 목소리를 듣는 경험을 설명하려는 또 한 가지 시도는 소위 대화적 자아 이론을 기반으로 한 것으로, 우리의 자아는 역동적인 방식으로 서로 소통하는 여러 다른 부분들로 구성되어 있다고 본다. 조현병의 경우, 이 구성요소들의 결합이 깨지고 그 결과 청각 언어적 환각 같은 것이 나타나는 것이다. 이 이론이든 벡과 렉터의 설명이든 내적 대화에 이상이 왜 그리고 어떻게 발생하는지는 설득력 있게 정확히 설명해 내지 못한다. 내적 발화에 관한 상대적으로 빈곤한 관점에 의존하는 탓도 있다. 대화적 자아 이론은 역동적 자아 구조 모형으로서 가치가 있으나, 전형적이거나 변칙적인 내적 대화에 관련된 인지적, 신경적 과정은 제대로 설

명하지 못한다. 다음을 참고할 것. G. Stanghellini and J. Cutting, 'Auditory verbal hallucinations: Breaking the silence of inner dialogue', *Psychopathology*, vol.36, pp. 120-28, 2003; Hubert J. M. Hermans, 'Voicing the self: From information processing to dialogical interchange', *Psychological Bulletin*, vol. 119, pp. 31-50, 1996.

32) Ivan Leudar and Philip Thomas, *Voices of Reason, Voices of Insanity: Studies of verbal hallucinations*, London: Routledge, 2000.

33) Fernyhough, 'Alien voices and inner dialogue'; Charles Fernyhough and Simon McCarthy-Jones, 'Thinking aloud about mental voices', in F. Macpherson and D. Platchias, eds, *Hallucination*, Cambridge, MA: MIT Press, 2013. 만일 이 이론이 맞다면, 몇 가지 특정한 예측이 뒤따른다. 우선, 목소리를 듣는 환자들은 보통의 확장된 내적 발화를 경험해서는 안 된다. 그와 같은 모든 내적 발화는 목소리로 경험되어야 하기 때문이다. 그러나 환자들은 통상적인 압축된 내적 발화를 나타내야 한다. 목소리를 듣는 경험은 스트레스 상황이나 힘든 여건과도 관련이 있을 수 있다. 두 경우 모두 생각이 음성화될 가능성을 높이는 것으로 간주된다. 이 경우, 온전한 형식의 내적 대화로 재확장되며, 이는 아동 및 성인에게 모두 해당된다. 마지막으로, 스트레스가 많거나 힘든 상황에서는 정신의학적으로 건강한 사람들에게도 목소리를 듣는 경험이 발생해야 한다. 다음을 참고할 것. Simon R. Jones and Charles Fernyhough, 'Neural correlates of inner speech and auditory verbal hallucinations: A critical review and theoretical integration', *Clinical Psychology Review*, vol. 27, pp. 140-54, 2007.

34) Simon McCarthy-Jones and Charles Fernyhough, 'The varieties of inner speech: Links between quality of inner speech and psychopathological variables in a sample of young adults', *Consciousness and Cognition*, vol. 20, pp. 1586-93, 2011; Robin Langdon, Simon R. Jones, Emily Connaughton and Charles Fernyhough, 'The phenomenology of inner speech: Comparison of schizophrenia patients with auditory verbal hallucinations and healthy controls', *Psychological Medicine*, vol. 39, pp. 655-63, 2009; Paolo de Sousa, William Sellwood, Amy Spray, Charles Fernyhough and Richard Bentall, 'Inner speech and clarity of self-concept in thought disorder', manuscript under review.

35) 향후 연구의 한 가지 난제는 이 변수들이 환자 및 비환자 표본에서 서로 어떻게 연관되는지 판단하는 일이다. 우리 연구팀 표집에서는 대화적 속성이 강할수록 환각 성향이 증가하는 것으로 나타났다. 드 수사의 연구에서는 그 대신 환자의 환각 성향이 내적 발화의 평가적 하위척도 및 타인의 존재감에 관해 스스로 매긴 점수와 연관이 있었다. 일반인들에서는 대화적 내적 발화의 양이 증가할수록 내적 발화를 외래적인 것으로 오인할 가능성이 높아질 수 있다.

임상 표본의 경우, 목소리가 들리는 경험을 유발하는 요소로서 대화적 속성은 스트레스나 인지적 난제, 내적 발화의 정서적 특징 같은 것에 비해 중요도가 떨어질 수 있다. 다음을 참고할 것. McCarthy-Jones and Fernyhough, 'The varieties of inner speech'.

36) 철학자 션 갤러거는 이를 '선택성'의 문제로 묘사해왔다. Shaun Gallagher, 'Neurocognitive models of schizophrenia: A neuro phenomenological critique', *Psychopathology*, vol. 37, pp. 8 - 19, 2004.

37) 조현병과 관련된 어떤 요소로 인해 해당 진단을 받은 환자들이 준구조적 인터뷰나 질문지에서 요구되는 방식으로 자신의 내적 경험을 반추하기가 어려운 것일 수 있다. 조현병은 타인의 정신적 상태를 이해하는 데 관련된 문제들과 일찍이 연계돼 왔으며, 이는 자기 자신의 사고 과정—내적 발화 및 목소리가 들리는 등의 좀 더 이례적인 경험 포함—을 반추하기 어려워하는 것으로 이어질 수 있다.

38) Steffen Moritz and Frank Laroi, 'Differences and similarities in the sensory and cognitive signatures of voice-hearing, intrusions and thoughts', *Schizophrenia Research*, vol. 102, pp. 96 - 107, 2008; Andrea Raballo and Frank Laroi, 'Murmurs of thought: Phenomenology of hallucinatory consciousness in impending psychosis', *Psychosis*, vol. 3, pp. 163 - 6, 2011.

39) Emil Kraepelin, *Dementia Praecox and Paraphrenia*, Chicago: Chicago Medical Book Co., 1919 (original work published 1896); Bleuler, *Dementia Praecox*.

10. 비둘기의 목소리

1) Homer, *The Iliad* (Martin Hammond, trans.), Harmondsworth: Penguin, 1987, p. 8. 한국어판은 『일리아스』, 천병희 역, 숲

2) Homer, *The Odyssey* (Robert Fitzgerald, trans.), London: Harvill, 1996, p.359.

3) Julian Jaynes, *The Origin of Consciousness in the Breakdown of the Bicameral Mind*, Harmondsworth: Penguin, 1993, p. 272.

4) 제인스의 주장에 대한 최신 분석 내용은 다음을 참고할 것. Andrea Eugenio Cavanna, Michael Trimble, Federico Cinti and Francesco Monaco, 'The "bicameral mind" 30 years on: A critical reappraisal of Julian Jaynes' hypothesis', *Functional Neurology*, vol. 22, pp. 11 - 15, 2007; Simon McCarthy-Jones, *Hearing Voices: The histories, causes and meanings of auditory verbal hallucinations*, Cambridge: Cambridge University Press,

2012; Veronique Greenwood, 'Consciousness began when the gods stopped speaking', *Nautilus*, issue 204. A modern take on the idea of the two hemispheres having different personalities is presented by the psychiatrist Iain McGilchrist, who has controversially proposed that the two hemispheres of the brain have distinct information-processing 'styles': Iain McGilchrist, *The Master and His Emissary: The divided brain and the making of the Western world*, New Haven and London: Yale University Press, 2009.

5) Homer, *The Iliad*, pp. 353 – 4; pp. 7 – 8.

6) 소크라테스가 목소리를 들었던 경험을 다룬 탁월한 서술로는 다음을 참고할 것. McCarthy-Jones, *Hearing Voices*; Daniel B. Smith, *Muses, Madmen, and Prophets: Rethinking the history, science, and meaning of auditory hallucination*, New York: Penguin, 2007. 이런 방식으로 소크라테스를 '조현병자'로 언급한 사례로는 TV 드라마 〈하우스House MD〉 2004년 12월 21일자 시즌 1 제6화 참고.

7) George Stein, 'The voices that Ezekiel hears', *British Journal of Psychiatry*, vol. 196, p. 101, 2010; Christopher C. H. Cook, 'The prophet Samuel, hypnagogic hallucinations and the voice of God', *British Journal of Psychiatry*, vol. 203, p. 380, 2013.

8) 잔다르크가 들었던 목소리들에 관한 더 자세한 내용은 다음을 참고할 것. McCarthy-Jones, *Hearing Voices*, and Smith, *Muses, Madmen, and Prophets*.

9) Margery Kempe, *The Book of Margery Kempe* (B. A. Windeatt, trans.), Harmondsworth: Penguin, 1985, chapter 11. 마저리 켐프의 서에 묘사된 사건들은 역사적으로 확인하기가 어려운 것으로 악명 높다. 그리고 노리치의 줄리안과의 만남에 대한 기록은 이것이 유일하다. 그러나 최근 그단스크에서 발견된, 1431년 마저리의 아들 존을 위해 작성된 것이 분명한 편지는 마저리 켐프의 전기 중 적어도 일부가 사실임을 확인해주고 있다. 다음을 참고할 것. Sebastian Sobecki, '"The writyng of this tretys": Margery Kempe's son and the authorship of her Book', *Studies in the Age of Chaucer*, vol. 37, 2015.

10) Kempe, *The Book of Margery Kempe*, chapter 36, p. 127.

11) Kempe, *The Book of Margery Kempe*, chapters 18 – 20; Grace M. Jantzen, *Julian of Norwich: Mystic and theologian*, London: SPCK, 1987.

12) Julian of Norwich, *Revelations of Divine Love* (Elizabeth Spearing, trans.), Harmondsworth:Penguin, 1998. 줄리안은 두 버전으로 책을 썼다. '짧은 글'로 알려진 첫 번째 책은 1373년 5월의 사건들 직후에 완성됐다. '긴 글'로 알려진 두 번째 책은 최초의 경험이 지니는 의미에 대한 약 20여 년간의 묵상의 결과를 적고 있다.

13) Julian of Norwich, *Revelations of Divine Love*, Long Text, chapter 68, p. 155.

14) Jantzen, *Julian of Norwich*; David Lawton, 'English literary voices, 1350 – 1500', in *The Cambridge Companion to Medieval English Culture* (Andrew Galloway, ed.), Cambridge: Cambridge University Press, 2011.

15) Julian of Norwich, *Revelations of Divine Love*, Short Text, chapter 4, p. 7.

16) St Augustine, *De Genesi ad litteram* [On the Literal Interpretation of Genesis] (Edmund Hill, trans.), book XII, in *On Genesis (The Works of St Augustine: A Translation for the 21st Century)*, New York: New City Press, 2002.

17) 잔다르크의 경험에 관해 직접적으로 언급하는 유일한 정보는 1431년 Trial of Condemnation가 출처다. 여기 잔의 진술은 1431년 3월 1일 5차 공개 재판에서 제외된다. 사용된 라틴어구는 *pulchra, dulcis et humilis. Proces de Condamnation de Jeanne d'Arc, Tome Premier*, édité par La Société de L'Histoire de France (Pierre Tisset, ed.), Paris: Librairie C. Klincksieck, 1960, p. 84.

18) Giuseppe d'Orsi and Paolo Tinuper, '"I heard voices …": From semiology, a historical review, and a new hypothesis on the presumed epilepsy of Joan of Arc', *Epilepsy & Behavior*, vol. 9, pp. 152 – 7, 2006; Corinne Saunders, 'Voices and visions: Mind, body and affect in medieval writing', in A. Whitehead, A. Woods, S. Atkinson, J. Macnaughton and J. Richards, eds, *The Edinburgh Companion to the Critical Medical Humanities*, Edinburgh: Edinburgh University Press, 2016.

19) Barry Windeatt, 'Reading and re-reading *The Book of Margery Kempe*', in John H. Arnold and Katherine J. Lewis, *A Companion to the Book of Margery Kempe*, Cambridge: D. S. Brewer, 2004.

20) 엘리자베스 스피어링은 이렇게 번역하고 있다. '그리고 두 사람이 떠드는 것 같은 소리도 들었다. 굉장한 격론을 벌이고 있기라도 하듯 내가 보기에 둘은 동시에 말하고 있는 것 같았다. 그리고 그 모든 게 조용한 중얼거림이어서 나는 그들의 말을 전혀 이해할 수 없었다. 그리고 이 모든 것이 나를 절망으로 몰고 갈 것 같았다…' Julian of Norwich, *Revelations of Divine Love*, Long Text, chapter 69, p. 155 – 6.

21) Windeatt, 'Reading and re-reading *The Book of Margery Kempe*', pp. 15 – 16; Barry Windeatt, 'Shown voices: Voices as vision in some English mystics', paper presented at *Visions, Voices and Hallucinatory Experiences in Historical and Literary Contexts*, St Chad's College, Durham, April 2014; Corinne Saunders and Charles Fernyhough, 'Reading Margery Kempe's inner voices', paper presented at *Medicine of Words: Literature, Medicine, and Theology in the*

Middle Ages, St Anne's College, Oxford, September 2015.

11. 자기 말에 귀 기울이는 뇌

1) Simon Kemp, *Medieval Psychology*, New York: Greenwood Press, 1990; Corinne Saunders and Charles Fernyhough, 'Medieval psychology', *The Psychologist*, forthcoming; Robert E. Hall, 'Intellect, soul and body in Ibn Sīnā: Systematic synthesis and development of the Aristotelian, Neoplatonic and Galenic theories', in *Interpreting Avicenna: Science and philosophy in Medieval Islam* (Jon McGinnis, ed.), Leiden: Brill, 2004.

2) 해당 작가는 벤 루스다. 다음을 참고할 것. Kemp, *Medieval Psychology*, p. 58.

3) St Thomas Aquinas, *Summa Theologica*, London: Burns, Oates & Washbourne Ltd., vol. 14, 1a, 111.3, 1927.

4) Jean-Étienne Esquirol, *Mental Maladies: A treatise on insanity* (E. K. Hunt, trans.), Philadelphia: Lea and Blanchard, 1845. This translation is from German E. Berrios, *The History of Mental Symptoms: Descriptive psychopathology since the nineteenth century*, Cambridge: Cambridge University Press, 1996, p. 37.

5) Corinne Saunders, '"The thoghtful maladie": Madness and vision in medieval writing', in Corinne Saunders and Jane Macnaughton, eds, *Madness and Creativity in Literature and Culture*, Basingstoke: Palgrave Macmillan, 2005.

6) 'you are passive and helpless …' Oliver Sacks, Hallucinations, London: Picador, 2012, p. x.

7) René Descartes, *Meditations on First Philosophy* (Michael Moriarty, trans.), Oxford: Oxford University Press, 2008 (original work published 1641); Daniel C. Dennett, *Consciousness Explained*, London: Penguin, 1993. 신경계에서 종이 달린 줄을 중간에서 잡아채는 것에 해당하는 것은 무엇일까? 만일 윗층 방에서 손잡이를 당기는 것이 외부의 진짜 목소리에 해당한다면, 부엌에서 듣는 종소리는 그 목소리를 듣고 있는 사람의 지각일 것이다. 만일 중간의 다른 방에서 당김줄을 잡아당긴다면, 부르는 사람이 없는데도 어떤 목소리가 들리게 될 것이다. 어떤 자극의 수용으로부터 출발하여 그에 대한 지각으로 이어지는 인과의 고리 안에서 환각은 그럴싸한 가짜 활성화의 결과로 발생할 수 있다는 개념이다.

8) Wilder Penfield and Phanor Perot, 'The brain's record of auditory and visual experience', *Brain*, vol. 86, pp. 595–696, 1963.

9) '신경 소음' 이론에 관한 현대의 견해에 관해서는 다음을 참고할 것. Raymond Cho and Wayne Wu, 'Mechanisms of auditory verbal hallucination in schizophrenia', *Frontiers in Psychiatry*, vol. 4, article 155, 2013; Peter Moseley and Sam Wilkinson, 'Inner speech is not so simple: A commentary on Cho and Wu (2013)', *Frontiers in Psychiatry*, vol. 5, article 42, 2014

10) pp. 132 – 40 참고할 것

11) Simone Kühn and Jürgen Gallinat, 'Quantitative meta–analysis on state and trait aspects of auditory verbal hallucinations in schizophrenia', *Schizophrenia Bulletin*, vol. 38, pp. 779 – 86, 2012; Renaud Jardri, Alexandre Pouchet, Delphine Pins and Pierre Thomas, 'Cortical activations during auditory verbal hallucinations in schizophrenia: A coordinate–based meta–analysis', *American Journal of Psychiatry*, vol. 168, pp. 73 – 81, 2011.

12) 대략적으로 말하자면, 뇌영상에는 두 가지 주된 유형이 있다. 하나는 특정 뇌 영역 및 경로의 구조를 파악하는 구조적 신경영상이고, 다른 하나는 뇌가 활성화될 때 작동하는 뇌 과정(예. 스캐너 안에 들어간 환자가 특정 과제로 분주한 경우)을 보기 위한 기능적 신경영상이다. 여기서 기술된 내적 발화 연구는 기능적 신경영상 사례들이다. 가령 환자가 내적 발화를 생성하고 있을 때 활성화된 상태의 뇌를 보여주기 때문이다. P. K. McGuire, D. A. Silbersweig, I. Wright, R. M. Murray, A. S. David, R. S. J. Frackowiak and C. D. Frith, 'Abnormal monitoring of inner speech: A physiological basis for auditory hallucinations', *The Lancet*, vol. 346, pp. 596 – 600; P. K. McGuire, D. A. Silbersweig and C. D. Frith, 'Functional neuroanatomy of verbal self–monitoring', *Brain*, vol. 119, pp. 907 – 17, 1996; P. K. McGuire, D. A. Silbersweig, R. M. Murray, A. S. David, R. S. J. Frackowiak and C. D. Frith, 'Functional anatomy of inner speech and auditory verbal imagery', *Psychological Medicine*, vol. 26, pp. 29 – 38, 1996.

13) Sukhwinder S. Shergill et al., 'Temporal course of auditory hallucinations', *British Journal of Psychiatry*, vol. 185, pp. 516 – 17, 2004; S. S. Shergill et al., 'A functional study of auditory verbal imagery', *Psychological Medicine*, vol. 31, pp. 241 – 53, 2001.

14) Remko van Lutterveld, Kelly M. J. Diederen, Sanne Koops, Marieke J. H. Begemann and Iris E. C. Sommer, 'The influence of stimulus detection on activation patterns during auditory hallucinations', *Schizophrenia Research*, vol. 145, pp. 27 – 32, 2013.

15) 이는 상태 방법론(특정한 경험적 상태(가령, 목소리가 들리는 순간) 중의 활성화에 관심을 둠)과 특성 방법론(이런 경험이 있는 이들은 특정한 뇌 활성화 패턴을 일반 특성으로도 지니고 있는지 확인하고자 함) 간의 차이로 알려

져 있다. 연구자들은 상태 설계를 통해—포착이 가능하다면—환각의 작동을 볼 수 있는 반면, 특성 설계를 통해서는 목소리를 듣는 이들과 그렇지 않은 이들에게 처리상 기저의 차이점이 있는지 확인할 수 있다. 다음을 참고할 것. Shergill et al., 'A functional study of auditory verbal imagery'.

16) 기존 신경영상 증거들을 검토한 나와 사이먼 맥카시-존스는 연구자들이 내적 발화의 발달 과정과 인지 기능뿐 아니라 그 다양한 현상학에 좀 더 관심을 기울일 필요가 있다고 주장했다. 우리가 확인한 또 한 가지 문제는 연구자들이 내적 발화가 기준 단계(실험참가자들이 보통 십자 고정점에 눈을 맞추는 시점)에서는 나타나지 않는다는 확인되지 않은 주장을 전제로 삼고 있다는 것이었다. 이 때문에 과제와 기준 단계 사이의 비교 내역 해석이 불가능해졌다. Simon R. Jones and Charles Fernyhough, 'Neural correlates of inner speech and auditory verbal hallucinations: A critical review and theoretical integration', *Clinical Psychology Review*, vol. 27, pp. 140–54, 2007. 내적 발화의 인위적 유도 방법의 유효성에 관한 15장의 논의 내용도 참고할 것.

17) 세 집단 — 해당 경험이 있는 환자 집단, 해당 경험이 없는 환자 집단, 건강한 대조군 — 을 활용하는 편이 좀 더 나은 설계가 될 것이다. 지금까지 살펴보았듯이, 대부분의 조현병 환자들이 목소리들을 듣고, 이는 목소리를 듣지 않는 환자 집단은 찾기가 훨씬 더 힘들 것이라는 의미이므로, 쉽지 않은 설계다. 그러나 불가능한 것은 아니며, 이 유형의 연구에는 최적의 표준으로 자리잡았다.

18) Kelly M. J. Diederen et al., 'Auditory hallucinations elicit similar brain activation in psychotic and nonpsychotic individuals', *Schizophrenia Bulletin*, vol. 38, pp. 1074–82, 2012; David E. J. Linden, Katy Thornton, Carissa N. Kuswanto, Stephen J. Johnston, Vincent van de Ven and Michael C. Jackson, 'The brain's voices: Comparing nonclinical auditory hallucinations and imagery', *Cerebral Cortex*, vol. 21, pp. 330–37, 2011.

19) Tuukka T. Raij and Tapani J. J. Riekki, 'Poor supplementary motor area activation differentiates auditory verbal hallucination from imagining the hallucination', *NeuroImage: Clinical*, vol. 1, pp. 75–80, 2012.

20) Daniel B. Smith, *Muses, Madmen, and Prophets: Rethinking the history, science, and meaning of auditory hallucination*, New York: Penguin, 2007, p. 35. 목소리를 듣는 경험에서 행위성에 대한 감각의 인지적, 신경적 토대에 관한 더 자세한 내용은 다음을 참고할 것. M. Perrone-Bertolotti, L. Rapin, J.-P. Lachaux, M. Baciu and H. Loevenbruck, 'What is that little voice inside my head? Inner speech phenomenology, its role in cognitive performance, and its relation to self-monitoring', *Behavioural Brain Research*, 261, 220–39, 2014; Simon R. Jones and Charles Fernyhough, 'Thought as action: Inner speech, self-monitoring, and auditory verbal hallucinations', *Consciousness*

and Cognition, vol. 16, pp. 391‒9, 2007.

21) p. 133 참고.

22) 이는 확산텐서영상diffusion tensor imagery(DTI) 같은 MRI 방법을 통해 가능하다. 이 같은 연구 5건에 대한 최근의 메타분석에서는 목소리들을 듣는 조현병 환자들의 경우 건강한 대조군에 비해 좌측 궁상얼기의 백질 통합성이 떨어지는 것으로 나타났다. 메타분석은 일종의 '연구에 대한 연구'로, 여러 다양한 시기와 장소에서 이루어진 수많은 연구결과들을 한데 모아 한꺼번에 분석하는 것이다. Pierre A. Geoffroy et al., 'The arcuate fasciculus in auditory-verbal hallucinations: A meta-analysis of diffusion-tensor-imaging studies', *Schizophrenia Research*, vol. 159, pp. 234‒7, 2014.

23) Judith M. Ford and Daniel H. Mathalon, 'Electrophysiological evidence of corollary discharge dysfunction in schizophrenia during talking and thinking', *Journal of Psychiatric Research*, vol. 38, pp. 37‒46, 2004; T. J. Whitford et al., 'Electrophysiological and diffusion tensor imaging evidence of delayed corollary discharges in patients with schizophrenia', *Psychological Medicine*, vol. 41, pp. 959‒69, 2011; Claudia J. P. Simons et al., 'Functional magnetic resonance imaging of inner speech in schizophrenia', *Biological Psychiatry*, vol. 67, pp. 232‒7, 2011.

24) Debra A. Gusnard and Marcus E. Raichle, 'Searching for a baseline: Functional imaging and the resting human brain', *Nature Reviews Neuroscience*, vol.2, pp. 685‒94, 2001; Randy L. Buckner, Jessica R. Andrews-Hanna and Daniel L. Schacter, 'The brain's default network:Anatomy, function, and relevance to disease', *Annals of the New York Academy of Sciences*, vol. 1124, pp. 1‒38, 2008; Russell T. Hurlburt, Ben Alderson-Day, Charles Fernyhough and Simone Kühn, 'What goes on in the resting state? A qualitative glimpse into resting-state experience in the scanner', *Frontiers in Psychology: Cognitive Science*, vol. 6, article 1535, 2015; Ben Alderson-Day, Simon McCarthy-Jones and Charles Fernyhough, 'Hearing voices in the resting brain: A review of intrinsic functional connectivity research on auditory verbal hallucinations', *Neuroscience & Biobehavioral Reviews*, vol. 55, pp. 78‒87, 2015.

25) Christina W. Slotema, Jan D. Blom, Remko van Lutterveld, Hans W. Hoek and Iris E. C. Sommer, 'Review of the efficacy of transcranial magnetic stimulation for auditory verbal hallucinations', *Biological Psychiatry*, vol. 76, pp. 101‒10, 2014. 이 결과들을 해석하는 데 있어 또 하나의 문제점은 TMS 치료법에서 효과를 보였던 일부 영역이 기존 인지 모형들과 연결이 쉽지 않다는 사실이다. 또한 이 기법은 청각 영역을 자극하는 데 별로 적합하지 않다는 것도 난감한 부분이다. 두개골 부위에 전류를 이용하는 것이 목소리를 듣

는 것과는 무관한 근육 경련 등 여러 다른 현상을 유발할 수 있다는 등의 문제가 있기 때문이다. Peter Moseley, Amanda Ellison and Charles Fernyhough, 'Auditory verbal hallucinations as atypical inner speech monitoring, and the potential of neurostimulation as a treatment option', *Neuroscience & Biobehavioral Reviews*, vol. 37, pp. 2794–805, 2013.

26) Peter Moseley, Charles Fernyhough and Amanda Ellison, 'The role of the superior temporal lobe in auditory false perceptions: A transcranial direct current stimulation study', *Neuropsychologia*, vol. 62, pp. 202–208, 2014.

27) 향후 연구의 흥미로운 방법에는 목소리를 듣는 경우 그 출처를 착각한 내적 발화 유형들에 관한 질문도 포함된다. 지금까지 살펴본 대로, 내적 발화는 단일한 한 가지가 아니다. 내가 제시한 모형에서는, 압축된 내적 발화가 온전한 형태의 내적 대화로 재확장될 때 특히 목소리가 들릴 가능성이 높다. 특정 유형의 내적 발화가 목소리가 들리는 특정 유형의 경험과 연관된 것인지는 아직 밝혀내지 못했다. 목소리를 듣지 않는 이들의 경우 이 같은 다양한 내적 발화의 신경적 토대에 관해 알아야 할 것들이 아직 많이 남아 있기 때문이다. 이 같은 두 종류의 내적 발화—독백적 내적 발화와 대화적 내적 발화—가 보통의 뇌에서 구체적으로 어떻게 다르게 나타나는지 우리 팀의 초기 연구결과들을 보면, 두 내적 발화 간의 구분 역시 목소리를 듣는 이들을 연구하는 데 활용할 만한 준비가 된 시점에 와 있다. 만일 비고츠키의 이론대로, 통상적인 내적 발화에 대화적 특성이 있다면, 청각 언어적 환각에 대한 신경영상 연구는 이 점을 설계에 고려해야 하며, 지금까지 연구에 채용돼 온, 다소 인위적이고 독백적인 형태보다는 대화적 내적 발화를 유도하려는 시도가 필요할 것이다. Ben Alderson-Day, Susanne Weis, Simon McCarthy-Jones, Peter Moseley, David Smailes and Charles Fernyhough, 'The brain's conversation with itself: Neural substrates of dialogic inner speech', *Social Cognitive & Affective Neuroscience*, vol. 11, pp. 110–120, 2016; Moseley et al., 'Auditory verbal hallucinations as atypical inner speech monitoring'. '선택성' 문제에 대해서는 이 책 9장 미주 36번 참고.

28) Kelly M. J. Diederen et al., 'Deactivation of the parahippocampal gyrus preceding auditory hallucinations in schizophrenia', *American Journal of Psychiatry*, vol. 167, pp. 427–35, 2010.

29) Iris E. C. Sommer et al., 'Auditory verbal hallucinations predominantly activate the *right* inferior frontal area', *Brain*, vol. 131, pp. 3169–77, 2008; Iris E. Sommer and Kelly M. Diederen, 'Language production in the non-dominant hemisphere as a potential source of auditory verbal hallucinations', *Brain*, vol. 132, pp. 1–2, 2009; Simon McCarthy-Jones, *Hearing Voices: The histories, causes and meanings of auditory verbal hallucinations*, Cambridge: Cambridge University Press, 2012.

30) Veronique Greenwood, 'Consciousness began when the gods stopped speaking', *Nautilus*, issue 204.

12. 수다쟁이 뮤즈

1) 입면시 및 출면시 환각에 대해서는 9장 미주 14번 참고.

2) 2014년 8월에 열린 에딘버러 국제 책 축제에서 제니퍼 호지슨 진행한 인터뷰에서 프로 작가들이 익명으로 말한 내용을 인용한 것이다.

3) Sarah-Jayne Blakemore, Daniel M. Wolpert and Chris D. Frith, 'Central cancellation of selfproduced tickle sensation', *Nature Neuroscience*, 1, pp. 635-40, 1998.

4) Thomas O'Reilly, Robin Dunbar and Richard Bentall, 'Schizotypy and creativity: An evolutionary connection?', *Personality and Individual Differences*, vol. 31, pp. 1067-78, 2001; Mark A. Runco, 'Creativity', *Annual Review of Psychology*, vol. 55, pp. 657-87, 2004.

5) Peter Garratt, 'Hearing voices allowed Charles Dickens to create extraordinary fictional worlds', *Guardian*, 22 August 2014.

6) John Forster, *The Life of Charles Dickens*, vol. 2, London: J. M. Dent, 1966, p. 270; James T. Fields, 'Some memories of Charles Dickens', The Atlantic, August 1870. 디킨스의 등장인물의 목소리는 그를 괴롭히다시피 할 때도 있었다. 영성에 관한 글을 주로 썼던 미국 작가 J.M.피블스는『마틴 처즐위크』에 등장하는 간호사인 갬프 부인의 목소리가 어떤 식으로 자신의 창조자에게 참견하곤 하는지 적은 바 있다. '가장 부적절한 장소에서—때로는 심지어 교회 안에서—그에게 속삭였다. 그가 그녀와 함께 있고 싶어하지 않을 때면 그에게 전력을 다해 싸워 자신을 쫓아내라 강요했다. 그는 그녀가 점잖게 굴고 부를 때만 오지 않는다면 더 이상 아무 상관 없는 사이가 되겠다고 협박했다.' 다만, 피블스는 이 일화의 출처는 밝히지 않고 있다. 다음을 참고할 것. J. M. Peebles, *What is Spiritualism?*, Peebles Institute Print, 1903, p. 36.

7) Joseph Conrad, letter to William Blackwood, 22 August 1899, in Frederick R. Karl and Laurence Davies, eds, *The Collected Letters of Joseph Conrad*, vol. 2, 1898-1902, Cambridge: Cambridge University Press, 1986, pp. 193-4. 2014년 7월 영국 캔터베리에서 개최된 조셉콘래드학회 컨퍼런스에서 있었던 다음 강연에서 인용한 것. Jeremy Hawthorn, 'Conrad's Inward/Inner Voice(s)'

8) Virginia Woolf, *To the Lighthouse*, London: Grafton, 1977 (original work published 1927), p. 62, 한국어판은『등대로』, 이미애 역, 민음사; Virginia

Woolf, 'A Sketch of the Past', in *Moments of Being: Autobiographical writings* (Jeanne Schulkind, ed.), London: Pimlico, 2002, p. 129; Hermione Lee, *Virginia Woolf*, London: Chatto & Windus, 1996, p. 756; Leonard Woolf, 'Virginia Woolf: Writer and personality', in *Virginia Woolf: Interviews and recollections* (J. H. Stape, ed.), Iowa City: University of Iowa Press, 1995; Woolf, 'Sketch of the Past', p.93.

9) Hilary Mantel, *Beyond Black*, London: Fourth Estate, 2005; Patricia Waugh, 'Hilary Mantel and Virginia Woolf on the sounds in writers' minds', *Guardian*, 21 August 2014.

10) Hilary Mantel, 'Ink in the Blood', *London Review of Books*, 4 November 2010; 'A Kind of Alchemy', Hilary Mantel interviewed by Sarah O'Reilly, in Hilary Mantel, *Beyond Black*, London: Fourth Estate, 2010, addendum to the paperback edition, p. 8.

11) Charles Platt, 'The voices in Philip K. Dick's head', *New York Times*, 16 December 2011; Philip K. Dick, *The Exegesis of Philip K. Dick* (Pamela Jackson, Jonathan Lethem and Erik Davis, eds), Boston: Houghton Mifflin Harcourt, 2011; Philip K. Dick interviewed by John Boonstra, *Rod Serling's The Twilight Zone Magazine*, vol. 2, no. 3, June 1982, pp. 47–52.

12) Ray Bradbury, interviewed by Terry Wogan, *Wogan*, BBC1, 1990; Ray Bradbury, The Art of Fiction No. 203, *The Paris Review*, no. 192, Spring 2010.

13) Siri Hustvedt, *The Shaking Woman or a History of Nerves*, London: Sceptre, 2010, p. 68.

14) Daniel B. Smith, *Muses, Madmen, and Prophets: Rethinking the history, science, and meaning of auditory hallucination*, New York: Penguin, 2007, chapter 7; Eric R. Dodds, *The Greeks and the Irrational*, London: University of California Press, 1951.

15) Jennifer Hodgson, 'How do writers find their voices?', *Guardian*, 25 August 2014.

16) Russell T. Hurlburt, Christopher L. Heavey and Jason M. Kelsey, 'Toward a phenomenology of inner speaking', *Consciousness and Cognition*, vol. 22, pp. 1477–94, 2013; Simone Kühn, Charles Fernyhough, Ben Alderson-Day and Russell T. Hurlburt, 'Inner experience in the scanner: Can high fidelity apprehensions of inner experience be integrated with fMRI?', *Frontiers in Psychology*, vol. 5, article 1393, 2014. 음악처럼 말이 아닌 소리를 내적으로 들을 수도 있음을 유의할 것.

17) 7장 참고.

18) A. R. Luria, *Higher Cortical Functions in Man,* New York: Basic Books, 1966; L. S. Vygotsky, *Thinking and Speech,* in *The Collected Works of L.S. Vygotsky,* vol. 1 (Robert W. Rieber and Aaron S. Carton, eds;Norris Minick, trans.), New York: Plenum, 1987 (original work published 1934), p. 272.

19) M. Perrone-Bertolotti, L. Rapin, J.-P. Lachaux, M. Baciu and H. Loevenbruck, 'What is that little voice inside my head? Inner speech phenomenology, its role in cognitive performance, and its relation to self-monitoring', *Behavioural Brain Research,* vol. 261, pp. 220 – 39, 2014; Cynthia S. Puranik and Christopher J. Lonigan, 'Early writing deficits in preschoolers with oral language difficulties', *Journal of Learning Disabilities,* vol. 45, pp. 179 – 90, 2012.

20) David N. Levine, Ronald Calvanio and Alice Popovics, 'Language in the absence of inner speech', *Neuropsychologia,* vol. 20, pp. 391 – 409, 1982; Giuseppe Cossu, 'The role of output speech in literacy acquisition: Evidence from congenital anarthria', *Reading and Writing: An interdisciplinary journal,* vol. 16, pp. 99 – 122, 2003.

21) James D. Williams, 'Covert linguistic behavior during writing tasks', *Written Communication,* vol. 4, pp. 310 – 28, 1987.

22) Pierre Salamé and Alan Baddeley, 'Disruption of short-term memory by unattended speech: Implications for the structure of working memory', *Journal of Verbal Learning and Verbal Behavior,* vol. 21, pp. 150 – 64, 1982.

23) David Lodge, 'Reading yourself', in Julia Bell and Paul Magrs, eds, *The Creative Writing Coursebook,* London: Macmillan, 2001.

24) Louie Mayer, in Joan Russell Noble, ed., *Recollections of Virginia Woolf by Her Contemporaries,* Athens, OH: Ohio University Press, 1972.

25) Fields, 'Some memories of Charles Dickens'.

26) Marjorie Taylor, *Imaginary Companions and the Children Who Create Them,* Oxford: Oxford University Press, 1999; Lucy Firth, Ben Alderson-Day, Natalie Woods and Charles Fernyhough, 'Imaginary companions in childhood: Relations to imagination skills and autobiographical memory in adults', *Creativity Research Journal,* vol. 27, pp. 308 – 13, 2015; Marjorie Taylor, Stephanie M. Carlson and Alison B. Shawber, 'Autonomy and control in children's interactions with imaginary companions', in I. Roth, ed., *Imaginative Minds: Concepts, controversies and themes,* London: OUP/ British Academy, 2007; Marjorie Taylor, Sara D. Hodges and Adele Kohányi,

'The illusion of independent agency: Do adult fiction writers experience their characters as having minds of their own?', *Imagination, Cognition and Personality*, vol. 22, pp. 361–80, 2003; Evan Kidd, Paul Rogers and Christine Rogers, 'The personality correlates of adults who had imaginary companions in childhood', *Psychological Reports*, vol. 107, pp. 163–72, 2010.

27) Taylor et al., 'The illusion of independent agency'; John Fowles, *The French Lieutenant's Woman*, London: Triad/Panther, 1977 (original work published 1969), p. 86 한국어판은 『프랑스 중위의 여자』, 김석희 역, 열린책들; 'Inner Voices: How writers create character', BBC Academy podcast, http://www.bbc.co.uk/academy/production/article/art20141127135622425

28) Lisa Blackman, *Immaterial Bodies: Affect, embodiment, mediation*, London: Sage, 2012, chapter 6.

29) Patricia Waugh, 'The novelist as voice-hearer', *The Lancet*, vol. 386, e54–e55, 2015.

30) T. S. Eliot Martin Stannard, *Muriel Spark*, London: Weidenfeld & Nicolson, 2009, p. 153.

31) William Blake, letter to William Hayley, 1800. 블레이크는 형을 잃었던 기억을 떠올리며 어린 아들과 사별한 헤일리를 위로하는 중이었다. 그러므로 그의 말을 전적으로 있는 그대로 환각에 관한 이야기로만 읽을 필요는 없다. 블레이크는 분명 통상적이지 않은 경험을 하곤 했던 것으로 보이지만, '목소리'의 은유적 활용을 너무 축자적으로 받아들이지 않도록 유념할 필요를 보여주는 사례다. '양심의 목소리'에 관한 논의는 다음을 참고할 것. p. 256. Michael Davis, *William Blake: A new kind of man*, London: HarperCollins, 1977; Smith, *Muses, Madmen, and Prophets*, chapter 7.

32) Oliver Sacks, *Hallucinations*, London: Picador, 2012.

33) Charles Fernyhough, *Pieces of Light: The new science of memory*, London: Profile, 2012.

34) Waugh, 'Hilary Mantel and Virginia Woolf'; Hilary Mantel, *Giving up the Ghost: A memoir*, London: Harper Perennial, 2004, p. 222.

35) Jeanette Winterson, *Why be Happy When You Could be Normal?* London: Jonathan Cape, 2011, p. 170; interview with Jeanette Winterson, *Lighthousekeeping*, Harcourt Books, http://www.harcourtbooks.com/authorinterviews/bookinterview_Winterson.asp

13. 과거로부터 오는 메시지

1) Carl Jung, *Memories, Dreams, Reflections* (recorded and edited by Aniela Jaffé; Richard and Clara Winston, trans.), London: Collins and Routledge & Kegan Paul, 1963, p. 127.

2) Eleanor Longden, *Learning from the Voices in My Head*, TED Books, 2013.

3) Marius A. J. Romme and Sandra D. M. A. C. Escher, 'Hearing voices', *Schizophrenia Bulletin*, vol. 15, 209–16, 1989; Marius Romme, Sandra Escher, Jacqui Dillon, Dirk Corstens and Mervyn Morris, eds, *Living with Voices: Fifty stories of recovery*, Ross-on-Wye: PCCS, 2009; Dirk Corstens, Eleanor Longden, Simon McCarthy-Jones, Rachel Waddingham and Neil Thomas, 'Emerging perspectives from the Hearing Voices Movement: Implications for research and practice', *Schizophrenia Bulletin*, vol. 40, suppl. no. 4, pp. S285–S294, 2014; Gail A. Hornstein, *Agnes's Jacket: A psychologist's search for the meaning of madness*, Emmaus, PA: Rodale Press, 2009.

4) p. 142 참고.

5) 2013년 3월 2일자 BBC Radio 4의 〈Saturday Live〉 프로그램 인터뷰.

6) 2013년 11월 25일자 재키 딜런과의 인터뷰.

7) 'Voices in Your Head', *Radiolab*, 7 September 2010.

8) Louis Jolyon West, 'A general theory of hallucinations and dreams', in L. J. West, ed., *Hallucinations*, New York: Grune & Stratton, 1962; Simon McCarthy-Jones, *Hearing Voices: The histories, causes and meanings of auditory verbal hallucinations*, Cambridge:Cambridge University Press, 2012.

9) Simon McCarthy-Jones, Tom Trauer, Andrew Mackinnon, Eliza Sims, Neil Thomas and David L. Copolov, 'A new phenomenological survey of auditory hallucinations: Evidence for subtypes and implications for theory and practice', *Schizophrenia Bulletin*, vol. 40, pp. 231–5, 2014.

10) Flavie A. Waters, Johanna C. Badcock, Patricia T. Michie and Murray T. Maybery, 'Auditory hallucinations in schizophrenia: Intrusive thoughts and forgotten memories', *Cognitive Neuropsychiatry*, vol. 11, pp.65–83, 2006.

11) Richard P. Bentall, Sophie Wickham, Mark Shevlin and Filippo Varese, 'Do specific early-life adversities lead to specific symptoms of psychosis? A study from the 2007 The Adult Psychiatric Morbidity Survey', *Schizophrenia Bulletin*, vol. 38, pp. 734–40, 2012. For a recent meta-analysis, see A. Trotta, R. M. Murray and H. L. Fisher, 'The impact of childhood adversity on the

persistence of psychotic symptoms: A systematic review and meta-analysis', *Psychological Medicine*, vol. 45, pp. 2481–98, 2015.

12) Charles Fernyhough, *Pieces of Light: The new science of memory*, London: Profile, 2012, chapter 10.

13) Fernyhough, *Pieces of Light*.

14) Pierre Janet, 'L'anesthésie systématisée et la dissociation des phénomenes psychologiques', *Revue Philosophique de la France et de l'Etranger*, T. 23, pp. 449–72, 1887; Onno van der Hart and Rutger Horst, 'The dissociation theory of Pierre Janet', *Journal of Traumatic Stress*, vol. 2, pp. 397–412, 1989; Marie Pilton, Filippo Varese, Katherine Berry and Sandra Bucci, 'The relationship between dissociation and voices: A systematic literature review and meta-analysis', *Clinical Psychology Review*, vol. 40, pp. 138–55, 2015.

15) Filippo Varese, Emma Barkus and Richard P. Bentall, 'Dissociation mediates the relationship between childhood trauma and hallucinationproneness', *Psychological Medicine*, vol. 42, pp. 1025–36, 2012; Ben Alderson-Day et al., 'Shot through with voices: Dissociation mediates the relationship between varieties of inner speech and auditory hallucination proneness', *Consciousness and Cognition*, vol. 27, pp. 288–96, 2014.

16) Simon R. Jones, 'Do we need multiple models of auditory verbal hallucinations? Examining the phenomenological fit of cognitive and neurological models', *Schizophrenia Bulletin*, vol. 36, pp. 566–75, 2010; David Smailes, Ben Alderson-Day, Charles Fernyhough, Simon McCarthy-Jones and Guy Dodgson, 'Tailoring cognitive behavioural therapy to subtypes of voice-hearing', vol. 6, article 1933, 2015.

17) Fernyhough, *Pieces of Light*, chapter 10.

18) Dirk Corstens, Eleanor Longden and Rufus May, 'Talking with voices: Exploring what is expressed by the voices people hear', *Psychosis*, vol. 4, pp. 95–104, 2012.

19) Julian Leff, Geoffrey Williams, Mark A. Huckvale, Maurice Arbuthnot and Alex P. Leff, 'Computer-assisted therapy for medication-resistant auditory hallucinations: Proof-of-concept study', *British Journal of Psychiatry*, vol. 202, pp. 428–33, 2013. 2014년 6월 해당 기술을 시험해 보기 위해 우리가 아바타팀을 찾아갔을 때, 연구자들은 해당 기법을 대규모로 임상시험하는 중이었다. 결과는 2016년에 발표될 예정이다. 예비 실험 결과가 확정되면, 아바타치료법은 환자들을 괴롭히는 목소리들을 다룰 때 심리치료사가 유용하게 쓸 수 있는 강력하고 새로운 도구가 될 것이다.

20) CBT의 효능에 대해서는 과학적 증거가 있지만, 히어링 보이스 무브먼트는 아직 그런 데이터를 모으지 못했다. 적어도 임상시험에서는 그렇다. 어떤 의학 분야에서든 어떤 치료법의 효능을 검증하는 가장 좋은 기준은 무작위대조시험Randomized controlled trial(RCT)으로, 치료군 혹은 비치료군에 환자를 무작위로 배정하는 연구설계 방식이다. 환자들은 (최대한) 자신의 소속 집단이나 해당 결과를 평가하는 이들이 가진 정보에 대해 알지 못하는 상태로 임상시험에 임한다. 이 운동의 성장 및 그 효능의 증거를 검토 중인 디르크 코르스턴스와 동료들은 목소리를 듣는 이들의 모임이 지닌 자기주도적, 유기적 성격은 RCT에 필요할 법한 형식화에 도움이 되지 않는다는 점을 지적한다. 또 한 가지 문제는 모임들은 누구나 자유로이 편하게 드나들 수 있는 열린 형태이며, '치료' 과정에 등록하는 것에는 다들 질색을 할 것이라는 점이다. 물론 이 접근법의 장점은 무수히 많은데, 그중에는 굉장히 주관적인 만족도나 상대적인 고통의 정도 같은 것도 포함된다. 현재 호주에서는 일대일 동료 지원 방식의 예비 검사가 진행 중이지만, 단시일 내에 해당 접근법에 대한 주요 RCT가 이루어질 것 같지는 않다. 어떤 이들에게는 이 방법이 효과가 있는 것은 확실하다―나는 이 점에 동의하는 많은 이들을 만나봤다. 그러나 근거 기반에서 이런 공백이 남아 있는 한 그 효과에 관해 전세계를 설득하는 작업은 쉽지 않을 것이다. Corstens et al., 'Emerging perspectives from the Hearing Voices Movement.'

21) Rachel Waddingham, Sandra Escher and Guy Dodgson, 'Inner speech and narrative development in children and young people who hear voices: Three perspectives on a developmental phenomenon', *Psychosis*, vol. 5, pp. 226–35, 2013.

22) 재키 딜런 인터뷰 'Voices in the Dark: An audio story', Mosaic, Wellcome Trust, 9 December 2014; Jacqui Dillon, 'The tale of an ordinary little girl', *Psychosis*, vol. 2, 79–83, 2010.

23) 시나리오를 군대 상황으로 각색해 실험참가자를 트라우마를 입은 전투원 역할로 가정할 경우, 이 약을 복용하겠다는 응답 비율은 50퍼센트가량으로 떨어졌다. Eryn J. Newman, Shari R. Berkowitz, Kally J. Nelson, Maryanne Garry and Elizabeth F. Loftus, 'Attitudes about memory dampening drugs depend on context and country', *Applied Cognitive Psychology*, vol. 25, pp. 675–81, 2011.

24) EMDR는 eye movement desensitization and reprocessing의 약어다. 다음을 참고할 것. Fernyhough, *Pieces of Light*, chapter 10.

25) 2014년 12월 9일자 재키 딜런 인터뷰. 'Voices in the Dark: An audio story', *Mosaic*, Wellcome Trust.

14. 말하지 않는 목소리

1) Mark Vonnegut, *The Eden Express: A memoir of insanity*, New York: Praeger, 1975, p. 137.

2) Tore Nielsen, 'Felt presence: Paranoid delusion or hallucinatory social imagery?', *Consciousness and Cognition*, vol. 16, pp. 975–83, 2007; Gillian Bennett and Kate Mary Bennett, 'The presence of the dead: An empirical study', *Mortality*, vol. 5, pp. 139–57, 2000; Ben Alderson-Day and David Smailes, 'The strange world of felt presences', *Guardian*, 5 March 2015; John Geiger, *The Third Man Factor: Surviving the impossible*, Edinburgh: Canongate, 2010; Sara Maitland, *A Book of Silence*, London: Granta, 2008.

3) Sir Ernest Shackleton, *The Heart of the Antarctic and South*, Ware: Wordsworth Editions, 2007 (original work published 1919), p. 591. The experiences of Shackleton and his team were acknowledged by T. S. Eliot as an inspiration for the 'Who is the third that walks always beside you?' section of *The Waste Land*, lines 359–65.

4) Joe Simpson, *Touching the Void*, London: Jonathan Cape, 1998; Peter Suedfeld and John Geiger, 'The sensed presence as a coping resource in extreme environments', in J. Harold Ellis (ed.), *Miracles: God, science, and psychology in the paranormal*, vol. 3, Westport, CT:Greenwood Press, 2008.

5) Angela Woods, Nev Jones, Ben Alderson-Day, Felicity Callard and Charles Fernyhough, 'Experiences of hearing voices: Analysis of a novel phenomenological survey', *Lancet Psychiatry*, vol. 2, pp. 323–31, 2015.

6) Tony H. Nayani and Anthony S. David, 'The auditory hallucination: A phenomenological survey', *Psychological Medicine*, vol. 26, pp. 177–89, 1996.

7) p. 156 참고.

8) Eugen Bleuler, *Dementia Praecox or the Group of Schizophrenias*, New York: International Universities Press, 1950 (original work published 1911), p. 111.

9) Hildegard of Bingen, *Selected Writings* (Mark Atherton, trans.), London: Penguin, 2001, p. xx.

10) Natalia Pedersen and René Ernst Nielsen, 'Auditory hallucinations in a deaf patient: A case report', *Case Reports in Psychiatry*, vol. 2013, article 659698, 2013.

11) Henry Putnam Stearns, 'Auditory hallucinations in a deaf mute', *Alienist and Neurologist*, vol. 7, pp. 318–19, 1886.

12) Kenneth Z. Altshuler, 'Studies of the deaf: Relevance to psychiatric theory', *American Journal of Psychiatry*, vol. 127, pp. 1521 – 6, 1971.

13) Altshuler, 'Studies of the deaf'; J. Remvig, 'Deaf mutes in mental hospitals', *Acta Psychiatrica Scandinavica*, vol. 210, pp. 9 – 64, 1969; Robin Paijmans, Jim Cromwell and Sally Austen, 'Do profoundly prelingually deaf patients with psychosis really hear voices?', *American Annals of the Deaf*, vol. 151, pp. 42 – 8, 2006.

14) M. du Feu and P.J. McKenna, 'Prelingually profoundly deaf schizophrenic patients who hear voices: A phenomenological analysis', *Acta Psychiatrica Scandinavica*, vol. 99, pp. 453 – 9, 1999.

15) A. J. Thacker, 'Formal communication disorder: Sign language in deaf people with schizophrenia', *British Journal of Psychiatry*, vol. 165, pp. 818 – 23, 1994.

16) Joanna R. Atkinson, 'The perceptual characteristics of voicehallucinations in deaf people: Insights into the nature of subvocal thought and sensory feedback loops', *Schizophrenia Bulletin*, vol. 32, pp. 701 – 708, 2006.

17) Joanna R. Atkinson, Kate Gleeson, Jim Cromwell and Sue O'Rourke, 'Exploring the perceptual characteristics of voicehallucinations in deaf people', *Cognitive Neuropsychiatry*, vol.12, pp. 339 – 61, 2007.

18) Charles Fernyhough, 'Do deaf people hear an inner voice?', blog post in The Voices Within, *Psychology Today*, 24 January 2014, https://www.psychologytoday.com/blog/the-voices-within/201401/do-deaf-people-hear-inner-voice.

19) Ursula Bellugi, Edward S. Klima and Patricia Siple, 'Remembering in signs', *Cognition*, vol. 3, pp. 93 – 125, 1975.

20) Thacker, 'Formal communication disorder.'

21) Mairéad MacSweeney et al., 'Neural systems underlying British Sign Language and audio-visual English processing in native users', *Brain*, vol.125, pp. 1583 – 93, 2002; P. K. McGuire et al., 'Neural correlates of thinking in sign language', *Neuroreport*, vol. 8, pp. 695 – 8, 1997.

22) 캐나다의 심리학자 앨런 체인과 토드 지라르는 임재감을 '어떤 존재가 존재한다는 느낌으로서, 단순히 존재하는 어떤 것이라기보다는 정신이나 영혼을 지닌 의도적인 존재에 관한 느낌'으로 정의하고 있다: J. Allan Cheyne and Todd A. Girard, 'The nature and varieties of felt presence experiences: A reply to Nielsen', *Consciousness and Cognition*, vol. 16, pp. 984 – 91, 2007, p.985, original emphasis. 임재감은 그에 관한 느낌을 포함하는 것으로, 단순

히 믿음만은 아니다. 느껴지는 그 존재는 임의의 대상이 아니라, 세상과 모종의 정신적 연계가 있다는 의미에서 의도를 지닌 존재다. 다음을 참고할 것. J. Allan Cheyne and Todd A. Girard, 'Paranoid delusions and threatening hallucinations: A prospective study of sleep paralysis experiences', *Consciousness and Cognition*, vol. 16, pp. 959‒74, 2007; Suedfeld and Geiger, 'The sensed presence as a coping resource'.

23) Amanda L. Woodward, 'Infants selectively encode the goal object of an actor's reach', *Cognition*, vol. 69, pp. 1‒34, 1998; Charles Fernyhough, 'Getting Vygotskian about theory of mind: Mediation, dialogue, and the development of social understanding', *Developmental Review*, vol. 28, pp. 225‒62, 2008; Ben Alderson-Day and Charles Fernyhough, 'Auditory verbal hallucinations: Social but how?', *Journal of Consciousness Studies*, in press.

24) W. Dewi Rees, 'The hallucinations of widowhood', *British Medical Journal*, vol. 4, pp. 37‒41, 1971; A. Grimby, 'Bereavement among elderly people: Grief reactions, post-bereavement hallucinations and quality of life', *Acta Psychiatrica Scandinavica*, vol. 87, pp. 72‒80, 1993.

25) Dolly Sen interviewed for 'Voices in the Dark: An audio story', *Mosaic*, Welcome Trust, 9 December 2014.

26) Pierre Janet, 'Étude sur un cas d'aboulie et d'idées fixes', *Revue Philosophique de la France et de l'Etranger*, T. 31, pp. 258‒87, 1891, p. 274, my translation (with assistance from Sam Wilkinson). 목소리를 듣는 증상에 대한 자네의 치료에 관한 더 자세한 내용은 다음을 참고할 것. Ivan Leudar and Philip Thomas, *Voices of Reason, Voices of Insanity: Studies of verbal hallucinations*, London: Routledge, 2000, chapter 4.

27) Woods et al., 'Experiences of hearing voices'.

28) Sam Wilkinson and Vaughan Bell, 'The representation of agents in auditory verbal hallucinations', *Mind & Language*, vol. 31, pp. 104‒26, 2016. 목소리를 듣는 경험의 사회적 측면은 그 중요성에 비해 제대로 다뤄지지 않아왔다. 그 이유 가운데는 내적 발화 모형의 지배적 우위도 있을 것이다. 지금껏 우리가 살펴보았듯이 이 모형은 사회적 기원을 무시하고 내면의 혼잣말 개념에만 의존하는 경향이 있다. 목소리가 들리는 것을 내면화된 대화로 설명하는 이 모형은 목소리들이 어떻게 특정한 관점으로 행위자를 표상할 수 있는지 설명하기에는 아마도 더 유리할 수 있을 것이다. 만일 목소리의 일부가 타자들과의 상호작용에 대한 기억에서 침입한 것이라고 한다면, 기억 모형 역시 목소리들이 어떻게 이 같은 행위자적 특성을 지니고 있는지 설명할 수 있다. 다음을 참고할 것. Alderson-Day and Fernyhough, 'Auditory verbal hallucinations: Social but how?'

29) Peter Brugger, Marianne Regard and Theodor Landis, 'Unilaterally felt "presences": The neuropsychiatry of one's invisible Doppelganger', *Neuropsychiatry, Neuropsychology, and Behavioral Neurology*, vol. 9, pp. 114–22, 1996; Shahar Arzy, Margitta Seeck, Stephanie Ortigue, Laurent Spinelli and Olaf Blanke, 'Induction of an illusory shadow person', *Nature*, vol.443, p. 287, 2006; Ben Alderson-Day, Susanne Weis, Simon McCarthy-Jones, Peter Moseley, David Smailes and Charles Fernyhough, 'The brain's conversation with itself: Neural substrates of dialogic inner speech', *Social Cognitive & Affective Neuroscience*, vol. 11, 110–120, 2016.

30) p. 201 참고.

31) Felicity Deamer, 'The pragmatics of inner speech: Reconciling theories of linguistic communication with what we know about inner speech', under review; Charles Fernyhough, 'The dialogic mind: A dialogic approach to the higher mental functions', *New Ideas in Psychology*, vol. 14, pp. 47–62, 1996.

32) 2013년 3월 2일자 BBC Radio 4's 〈Saturday Live〉 프로그램의 애덤 인터뷰.

15. 자기 자신에게 말 걸기

1) Denise Riley, '"A voice without a mouth": Inner speech', in Denise Riley and Jean-Jacques Lecercle, *The Force of Language*, London: Palgrave Macmillan, 2004, p. 8.

2) Russell T. Hurlburt, Charles Fernyhough, Ben Alderson-Day and Simone Kühn, 'Exploring the ecological validity of thinking on demand: Neural correlates of elicited vs. spontaneously occurring inner speech', *PLOS ONE*, vol. 11, article e0147932, 2016; Simon R. Jones and Charles Fernyhough, 'Neural correlates of inner speech and auditory verbal hallucinations: A critical review and theoretical integration', *Clinical Psychology Review*, vol. 27, pp. 140–54, 2007.

3) Ben Alderson-Day and Charles Fernyhough, 'Inner speech: Development, cognitive functions, phenomenology, and neurobiology', *Psychological Bulletin*, vol. 141, pp. 931–65, 2015.

4) Charles Fernyhough, 'Hearing the voice', *The Lancet*, vol. 384, pp. 1090–91, 2014.

5) 'Good Luck, Father Ted', *Father Ted*, series 1, episode 1, April 1995.

6) Marcia K. Johnson, 'Memory and reality', *American Psychologist*, vol. 61,

pp. 760–71, 2006; Jon S. Simons, Richard N. A. Henson, Sam J. Gilbert and Paul C. Fletcher, 'Separable forms of reality monitoring supported by anterior prefrontal cortex', *Journal of Cognitive Neuroscience*, vol. 20, pp. 447–57, 2008. See also p. 134 above.

7) Marie Buda, Alex Fornito, Zara M. Bergström and Jon S. Simons, 'A specific brain structural basis for individual differences in reality monitoring', *Journal of Neuroscience*, vol. 31, pp. 14308–13, 2011; Jane Garrison, Charles Fernyhough, Simon McCarthy-Jones, Mark Haggard, The Australian Schizophrenia Research Bank and Jon S. Simons, 'Paracingulate sulcus morphology is associated with hallucinations in the human brain', *Nature Communications*, vol. 6, article 8956, 2015.

8) p. 170 참고.

9) Guy Dodgson and Sue Gordon, 'Avoiding false negatives: Are some auditory hallucinations an evolved design flaw?', *Behavioural and Cognitive Psychotherapy*, vol. 37, pp. 325–34, 2009; David Smailes, Ben Alderson-Day, Charles Fernyhough, Simon McCarthy-Jones and Guy Dodgson, 'Tailoring cognitive behavioural therapy to subtypes of voice-hearing', *Frontiers in Psychology*, vol. 6, article 1993, 2015; Guy Dodgson, Jenna Robson, Ben Alderson-Day, Simon McCarthy-Jones and Charles Fernyhough, *Tailoring CBT to Subtypes of Voice-hearing*, unpublished manual, 2014.

10) Kenneth Hugdahl, '"Hearing voices": Auditory hallucinations as failure of top-down control of bottom-up perceptual processes', *Scandinavian Journal of Psychology*, vol. 50, pp. 553–60, 2009. 최근 지각에 대한 소위 '예측 처리' 접근법에 관한 관심이 높아지고 있다. 하향식 예측이 지각 표상의 구성을 지배하는 방식이다. 목소리를 듣는 경우와 관련하여, 예측 처리를 통한 설명은 예측된 감각 상태와 내적 예측이라는 관점에서 설명할 수 없는 신호('예측 오류') 간 불균형의 가능성을 제시한다. 다음을 참고할 것. Sam Wilkinson, 'Accounting for the phenomenology and varieties of auditory verbal hallucination within a predictive processing framework', *Consciousness and Cognition*, vol. 30, pp. 142–55, 2014.

11) Christine Cooper-Rompato, 'The talking breast pump', *Western Folklore*, vol. 72, pp. 181–209, 2013.

12) Oliver Sacks, *Hallucinations*, London: Picador, 2012, p. 197.

13) Frank Laroi et al., 'Culture and hallucinations: Overview and future directions', *Schizophrenia Bulletin*, vol. 40, suppl. no. 4, pp. S213–S220, 2014; T. M. Luhrmann, R. Padmavati, H. Tharoor and A. Osei, 'Differences in voice-hearing experiences of people with psychosis in the U.S.A., India

and Ghana: Interview-based study', *British Journal of Psychiatry*, vol. 206, pp. 41-4, 2015.

14) Abdulrahman S. Al-Namlah, Charles Fernyhough and Elizabeth Meins, 'Sociocultural influences on the development of verbal mediation: Private speech and phonological recoding in Saudi Arabian and British samples', *Developmental Psychology*, vol. 42, pp. 117-31, 2006.

15) 이는 언어상대성 가설(이 책 175쪽 참고)의 몇몇 버전들과 연관된 것과는 다른 개념이다. 여기서 문제가 되는 것은 가용한 언어적 개념들이 가용한 사고 범위를 형성하는가의 여부가 아니라 특정한 언어들이 특정 유형의 자기지시적 발화를 더 강력하고 효과적으로 만드는가의 여부다. 그렇지 않다면, 언어에 따라 천차만별인 내적 발화의 보편 문법 같은 것이라도 있는가? 인지에서 내적 발화의 다양한 역할이 점차 입증된다면, 이 질문은 좀 더 뚜렷이 부각될 것이다.

16) Ben Alderson-Day and Charles Fernyhough, 'Auditory verbal hallucinations: Social but how?', *Journal of Consciousness Studies*, in press; Ben Alderson-Day and Charles Fernyhough, 'Inner speech: Development, cognitive functions, phenomenology, and neurobiology', *Psychological Bulletin*, vol. 141, pp. 931-65, 2015.

17) Alderson-Day and Fernyhough, 'Inner speech'; M. Perrone-Bertolotti, L. Rapin, J.-P. Lachaux, M. Baciu and H. Loevenbruck, 'What is that little voice inside my head? Inner speech phenomenology, its role in cognitive performance, and its relation to selfmonitoring', *Behavioural Brain Research*, 261, 220-39, 2014; Pascal Delamillieure et al., 'The resting state questionnaire: An introspective questionnaire for evaluation of inner experience during the conscious resting state', *Brain Research Bulletin*, vol. 81, pp. 565-73, 2010.

18) Boris Eikhenbaum, 'Problems of film stylistics', *Screen*, vol. 15, pp. 7-32, 1974; Norbert Wiley, *Inner speech and the dialogical self*, Philadelphia, PA: Temple University Press, 2016.

19) Corinne Saunders and Charles Fernyhough, 'Reading Margery Kempe's inner voices', paper presented at *Medicine of Words: Literature, Medicine, and Theology in the Middle Ages*, St Anne's College, Oxford, September 2015; Barry Windeatt, 'Reading and re-reading *The Book of Margery Kempe*', in John H. Arnold and Katherine J. Lewis, *A Companion to the Book of Margery Kempe*, Cambridge: D. S. Brewer, 2004. See also p. 157.

20) G. E. Berrios and T. R. Dening, 'Pseudohallucinations: A conceptual history', *Psychological Medicine*, vol. 26, pp. 753-63, 1996.

21) Alderson-Day and Fernyhough, 'Inner speech'

22) David Williams, Dermot M. Bowler and Christopher Jarrold, 'Inner speech is used to mediate short-term memory, but not planning, among intellectually high-functioning adults with autism spectrum disorder', *Development and Psychopathology*, vol. 24, pp. 225-39, 2012; Russell T. Hurlburt, Francesca Happé and Uta Frith, 'Sampling the form of inner experience in three adults with Asperger syndrome', *Psychological Medicine*, vol. 24, pp. 385-95, 1994; Alderson-Day and Fernyhough, 'Inner speech'; Charles Fernyhough, 'The dialogic mind: A dialogic approach to the higher mental functions', *New Ideas in Psychology*, vol. 14, pp.47-62, 1996.

23) p. 113 참고.

24) Dolly Sen interviewed for 'Voices in the Dark: An audio story', *Mosaic*, Wellcome Trust, 9 December 2014.

25) Marius A. J. Romme and Sandra Escher, *Making Sense of Voices: A guide for professionals working with voice hearers*, London: Mind, 2000, p. 64.

26) Jean Piaget, *The Language and Thought of the Child* (Marjorie and Ruth Gabain, trans.), London: Kegan Paul, Trench, Trubner & Co., 1959 (original work published 1926), pp. 1-2. 상기 p. 48 내용도 참고.

27) Katherine Nelson and Robyn Fivush, 'The emergence of autobiographical memory: A social cultural developmental theory', *Psychological Review*, vol. 111, pp. 486-511, 2004; Abdulrahman S. Al-Namlah, Elizabeth Meins and Charles Fernyhough, 'Self-regulatory private speech relates to children's recall and organization of autobiographical memories', *Early Childhood Research Quarterly*, vol. 27, pp. 441-6, 2012; Viorica Marian and Ulric Neisser, 'Languagedependent recall of autobiographical memories', *Journal of Experimental Psychology: General*, vol. 129, pp. 361-8, 2000.

28) Alain Morin, 'Possible links between self-awareness and inner speech: Theoretical background, underlying mechanisms, and empirical evidence', *Journal of Consciousness Studies*, vol. 12, pp. 115-34, 2005; Alain Morin, 'Self-awareness deficits following loss of inner speech: Dr. Jill Bolte Taylor's case study', *Consciousness and Cognition*, vol. 18, pp. 524-9, 2009; Jill Bolte Taylor, *My Stroke of Insight: A brain scientist's personal journey*, New York: Viking, 2006, pp. 75-6.

29) Riley, '"A voice without a mouth."'

30) Mark B. Tappan, 'Language, culture, and moral development: A Vygotskian perspective', *Developmental Review*, vol. 17, pp. 78-100, 1997, p. 88.

31) Christopher Isherwood, *Christopher and His Kind*, London: Methuen, 1977, p. 17.

32) Susan Nolen-Hoeksema, Blair E. Wisco and Sonja Lyubomirsky, 'Rethinking rumination', *Perspectives on Psychological Science*, vol. 3, pp. 400–24, 2008.

33) 이 점을 짚어준 데이비드 스메일리스에게 감사를 전한다.

34) Smailes et al., 'Tailoring cognitive behavioural therapy to subtypes of voice-hearing'; Dodgson et al., *Tailoring CBT to Subtypes of Voice-hearing*.

35) 반추와 관련해서 OCD의 침입적 사고가 어느 정도나 언어적인지 알아보려는 시도는 거의 없었다. OCD 연구에 관한 최근 리뷰로는 다음을 참고할 것. David Adams, *The Man Who Couldn't Stop: The truth about OCD*, London: Picador, 2014.

36) Allan Ingram, 'In two minds: Johnson, Boswell and representations of the self', paper presented at *Le moi/The Self in the Long Eighteenth Century*, Sorbonne Nouvelle, Paris, December 2013; Samuel Johnson, *The History of Rasselas, Prince of Abissinia* (Thomas Keymer, ed.), Oxford: Oxford University Press, 2009, p. 93; James Boswell, *Boswell's London Journal 1762–1763* (F. A. Pottle, ed.), London: William Heinemann, 1950, p. 187.

37) 'Make Room for Lisa', ⟨The Simpsons⟩, season 10, episode 16, February 1999.

38) Sara Maitland, *A Book of Silence*, London: Granta, 2008; Anonymous, *The Cloud of Unknowing* (A. C. Spearing, trans.), London: Penguin, 2001.

39) 마음챙김은 '내면의 목소리' 개념이 그 감각지각적 속성에 대한 고려 없이 느슨하게 사용되는 또 한 가지 분야다. 다음을 참고할 것. Liora Birnbaum, 'Adolescent aggression and differentiation of self: Guided mindfulness meditation in the service of individuation', *The Scientific World Journal*, vol. 5, pp. 478–89, 2005. See p. 11 above.

40) S. Jones, A. Guy and J. A. Ormrod, 'A Q-methodological study of hearing voices: A preliminary exploration of voice hearers' understanding of their experiences', *Psychology and Psychotherapy: Theory, Research and Practice*, vol. 76, pp. 189–209, 2003; Sylvia Mohr, Christiane Gillieron, Laurence Borras, Pierre-Yves Brandt and Philippe Huguelet, 'The assessment of spirituality and religiousness in schizophrenia', *Journal of Nervous and Mental Disease*, vol. 195, pp. 247–53, 2007.

41) Sigmund Freud, 'On Narcissism: An introduction', in *The Standard Edition of the Complete Psychological Works of Sigmund Freud*, vol. 14 (James Strachey, ed.), London: The Hogarth Press, 1957. Elsewhere Freud argued

that hallucinations stemmed from wish-fulfilment that was not kept in check by processes of reality testing: Sigmund Freud, 'A Metapsychological Supplement to the Theory of Dreams', *Standard Edition*, vol. 14. 데이비드 벨 먼은 양심의 '목소리'는 현상학적 속성들을 지닌 실제 목소리는 아니며, 일종 의 자기소통 방식이라고 주장한다. 다시 말하지만, 이런 경험이나 직관에 목 소리 같은 구체적 속성이 얼마나 있는지에 관해 입증된 바는 거의 없다. David J. Velleman, 'The Voice of Conscience', *Proceedings of the Aristotelian Society*, vol. 99, pp. 57–76, 1999. 다음 역시 참고할 것. Douglas J. Davies, 'Inner speech and religious traditions', in James A. Beckford and John Walliss, eds, *Theorising Religion: Classical and contemporary debates*, Aldershot: Ashgate, 2006.

42) 'Gandhi's rejection of power stuns India', *The Times*, 19 May 2004, p. 11; Richard L. Johnson, ed., *Gandhi's Experiments with Truth: Essential writings by and about Mahatma Gandhi*, Lanham MD: Lexington Books, 2006, p.139.

43) Simon Dein and Roland Littlewood, 'The voice of God', *Anthropology & Medicine*, vol. 14, pp. 213–28, 2007; Simon Dein and Christopher C. H. Cook, 'God put a thought into my mind: The charismatic Christian experience of receiving communications from God', *Mental Health, Religion & Culture*, vol. 18, pp. 97–113, 2015; Tanya Luhrmann, *When God Talks Back: Understanding the American Evangelical relationship with God*, London: Vintage, 2012, p. 233.

44) *The Unnamable*, in *The Beckett Trilogy*, London: Picador, 1979, p. 325.

찾아보기

342

내 머릿속에 누군가 있다

2018년 6월 1일 초판 1쇄 발행
2018년 6월 9일 초판 1쇄 발행

지은이   찰스 퍼니휴
옮긴이   박경선
펴낸이   박래선
펴낸곳   에이도스출판사
출판신고 제2018-000083호

주소   서울시 마포구 잔다리로 33 회산빌딩 402호
전화   02-355-3191
팩스   02-989-3191
이메일   eidospub.co@gmail.com

표지 디자인 공중정원 박진범
본문 디자인 김경주

ISBN 979-11-85145-19-2 03180

잘못 만들어진 책은 구입하신 서점에서 바꾸어 드립니다.

이 도서의 국립중앙도서관 출판예정도서목록(CIP)은
서지정보유통지원시스템 홈페이지(http://seoji.nl.go.kr)와
국가자료공동목록시스템(http://www.nl.go.kr/kolisnet)에서 이용하실 수 있습니다.
(CIP제어번호: CIP2018001272)